Hoffmann und Campe   *Kritische Wissenschaft*

Redaktion Hans-Helmut Röhring
           Anneliese Schumacher-Heiß

Heidrun Pelz

Linguistik für Anfänger

Hoffmann und Campe

CIP-Titelaufnahme der Deutschen Bibliothek

Pelz, Heidrun:
Linguistik für Anfänger / Heidrun Pelz. –
13. Aufl. – Hamburg; Hoffmann und Campe, 1994
  (Kritische Wissenschaft)
  ISBN 3-455-09171-7

© Copyright 1975 by Hoffmann und Campe Verlag, Hamburg
Umschlagentwurf Jan Buchholz und Reni Hinsch
Druck und Bindung: Ebner Ulm
Gesetzt aus der Borgis Garamond-Antiqua
Printed in Germany

Inhalt

	Vorwort	11
	Vorwort zur 4. Auflage	12
	Einleitung	15
1	*Statt eines ›Relevanzkapitels‹*	17
1.1	Was ist Sprache? (Drei nichtlinguistische Möglichkeiten einer Antwort)	17
1.2	Was ist Linguistik? (Abgrenzung des Themas)	23
2	*Funktionen von Sprache*	27
2.1	Funktionen von Sprache im Sinne des Prager Strukturalismus	27
2.2	Sprache und Denken: die Sapir-Whorf-Hypothese	33
3	*Funktionieren von Sprache*	39
3.1	Sprache und Semiotik	39
3.1.1	Zeichen allgemein	39
3.1.1.1	Konstituierung von Zeichen	39
3.1.1.2	Eigenschaften von Zeichen	40
3.1.1.3	Symbol vs. Zeichen im engeren Sinne	41
3.1.2	Das sprachliche Zeichen	43
3.1.2.1	Modelle des sprachlichen Zeichens (Vorbemerkungen zum Modellbegriff)	43
3.1.2.1.1	Das Zeichenmodell von de Saussure	43
3.1.2.1.2	Das Zeichenmodell von Ogden und Richards	45
3.1.2.1.3	Das Zeichenmodell von Bühler (Organon-Modell)	46
3.1.2.1.4	Zusammenfassung der sprachlichen Zeichenmodelle	48
3.1.2.2	Eigenschaften des sprachlichen Zeichens	48
3.2	Sprache und Kommunikation	50
3.2.1	Modelle der sprachlichen Kommunikation	50
3.2.1.1	Das Kommunikationsmodell von de Saussure	51
3.2.1.2	Das informationstheoretische Kommunikationsmodell von Shannon und Moles	52

3.2.1.3	Das behavioristische Kommunikationsmodell von Bloomfield	53
3.2.1.4	Das Kommunikationsmodell (Organon-Modell) von Bühler	54
3.2.2	Zusammenfassung der sprachlichen Kommunikationsmodelle	55

4	*Grundbegriffe des de Saussureschen Strukturalismus*	57
4.1	Die Dichotomie ›langue/parole‹	57
4.2	›Langue‹ als System	60
4.3	Synchronie/Diachronie	62
4.4	Primat der gesprochenen Sprache	63
4.5	Weitere Grundbegriffe des Strukturalismus	65
4.6	Kurzer Überblick über die Schulen des Strukturalismus	65

5	*Phonetik/Phonologie*	69
5.1	Phonetik	69
5.1.1	Artikulatorische Phonetik	69
5.1.2	Akustische Phonetik	74
5.2	Phonologie. Phonem, Variante (= Allophon)	75
5.3	Exemplifizierung sprachwissenschaftlicher Grundbegriffe an der Phonologie	79
5.3.1	Synchronie/Diachronie (am Beispiel der Phonologie)	80
5.3.2	Deskriptiv/präskriptiv	81
Exkurs:	Deskriptivismus, Corpusanalyse	82
5.3.3	Relevant/redundant; das Merkmal	82
5.3.4	Syntagmatisch/paradigmatisch	83
5.4	Die strukturalistische Vorgehensweise (Taxonomischer Strukturalismus)	85
5.4.1	Phonemanalyse	86
5.4.2	Paradigmatische Beziehungen der Phoneme: das Phoneminventar, Phonemnotierung	87
5.4.3	Syntagmatische Beziehungen der Phoneme	93
5.4.3.1	Positionsbeschränkungen	94
5.4.3.2	Die kanonische Form der Silbe	94
5.4.3.3	Neutralisierung, Archiphonem	96
5.4.3.4	Kontaktphänomene	99

6	*Morphologie*	105
6.1	Die zweifache Gegliedertheit der Sprache	105
6.2	Morphemanalyse	107
6.3	Paradigmatische Beziehungen der Morpheme = Morpheminventar	108
6.4	Syntagmatische Beziehungen der Morpheme	111
6.5	Schematische Zusammenfassung der Methode des taxonomischen Strukturalismus auf der phonologischen und der morphologischen Ebene	112
6.5.1	Morphem und Wort (freie/gebundene Morpheme)	115
6.5.2	Wortbildung	116
Exkurs:	Einige deutsche Wortbildungsmöglichkeiten und ihre frz./engl. Übersetzung	119
6.6	Die Wortarten	125

7	*Suprasegmentalia*	129

8	*Syntax*	135
8.1	Der Untersuchungsgegenstand der Syntax Zum Begriff ›Satz‹. Satz, Äußerung. Grammatikalität, Akzeptabilität	135
8.2	Strukturalistische Syntax: Konstituentenstrukturgrammatik	138
8.2.1	Prozeduren zur Ermittlung der Konstituenten: Permutationstest, Substitutionstest, Deletionstest	139
8.2.2	Analyse in unmittelbare Konstituenten (= IC-Analyse)	141
Exkurs:	Darstellungstechniken der IC-Analyse	144
8.3	Dependenzgrammatik. Die Valenz des Verbs	145
8.4	Zusammenfassung von Konstituentenstrukturgrammatik und Dependenzgrammatik (Gemeinsamkeiten und Unterschiede der beiden Modelle)	149
8.5	Von der Konstituentenstrukturgrammatik zum generativen Ansatz der Transformationsgrammatik	152
8.5.1	Sprachtheoretische Grundlagen der generativen Transformationsgrammatik	153
8.5.2	Die Komponenten einer generativen Transformationsgrammatik	157
8.5.2.1	Die Basiskomponente	160
8.5.2.1.1	Rekursivität	162

8.5.2.1.2	Weitere Symbole für die Notierung von Ersetzungsregeln	163
8.5.2.1.3	Zusätzliche Differenzierungen innerhalb der Ersetzungsregeln	164
8.5.2.1.4	Subkategorisierungsregeln, Selektionsbeschränkungen	164
8.5.2.2	Der Transformationsteil	166
8.6	Zusammenfassung	168
9	*Semantik*	171
9.1	Untersuchungsgegenstand der Semantik	171
9.1.1	›*Meaning*-Feindlichkeit‹ des amerikanischen Strukturalismus	171
9.1.2	Bedeutung – Bezeichnung; de Saussures ›valeur‹ – ›signification‹	172
9.1.3	Denotation – Konnotation	175
9.2	Historische Semantik	176
9.3	Verschiedene Ansätze struktureller Semantiken	177
9.3.1	Von Strukturiertheit des gesamten *signifié*-Bestandes ausgehend	178
9.3.1.1	De Saussures ›*rapports associatifs*‹	178
9.3.1.2	Die Wortfeld-Theorie	179
9.3.1.3	Syntagmatische Beziehungen im Wortschatz einer Sprache (Coserius Begriff der ›Norm‹)	181
9.3.2	Von Strukturiertheit des Einzel-*signifié* und des gesamten *signifié*-Bestandes ausgehend	183
9.3.2.1	Komponentielle Semantik	183
9.3.2.2	Semanalyse (B. Pottier)	184
9.3.2.3	Operationale Bedeutungsdefinition	186
9.3.2.4	Diachronisch-strukturelle Semantik	187
9.4	Semantik in der gTG	190
9.5	Unterdisziplinen der Semantik: Onomasiologie, Semasiologie	191
9.5.1	Onomasiologie	192
9.5.2	Semasiologie	196
9.6	Asymmetrie des Sprachzeichens	198
10	*Modifizierung der Homogenität des sprachlichen Systembegriffs*	207
10.1	Struktur der Sprache vs. Architektur der Sprache, Dia-System	207

10.1.1	Diatopische Gliederung (Regionale Sprachvarietäten)	207
10.1.1.1	Definition von ›Dialekt‹	208
10.1.1.2	Dialekt vs. Einheitssprache	208
10.1.1.3	›Hochsprache‹ – Dialekt – *patois*. Diglossie	209
10.1.2	Diastratische Gliederung (Soziale Sprachvarietäten)	210
10.1.2.1	Idiolekt – Soziolekt	210
10.1.2.2	Die Bernstein-Hypothese	212
10.1.2.2.1	Bernsteins Ansatz	212
10.1.2.2.2	Elaborierter Code/restringierter Code	212
10.1.2.3	Defizithypothese und Differenzkonzeption	215
10.1.3	Diaphasische Gliederung (Funktionale Sprachvarietäten)	215
10.1.4	Überlappen der Subsysteme	217
10.2	Diachronie: der Sprachwandel	217
11	*Pragmatik*	221
11.1	Sprachliche Kompetenz vs. kommunikative Kompetenz	221
11.2	Der Handlungsaspekt sprachlicher Kommunikation (Zwei Ebenen der Konventionalität von Sprache)	223
11.2.1	Indirekte Sprechhandlungen	224
11.3	Explizit illokutive Äußerungen	225
11.3.1	Performative Verben	227
11.3.2	Explizit performative Formeln	228
11.3.3	Andere Wortarten (Nicht-Verben) in der Funktion ›illokutiver Indikatoren‹	229
11.4	Pragmatische Universalien	230
11.4.1	Systematisierung von Sprechakten	230
11.4.2	Weitere Beschreibungselemente von Kommunikationssituationen	234
11.4.2.1	Referenzmittel	236
11.5	Die Doppelstruktur umgangssprachlicher Kommunikation	239
11.6	Sprechhandlungssequenzen	242
11.7	Sonderfälle von Sprechhandlungen	244
11.7.1	Mehrfachadressiertheit von Äußerungen	244
11.7.2	Institutionalität von Sprechhandlungen	244
11.7.3	Pervertierung von Sprechhandlungen	244
11.8	Der ›Diskurs‹ bei Habermas	249

Zusammenfassung	255
Anmerkungen	259
Lösungsvorschläge zu den Aufgaben	281
Literaturverzeichnis	303
Sachregister	312
Personenregister	319

Vorwort

Einführungen in die Sprachwissenschaft gibt es bereits in nicht geringer Zahl. Wenn hier mit ›*Linguistik für Anfänger*‹ trotzdem eine weitere vorgelegt wird, so geschieht dies aus der in jahrelanger universitärer Lehrtätigkeit beobachteten Notwendigkeit heraus, die Grundlagen der neueren Sprachwissenschaft unter Einbeziehung didaktischer Überlegungen wirklich *für den Anfänger* darzustellen. Dieser Anfänger kann der Student der Germanistik, Romanistik oder Anglistik sein; es kann auch der Philologe sein, dessen Studium schon längere Zeit zurückliegt, so daß gewisse Fragestellungen innerhalb der Linguistik, vielleicht überhaupt die Linguistik als eigene Subdisziplin innerhalb seines philologischen Faches für ihn neu sind; es kann schließlich auch der interessierte Nichtphilologe sein.

Das Buch ging hervor aus einer Veranstaltung *Einführung in die Sprachwissenschaft*, die ich am Romanischen Seminar der Universität Freiburg erstmalig im Sommersemester 1971 abgehalten habe. Seither habe ich die Veranstaltung ohne wesentliche Veränderungen, außer den vom Forschungsstand her gebotenen inhaltlichen Ergänzungen, in mehreren Semestern wiederholt, so daß das Buch hinsichtlich Stoffauswahl und Darstellungsweise bereits auf eine gewisse Evaluierungsphase zurückblicken kann. Den Veranstaltungsteilnehmern in den verschiedenen Semestern und den studentischen Tutoren, die durch Fragen oder Anregungen in einzelnen Punkten indirekt zu der Darstellung in ihrer vorliegenden Form beitrugen, möchte ich in diesem Zusammenhang meinen Dank aussprechen.

Zu großem Dank verpflichtet bin ich vor allen Dingen meinem Kollegen Dr. Ernst Ulrich Große, der an der Überarbeitung des Pragmatik-Kapitels (Kapitel 11) für die endgültige Fassung mit kritischem Urteil und wertvoller Sachinformation entscheidend mitbeteiligt war.

Freiburg, Sommer 1975

Vorwort zur 4. Auflage

Ich freue mich, daß *›Linguistik für Anfänger‹* von Studenten der Romanistik, Germanistik, Anglistik, Slawistik in vielen Einführungskursen, zur Vorbereitung auf Zwischenprüfungen, zum Einstieg in die Linguistik durch selbständige Lektüre und sogar von Staatsexamenskandidaten zur Wiederauffrischung ihrer Kenntnisse aus dem Grundstudium verwendet und für nützlich befunden wird.

Als Vorbereitung für die hier vorgelegte Neuauflage habe ich bei möglichst vielen Benutzern – Lehrenden und Studenten – nach Kritik, Schwierigkeiten, Änderungsvorschlägen gefragt und mich dann bemüht, soweit irgend möglich den Wünschen nachzukommen.

Trotz zahlreicher Änderungen sollte selbstverständlich der Charakter einer Einführung für Anfänger gewahrt bleiben. Das bedeutet, daß wie in der ersten Auflage das Hauptanliegen eine didaktisch durchdachte, für den Anfänger kohärent nachvollziehbare Darstellung besonders wichtiger Teilbereiche der Linguistik ist und nicht etwa so etwas wie Vollständigkeit beim Vorstellen dieser Teilbereiche – vielmehr ist gerade die Qualifizierung als »wichtig« nie frei von subjektiven Gewichtungen. Die Auswahl dessen, was selbst in einer Einführung in die Linguistik nicht fehlen darf, hätte also je nach Entscheidung eines Autors in einzelnen Fällen auch anders aussehen können, z. B. könnte man in unserer Auswahl eine eigene Behandlung von Themenbereichen wie Psycholinguistik und wie Textlinguistik vermissen (die beide nur *passim*, z. T. implizit, angesprochen werden: die Psycholinguistik in Kap. 2 und 3 und auch bei Fragestellungen der Semantik – Wortfelder, Assoziationen – und vor allem überall, wo sich lehr- und lerntheoretische Bemerkungen zum Fremd- und Muttersprachenerwerb finden; die Textlinguistik etwa in Kap. 8 – Satz vs. Text – und in Kap. 11 unter dem Thema *Referenzmittel*); auch andere mögliche Themenbereiche (Stilistik, Orthographie, Sprachtypologien, Übersetzungstheorie, quantitative Linguistik – um nur willkürlich ein paar herauszugreifen) fehlen. Ebenso schienen mir wissenschaftstheoretische Fragen, vor allem das Verhältnis von Hermeneutik und Analytik, das hier anzusprechen wäre, den Rahmen einer *›Linguistik für Anfänger‹* zu sprengen, daher habe ich nur am Rande (im Verlauf von Kap. 5) auf sie hingewiesen. Ihnen ein einzelnes kurzes Kapitel einzuräumen (wie ich es in der ersten Auflage getan hatte), würde auf eine allzu große Vereinfachung hinauslaufen; wenn man sie thematisieren wollte, müßte dies eingehender geschehen, als innerhalb des vorliegenden Rahmens möglich ist.

Weitere Änderungen gegenüber der ersten Auflage betreffen z. T. nur die *Terminologie*: So habe ich den Bereich der Morphologie einheitlich auf die amerikanische (als die verbreitetere) Terminologie umgestellt (*Morphem* als Oberbegriff usw.) und die Martinetsche (*Monem* als Oberbegriff usw.), um nicht unnötig zu verwirren, nur in den Anmerkungen angefügt. (In der Phonologie schien mir dieses Problem geringfügiger, da es sich praktisch nur auf die Bezeichnung der verschiedenen Phonemrealisationen erstreckt: *Variante* bei Trubetzkoy/*Allophon* in der amerikanischen Terminologie. Hier habe ich beide Ausdrücke beibehalten, da sie in der Fachliteratur beide durchaus üblich sind.)

Für die Phänomene von Kap. 7 (Akzent, Intonation usw.), die ich in der ersten Auflage unter der Bezeichnung *Prosodeme* vorgestellt habe, bevorzuge ich inzwischen die Bezeichnung *Suprasegmentalia* (in der ersten Auflage nur als Alternative erwähnt), weil sie eindeutiger und außerdem sprechender (nämlich auf der Distributionseigentümlichkeit der betr. Erscheinungen beruhend) ist.

Inhaltliche Änderungen sind je nach Kapitel von sehr unterschiedlichem Umfang: In Kap. 2 und 3 wurden die Darstellungen der Zeichenmodelle und der Sprachfunktionen zwar im wesentlichen nicht geändert, aber um den einen oder anderen kritischen oder relativierenden Kommentar ergänzt. Im Phonetik/Phonologie-Kapitel habe ich für sämtliche dort angeführten Phoneme und Allophone eine Liste mit Beispielwörtern (zur lautlichen Veranschaulichung) hinzugefügt; außerdem habe ich für die französischen Vokalphoneme die häufig verwendete graphische Darstellungsform des *Vokaldreiecks* und des *Vokaltrapezes* mit aufgenommen. In Kap. 6 findet sich Martinets grundlegender Begriff der *Sprachökonomie* nachdrücklicher herausgestellt als in der ersten Auflage. Kap. 7 bemüht sich, die beiden Phänomene Intonation und Tonhöhe deutlicher zu unterscheiden. In Kap. 8 ist die Darstellung der *Dependenzgrammatik* jetzt revidiert und ergänzt, auch ihr Praxisbezug wird angesprochen. Dieser letztere Aspekt ist auch für die anderen Syntaxmodelle von Kap. 8 sowie für Kap. 9 (Unterkapitel *Onomasiologie*) verstärkt hinzugekommen. Einem von verschiedenen Seiten geäußerten Wunsch nachkommend, habe ich in Kap. 10 die Sprachgeschichte des Französischen, Deutschen und Englischen wenigstens in Form von Aufgaben (als Anstoß zum

Durcharbeiten der dort angegebenen Fachliteratur) mit aufgenommen; eine Behandlung von der Ausführlichkeit, die dem Thema eigentlich zukäme, hätte sich im Umfang – und damit auch im Preis – des Buches zu stark niedergeschlagen. In Kap. 11 habe ich eine in der ersten Auflage von mir vorgeschlagene Typisierung illokutiver Akte weggelassen; dagegen sind die Searleschen Begriffe *phonetischer*, *phatischer* und *rhetischer Akt* hinzugekommen. Als kritische Relativierung der klassischen Sprechakttheorie und der linguistischen Pragmatik findet sich am Schluß neu angefügt ein kurzer Ausblick auf die *Konversationsanalyse*.

Die zu jedem Kapitel formulierten Aufgaben wurden vermehrt, in einzelnen Fällen waren die Lösungsvorschläge zu berichtigen oder zu ergänzen. Beträchtlich ergänzt (z. T. um zwischenzeitlich neu erschienene Titel) habe ich auch die Bibliographie.

An *technischen Änderungen* ist anzuführen, daß 1) die Druckfehler berichtigt, 2) die Aufgaben durchnumeriert wurden.

Für ein gut Teil der Änderungen in dieser Neuauflage der ›*Linguistik für Anfänger*‹ schulde ich verschiedenen Kollegen aus der Romanistik und aus der Germanistik meinen Dank. An erster Stelle möchte ich Prof. Hans-Wilhelm Klein (Aachen) für seine Anregungen danken; ebenso zu Dank verpflichtet bin ich den Professoren Hans-Martin Gauger und Ernst-Ulrich Große sowie den Kollegen Gisela Schoenthal und Peter Koch. Wichtige Anstöße kamen für mich aus der Zusammenarbeit mit meinem Kollegen Michael Schecker, mit dem ich seit Jahren germanistisch-romanistische Einführungsveranstaltungen in die Linguistik abhalte, wo wir die ›*Linguistik für Anfänger*‹ zugrundelegen. Aber auch in dieser Neuauflage verdankt das Buch sehr vieles den zahlreichen Studenten, die damit gearbeitet haben und mich auf Auffälligkeiten, vom Druckfehler bis zu inhaltlich Problematischem, angesprochen haben. Ohne ihre aufmerksame Lektüre wäre mir vieles davon nicht aufgefallen. Stellvertretend für viele, deren Namen ich hier nicht einzeln aufzählen kann, will ich Frank Bödeker nennen, der mir zu verschiedenen Passagen wichtige Ergänzungsvorschläge zukommen ließ und dessen großer Belesenheit ich auch zahlreiche bibliographische Hinweise verdanke. Für die Erstellung des Registers habe ich Matthias Marschall zu danken.

Freiburg, im Sommer 1981   Heidrun Pelz

Einleitung

Die Darstellung folgt im großen und ganzen chronologisch der Entwicklung der neueren Sprachwissenschaft. Aus diesem Grunde steht das Pragmatik-Kapitel (Kapitel 11) an letzter Stelle, obwohl es in gewisser Hinsicht als das eigentliche ›Relevanzkapitel‹ angesehen werden könnte. Statt eines Relevanzkapitels versucht ein vorbereitendes erstes Kapitel die Fragen ›Was ist Sprache?‹ und ›Was ist Linguistik?‹ zu beantworten. Kapitel 2 behandelt die Funktionen von Sprache und spricht die Beziehung zwischen Sprechen und Denken, Sprache und Kognition an. Kapitel 3 befaßt sich mit dem Zeichencharakter von Sprache, es stellt verschiedene sprachliche Zeichen- und Kommunikationsmodelle vor.

Die Kapitel 4 bis 9 können als die im engeren Sinne strukturalistischen Kapitel bezeichnet werden: Kapitel 4 führt die für die neuere Sprachwissenschaft entscheidenden strukturalistischen Grundbegriffe Ferdinand de Saussures ein, Kapitel 5 verdeutlicht sie am praktischen Beispiel der Phonologie (= Lehre von den Sprachlauten und ihrer Funktion). Dann wird die strukturalistische Sprachbeschreibung analog zur phonologischen Ebene auf die morphologische Ebene übertragen (Kap. 6: Morphologie = ›Formenlehre‹, auch Wortbildung u. a.), in Kapitel 8 (Syntax = ›Satzlehre‹) auf die syntaktische. Dazwischen behandelt ein kurzes Kapitel (Kap. 7) die Rolle der Suprasegmentalia oder Prosodeme (Akzent, Intonation usw.) für die strukturalistische Sprachbeschreibung. Kapitel 8 stellt neben der strukturalistischen Syntax Chomskys gTG vor, zwar nicht in allen verwickelten Details, aber so, daß sie sich deutlich als sprachtheoretische Alternative zum Strukturalismus von diesem abhebt.

Den Kapiteln 5 bis 8 ist gemeinsam, daß sie zeigen, wie die Sprachwissenschaft sich mit der lautlichen Seite der Sprache (der Ausdrucksseite) auseinandersetzt. Kapitel 9 fügt die Inhaltsseite der Sprache hinzu: Mehrere Ansätze der Semantik (= Beschäftigung mit den Inhalten sprachlicher Zeichen) werden beschrieben, und die Beziehung zwischen Ausdrucks- und Inhaltsseite der Sprache wird allgemein wie auch für Sonderfälle (Homonymie usw.) behandelt.

Kapitel 10 formuliert Einwände gegen ein Grundaxiom des Strukturalismus: die Einheitlichkeit (Homogenität) des Sprachsystems. Tatsächliche Uneinheitlichkeit manifestiert sich in sozial bedingten und in regional bedingten Sprachbarrieren und in der Verschiedenheit der Stilniveaus. Das Kapitel wird also, wenn auch nur knapp, in die Soziolinguistik (im weiteren Sinne) einführen. Weiterhin spielt die historische Dimension in der strukturalistischen Sprachbeschreibung eine nur untergeordnete Rolle; in dem Kapitel ist daher auch auf den Problemkreis Sprachwandel hinzuweisen, was allerdings nur in fast stichwortartiger Verkürzung geschehen kann (Literaturhinweise für ausführlichere Information s. Anmerkungen).

Kapitel 11, eingangs schon erwähnt, will versuchen, in die relativ neue Richtung der linguistischen Pragmatik (Pragmalinguistik) einzuführen und Habermas' Theorie der kommunikativen Kompetenz, die häufig, insbesondere von nicht speziell philosophisch Gebildeten, als schwer verständlich angesehen wird, faßlich darzustellen.

Zahlreiche Testaufgaben zur Selbstkontrolle sind in die Darstellung eingestreut; Lösungsvorschläge findet der Benutzer im Anhang.

1 Statt eines ›Relevanzkapitels‹

1.1 Was ist Sprache? (Drei nichtlinguistische Möglichkeiten einer Antwort)

1. Im Jahre 1726 schrieb Jonathan Swift seine Satire ›*Gulliver's Travels*‹, die den Helden in verschiedene fiktive Länder führten, u. a. zu den Laputa-Inseln. In der dortigen ›Fakultät für Sprachen‹ macht er Bekanntschaft mit einem sehr interessanten ›Rationalisierungs‹-Projekt:

»Darauf gingen wir in die Fakultät für Sprachen, wo drei Professoren darüber berieten, die Sprache ihres eigenen Landes zu verbessern.
Sie hatten einen Plan zur völligen Abschaffung aller Wörter überhaupt, und man machte geltend, daß das außerordentlich gesundheitsfördernd und zeitsparend wäre. Denn es ist klar, daß jedes Wort, das wir sprechen, in gewissem Maße eine Verkleinerung unserer Lungen durch Abnutzung bedeutet und folglich zur Verkürzung unseres Lebens beiträgt. Es wurde deshalb folgender Ausweg vorgeschlagen: da Wörter nur Bezeichnungen für Dinge sind, sei es zweckdienlicher, wenn alle Menschen die Dinge bei sich führten, die zur Beschreibung der besonderen Angelegenheit, über die sie sich unterhalten wollen, notwendig seien. Viele der Gelehrtesten und Weisesten sind Anhänger des neuen Projekts, sich mittels Dingen zu äußern; das bringt nur die eine Unbequemlichkeit mit sich, daß jemand, dessen Angelegenheiten sehr umfangreich und von verschiedener Art sind, ein entsprechend größeres Bündel von Dingen auf dem Rücken tragen muß, falls er es sich nicht leisten kann, daß ein oder zwei starke Diener ihn begleiten. Ich habe oft gesehen, wie zwei dieser Weisen unter der Last ihrer Bündel fast zusammenbrachen, wie bei uns die Hausierer. Wenn sie sich auf der Straße begegneten, legten sie ihre Lasten nieder, öffneten ihre Säcke und unterhielten sich eine Stunde lang; dann packten sie ihre Utensilien wieder ein, halfen einander, ihre Bürden wieder auf den Rücken zu nehmen, und verabschiedeten sich.«[1]

Worin die fundamentale Leistung der Sprache liegt, macht diese satirische Skizze *e contrario* deutlich, indem sie durchspielt, wie die Interaktion innerhalb der menschlichen Gesellschaft vor sich ginge, wenn es die Sprache nicht gäbe. Sämtliche Mitteilungen könnten sich nur auf Gegenstände beziehen, die in dem Augenblick der Mitteilung im Wahrnehmungsraum von Sprecher und Hörer konkret anwesend sind. Man könnte sich über Dinge, deren Herbeischaffung technisch nicht möglich wäre, z. B. über den Himalaja oder über einen Eiszapfen mitten im Sommer, ebensowenig äußern wie über solche, die man aus seiner früheren Erfahrung kennt, aber im Augenblick nicht zur Demonstration zur Hand hat, und nicht über Dinge, von denen man gehört oder gelesen hat oder die man vermutet, hofft, plant usw. Jeder Mitteilungsaustausch wäre gebunden an das Hier und Jetzt; die Dimensionen der Vergangenheit und der Zukunft wären ausgeschlossen.

Der Horizont der Gegenstände, auf die der Mensch sich in seinen sprachlichen Äußerungen beziehen kann, ist deswegen unbegrenzt weit (verglichen mit dem des Tieres), weil »Wörter Bezeichnungen für Dinge« sind. Sie sind stets verfügbar, auch die für mich nicht greifbaren ›Dinge‹, und in Sprachäußerungen ›ersetzt‹ man das gemeinte Ding durch ein zugehöriges Wort: Statt einen konkreten Tisch oder einen Ochsen oder Herrn N. herbeizuschleppen, ›ersetzt‹ man ihn durch das Wort *Tisch, Ochse, Herr N.*

Diese Relation zwischen Wörtern und ›Dingen‹ nennt man den Zeichencharakter der Sprache; mit ihm wird sich Kapitel 3 beschäftigen. Er macht die Sprache, wie Swift satirisch illustriert, zum vornehmlichsten Instrument der Ökonomie menschlichen Daseins, das dem Menschen eine maximale Ausdehnung seines Bezugsbereichs unter minimalem physikalischem Aufwand ermöglicht.

2. Hayakawa (1939):

»Von dem Augenblick an, in dem Mr. Mits am frühen Morgen die Nachrichten anstellt, bis er am Abend bei einem Roman oder einer Illustrierten einschläft, schwimmt er wie alle anderen Leute, die unter den Bedingungen einer modernen Zivilisation leben, in Wörtern. Zeitungsverleger, Politiker, Verkäufer, Radioansager, Leitartikler, Klubredner und Pfarrer; Arbeitskollegen, Freunde, Verwandte, Frau und Kinder; Marktberichte, Werbedrucksachen, Bücher und Reklameschilder – alle überfallen ihn den ganzen Tage mit Wörtern. Und Mister Mits trägt jedesmal zu diesem Niagarafall von Wörtern bei, wenn er einen Reklamefeldzug startet, eine Rede hält, einen Brief verfaßt oder auch nur mit seinen Freunden plaudert. [...]

Freilich denkt Mister Mits nur selten über die Sprache als solche nach.[...]

Dennoch wird Mister Mits von den Wörtern, die täglich in sich aufnimmt und die er täglich benutzt, stark beeinflußt. Wörter in Zeitungen lassen ihn mit der Faust auf den Frühstückstisch schlagen. Worte seiner Vorgesetzten erfüllen ihn mit Stolz oder fördern seinen Arbeitseifer. Worte, die hinter seinem Rücken über ihn gesprochen werden und ihm zu Ohren kommen, machen ihn krank vor Ärger. Worte, die er vor einigen Jahren vor seinem Pfarrer gesprochen hat, haben ihn fürs Leben an seine Frau gebunden. Wörter, die auf ein Stück Papier geschrieben sind, halten ihn an seinem Arbeitsplatz fest oder bringen mit der Post jeden Monat Rechnungen, die ihn immer wieder zum Zahlen anhalten. Wörter, die andere Leute geschrieben haben, veranlassen diese andererseits, ihm jeden Monat Zahlungen zu leisten. Da Wörter mit jeder Einzelheit seines Lebens verwoben sind, erscheint es erstaunlich, daß das Denken von Mister Mits über den Gegenstand der Sprache so beschränkt ist.

Mister Mits hat auch bemerkt, daß z. B. unter totalitären Regierungen große Bevölkerungsmassen, die nur sorgfältig ausgewählte Worte hören und lesen dürfen, sich nach und nach so seltsam verhalten, daß er sie nur als verrückt ansehen kann. [...]

Ob er es merkt oder nicht, Mister Mits wird [...] zu jeder Stunde seines Lebens nicht nur durch die Wörter beeinflußt, die er hört und verwendet, sondern auch durch seine unbewußten Annahmen hinsichtlich der Sprache. Wenn er zum Beispiel den Namen Albert liebt und sein Kind auf diesen Namen taufen lassen möchte, jedoch abergläubisch davon absieht, weil er einst einen Albert kannte, der Selbstmord beging, so handelt er, ob er es merkt oder nicht, unter bestimmten Annahmen hinsichtlich der Beziehung der Sprache zur Wirklichkeit. Solche unbewußten Annahmen bestimmen die Wirkung, die Wörter auf ihn haben – was seinerseits die Art bestimmt, in der er weise oder töricht handelt. Wörter – die Art, in der sie gebraucht werden und die Art, wie er sie aufnimmt, wenn sie von anderen angesprochen werden, formen weitgehend seine Glaubensüberzeugungen, seine Vorurteile, seine Ideale, seine Ziele. Aus ihnen besteht die sittliche und geistige Atmosphäre, in der er lebt – kurz, seine semantische Umwelt.«[2]

Mister Mits: »The *Man In The Street*« (von dem – nicht ohne Genugtuung – zu vermerken ist, daß er, wenn weiblich, Mrs. Wits = »*Woman In The Street*« heißt; engl. *wits* = Intelligenz,Verstand), das ist der »Mensch wie du und ich«, der, auch wenn er nie über Sprache reflektiert, in seinem Alltag ohne sie nicht denkbar wäre. In ihm verkörpert sich die »Sprachbedingtheit der Gesellschaft«[3], die Sprachgeprägtheit, Sprachgesteuertheit sämtlicher Rollen, die er der Reihe nach an einem beliebigen Alltag manifestiert. ›Sprachgesteuertheit‹ heißt nicht nur, daß Mr. Mits dem ›Niagarafall‹ von Wörtern passiv ausgeliefert ist, z. B. als Adressat von Massenmedien, Reklame, politischer Propaganda, kirchlicher Verkündigung usw., sondern auch, daß er in anderen Rollen am Produzieren des sich wieder auf andere auswirkenden ›Niagarafalles‹ aktiv beteiligt ist. Mit diesen Feststellungen ist aber die Relevanz von Sprache im öffentlichen Alltag noch nicht vollständig erfaßt.[4] Zusätzlich nämlich konstituiert Sprache die Übereinkünfte und Institutionen, die dieser Gesellschaft ihr politisches und soziokulturelles Gepräge geben: Staatsverfassungen, politische Entscheidungen, Eheschließungen, Arbeitsverträge, Zahlungsaufforderungen, Gerichtsurteile und vieles andere mehr – sie alle beruhen auf einem sprachlichen Akt. Einige dieser sprachlich fundierten Institutionen sind nur wirksam, wenn Mr. Mits als einer der von ihnen Betroffenen sie in Teilen sprachlich selbst aktiv vollzieht, wenn auch meist in mehr oder weniger ritualisiertem, festgelegtem Wortlaut (Eheschließung, Vereidigungen u. a.). Solche Sprachäußerungen bezeichnet die linguistische Pragmatik als ›institutionalisierte Sprechhandlungen‹. Von verschiedenen Typen von Sprechhandlungen, allgemein von dem Zusammenhang zwischen Sprechen und Handeln in der Gesellschaft, ist in Kapitel 11 (Pragmatik) die Rede.

3. Handke:

In seinem ersten größeren Schauspiel ›Kaspar‹ (Uraufführung 1968) stellt Peter Handke dar, wie ein der Sprache nicht mächtiger Findling mit Sprechmaterial konfrontiert wird und so zum Sprechen gebracht wird, und was er damit lernt.*

»Schon hast du einen Satz, mit dem du dich bemerkbar machen kannst. Du kannst dich mit dem Satz im Dunkeln bemerkbar machen, *damit man dich nicht für ein Tier hält* (1). *Du hast einen Satz, mit dem du dir selber schon alles sagen kannst, was du anderen nicht sagen kannst. Du kannst dir selber erklären, wie es um dich steht. Du hast einen Satz, mit dem du dem gleichen Satz schon widersprechen kannst* (2). [...]
Du kannst dich mit dem Satz dumm stellen. Dich mit dem Satz gegen andre Sätze behaupten. *Alles bezeichnen, was sich dir in den Weg stellt, und es aus dem Weg räumen. Dir alle Gegenstände vertraut machen. Mit dem Satz alle Gegenstände zu einem Satz machen* (3). Du kannst alle Gegenstände zu deinem Satz machen. Mit diesem Satz gehören alle Gegenstände dir. *Mit diesem Satz gehören alle Gegenstände dir* (4). [...]
Du kannst dir nichts mehr vorstellen ohne den Satz. *Ohne den Satz kannst du keinen Gegenstand sehen* (5). Du kannst ohne den Satz keinen Fuß mehr vor den anderen setzen. *Du kannst dich mit dem Satz erinnern, weil du beim letzten Schritt den Satz gesprochen hast,* und du kannst dich an den letzten Schritt erinnern, weil du den Satz gesprochen hast (6). [...]
Du lernst mit dem Satz zu stocken und du lernst mit dem Satz, daß du stockst, und du lernst mit dem Satz zu hören und du lernst mit dem Satz, daß du hörst, und du lernst mit dem Satz, die Zeit einzuteilen in die Zeit vor und nach dem Aussprechen des Satzes, und du lernst mit dem Satz, daß du die Zeit einteilst, so wie du mit dem Satz lernst, daß du woanders warst, als

* (Hervorhebungen von mir, ebenso die Numerierung jeweils am Ende der hervorgehobenen Zitate, um in den folgenden Abschnitten einfach durch Angabe eingeklammerter Ziffern auf die Textstellen verweisen zu können.)

du das letzte Mal den Satz gesprochen hast, so wie du mit dem Satz lernst, daß du jetzt woanders bist, und *mit dem Satz lernst zu sprechen und mit dem Satz lernst, daß du sprichst; und du lernst mit dem Satz, daß du einen Satz sprichst* (7). [...]
Das Schuhband tut dir weh. Es tut dir nicht weh, weil es ein Schuhband ist, sondern weil dir das Wort dafür fehlt, und der Unterschied zwischen dem festen und dem lockeren Schuhband tut dir weh, weil du nicht weißt, was der Unterschied zwischen dem festen und dem lockeren Schuhband ist. Der Rock tut dir weh, und die Haare tun dir weh. Du, obwohl du dir nicht weh tust, tust dir weh. Du tust dir weh, weil du nicht weißt, was du ist. [...]
Nichts tut dir weh, weil du nicht weißt, was weh tun ist, und *alles tut dir weh, weil du von nichts weißt, was es bedeutet* (8). Weil du von nichts den Namen weißt, tut dir alles weh, wenn du auch nicht weißt, daß es dir weh tut, weil du nicht weißt, was das Wort Wehtun bedeutet. [...]
Jetzt bin ich aufgestanden und habe gleich bemerkt, nicht erst jetzt, daß mein Schuhband aufgegangen war. Weil ich jetzt sprechen kann, kann ich das Schuhband in Ordnung bringen. Seit ich sprechen kann, kann ich mich ordnungsgemäß nach dem Schuhband bücken. *Seit ich sprechen kann, kann ich alles in Ordnung bringen* (9). [...]
Seit ich sprechen kann, kann ich ordnungsgemäß aufstehen; aber das Fallen tut erst weh, seit ich sprechen kann; aber das Wehtun beim Fallen ist halb so schlimm, seit ich weiß, daß ich über das Wehtun sprechen kann; *aber das Fallen ist doppelt so schlimm, seit ich weiß, daß man über mein Fallen sprechen kann;* aber das Fallen tut überhaupt nicht mehr weh, seit ich weiß, daß ich das Wehtun vergessen kann; *aber das Wehtun hört überhaupt nicht mehr auf, seit ich weiß, daß ich mich des Fallens schämen kann* (10). [...]
Wenn du zu sprechen anfängst, wirst du zu denken anfangen, was du sprichst, auch wenn du etwas anderes denken willst. Sag, was du denkst. Sag, was du nicht denkst. *Wenn du zu sprechen angefangen hast, wirst du denken, was du sagst* (11). Du denkst, was du sagst, das heißt, du kannst denken, was du sagst, das heißt, es ist gut, daß du denkst, was du sagst, das heißt, du sollst denken, was du sagst, das heißt sowohl, daß du denken darfst, was du sagst, als auch, daß du denken mußt, was du sagst, weil du nichts anderes denken darfst als das, was du sagst.«[5]

Kaspar Hauser, der sprach-lose Findling, eine ursprünglich historische Figur, an der Handke exemplarisch die Relevanz der Sprache für den Menschen reflektiert, ist zwar in der Lage, eine bestimmte Wortkette zu äußern, aber nur in der Manier eines Papageis. Daß diese Wortkette ein Satz ist, und was er mit diesem Satz, d. h. mit dem aktiven Beherrschen der Sprachfähigkeit, alles machen kann, das erfährt Kaspar erst in dem schmerzhaften Prozeß, den die vier ›Einsager‹ an ihm vollziehen. Indem sie ihm Sprache vermitteln, statten sie ihn zugleich mit viel mehr aus: Erst durch die Sprache unterscheidet er sich grundlegend vom Tier (1). Die Sprache ermöglicht ihm, noch vor jeder Kommunikationsabsicht, seine eigene Lage kritisch zu reflektieren; sie gibt ihm die Möglichkeit, Für und Wider argumentierend abzuwägen (2). Ohne die sprachliche Benennung von ›Dingen‹, von Gegenständen, Vorgängen, Situationen einschließlich der eigenen, können wir sie gar nicht ›denken‹; Phänomene, für die unsere Sprache keine Bezeichnung anbietet, können von uns nicht registriert werden (5), (11). So jedenfalls stellen es Handkes Einsager im ›Kaspar‹ dar. Diese Antwort auf die Frage nach dem Verhältnis von Sprechen und Erkennen (Sprache und Kognition), die über den Bereich der Sprachwissenschaft hinausreicht, ist *eine* mögliche, deren Gegenposition sich unter den Sprachwissenschaftlern, Sprachpsychologen und Erkenntnistheoretikern ebenso vertreten findet (s. Kap. 2.2: Die Sapir-Whorf-Hypothese).

Wo ein Lebewesen der Umwelt nicht sprachlich begegnen kann, indem es ihre Phänomene »auf den Begriff bringt«, ist es ihnen als Objekt gleichsam wehrlos ausgeliefert, sie »tun ihm weh«, weil es sie nicht benennen kann (8). Es kann sich ihnen gegenüber dann nur – wie das Tier – reaktiv *verhalten*. Erst mittels Sprache macht es sich die Gegenstände der Wirklichkeit zum Objekt, über das es verfügt[6], das es »aus dem Weg räumen kann«, wenn es stört (3). Kurz, mittels Sprache kann der Mensch *handeln*, statt sich nur zu verhalten, d. h., er kann Wirklichkeit handelnd verändern. Das ist das Grundaxiom, von dem die linguistische Pragmatik ausgeht (s. Kap. 11). Sprache macht den Menschen nicht nur frei gegenüber den Gegenständen der Wirklichkeit und der Einwirkung ihrer Naturgesetze auf ihn, sie macht ihn auch frei von der Gebundenheit an das Hier und Jetzt (vgl. eingangs Zitat von Swift). Das Tier kann sich nur innerhalb einer gegebenen Situation verhalten, es ist nicht – oder nur in geringem Maße bzw. unter mehr oder weniger künstlich geschaffenen, von außen manipulierten Bedingungen (Dressur) – in der Lage, Erfahrungen aus vorhergegangenen ähnlichen Situationen in die jetzige einzubringen. Das Erinnern, das Speichern von Erfahrungen geschieht in Form von Sprache (6). Damit ist Sprache die Bedingung für Lernfähigkeit beim Individuum, die Bedingung für das Weitergeben menschlicher Erfahrung von einer Generation zur nächsten, also für Tradition und Fortschritt innerhalb des Spezies[7].

Symmetrisch zu der Dimension in die Vergangenheit eröffnet Sprache dem Menschen die Dimension in die Zukunft: Er kann sinnvoll, zielgerichtet handeln, weil er in der Lage ist, das Ziel seines

Handelns im voraus sprachlich zu projektieren, einen Plan zu machen. Er kann »alles in Ordnung bringen«, weil er in Form sprachlicher Bezeichnungen weiß, wie diese Ordnung auszusehen hat (etwa, daß das Schuhband, das er im Moment als aufgegangen bezeichnen muß, so zu sein hat, daß man es zugebunden nennen kann) (9).

Sprache ermöglicht es nicht nur dem Individuum, eigene Erfahrungen zu machen. Das Individuum hat seine Sprache gemeinsam mit den anderen Mitgliedern der Sprachgemeinschaft, die zugleich eine Kulturgemeinschaft ist. Indem es in dieser Sprachgemeinschaft aufwächst, vermittelt sie ihm, sozusagen als Erbe der früheren Generationen[8], kollektive Erfahrungen und die aus ihnen erwachsenen sozialen Normen, z. B. bestimmte Bewertungsmaßstäbe (etwa, daß Mißerfolg in irgendeiner Form eine Schande sei, »daß ich mich des Fallens schämen kann«) (10).

Sprache macht es dem Menschen möglich, seine eigene Situation, seine eigenen Sinneswahrnehmungen, seinen Standort usw. zu benennen. Doch nicht nur das – sie macht ihm auch dieses Benennen bewußt. Nicht nur kann der Mensch sprechen, sondern zugleich ist er sich dieses Sprechenkönnens bewußt. Er kann über Dinge (oder über sich selbst) sprechen, aber darüber hinaus kann er über sein Sprechen über die Dinge (oder über sein Sprechen über sich selbst) sprechen (7). Solche Äußerungen über Äußerungen bezeichnet man als metasprachlich (= wörtlich: »über das Sprachliche hinausgehend, sich jenseits des vordergründigen Sprachlichen vollziehend«).

So sind an der Figur von Handkes Kaspar verschiedene von den Möglichkeiten literarisch demonstriert, die die Sprachwissenschaft unter der Bezeichnung *Funktionen von Sprache* untersucht (s. Kapitel 2).

1.2 Was ist Linguistik? (Abgrenzung des Themas)

Was Linguistik ist, wird sich im günstigsten Falle vom Benutzer einer ›Linguistik für Anfänger‹ selbst beantworten lassen, wenn er das Buch durchgearbeitet hat. Hier soll nur kurz darauf hingewiesen werden, daß die Bezeichnung *Linguistik* im deutschen Sprachraum nicht immer mit der gleichen Bedeutung verwendet wird wie die englische und französische Entsprechung *linguistics* und *linguistique*. Diese bezeichnen stets Sprachwissenschaft ganz allgemein, während im Deutschen (dank der Möglichkeit zur Bedeutungsdifferenzierung, die der deutsche Wortschatz in vielen Fällen

23

durch die Doppelformen ursprüngliches deutsches Wort/Fremd-
wort romanischer Herkunft hat) hier gelegentlich unterschieden
wird: Der Terminus *Linguistik* wird dann nur auf die strukturalistische Sprachwissenschaft angewandt, der Terminus *Sprachwissenschaft* einerseits auf die vorstrukturalistische (weitgehend historisch
orientierte) Sprachwissenschaft, andererseits auf diejenigen Richtungen innerhalb der neueren Sprachwissenschaft, die in ihrem
Ansatz nicht strukturalistisch sind, insbesondere die sog. inhaltsbe-
zogene Sprachforschung, innerhalb der deutschen Sprachwissenschaft (s. Kap. 9: Semantik: die Wortfeld-Theorie).
Jedoch wird heute, wohl unter dem Einfluß der internationalen
Terminologie, auch im Deutschen häufig *Linguistik* als generelle
Bezeichnung für jede wissenschaftliche Beschäftigung mit Sprache
verwendet.

Was ist nun der Gegenstand der Linguistik?
– Sprache als allgemein menschliche Fähigkeit (frz. *langage*), die zur
Erreichung verschiedener Zwecke eingesetzt wird bzw. verschiedene, ihren Benutzern nicht immer bewußte, Auswirkungen hat –
dies führt zur Frage nach den *Funktionen* von Sprache: SPRACHE
WOZU?
– Sprache in ihrem Aufbau, einerseits als Beschreibung der univer-
sell für alle menschlichen Sprachen geltenden Merkmale (sog.
sprachliche Universalien), andererseits vor allem als Beschreibung
historischer Einzelsprachen (frz. *langue*), z. B. des Deutschen, des
Französischen, des Japanischen usw., wobei auch soziolinguistische und sprachgeographische sowie, als Erklärungshintergrund,
sprachgeschichtliche Fragestellungen mit inbegriffen sind;
– das Sprechen als einzelner Sprechakt (frz. *parole*), in dem psychologische, physiologische, physikalische (akustische) und im engeren
Sinne sprachliche Komponenten zusammenwirken. Beschreibung
von Sprache und Sprechen ließe sich zusammenfassen als Frage nach
dem *Funktionieren*[9] von Sprache: SPRACHE WIE?
Damit ist der Fragenkatalog der Linguistik allerdings noch nicht
vollständig: Die Frage nach der Herkunft der Sprache und die Frage
nach dem Spracherwerb (Sprache woher?), die Frage nach der
Verwandtschaft einzelner historischer Sprachen untereinander
(Sprachtypologie, Sprachgenetik, Sprachaffinität), der Sprachvergleich (Komparatistik, Interlinguistik), das Gebiet der angewandten Sprachwissenschaft (Fremdsprachenunterricht, menschliche
und maschinelle Übersetzung u. a.) seien hier nur genannt. Ihre

Bearbeitung kann nicht von der Sprachwissenschaft allein geleistet werden, sondern in Zusammenarbeit mit Nachbardisziplinen wie Psychologie, Philosophie, Soziologie, Medizin, Naturwissenschaften allgemein u. a.

Die vorliegende Darstellung befaßt sich im wesentlichen nur mit den beiden Fragen nach der *Funktion* (den Funktionen) und nach dem *Funktionieren* von Sprache (langage)/Sprachen (langues). Auf die Frage nach den Funktionen – *wozu* dient Sprache? – haben uns die Zitate von Swift, Hayakawa und Handke, die eine subjektive, willkürliche Auswahl aus der Fülle vorhandener Texte zu diesem Thema darstellen, Möglichkeiten von Antworten mehr oder weniger pointiert gezeigt. In Kapitel 2 sollen sie von seiten der Sprachwissenschaft ergänzt werden. Die Frage nach dem Funktionieren von Sprache – *wie* funktioniert Sprache? – führt zu der Beschreibung von Sprache als *System*, wie sie kohärent von der strukturalistischen Sprachwissenschaft durchgeführt wurde, und von Sprache als *generativer Fähigkeit*, wie sie danach die generative Transformationsgrammatik (= TG) unternimmt. Die Kapitel 3 bis 11 umfassen verschiedene Aspekte, die zusammengenommen eine Antwort auf die Frage nach dem Funktionieren von Sprache darstellen können. Kapitel 11 (Pragmatik) nimmt eine gewisse Sonderstellung ein: Die linguistische Pragmatik kann als eine Antwort auf beide Fragen angesehen werden, sowohl auf die Frage nach der Funktion von Sprache als auch auf die Frage nach dem Funktionieren von Sprache. Kapitel 11 ist zugleich eine Einführung in die Theorie der kommunikativen Kompetenz, die für die Muttersprachen- wie für die Fremdsprachendidaktik von großer Bedeutung ist.

2 Funktionen von Sprache

2.1 Funktionen von Sprache im Sinne des Prager Strukturalismus

Die strukturalistische Sprachwissenschaft, begründet von Ferdinand de Saussure in Genf, hat sich in verschiedenen Ausformungen weiterentwickelt, u. a. in der Prager Schule des Strukturalismus (Näheres zum Strukturalismus Kap. 4). Im Gegensatz zu den beiden anderen Schulen, die eine strukturalistische Beschreibung von Sprache anstrebten, sich also mit dem Funktionieren von Sprache befaßten, betonten die Linguisten des Prager Kreises, daß die so beschriebenen Sprachmittel nicht losgelöst von ihrer *Funktion* betrachtet werden könnten. War die Grundkonzeption der anderen strukturalistischen Schulen ›Sprache als System‹, so begriffen die Prager, die sich selbst auch »Funktionalisten« nannten, Sprache als ›*système fonctionnel*‹, als ›System mit Funktionen‹.

Die Frage nach den Funktionen von Sprache ist nicht eine linguistische im eigentlichen Sinne, sondern, je nach der Antwort, die man darauf geben möchte, eine psychologische oder eine soziologische, evtl. auch eine philosophische und sicher auch eine pragmatische.[1] In der Tat war der Prager Kreis die einzige der drei strukturalistischen Schulen, die die Psychologie nicht ausdrücklich programmatisch aus ihrer Konzeption von Sprachwissenschaft verbannt hat. (Zur ›*meaning*-Feindlichkeit‹ im amerikanischen Strukturalismus s. Kap. 9.) Der Sprachpsychologe Karl Bühler stand dem Prager Kreis nahe und beeinflußte ihn mit seinem sog. ›Organon‹-Modell der Sprache (s. Kap. 3), das ausgeht von der Kennzeichnung der Sprache als ›Werkzeug‹ (griech. *organon*).

Besonders Roman Jakobson hat sich vorwiegend in psychologischen Kategorien mit den Funktionen befaßt, die Sprache für den Menschen haben kann. Jakobson war nicht der einzige Wissenschaftler, der sich die Frage nach den Sprachfunktionen gestellt hat; seine Konzeption ist nur *eine* mögliche. Da sie jedoch relativ komplex ist, also recht verschiedene Funktionen sprachlicher Äußerungen abdeckt, beschränken wir uns hier auf sie.[2] Jakobson ging bei seiner Übersicht über die Sprachfunktionen aus von einer Übersicht über die konstitutiven Faktoren eines jeden Sprechaktes. Obwohl wir auf letztere in Kapitel 3 noch näher eingehen werden, sollen hier diejenigen, die für Jakobson zur Ableitung seiner Sprachfunktionen notwendig waren, schon genannt werden:

Ein *Sender* »schickt« (d. h. übermittelt mündlich oder schriftlich) eine *Nachricht* an einen *Empfänger*. Diese Nachricht ist nur sinnvoll, wenn es einen *Gegenstand* gibt, auf den sie sich bezieht. (›Gegenstand‹ meint hier ganz allgemein etwas Außersprachliches, den Gesprächsgegenstand, der eine Person, ein Ding, ein Sachverhalt sein kann, kurz alles, wovon in einer Sprachäußerung die Rede sein kann. Jakobson hat hierfür den Ausdruck *Kontext* vorgeschlagen, der aber evtl. mißverständlich sein kann, weil er stillschweigend eingeengt auf ›sprachlichen Kontext‹, ›Textzusammenhang‹ verstanden werden könnte.) Damit Sender und Empfänger sich über diesen Gegenstand verständigen können, müssen sie über einen gemeinsamen *Code* verfügen, d. h., sie müssen die gleiche Sprache sprechen oder zumindest verstehen. (Näheres zum Begriff ›Code‹ ebenfalls erst in Kap. 3.) Damit die Nachricht, die der Sender aus Elementen dieses Codes zusammengestellt hat, beim Empfänger ankommt, muß ein *Kontaktmedium* da sein (auch *Kanal* genannt), bei mündlichen Äußerungen (von denen wir hier der Einfachheit halber ausschließlich ausgehen wollen) im allgemeinen bestehend aus der Luft, die durch die Sprechtätigkeit des Senders in Schwingungen = Schallwellen versetzt wird.

Jakobson stellt diese sechs unabdingbaren Faktoren sprachlicher Kommunikation schematisch dar:

Gegenstand
Nachricht
Sender————————————————————————Empfänger
Kontaktmedium
Code

Durch jeden dieser sechs Faktoren wird eine andere Funktion von Sprache bestimmt. Doch ist gleich einzuräumen, daß kaum jemals eine Sprachäußerung ausschließlich nur *eine* Funktion erfüllt, vielmehr wird sie von einer Hauptfunktion dominiert, neben der die untergeordnete Teilnahme anderer Funktionen zu beobachten ist.

An erster Stelle wird zumeist die *referentielle* (od. ›kognitive‹ oder ›denotative‹) *Funktion* von Sprache genannt – d. i. diejenige, bei der die Ausrichtung auf den Gegenstand dominiert. Sie kommt auch zum Ausdruck in Bühlers Kennzeichnung der Sprache als eines *organon didaskaleion*, eines ›Werkzeugs, mit dem einer dem anderen etwas mitteilt über die Dinge‹. Diese Funktion von Sprache wird manchmal als ›Mitteilungsfunktion‹, ›Kommunikationsfunktion‹ bezeichnet, doch scheint mir die Bezeichnung *referentielle Funktion* präziser (Sprache *referiert* auf einen Gegenstand, bezieht sich auf ihn), da der Terminus Kommunikationsfunktion nicht nur an das Bezugnehmen auf ›Dinge‹, sondern gleich vordringlich an das

Herstellen von Kommunikation als ein Zuwenden zu einem Hörer denken läßt; dem entspricht dann (s. u.) Jakobsons appellative Funktion.

Ausschließlich auf den Sender bezogen ist die *expressive* oder *emotive Funktion*: Die Sprachäußerung drückt die Haltung des Senders gegenüber dem Gegenstand aus, seine Stimmung, seine innere Verfassung. Jakobson hat einzelne Sprachfunktionen (wenn auch nicht durchgängig alle) in Beziehung zu bestimmten Wortarten gesetzt; die emotive Schicht der Sprache zeigt sich demnach in den Interjektionen. Daß im allgemeinen in einer Äußerung nicht nur *eine* Sprachfunktion vorliegt, läßt sich bereits an der Emotivfunktion aufweisen: Wenn ich in einer vorwiegend expressiv motivierten Äußerung z. B. meinen Ärger oder meine ironische Haltung ausdrücke, übermittle ich damit auch Information; ich informiere über meine derzeitige innere Einstellung bezüglich eines Gegenstandes.

Die *konative* oder *appellative Funktion* ist ganz auf den Empfänger ausgerichtet. Sprache wird verwendet, um an den Empfänger einen Appell zu richten, ihn zu etwas aufzufordern, bestimmte verhaltens-, einstellungs- oder gefühlsmäßige Reaktionen bei ihm zu bewirken. Sprachverwendungssituationen, in denen die appellative Sprachfunktion im Vordergrund steht, sind z. B. kommerzielle (u. a.) Werbung, politische (u. a.) Propaganda mit sprachlichen Mitteln und nicht zuletzt das Theater (im Zuschauer sollen mittels Sprache bestimmte Vorstellungen oder Empfindungen hervorgerufen werden). Morphologische Träger der appellativen Sprachfunktion (= die Wortarten, die die appellative Sprachfunktion tragen) sind Vokativ und Imperativ.

Eine Sprachfunktion, die vor allem sprachgenetisch eine wichtige Rolle spielt, ist die *phatische Funktion*. Sie besteht im bloßen Kontakthalten mittels Sprache bzw. im Herstellen, Verlängern oder Unterbrechen eines sprachlichen Kontakts. Diese Funktion lautlicher (auch vorsprachlicher) Äußerungen liegt etwa vor, wenn die Mutter zu dem Kleinkind etwas sagt, das den Inhalt des Gesagten noch gar nicht versteht – und der ist ja bei der phatischen Sprachverwendung ganz unwichtig –, wohl aber intuitiv die Zusicherung der Geborgenheit entnimmt: die Mutter ist da. Diese »Sprach«verwendung ist die einzige, die auch bei Tieren festgestellt wurde: Das Muttertier und das Jungtier halten Lautkontakt, das Muttertier vergewissert das Kleine durch Lautäußerungen: »Alles in Ordnung, bin da.« Die phatische Verwendung von Sprache ist vermutlich in der Phylogenese (= Entwicklungsgeschichte der Spezies, hier des Menschen) wie auch in der Ontogenese (= Entwicklung des Einzellebewesens) die älteste; die letztere Behauptung zumindest läßt sich durch Beobachtung von Kleinkindern am Beginn des Spracherwerbs bestätigen. Sie möchten Kommunikation herstellen, noch bevor sie Information senden oder empfangen können.

Es handelt sich um eine als vorsymbolisch bezeichnete Sprachverwendung. In den meisten sonstigen Äußerungen (zumindest überall, wo referentielle Funktion mitspielt) soll mittels Sprache ein Bezugsgegenstand symbolisiert werden (s. Kap. 1.1: Swift-Zitat) – wenn ich das Lautgebilde / ʃtuːl / »Stuhl« äußere, steht es *symbolisch* für ein Möbelstück aus Holz, Metall usw. von bestimmter Form und Verwendung (zum Zeichencharakter von Sprache s. Kap. 3) –, dagegen wird in der phatischen Sprachverwendung nicht auf einen Gegenstand symbolisch hingewiesen, sondern nur sozusagen Rückmeldung bezüglich des Funktionierens der Kommunikation zwischen Sender und Empfänger gemacht.

Jakobson bezieht allerdings die phatische Sprachfunktion nicht auf Sender und Empfänger, sondern (vielleicht einer Schematisierung der Zuordnung zwischen Kommunikationskomponenten und Sprachfunktionen zuliebe?) auf den Kanal: Sie diene dazu, zu prüfen, ob das Kontaktmedium in Ordnung sei. Auf das Beispiel phatischer Sprachverwendung, das er an erster Stelle nennt, läßt sich diese Zuordnung auch zweifellos anwenden: das rückfragende »Hallo, hören Sie mich?« oder einfach »Hallo?« am Telefon bzw. komplementär dazu das die Rückfrage vorwegnehmende »ja« oder »mhm«, das der momentan Zuhörende von Zeit zu Zeit äußert. Die phatische Sprachfunktion bestimmt auch weitgehend das, was als mehr oder weniger standardisierter *small talk* auf Partys und in vielen Alltagssituationen geäußert wird als »Geräusch um des Geräusches willen«[3] – »Schöner Tag heute« – »So, auch schon auf?« – »Na, auch mal wieder in der Stadt?« usw. –, Äußerungen, deren Daseinsberechtigung nicht in ihrem informativen (referentiellen), appellativen usw. Gehalt besteht, sondern einzig in der Herstellung oder Aufrechterhaltung einer Gemeinsamkeit.[4] Hayakawa bezeichnet pointenartig als eine wichtige Funktion von Sprache »das Vermeiden von Schweigen«[5] als eines Verhaltens, das als befremdlich, unüblich, ja unhöflich empfunden werden könnte. Die soziale Relevanz der phatischen Sprachfunktion veranschaulicht Hayakawa in dem Ratschlag, einmal einen ganzen Tag lang auf jegliche phatische Verwendung von Sprache zu verzichten und nur zu

30

reden, wenn man »etwas zu sagen« hat. Was er als voraussichtliche Folge dieses Verhaltens andeutet, läßt keinen Zweifel daran, daß er seinen Vorschlag nur zu heuristischen Zwecken vorgebracht hat: Wem daran gelegen sei, die Sympathie seiner Angehörigen und Freunde noch eine Weile zu behalten, der möge von dem Experiment lieber Abstand nehmen.[6]

Die Sprachfunktion, die auf den Code, d. h. auf die für die Äußerung verwendete Sprache selbst gerichtet ist, wird als die *metasprachliche Funktion* bezeichnet. (Sie ist uns in Kap. 1.1 bei Handkes Kaspar schon begegnet: Er hat nicht nur die Fähigkeit zu sprechen, sondern auch diejenige, über sein Sprechen zu sprechen.) Die moderne Logik unterscheidet zwischen zwei Sprachebenen, der ›Objektsprache‹ – das ist die Sprache, die von Objekten spricht – und der ›Metasprache‹ – das ist die Sprache, die über die Sprache (also über die Objektsprache) spricht.[7] Insofern ist die Wissenschaft von der Sprache unik, als bei ihr Untersuchungsgegenstand und Instrument der Untersuchung der Substanz nach gleich sind.[8] Jede Fachsprache, die auf der Grundlage der Alltagssprache (= der Objektsprache) entstanden ist, indem sie Termini aus dieser übernommen und für ihre Zwecke definiert hat oder indem sie sich Termini geschaffen hat, die nur verständlich sind, wenn die ihnen zugrundeliegende Definition in der Objektsprache bekannt ist, ist eine Metasprache. So sind Grammatiken metasprachliche Systeme ebenso wie das Bezeichnungssystem der chemischen Elemente, die Mathematik und die Sprache der Logik.

Metasprache ist aber nicht nur ein wissenschaftliches Werkzeug von Logikern, Linguisten usw., auch die Sprachverwendung im Alltag wäre ohne sie nicht möglich. In all den Fällen, bei denen Sender und Empfänger sich vergewissern müssen, ob sie sich desselben Codes bedienen, tun sie dies mittels metasprachlicher Äußerungen, etwa: »Wie meinen Sie das?« – »Ist das hier wörtlich zu verstehen?« – »Das war kein Vorwurf, das war nur eine Frage« – usw. Hierher gehören auch alle Rückfragen und Auskünfte bezüglich des Inhalts oder auch der morphologischen Charakterisierung eines Wortes: »Was heißt denn *bescheuert*?« »*Schreiben* kann ein Verb oder ein Substantiv sein« usw. Es werden jeweils nicht Aussagen über außersprachliche Gegenstände gemacht, sondern über den Code. Metasprachliche Äußerungen spielen eine wichtige Rolle in jedem Sprachlernprozeß, sowohl beim Mutterspracherwerb durch das Kind als auch beim Erlernen von Fremdsprachen.

Wo die ›Nachricht selbst‹ im Mittelpunkt steht, spricht Jakobson von der *poetischen Funktion* der Sprache (auch *ästhetische Funktion* genannt). Ein Beschränken dieser Sprachfunktion allein auf Dichtung – und, umgekehrt, ein Reduzieren von Dichtung auf lediglich diese eine Sprachfunktion – wäre nach Jakobson eine unzulässige Vereinfachung. Vielmehr erfährt ein gut Teil alltäglicher Sprachäußerungen durch die poetische Funktion der Sprache eine erhöhte Wirksamkeit der anderen in ihnen realisierten Sprachfunktionen.

Jakobson nennt Beispiele alltäglicher Sprachäußerungen, die sich in ihrer spezifischen Erscheinungsform als von der poetischen Sprachfunktion diktiert erweisen, z. B.: »›Warum sagen Sie immer *Joan und Margery,* doch niemals *Margery und Joan?* Ziehen Sie Joan ihrer Zwillingsschwester vor?‹– ›Ganz und gar nicht, es klingt nur besser.‹« Offensichtlich haben rein ästhetisch-rhythmische Motive die Abfolge der beiden Namen bestimmt. Ähnlich in einem Fall, wo ein Mädchen immer vom ›horrible Harry‹ spricht. Nach dem Grund befragt, antwortet sie, sie könne ihn eben nicht leiden. Gewiß, wird weitergeforscht, aber warum immer *horrible* und nicht zur Abwechslung auch einmal *dreadful, terrible, disgusting,* die doch alle dasselbe bedeuten? »Weil *horrible* besser paßt«, ist die Antwort – kein inhaltliches Kriterium für die Wortwahl also, sondern ein rein ästhetisches, in diesem Fall das der *Alliteration* (= Gleichheit des Anlauts bei mehreren aufeinanderfolgenden betonten Silben), des *Stabreims* der germanischen Sprachen, der nicht nur in der Dichtung, sondern auch in vielen festen Redewendungen der Alltagssprache begegnet, z. B.: *Haus und Hof; mit Mann und Maus; Kind und Kegel; Geld und Gut; null und nichtig; auf Biegen und Brechen; bei Nacht und Nebel.* Andere poetische Komponenten, denen wir in der nichtdichterischen Sprache begegnen, sind z. B. der Endreim: *weit und breit; Stein und Bein;* die Wiederholung: *Mann für Mann; Auge um Auge, Zahn um Zahn; von Haus zu Haus; jahraus, jahrein.* Die Werbung, von Jakobson als »angewandte Poesie« bezeichnet, bedient sich mehr oder weniger bewußt dieser poetischen Komponenten, z. B. des Stabreims: *Wir wollen Wulle; Milch macht müde Männer munter;...braun wie Braten;* auch bei Namen von Produkten: *Kitekat, Liegelind, Wäscheweich, Schwip-Schwap* (eine Limonade); Endreim: *Schreibste mir, schreibste ihr, schreibste auf M.K.-Papier.* Auch bei Buch- und Zeitschriftentiteln, bei politischen, ideologischen und sonstigen Slogans, bei deren Formulierung werbepsychologische Überlegungen nicht unberücksichtigt bleiben, begegnen Stabreime: *Götter, Gräber und Gelehrte; Männer, Mächte, Monopole; Kinder, Kühe, Kapital; frisch, fromm, fröhlich, frei; Wirkendes Wort; Wort und Wahrheit;* und Endreime: *Irrungen-Wirrungen; Ostwind-Westwind; lieber tot als rot.*
Regeln für verschiedene Bereiche – allgemeine Lebens- und Verhaltensregeln, Wetterregeln, mittelalterliche Gesetze, Regeln innerhalb bestimmter Wissensgebiete (lateinische Grammatik, Mathematik usw.) – haben häufig

die Form von Merkversen mit Endreim, vom gereimten Sprichwort *(Morgenstund / hat Gold im Mund; Hoffen und Harren / macht manchen zum Narren; Was ich nicht weiß, /macht mich nicht heiß)* und der Wetterregel *(Weihnacht im Klee, Ostern im Schnee; Märzenstaub / bringt Blatt und Laub; Januar kühl und naß / füllt dem Bauern Scheun' und Faß)* bis zum gereimten Gemeingut vieler Gymnasiastengenerationen wie: *Unus, solus, totus, ullus / uter, alter, neuter, nullus / diese Wörter haben alle / -ius in dem zweiten Falle, / und im Dativ enden sie / wie alius mit langem i.* Oder: *Machen Transversalen Qualen / denke an Diagonalen!* Oder: *In des Alten Bundes Schriften / merke in der ersten Stell' / Mose, Josua und Richter / Ruth und zwei von Samuel* usw. (Merkvers zur Abfolge der Bücher des Alten und Neuen Testaments). Sprachäußerungen, deren dominante Funktion nicht die poetische, sondern häufig eine appellative oder eine Informationsfunktion ist, erfüllen offensichtlich ihre Hauptfunktion besser, wenn ihre sprachliche Form zugleich ein poetisch-ästhetisches Bedürfnis befriedigt.

Wie die Beispiele belegen sollten, ist die poetische Funktion der Sprache nicht auf die Dichtung beschränkt; umgekehrt sind Werke der Dichtung nicht ausschließlich als Realisierungen der poetischen Sprachfunktion zu bezeichnen. Vielmehr ist je nach literarischer Gattung neben der poetischen Funktion die referentielle mitbeteiligt, so in der epischen Dichtung, die vor allem auf die dritte Person bezogen ist; oder die emotive Funktion, so in der Lyrik, die sich vor allem auf die erste Person richtet; oder die appellative Funktion, so in Dichtung, die sich, sei es persuasiv (= überzeugen wollend, überreden wollend), ermahnend oder bittend, an die zweite Person wendet.

Zusammenfassend ergänzen wir Jakobsons Ausgangsschema von den Grundfaktoren der sprachlichen Kommunikation durch die hier referierten entsprechenden Sprachfunktionen:

	Gegenstand (REFERENTIELL)	
Sender————————Nachricht	(POETISCH)————————	Empfänger
(EMOTIV, EXPRESSIV)	Kontaktmedium (PHATISCH) Code (METASPRACHLICH)	(APPELLATIV, KONATIV)

2.2 Sprache und Denken: die Sapir-Whorf-Hypothese

Eine Funktion der Sprache, die bei Jakobson nicht angesprochen ist, klang in dem Handke-Zitat aus Kapitel 1.1 an mehreren Stellen an, am deutlichsten in (5): »Ohne den Satz kannst du keinen Gegenstand sehen.« Hier paraphrasiert Handkes Kaspar die Quintessenz der sog. *Sapir-Whorf-Hypothese,* die sich mit der Frage nach dem Zusammenhang zwischen Denken und Sprechen, zwischen Sprache und Kognition befaßt. Ihre Entstehung und ihr Inhalt sollen in diesem Kapitel skizziert werden.

Die amerikanischen Ethnolinguisten[9] E. Sapir und B. L. Whorf, sein Schüler, erforschten nordamerikanische Indianersprachen, von denen besonders das Hopi[10] bekanntgeworden ist, weil Whorf es in seinen Schriften (1922) den von ihm so bezeichneten SAE-Sprachen (= *Standard Average European*) gegenüberstellt. Er beschreibt für das Hopi ein vom SAE völlig verschiedenes sprachliches Erfassen von Zeitabläufen: Statt einer Dreiteilung der Verbaltempora in Vorzeitigkeit – Gleichzeitigkeit – Nachzeitigkeit unterscheidet das Hopi nur zwischen einer gemeinsamen Form für schon Geschehenes (= unsere Vorzeitigkeit) und jetzt Stattfindendes (= unsere Gleichzeitigkeit) und andererseits einer Form für Zukünftiges, Erwartetes, Erhofftes, Befürchtetes usw.[11] Für die Verwendung des Plurals von Substantiven zeigt Whorf ebenfalls grundlegende Unterschiede zwischen Hopi und SAE auf.[12] Eine empirische Nachprüfung vor einigen Jahren hat Whorfs Feststellungen über das Hopi z. T. in Frage gestellt[13] – wie die Sapir-Whorf-Hypothese in ihrer gesamten Aussage, das sei gleich vorausgeschickt, unter Linguisten sehr umstritten ist.

Die Aussage von Whorfs Hopi-Beispielen lautet: Verschiedene Sprachgemeinschaften erfassen die Wirklichkeit sprachlich in ganz verschiedener Weise.

Was Whorf für die Morphologie (= Formenlehre) belegt hat, gilt auch für den Wortschatz. Das bekannteste hierfür zitierte Beispiel sind die Farbadjektive:

deutsch	englisch	französisch	kymrisch[14]
grün	green	vert	gwyrdd
blau	blue	bleu	glas
grau	grey	gris	
braun	brown	brun	llwyd

Demnach würde z. B. bei der Angabe der Farbe zweier Gegenstände das Deutsche (und ebenso das Englische und Französische) den einen *blau*, den anderen *grün* nennen, das Kymrische jedoch hat für beide nur das eine Farbadjektiv *glas*.

Ein weiteres Beispiel für die lexikalische Inkongruität (= Nichtdeckungsgleichheit im Wortschatz) zwischen verschiedenen Sprachen bieten die Bezeichnungen für verschiedene Arten von Reis im Japanischen und ihre Entsprechungen bzw. das Fehlen ihrer Entsprechungen in den europäischen Sprachen:

japanisch	deutsch, englisch, französisch
ine (›Reispflanze‹)	
momi (›Reissamen‹)	
kome (›geschälte Reiskörner‹)	Reis
meshi gohan i-i mama } –(›gekochter Reis‹) –	(rice; riz)
kayu (›weichgekochter Reis‹)	

Die Tatsache, daß die Sprachen die außersprachliche Wirklichkeit nicht alle in der gleichen Weise aufteilen, wird als das Prinzip der *sprachlichen Relativität* bezeichnet. Jede Sprache ist, nach einer hierfür gern gebrauchten Metapher, ein Netz, das über die Wirklichkeit geworfen wird; die Maschen dieses Netzes sind nicht in allen Sprachgemeinschaften (und auch nicht für alle Teilbereiche der Wirklichkeit) gleich groß und verlaufen nicht überall gleich, z. B. haben (s. o.) für den Bereich ›Reis‹ die europäischen Sprachen ein wesentlich gröbermaschiges Netz als das Japanische. Wieweit eine solche Relativität sprachlich und nicht etwa soziokulturell – also außersprachlich – gegeben ist, läßt sich vor allem beim Beispiel ›Reis‹ fragen; dagegen ist beim Beispiel ›Farbadjektive‹ die außersprachliche, physikalische Realität für alle Sprachgemeinschaften gleich, und erst die einzelnen Sprachen legen auf das amorphe Kontinuum des Lichtspektrums willkürlich ihre je verschiedenen Grenzen. Sprachen sind also »keine universellen Nomenklaturen«[15]. Das gilt es beim Übersetzen und beim Fremdsprachenunterricht zu beachten: ›Vokabelgleichungen‹ von der Art *aller = gehen, fleur = Blume; to take = nehmen, Glück = happiness* sind also nicht möglich.

Aufgabe:

1. Suchen Sie Beispielsätze, die die Unrichtigkeit der ›Vokabelgleichungen‹ *aller = gehen, fleur = Blume; to take = nehmen, Glück = happiness* demonstrieren

Die sprachliche Relativität läßt sich in der Sapir-Whorf-Hypothese nicht trennen vom *sprachlichen Determinismus,* der in dem oben zitierten Satz von Handke zum Ausdruck kommt: »Ohne den Satz (d. i.: ohne die Sprache) kannst du keinen Gegenstand sehen.« Wilhelm von Humboldt hat erstmals die Hypothese von der sprachlich vermittelten »Weltansicht« geäußert[16], die von Whorf, seine Beobachtungen über das Hopi weiterinterpretierend, sozusagen wiederentdeckt wurde und auch von anderen, z. B. von Weisgerber[17], vertreten wird. Sie besagt, daß das Individuum nur Umwelt erkennen – und von daher: nur denken – kann in den Kategorien, die die Sprachgemeinschaft, in der es aufwächst, ihm anbietet.

Das Kymrische z. B. stellt seinen Sprechern keine sprachliche Unterscheidung zwischen den Farben Blau und Grün bereit, daher, so folgert die Sapir-Whorf-Hypothese, können die Mitglieder dieser Sprachgemeinschaft hier auch keinen Unterschied registrieren.

Das Individuum ist gezwungen, die Welt durch das Prisma seiner Sprache zu sehen.[18] Es kann nur die Erfahrungen machen, für die seine Sprache die Begriffe bereithält. Die außersprachliche Wirklichkeit ist zunächst ungegliederter Stoff, der erst durch die Sprachen unterteilt und strukturiert wird. Ein ›Ding‹ ist für uns erst existent, wenn unsere Sprache es durch eine eigene Bezeichnung aus der ungegliederten außersprachlichen Wirklichkeit herausprofiliert: Der Sprache kommt sozusagen gegenstandskonstituierende Funktion zu.

Aufgabe:

2. Interpretieren Sie das Quasi-Bonmot von Weisgerber: »Ob in einem Land Unkraut wächst, hängt von der Sprache seiner Bewohner ab.«

Die Sapir-Whorf-Hypothese setzt sich zusammen aus zwei Aussagen, die mit den Stichwörtern 1. sprachliche Relativität, 2. sprachlicher Determinismus etikettiert werden können. Vor allem die zweite Aussage, die eine Antwort auf die Frage nach dem Verhältnis zwischen Sprache und Kognition gibt, ist umstritten. Der Hypothese von einem einseitigen Primat der Sprache – »Sprache bestimmt das Denken« – steht die Hypothese gegenüber, daß Denken und Sprechen zwei sich eigenständig entwickelnde, wenn auch natürlich interagierende menschliche Fähigkeiten sind.[19]

Die Sapir-Whorf-Hypothese wurde hier unter der Überschrift ›Funktionen von Sprache‹ abgehandelt, was sich eben mit der Hypothese vom sprachlichen Determinismus rechtfertigen läßt. Aus ihm läßt sich auch eine weitere Funktion von Sprache ableiten, die gelegentlich, zusätzlich zu den bisher genannten, angegeben wird: die Funktion der *Strukturierung der Gedanken (élaboration de la pensée)*.[20] Argumentatives Entwickeln eines Gedankenganges ist nur möglich in sprachlichen Begriffen. Auch für jedes sinnvolle Handeln wird die Voraussetzung gemacht, daß das Ziel des Handelns zuvor, wenn auch nur mentaliter und häufig völlig unbewußt, in sprachlichen Termini ausgebracht sein muß, Planen kann immer nur eine sprachliche Angelegenheit sein (vgl. Handke [9]; [3]).

Der Grund, warum die Sapir-Whorf-Hypothese meines Erachtens in einer Darstellung der Linguistik nicht fehlen darf, liegt nicht nur in ihrer inhaltlichen Aussage, die zumindest zum Nachdenken über die »Sprachbedingtheit« menschlichen Erkennens und Denkens und damit letztlich jeglichen menschlichen Handelns herausfordert; vielmehr ist diese Hypothese auch eine Voraussetzung dafür, einen wichtigen späteren Ansatz in der Linguistik richtig zu verstehen und einzuordnen, nämlich die Soziolinguistik (s. Kap. 10).

Aufgabe:

3. Welche Funktion(en) der Sprache steht (stehen) in den folgenden Situationen jeweils im Vordergrund?

a) »Donnerwetter, toller Schlitten«, meint Herr B. anerkennend, als sein Schwager ihm seinen neuen Wagen vorführt.

b) Bevor Anna mit dem Verfassen ihres Referats beginnt, formuliert sie eine Gliederung.

c) »Nun leck den Löffel schön ab, der Hustensaft schmeckt doch sooo lecker«, sagt die Mutter zu dem kleinen Felix.

d) Herr A. fragt seinen Nebenmann in der Straßenbahn, was er von dem Wahlergebnis hält.

e)   Zwei Trichter wandeln durch die Nacht.
      Durch ihres Rumpfs verengten Schacht
        fließt weißes Mondlicht
          still und heiter
            auf ihren
            Waldweg
             u. s.
             w.

(Christian Morgenstern ›Die Trichter‹, in: ›*Galgenlieder*‹)

f) Die Vermieterin schaut kurz auf, als der Student morgens die Küche betritt: »So, auch schon auf?«

3 Funktionieren von Sprache

Wie muß nun Sprache beschaffen sein, damit sie die ihr zukommenden Funktionen erfüllen kann?

3.1 Sprache und Semiotik

Daß Sprache Zeichencharakter hat, fanden wir, dichterisch gestaltet, bereits in dem Zitat von Swift (Kap. 1.1): Die Sprachbenutzer übermitteln einander Aussagen über ›Dinge‹, nicht indem sie diese konkret *vorweisen*, sondern indem sie mittels Sprache auf sie *verweisen*. Die Definition von ›Zeichen‹, die auf die mittelalterliche Scholastik zurückgeht, besagt nichts anderes: *aliquid stat pro aliquo,* »etwas steht (stellvertretend) für etwas anderes« – das bedeutet: jedes Phänomen, das nicht nur als rein phänomenologisch Gegebenes aufzufassen ist, sondern etwas anderes ausdrücken soll, ist ein Zeichen. Demnach gibt es nicht nur Zeichen in sprachlicher Form, sondern auch andere, z. B. visuelle Zeichen, vom Verkehrsschild (das weiße Dreieck mit rotem Rand z. B. darf nicht einfach als »weißes Dreieck mit rotem Rand« aufgefaßt werden, sondern es drückt etwas aus, bedeutet etwas: »Vorfahrt beachten!«) bis hin zu Werken der bildenden Künste, ja gar zur Kleidung und äußeren Aufmachung einer Person.[1]

Die Wissenschaft von den Zeichen allgemein wird als *Semiotik* (auch *Semiologie*) bezeichnet; die Wissenschaft von den sprachlichen Zeichen, die *Linguistik,* ist eine von ihren Unterdisziplinen, wie de Saussure als der Begründer der modernen Linguistik ausdrücklich betonte.

Daher soll im folgenden (Kap. 3.1.1) zuerst eine Charakterisierung von Zeichen allgemein gegeben und dann erst auf die Besonderheiten eingegangen werden, die das sprachliche Zeichen von nichtsprachlichen Zeichen unterscheiden (Kap. 3.1.2).

3.1.1 Zeichen allgemein

3.1.1.1 Konstituierung von Zeichen

Der Gebrauch sprachlicher Zeichen ist eine der grundlegenden spezifisch menschlichen Eigenschaften; dagegen findet sich

Gebrauch nichtsprachlicher Zeichen auch im Tierreich, passiv (als Zeichenverstehen) und aktiv (als Zeichenaussenden). Ein bekanntes Beispiel aus der ersten Gruppe soll zur Erklärung der Konstituierung von Zeichen dienen, d. h. die Frage beantworten, wie es kommt, daß ein bestimmtes visuelles, akustisches oder sonstiges Phänomen zum Zeichen (d. h. zum Ausdruck für etwas anderes) werden kann. Die Versuche, die der russische Forscher Iwan Pawlow mit Hunden durchgeführt hat, mögen diesen Prozeß der *Semiotisierung* (= Vorgang, durch den etwas zu einem Zeichen gemacht wird) erklären.

Wenn die Tiere gefüttert wurden, ließ Pawlow zur gleichen Zeit einen Glockenton erklingen. Der Gehörseindruck trat also in der gleichen Situation auf wie die übrigen visuellen, geschmacklichen, olfaktorischen usw. Eindrücke, die von der verabreichten Nahrung ausgingen. Eines Tages wurde nur der Glockenton erzeugt ohne Futterverabreichung – die Reaktionen der Hunde: gierig-ungeduldiges Herbeidrängen, freudiges, erwartungsvolles Kläffen usw. bis zur Absonderung von Speichel und Magensaft waren die gleichen wie sonst bei der Fütterung. Die Assoziation, die sich durch die anfängliche Koppelung der beiden Reize eingestellt hatte, war stark genug, daß nun ein Teil des bisherigen Stimulus (= Reizes) genügte, um die üblichen Reaktionen auf den Gesamtstimulus hervorzurufen (sog. *Reizgeneralisation*): Der Glockenton, ein biologisch an sich irrelevantes Objekt, das erst durch den Lernvorgang seinen Wert erhielt (konditionierter Reflex), war zum *Zeichen* für Nahrung geworden.

3.1.1.2 Eigenschaften von Zeichen

Wie das Pawlowsche Beispiel – Glockenton ›steht für‹ Nahrung – zeigt, wird in dem Augenblick, da ein Gegenstand Zeichenfunktion erhält, von seinen physikalischen Eigenschaften abstrahiert: Das Zeichen ist *abstrakt;* wichtig ist nur noch seine Hinweisfunktion.
Diese Funktion hätte statt einem Glockenton ebensogut einem Pfeifsignal, einem Lichtzeichen oder anderem auferlegt werden können: Das Zeichen ist willkürlich gewählt, *arbiträr,* muß aber nach einmal erfolgter Setzung so beibehalten werden; das Zeichen ist *konstant* (»*réutilisable de message en message*«).[2] Es stellt eine Konvention dar (das Zeichen ist *konventionell*), an die sich die Zeichenbenutzer hinfort halten.
Einzelzeichen werden im Tierreich und in der menschlichen Gesellschaft benutzt. (Warnrufe der Vögel; lautliche Kommunikation von Delphinen untereinander; Tänze der Bienen zur Mitteilung von

Lagerichtung und Entfernung einer Futterquelle an die Artgenossen[3]; visuelle Zeichen beim Menschen: geballte Faust als Drohgeste; Winken beim Abschied und andere Gesten.)
Zeichensysteme bestehen aus mehreren aufeinander abgestimmten Zeichen[4] und scheinen dem Menschen vorbehalten zu sein, will man nicht die oben erwähnten Rund- und Schwänzeltänze der Bienen und die noch nicht genügend erforschten Äußerungen der Delphine auch als Systeme ansprechen. In einem Zeichensystem erhält das Einzelzeichen seine Bedeutung erst von seiner Stellung im System her, aus seiner Relation zu den anderen Zeichen.

Zur Verdeutlichung diene ein einfaches Beispiel: Die Verkehrsampel ist ein visuelles Zeichensystem, das sich aus den drei Elementen rotes Licht – grünes Licht – gelbes Licht zusammensetzt. Das grüne Licht z. B. für sich genommen hätte keinen objektiven Aussagewert, erst aus der *Opposition* zu Rot und Gelb bezieht es seine Bedeutung: Jedes einzelne Zeichen in einem Zeichensystem ist das, was sämtliche anderen Zeichen im System nicht sind. (Zu den Begriffen ›System‹, ›Funktion‹, ›Opposition‹ s. Kap. 4.)

3.1.1.3 Symbol vs. Zeichen im engeren Sinne

Unter dem Begriff ›Zeichen‹ werden zwei verschiedene Typen von Bedeutungsträgern zusammengefaßt. Den Unterschied mögen einige Beispiele aus unserer alltäglichen Umgebung illustrieren: Wir sehen, daß beim Symbol zwischen der Form des Zeichens und dem, was es ausdrückt, noch ein gewisser Ähnlichkeitsbezug da ist. Beim Zeichen im engeren Sinne dagegen gibt es keine wesensmäßige Beziehung zwischen der Form und dem, was sie ausdrückt. Die Verbindung z. B. zwischen einem Rhombus und der Aussage ›Vorfahrtstraße‹ ist reine Konvention, willkürlich so festgelegt.

| Fußgängerweg | Vorsicht! Bahnübergang | Halteverbot | Vorfahrtsstraße |

Symbole   *Zeichen*

Restaurant   Damen Herren   Kanal   Ruine
              (an Toiletten-   (auf Landkarten)
              türen)

Klingel   Licht   das sog. Woll-   der Mercedes-
(auf Knöpfen in Treppen-   siegel (als   Stern (als
fluren)   Materialangabe   Kennzeichen
                               bei Textilien)   einer Auto-
                                                 marke)

Symbole   *Zeichen*

Die Begriffe ›Symbol‹ und ›(völlig willkürliches) Zeichen‹ sind hier im Sinne de Saussures gebraucht. Die amerikanische Linguistik und Semiotik dagegen bezeichnet – gerade umgekehrt! – mit *symbol*, ›Symbol‹, die willkürlichen, konventionellen Zeichen. Für die abbildenden Zeichen gebraucht sie den Ausdruck *icon*, ›Ikon‹.

Es könnte eingewandt werden, daß für Symbole die Eigenschaft ›arbiträr‹, die zu den Charakteristika eines Zeichens gehört, nicht zutrifft. Dem ist aber nicht so:

›Fußgängerweg‹ z. B. könnte ebensogut durch oder dgl. symbolisiert werden,

oder ›Restaurant‹ durch usw.

Mit anderen Worten: Auch Symbole sind willkürlich, was die Auswahl aus den möglichen Zeichenformen betrifft, die von dem auszudrückenden Inhalt her motiviert sind.

Aufgabe:
4. Suchen Sie weitere Beispiele für Symbole und Zeichen im engeren Sinne!

3.1.2 *Das sprachliche Zeichen*

Die Charakterisierung von Zeichen allgemein auf sprachliche Zeichen anzuwenden, die in erster Linie akustische Zeichen sind, versuchen verschiedene Modelle des sprachlichen Zeichens. Hinzu kommt eine Liste der Eigenschaften des sprachlichen Zeichens, die es zusätzlich zu denen von Zeichen allgemein besitzt.

3.1.2.1 Modelle des sprachlichen Zeichens (Vorbemerkungen zum Modellbegriff)

Modellierung (= Erstellen eines Modells) ist in allen den Wissensbereichen notwendig, deren Gegenstand nicht durch unmittelbare Beobachtung erfaßt werden kann. Zur Modellierung eignen sich nur Phänomene, »deren relevante Eigenschaften sich in ihren strukturellen (funktionellen) Merkmalen erschöpfen und in keiner Weise mit ihrer physischen Natur verbunden sind«[5].

Da auf die menschliche Sprechtätigkeit und Sprechfähigkeit zutrifft, daß sie in ihrem Ablauf nicht beobachtbar sind, und da jede Sprache nach de Saussure ein System, gekennzeichnet durch seine Struktur, darstellt, hat der Begriff des Modells in der modernen Linguistik große Bedeutung gewonnen. Ein linguistisches Modell ist stets ein sog. ›*Black box*‹-*Modell*, d. h., es ist wie ein ›schwarzer Kasten‹, bei dem nur das Ausgangsmaterial und das Endprodukt *(Input* und *Output)* bekannt sind, nicht aber, was sich im Innern des Kastens vollzieht. Das Modell wird demnach ein ›logischer Mechanismus‹[6] sein, den ich aufgrund meiner Hypothese über die mögliche Konstruktion des Objektes geschaffen habe. Wenn das Modell hinsichtlich Input und Output dasselbe *leistet* wie das Objekt, kann es als adäquat angesehen werden. ›Black box‹-Modelle bezeichnet man daher als *Leistungsmodelle* im Gegensatz zu *Funktionsmodellen*, die zusätzlich abbilden, wie das Objekt funktioniert, d. h., in welchen einzelnen Schritten es die Umsetzung des Inputs in den Output besorgt. Im folgenden werden einige gängige Leistungsmodelle 1. des sprachlichen Zeichens (das von de Saussure, das von Ogden/Richards und das von Bühler) und 2. der sprachlichen Kommunikation vorgestellt.

3.1.2.1.1 Das Zeichenmodell von de Saussure

Ein Zeichen besteht aus Ausdruck und Inhalt. Die Ausdrucksseite hat beim sprachlichen Zeichen die Form einer Lautkette. Inhalt und

Ausdruck sind durch Assoziation so unlösbar miteinander verbunden wie Vorder- und Rückseite eines Blattes Papier.[7]
Das bedeutet, am Beispiel des sprachlichen Zeichens *Stuhl* gezeigt: Wenn ich die Lautkette / ʃtuːl /[8] höre, so stellt sich mir unwillkürlich die Vorstellung eines solchen Möbelstücks zum Sitzen, mit Beinen, mit Lehne, für eine Person usw. ein; und umgekehrt, wenn ich solch ein Möbelstück sehe, kann ich nicht umhin, es zu identifizieren als durch das Lautbild / ʃtuːl / bezeichnetes.
Es besteht eine reziproke Evokation (= gegenseitiges Einander-ins-Gedächtnis-Rufen) zwischen Inhalt und Ausdruck eines Zeichens.
De Saussures Zeichenmodell (das grundlegende Zeichenmodell, das in alle anderen letztlich miteingegangen ist):[9]

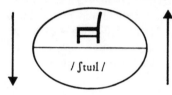

Die Pfeile unterstreichen die reziproke Evokation des einen durch das andere.

/ ʃtuːl /

Die folgende Darstellung soll betonen, daß das de Saussuresche Zeichen rein psychischer Natur ist: »Das sprachliche Zeichen verbindet nicht eine Sache und einen Namen miteinander, sondern eine Vorstellung von einer Sache *(concept)* und ein Laut*bild (image acoustique)*.«[10] *Concept* ist nicht der Gegenstand selbst, z. B. ein wirklicher Stuhl, sondern der Begriff (also eine Abstraktion aus sämtlichen wirklichen Stühlen). *Image acoustique* ist nicht die wirkliche Lautkette, sondern die psychologische Spur der Lautkette, z. B. die Vorstellung von den Lauten ʃ-t-uː-l.

De Saussure wählte für die beiden Seiten des *signe linguistique* schließlich die Bezeichnungen *signifié* und *signifiant*, was deren engen Zusammenhang auch sprachlich zum Ausdruck bringt (wobei er dem einen das aktive – präsentische – Partizip, dem anderen das passive – perfektische – desselben Verbs zuteilt):

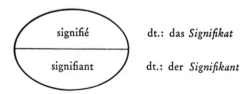

3.1.2.1.2 Das Zeichenmodell von Ogden und Richards[11]

Gedanke (frz. *sens*, engl. *meaning*, das Bezeichnete)

Symbol[11a] (frz. *nom*, engl. *form*, das Bezeichnende)

Referent (frz. *chose*, engl. *referent*, der Umweltreferent, das bestimmte Objekt)

Ein Unterschied zwischen diesem sog. *semiotischen Dreieck*[11b] und dem de Saussureschen Zeichenmodell springt sofort in die Augen: De Saussures Modell ist zweiseitig (= dyadisch), das Ogden/Richardssche dreiseitig (= triadisch). Projiziert man beide Modelle übereinander,

so zeigt sich, daß das semiotische Dreieck als zusätzliche Komponente die ›Sache‹, den Umweltreferenten, die außersprachliche Wirklichkeit enthält.

Der Unterschied zwischen den beiden Modellen ist aber noch fundamentaler, sie müssen nämlich auch verschieden ›gelesen‹ werden: Das de Saussuresche Modell ist statisch, es stellt die Zusammengehörigkeit zwischen einem ›Namen‹ und einer Inhaltsvorstellung als festen *Zustand* dar.

Das Dreiecksmodell dagegen ist dynamisch, stellt einen *Prozeß* dar: Für Ogden/Richards läßt sich die Bedeutung eines sprachlichen Zeichens (z. B. eines Wortes) nur erfassen, wenn es (von einem Sprecher) benutzt wird, um damit auf einen Gegenstand der außersprachlichen Wirklichkeit hinzuweisen. »Wörter bedeuten nicht ›an sich‹ etwas, sondern nur, wenn sie von Menschen gebraucht werden.«[12]

So veranschaulicht auch die nichtdurchgezogene Basislinie des Dreiecks: Es besteht keine direkte, naturgegebene logische Verbindung zwischen ›Name‹ und Inhaltsvorstellung, z. B. zwischen der Lautkette / ʃtuːl / und dem individuellen Umweltreferenten, dem bestimmten Stuhl, von dem jemand in einer konkreten Situation gerade sprechen möchte (und der beispielsweise einmal mahagonibraun mit korbgeflochtener Sitzfläche sein kann, ein andermal aus gebogenen Metallrohren besteht, usw.). Vielmehr wird die Zuordnung erst durch den Prozeß im Zeichenbenutzer geleistet, indem er den individuellen ›Fall von‹ Stuhl und den abstrakten Begriff ›Stuhl‹ (sozusagen den Oberbegriff für alle Einzelsituationen des Redens von / Hinweisens auf einen Stuhl) einander zuordnet.

Pointiert zusammenfassend gesagt ist de Saussures zweiseitiges Modell ein *Zeichenmodell*, Ogden/Richards' Dreiecksmodell ein *Bezeichnungsmodell*.

3.1.2.1.3 Das Zeichenmodell von Bühler (Organon-Modell)[13]

Bühler nimmt die Kennzeichnung von Sprache, die Plato im Kratylos gibt, wieder auf: Sie sei ein *organon didaskaleion* = »ein Werkzeug, womit einer dem anderen etwas mitteilt über die Dinge«. Gemäß dieser Definition ist Bühlers Organon-Modell als Zeichenmodell zugleich schon ein Kommunikationsmodell, da für ihn Sprache sich gar nicht unter Absehung von ihrer Funktion, hier: von ihrer Kommunikationsfunktion, betrachten läßt (s. Kap. 2.1; zu den sog. Funktionalisten der Prager Schule des Strukturalismus s. Kap. 4).

Die drei grundlegenden Funktionen, die jedes sprachliche Zeichen hat, nur mit verschiedener Gewichtung (Ausdruck-Darstellung-Appell), wurden schon in Kapitel 2.1 angesprochen. Bühler hat sie am Beispiel einer Kommunikationssituation verdeutlicht:

Die komplexe Darstellung des Zeichens für sich genommen ist noch zu erklären:

Der Kreis stellt den materiellen Zeichenträger dar, beim sprachlichen Zeichen das ›Schallphänomen‹; er entspricht also dem Signifiant in de Saussures Modell. Das Dreieck bedeutet die Zeichenfunktion, die dieses Schallphänomen hat und die ja bei Bühler dreifach ist (nicht nur einfach, als bloße Referenzfunktion, wie bei de Saussure und wie im semiotischen Dreieck). Daß die Linien, die die Zeichen-›Ding‹-Relation symbolisieren, nur gestrichelt sind, soll auch hier (vgl. Kap. 3.1.1.2) den ursprünglich willkürlichen

Z = Zeichen

Angenommen, zwei Personen befinden sich in einem Zimmer, und der eine stellt plötzlich fest, daß es draußen regnet. Er äußert das ›Schallphänomen‹ (wie Bühler die Lautkette bezeichnet) / esˈreːgnət /. Dieses ist als Zeichen (1) Symbol: Es stellt den genannten meteorologischen Sachverhalt dar; (2) Symptom (Anzeichen, Indicium): Es kann den inneren Zustand des Sprechers ausdrücken (z. B. Unmut, Verärgerung); (3) Signal: Es wird wohl den Hörer veranlassen, einen Schirm zu holen oder ein Taxi zu bestellen oder dgl.

Charakter des Zeichens ausdrücken: Diese Relation beruht auf bloßer Konvention. Dreieck und Kreis decken sich nicht: Einerseits greift der Kreis über das Dreieck hinaus; das bedeutet, daß nicht alles am Schallphänomen mit seiner Zeichenfunktion zu tun hat und daß der Empfänger automatisch dieses Irrelevante unbeachtet läßt und nur das semiotisch (= zeichenmäßig) Relevante an dem ankommenden Schallphänomen verwertet. Dieses Prinzip nennt Bühler die *abstraktive Relevanz*. Sie gilt nicht nur für sprachliche Zeichen, sondern auch für andere, z.B. für die Verkehrsampel. Nicht alle Eigenschaften der Verkehrsampel sind für ihre Zeichenfunktion relevant; irrelevant sind z.B. ihre Höhe, das Material (Metall, Holz usw.), der Durchmesser der drei Lampen usw. Von ihnen allen abstrahiert der Empfänger automatisch, um nur das Relevante, nämlich die Farbe – Rot oder Grün oder Gelb – zu registrieren und ihrem Zeichenappell zu folgen.

Andererseits ragt das Dreieck über den Kreis hinaus; das bedeutet, daß der materielle Zeichenträger häufig defizient sein kann, daß bei Sprachäußerungen z. B. einzelne Laute für den Empfänger nicht hörbar sind (am Telefon grundsätzlich *s*, das aus elektrotechnischen Gründen stets als *f* übertragen wird), aber dennoch ist der Empfänger in der Lage, durch *apperzeptive Ergänzung* sich das Fehlende ›hinzuzudenken‹ (z. B. bei der Korrektur unleserlicher Klausuren), evtl. Fehler, die der Sender gemacht hat, bei der Apperzeption, der Aufnahme, automatisch zu berichtigen.

3.1.2.1.4 Zusammenfassung der sprachlichen Zeichenmodelle

De Saussures dyadisches Zeichenmodell beschränkt sich auf zwei rein psychische Größen *signifiant* und *signifié*, zwischen denen es eine rein statische Beziehung etabliert, die außersprachliche Wirklichkeit (die schließlich ein nicht unwesentlicher Grund für die Existenz von Sprache als Zeichensystem ist) hat in diesem Modell keinen Platz.

Das Ogden/Richardssche semiotische Dreieck ist ein prozessuales Modell; hierfür mußte es de Saussures Zeichenmodell um den dritten Pol Umweltreferent ergänzen und den Zeichenbenutzer mit implizieren.

Bühlers Organon-Modell als das komplexeste spricht dem sprachlichen Zeichen von vornherein drei Funktionen zu, nicht nur eine. Das Zeichen kann nur beschrieben werden unter Einbeziehung der Benutzer. Zudem werden gewisse psychische Prozesse beim Zeichenbenutzen miteinbezogen durch die Begriffe abstraktive Relevanz und apperzeptive Ergänzung.

3.1.2.2 Eigenschaften des sprachlichen Zeichens

Als Eigenschaften, die allgemein sprachlichen und nichtsprachlichen Zeichen zukommen, waren eingangs abstrakter Charakter und arbiträre konventionelle Zuordnung zu den Gegenständen, die dann aber konstant ist, festgestellt worden. Zur Willkürlichkeit des sprachlichen Zeichens ist noch anzumerken, daß sie zwar in der überwiegenden Mehrzahl der Fälle auf der Hand liegt – nichts im Wesen eines Tisches zwingt mich, ihn eher mit der Lautfolge t-i-ʃ zu bezeichnen als mit irgendeiner anderen; die Existenz verschiedener Sprachen, in denen derselbe Tisch statt *Tisch* etwa *table, table, tavola* usw. heißt, belegt dies zusätzlich –, aber eine bestimmte Gruppe von sprachlichen Zeichen wird gelegentlich als Gegenargument angeführt: die sog. *Onomatopöen* (= *lautmalenden Wörter*), wie *Kikeriki, Wauwau, murmeln* usw. Sie sind nicht Zeichen im engeren Sinne, sondern Symbole (s. 3.1.1.3). De Saussure sieht jedoch die Willkürlichkeit des sprachlichen Zeichens durch sie nicht angefochten: Erstens machen sie einen zu geringen Prozentsatz des Wortschatzes aus; zweitens variieren auch sie von Sprache zu Sprache (z. B. *Kikeriki* – frz. *cocorico* – eng. *cockadoodledoo*), sind von daher also auch arbiträr; drittens sind sie gelegentlich nur zufällige Produkte der Lautgeschichte einer Sprache, nicht bewußt gebildete, weil für besonders passend gehaltene Namen für Umweltreferenten: z. B. hat frz. *fouetter* ›peitschen‹ nur ›zufällig‹ seine onomatopoetische Form erworben; es kommt von lat. *fagus* ›Buche‹ (über ein Diminutivum = eine Verkleinerungsform ›Buchenzweiglein‹).

De Saussure nennt die zusätzlichen Eigenschaften, die das sprachliche Zeichen speziell von den Zeichen allgemein abheben: Linearität, Unveränderlichkeit und Veränderlichkeit.

– *Linearität:* Wir können zwar mehrere visuelle Zeichen gleichzeitig hervorbringen und/oder gleichzeitig aufnehmen, jedoch nicht mehrere sprachliche Zeichen. Das sprachliche Zeichen ist an den linearen Ablauf der Zeit gebunden; ich kann nur einen Laut nach dem anderen artikulieren und sie aneinanderreihen zu einer Lautkette (*chaîne, chaîne parlée*).

– *Unveränderlichkeit:* De Saussure stellt fest, daß es brüske Veränderungen sprachlicher Zeichen im allgemeinen nicht gibt. Als Gründe führt er an: 1. den willkürlichen Charakter des sprachlichen Zeichens – um eine Sache in Frage stellen zu können, muß sie auf einer vernünftigen Norm beruhen; 2. die Vielzahl der Zeichen innerhalb eines sprachlichen Zeichensystems; 3. die Komplexität dieses Systems – beide Faktoren würden eine Veränderung zu aufwendig machen; 4. einen psychologischen Grund: die kollektive Trägheit der Sprachbenutzer, die in einer Neuerungsunwilligkeit resultiert.

– *Veränderlichkeit:* Wenn sprachliche Zeichen dennoch veränderlich sind – und ein Blick auf die Geschichte einer beliebigen Sprache lehrt uns, daß sie es sind –, so liegt die Ursache bei zwei Faktoren, die de Saussure in einer Skizze zueinander in Beziehung setzt:

Die Angehörigen der Sprachgemeinschaft bzw. meist einzelne soziale Gruppen können im Laufe der Zeit Änderungen in der Sprache bewirken (s. dazu auch Kap. 5: synchronisch/diachronisch).

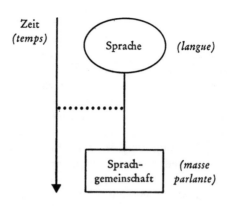

3.2 Sprache und Kommunikation

Als wichtigste Funktion von Sprache gilt die kommunikative. Die für jede Kommunikation, sprachliche und nichtsprachliche, notwendigen Elemente haben wir bereits in Kapitel 2.1 genannt: *Sender* (S), *Empfänger* (E), *Nachricht*, die S an E sendet; *Gegenstand*, auf den diese Nachricht sich bezieht; *Code*, über den S und E als gemeinsame ›Sprache‹ (oder ein anderes, etwa visuelles, Zeichenrepertoire) verfügen; *Kanal*, auf dem die Nachricht transportiert wird (bei sprachlicher Kommunikation: in Schallwellen versetzte Luft). Kommunikation bedeutet nicht notwendig die simultane Anwesenheit von Sprecher und Hörer, z.B. liegt auch Kommunikation vor, wenn ein Leser das Werk eines längst verstorbenen Autors liest.

3.2.1 Modelle der sprachlichen Kommunikation

Wie soll nun das Funktionieren von Sprache, deren Zeichencharakter wir in verschiedenen Modellen analysiert gesehen haben, in ihrer kommunikativen Funktion vorgestellt werden? Verschiedene Kommunikationsmodelle schlagen Antworten auf diese Frage vor; vier davon wollen wir im folgenden skizzieren: das von *de Saussure*, das informationstheoretische von *Shannon* und *Moles*, das behavioristische von *Bloomfield* und das *Bühlersche* Organon-Modell als Kommunikationsmodell.

3.2.1.1 Das Kommunikationsmodell von de Saussure

De Saussures Kommunikationsmodell ergibt sich folgerichtig aus seinem Zeichenmodell:
De Saussure zerlegt den Kommunikationsvorgang in mehrere Schritte, die – seinem Zeichenmodell entsprechend – jeweils nach dem Kriterium psychisch/nicht psychisch klassifiziert werden.

1. Schritt: rein psychisch: Zwei Personen A und B wollen miteinander in Kommunikation treten. A hat eine Vorstellung (eine Mitteilungs- oder Äußerungsabsicht oder ähnliches: *concept*), mit der automatisch aus seinem Sprachzentrum im Gehirn das zugehörige Lautbild *(image acoustique)* abgerufen (evoziert) wird.
2. Schritt: psycho-physisch: Dieses Lautbild geht an die Artikulationsorgane als ›Befehl‹ zu entsprechenden Artikulationsbewegungen.
3. Schritt: rein physisch: A artikuliert und sendet dadurch Schallwellen aus, die an B's Ohr ankommen.
4. Schritt: psycho-physisch: Die Schallwellen werden von B's Gehörorgan seinem Gehirn ›mitgeteilt‹.
5. Schritt: rein psychisch: Das Sprachzentrum in B's Gehirn registriert das zugrundeliegende Lautbild und evoziert automatisch die damit gekoppelte Inhaltsvorstellung.

Nun kann B zum Sender, A zum Empfänger werden.
Sprechen und Hören vollziehen sich genau spiegelbildlich zueinander; der gesamte Kommunikationsvorgang ist sozusagen an der Symmetrieachse ›3. Schritt‹ gespiegelt.

3.2.1.2 Das informationstheoretische Kommunikationsmodell von Shannon und Moles[14]

Shannon, ein amerikanischer Fernmeldeingenieur, stellte in seinem Kommunikationsmodell (1949) zunächst dar, was sich am Telefon zwischen den beiden Sprechern abspielt:

Moles (1963) hat das Shannonsche Modell um die notwendige Komponente *Repertoire* (den *Code*) erweitert und damit zur Übertragung auf sprachliche Kommunikation geeigneter gemacht:

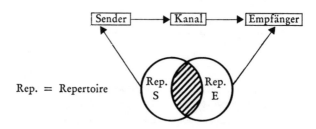

Der Sender hat eine Kommunikationsintention, eine Nachricht, die er dem Empfänger mitteilen will; in Shannons Modell ist sie mit *Input* bezeichnet. Er schöpft aus seinem Zeichenrepertoire die zur Übermittlung seiner Nachricht notwendigen Zeichen (z. B. um den Inhalt ›Möbelstück zum Sitzen, mit Lehne, für eine Person‹ zu übermitteln, nimmt er aus dem Repertoire die Lautkette ʃ-t-uː-l). Er *codiert* (= ›verschlüsselt‹) seine Nachricht, wie mit einem nachrichtentechnischen Ausdruck das Umsetzen von Inhalt in Ausdruck genannt wird. Er sendet die codierte Nachricht über den Kanal an den Empfänger, wobei der Kanal in realen Kommunikationssituationen Störungen ausgesetzt ist (*Lärm*, engl. *noise*, wird in der Nachrichtentechnik in einer erweiterten Bedeutung für Störungen jeder Art gebraucht): Geräusche oder, bei schriftlicher sprachlicher Kommunikation, unleserliche Schrift, beschädigtes Papier usw. (vgl. Bühlers Zeichenmodell, das die Gegenkraft gegen Kommunikationsstörungen explizit registriert in Form der apperzeptiven Ergänzung durch den Hörer). Der Empfänger *decodiert* (›ent-

schlüsselt‹) die ankommende Nachricht, d.h., er ›übersetzt‹ den Ausdruck wieder in Inhalt, in den *Output*. Dies geschieht, indem er in seinem Repertoire sucht, welcher Inhalt unlösbar verknüpft zu der aufgenommenen Lautkette / ʃ-t-u:-l / gehört.
Hier wird die Relevanz des *Codes* oder Repertoires deutlich: Kommunikation ist überhaupt nur möglich, wenn Sender und Empfänger über einen (zumindest teil-)gleichen Code verfügen.

Auf der **Basis der gemeinsamen Teilmenge** von Sender-

und Empfängercode kann kommuniziert werden. (Sprachliche Kommunikation, wenn auch nicht visuelle, taktile usw., ist z.B. ausgeschlossen zwischen zwei Sprechern verschiedener Nationalsprachen, wenn sie nicht zusätzlich eine gemeinsame Sprache beherrschen.)

3.2.1.3 Das behavioristische Kommunikationsmodell von Bloomfield[15]

Die Schule des Behaviorismus in der amerikanischen Psychologie geht von der Annahme aus, daß »alles menschliche Handeln (einschließlich psychischer und sprachlicher Vorgänge) auf äußere, objektiv beobachtbare und nachprüfbare Fakten zurückzuführen«[16] ist. Menschliches Verhalten und Handeln beruht lediglich auf einem »Wechselspiel von Reiz *(stimulus)* und Reaktion *(response)*«[17]. »Mentalistische Aussagen und introspektive Untersuchungsmethoden«[18] sind daher für den Behaviorismus nicht zulässig.
Der daraus resultierende Begriff von Wissenschaftlichkeit wurde von Bloomfield und Harris[19] auf die Linguistik übertragen und hat sich dort in der sog. ›*meaning*-Feindlichkeit‹ des amerikanischen Strukturalismus niedergeschlagen (s. Kap. 4: Corpusanalyse; s. auch Kap. 9: Semantik: ›*meaning*-Feindlichkeit‹).[20]
Konsequenterweise kann auch ein Kommunikationsvorgang von den behavioristischen Linguisten lediglich mit den Kategorien Stimulus und Response erklärt werden, wie Bloomfield an folgender kommunikativer Modellsituation veranschaulicht:

Jack und Jill gehen spazieren. Jill sieht oben auf einem Baum einen Apfel und hätte ihn gern. Nun bestehen für sie zwei Möglichkeiten, auf den

Stimulus Apfel zu reagieren: entweder, indem sie ihn sich holt oder indem sie Jack bittet, ihn ihr zu holen.

Das Modell für den ersten Fall wäre

$$S \longrightarrow R,$$

ein nichtsprachliches Ereignis, der Stimulus S, führt unmittelbar zu einem nichtsprachlichen Ereignis, der Response R.

Wo dies nicht möglich ist, kommt es, wie bei Jack und Jill, zu dem Modell

$$S \longrightarrow r \cdots\cdots\cdots s \longrightarrow R$$

Ein nichtsprachliches Ereignis S, durch Sprache übermittelt, führt zu einem nichtsprachlichen Ereignis R. (»Practical events [...], mediated by speech, [...] lead to practical events.«[21]) Jill reagiert auf den Stimulus S nur mit einer Ersatzreaktion r, »durch kleine Bewegungen in Mund und Kehlkopf«[22], nämlich sprachlich, durch eine Bitte oder Aufforderung an Jack. Diese wirkt sich auf ihn als Ersatzstimulus s aus und führt bei ihm zu der ›wirklichen‹ Reaktion R (Erklettern des Baumes, Pflücken des Apfels).

Der sprachliche Kommunikationsvorgang umfaßt r ... s, er hat lediglich Vermittlerfunktion zwischen nichtsprachlichen Handlungen. Diese Tatsache kann man unterschiedlich bewerten. Einerseits kann man der Sprache darin lediglich Ersatzcharakter zugesprochen sehen: Sprechen sei *Ersatz* für unmittelbares Handeln. Die Daseinsberechtigung des Sprechens bestehe nur darin, daß es zu Handlungen führt. (Insbesondere bleibt ja die Darstellungsfunktion der Sprache – s. Kap. 3.1.2.1.3, Bühler – unberücksichtigt.)

Andererseits ist zwar S dazu da, letztlich zu einer nichtsprachlichen R zu führen – aber doch zu einer Reaktion beim *anderen,* beim Hörer. Damit bringt das behavioristische Modell erstmals die kooperative Funktion der Sprache (die Voraussetzung der Arbeitsteilung ist) ins Blickfeld.[23] (In Bühlers Organon-Modell ist sie als appellative Funktion da, aber für Bühler war die Darstellungsfunktion das Wichtigste und Charakteristischste an der Sprache.)

3.2.1.4 Das Kommunikationsmodell (Organon-Modell) von Bühler

Bühlers Organon-Modell in seiner ausführlichen Fassung haben wir schon kennengelernt, da sie zugleich ein Zeichenmodell ist. Bühler hat das Organon-Modell aber auch in einer knapperen Fassung, sozusagen in weniger starker Vergrößerung, vorgestellt, wo es dann nur den Kommunikationsvorgang abbildet und das dabei verwendete Sprachzeichen nicht näher analysiert:

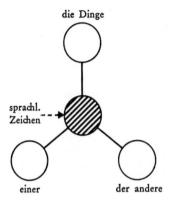

3.2.2 Zusammenfassung der sprachlichen Kommunikationsmodelle

Im de Saussureschen Kommunikationsmodell taucht der Code nicht als eigene Komponente auf, da de Saussure davon ausgeht, daß die *langue* das allen Sprachteilhabern gemeinsame Zeichensystem ist. Die zweite Fassung des informationstheoretischen Modells trägt der Tatsache Rechnung, daß nicht alle Sprachteilhaber in gleichem Umfang und in gleicher Weise über die *langue* verfügen, daß also der Code des Senders nicht gleich dem Code des Empfängers ist. Für Bloomfield stellt sich dieses Problem deshalb nicht, weil für ihn die Bedeutung der jeweils in einer Kommunikation verwendeten Zeichen lediglich gleich der Situation ist, in der sie geäußert werden. Ein Modell ist stets eine Idealisierung des modellierten (= durch das Modell nachgebildeten) Gegenstandes, d.h., daß es von allem Unwesentlichen abstrahiert. Zu allen hier vorgestellten Modellen muß jedoch kritisch angemerkt werden, daß sie auch von Wesentlichem abstrahieren, daß also Komponenten, die für die Beschreibung jeder Kommunikation notwendig sind, in ihnen fehlen. Deshalb können mit ihnen die Unterschiede zwischen verschiedenen Kommunikationsakten nur unzureichend beschrieben werden. Diese Modelle sind, mangels Komplexität, zu statisch.

Hier ist auf die linguistische *Pragmatik* zu verweisen (s. Kap. 11): Sie bemüht sich um eine möglichst vollständige Zusammenstellung aller Faktoren, die für die Beschreibung von Redesituationen notwendig sind. Eine Liste dieser Beschreibungselemente von Kommunikationssituationen, der sog. pragmatischen Universalien, tritt an die Stelle der zu statischen, da nicht genügend komplexen Kommunikationsmodelle der Systemlinguistik.[24]

Solche pragmatischen Universalien sind z.B.: Person des Sprechers/Person des Hörers; gesamter situativer Kontext: Zeit und Ort der Äußerung; Voraussetzungen, die jeder der beiden Partner Sprecher und Hörer mitbringt, z.B. sein Wissen, seine Kenntnis der gesellschaftlichen Normen, seine Einschätzung des anderen; Rang der Kommunikationspartner untereinander u.a.

4 Grundbegriffe des de Saussureschen Strukturalismus

Mit dem Strukturalismus Ferdinand de Saussures beginnt die moderne Sprachwissenschaft als Abkehr von der im 19. Jh. herrschenden historischen Sprachwissenschaft. Ihre Grundlage ist de Saussures ›*Cours de linguistique générale*‹, posthum erschienen 1916 nach Nachschriften von Vorlesungen, die der Genfer Sprachwissenschaftler 1907–1911 gehalten hatte.

Zunächst sollen hier die zentralen Begriffe des de Saussureschen Strukturalismus vorgestellt werden[1]; ihre Anwendung im sog. taxonomischen Strukturalismus folgt dann in den Kapiteln 5 bis 8 (bzw. ansatzweise auch in Kap. 9: Semantik).

4.1 Die Dichotomie ›langue/parole‹

(Dichotomie = Paar von einander inhaltlich entgegengesetzten Begriffen)

Wie wir in Kapitel 3 anhand der verschiedenen Kommunikationsmodelle gesehen haben, ist eine der unabdingbaren Voraussetzungen sprachlicher Kommunikation, daß Sprecher und Hörer über einen (zumindest teil-)gleichen Code verfügen. Auf das Wesen dieses Codes und auf seine Beziehungen zu dem, was wir als Äußerungen wahrnehmen können, zielen die Untersuchungen des sprachwissenschaftlichen Strukturalismus ab.

Die Tatsache, daß das menschliche Sprechen einerseits individuell, andererseits sozial bedingt ist, faßt de Saussure in das Begriffspaar *langue/parole*, das den Angelpunkt der gesamten strukturalistischen und nachstrukturalistischen Sprachwissenschaft darstellt. *Langue* ist nach de Saussure ein »soziales Faktum« *(fait social)*, die Sprache im Sinne von Nationalsprache, historischer Einzelsprache; *langue* ist der gemeinsame Code, den alle Angehörigen einer solchen Sprachgemeinschaft kennen, gleichsam als sei er durch gemeinsame Absprache *(contrat)* vereinbart worden; es ist der gruppeneigene Zeichenvorrat. De Saussure vergleicht die *langue* mit einem Wörterbuch, von dem jeder Sprachteilhaber ein Exemplar zugeteilt bekommen hat.[2a] Wenn er als Sprecher in Kommunikation mit einem Hörer tritt, schlägt er – wenn wir das de Saussuresche Bild weiterführen wollen – in diesem Wörterbuch nach und entnimmt ihm diejenigen *images acoustiques*, die den *concepts*, die er ausdrükken möchte, entsprechen. (Zu *image acoustique* und *concept* s. Kap. 3: Zeichenmodelle: de Saussures Zeichenmodell). Der Hörer seinerseits verfügt (sonst wäre Kommunikation nicht möglich) über das gleiche Wörterbuch, in dem er nach Aufnahme der vom Sprecher geäußerten Lautketten ›nachschlägt‹, um die zugehörigen Vorstellungen daraus zu decodieren. Das ›Wörterbuch‹ ist nach de Saussure vorzustellen als Summe von Engrammen (= ›Eingravierungen‹, psychischen Spuren) im Sprachzentrum eines jeden Sprachteilhabers:

»La langue existe dans la collectivité sous la forme d'une somme d'empreintes déposées dans chaque cerveau, à peu près comme un dictionnaire dont tous les exemplaires, identiques, seraient répartis entre les individus. C'est donc quelque chose qui est dans chacun d'eux tout en étant commun à tous et placé en dehors de la volonté des dépositaires.«[2b]

Für den individuellen Akt, in welchem von dem gemeinsamen Zeichenvorrat Gebrauch gemacht wird, also aus dem gemeinsamen ›Wörterbuch‹ bestimmte Elemente ausgewählt und geäußert werden, führt de Saussure die Bezeichnung *parole* ein. Hier ist sogleich auf die Ambivalenz dieses Terminus hinzuweisen:
parole ist: 1. der Akt der Sprachverwendung, des ›Äußerns‹,
          2. das Produkt dieses Aktes, die Äußerung.
Die deutsche Fachterminologie hat für das Begriffspaar *langue/parole* dt. *Sprache/Rede* vorgeschlagen, doch läßt sich das Beibehalten der französischen Termini befürworten aufgrund der Mehrdeutigkeit des deutschen Wortes *Sprache*. Sprache ist einmal die menschliche Sprechfähigkeit allgemein, das Charakteristikum, das den Menschen von anderen Lebewesen unterscheidet (frz. *langage*); zum anderen ist Sprache die Nationalsprache (frz. *langue*). Martinet fand für dieses Verhältnis zwischen Sprache$_1$ (= menschlicher Sprechfähigkeit) und Sprache$_2$ (= Nationalsprache) die Formulierung *»(les langues sont les) différentes modalités du langage«*[3] (»die Sprachen sind verschiedene Ausformungen dieser allgemein menschlichen Fähigkeit«).
Aus dieser grundlegenden Unterscheidung zwischen *langue* als dem Sozialen und *parole* als dem Individuellen leitet de Saussure weitere Begriffspaare zu ihrer Charakterisierung ab, die hier schematisch dargestellt werden sollen:[4]

langue	*parole*
sociale (das Überindividuelle)	*individuelle* (das Individuelle)
essentielle	*accessoire, accidentelle*

langue
sociale (das Überindividuelle)
essentielle
(das Wesentliche, Unabdingbare, d. h. das, was in jeder Verlautlichung der betreffenden Inhaltsvorstellung da sein muß, damit der Hörer sie identifizieren kann. Daraus folgt:)

parole
individuelle (das Individuelle)
accessoire, accidentelle
(das Zufällige, Willkürliche, d. h. das, was in einer individuellen Verlautlichung der betreffenden Inhaltsvorstellung außer dem ›Essentiellen‹ noch da ist. Es kann in jedem *parole*-Akt anders sein, ohne daß die Verständlichkeit leidet, denn es wird vom Hörer automatisch nicht mit ausgewertet. Daraus folgt:)

homogène
psychique
(Jeder Specher hat am überindividuellen gemeinsamen Zeichenvorrat in der Weise teil, daß er ihn engrammiert hat: Inhalts*vorstellungen* und psychische *Spuren* der zugehörigen Laute).

hétérogène
psycho-physique
(Dem physischen Artikulieren geht das psychische Abrufen des zur entsprechenden Inhaltsvorstellung gehörenden Lautbildes voraus.
Dem physischen Hören der Schallwellen folgt das psychische Identifizieren mit dem zugehörigen Lautbild.)

système grammatical
existant virtuellement
dans chaque cerveau
(grammatikalisches System, d. h. Zeichenvorrat *plus* Regeln für die korrekte Verknüpfung der Zeichen. Wieder: Betonung der psychischen Natur der *langue*.

côté exécutif

Die *langue* existiert im Bewußtsein jedes Sprachteilhabers, aber erst virtuell. Zu ihrer *Aktualisierung* bedarf sie des *parole*-Aktes, daher ist er der ›ausführende Teil‹ im Zusammenwirken von *langue* und *parole*.)

le produit que l'individu
enregistre passivement
(Etwas Fertiges, was das Individuum schon vorfindet und passiv, ohne Einfluß auf dieses Vorgefundene nehmen zu können, registriert; ein Zeichenvorrat, der sich im einzelnen Sprachteilhaber dadurch konstituiert, daß er in seiner sprachlichen Umwelt die praktische Verwendung von Elementen dieses Zeichenvorrats erlebt.)

acte individuel *de volonté*
(Was jedoch das Individuum bei jeder einzelnen *parole*-Äußerung frei entscheidet, das ist die Auswahl aus dem ›ererbten‹ Zeichenvorrat: welche Elemente es wählen will und wie es sie verknüpfen will.)

Wie das Schema, das *langue* und *parole* einander gegenüberstellt, implizit zeigt, bedeutet ›Dichotomie‹ der beiden Begriffe zugleich Entgegengesetztheit *und* gegenseitige Bedingtheit des einen durch den anderen: zur Dichotomie *langue/parole* gehört auch die *Interdependenz* beider Begriffe.[5]

Das bedeutet, daß sich keine der beiden Ebenen als primär gegenüber der anderen postulieren läßt. Einerseits ist, zunächst rein logisch gesehen, *langue* primär: 1. *parole*-Äußerung und *parole*-Verstehen sind nur möglich nach Rekurrieren auf die zugrundeliegende *langue*. 2. Auch nach Verlust der Sprechfähigkeit (in Fällen von Aphasie) kann ein Sprachteilhaber die Kenntnis der *langue* noch besitzen.

Andererseits ist *parole* primär: Zeitlich geht die *parole* der *langue* vorauf. 1. beim Spracherwerb des Individuums konstituiert sich das *langue*-System als Summe von Engrammen im Gehirn erst nach und nach durch Erfahrungen (= gehörte und verarbeitete *parole*-Äußerungen) aus seiner sprachlichen Umwelt.[6] 2. Das System der *langue* ist das Produkt von *parole*-Akten. Veränderungen der *langue* sind nur möglich auf dem Weg über die *parole* (s. Kap. 3: Eigenschaften des sprachlichen Zeichens). De Saussure nennt die *parole* zugleich Instrument *und* Produkt der *langue*.

4.2 ›Langue‹ als System

Langue als der Zeichenvorrat, der allen *parole*-Äußerungen zugrunde liegt, ist nicht eine »zufällige Ansammlung einzelner Äußerungen, sondern sie besteht aus dem System von Elementen und Beziehungen, das diesen zugrunde liegt«[7]. *System* wird definiert als »in sich geschlossenes, geordnetes Ganzes, in dem alle Teile eine Relation zueinander und zum Ganzen haben, zu einer Struktur (des Systems) verknüpft sind und dabei bestimmte Funktionen innehaben«[8]. *Struktur* ist die »Art und Weise der Verknüpfung von Elementen einer Menge; Gefüge der Teile in einem System«[9]. Eine Kursbuchkarte mit dem Netz der Eisenbahnstrecken eines Bezirks enthält z.B. keine Angaben über Größe, Architektur und Anlage der Bahnhöfe, über genaue Entfernungen zwischen ihnen, über die sie umgebende Landschaft und andere Einzelheiten ihrer tatsächlichen Umgebung, auf die sich die Kartendarstellung bezieht. Um so deutlicher aber informiert eine solche abstrahierende Darstellung über das für den Leser eigentlich Relevante: die Struktur des

Streckennetzes: die Relationen (= Beziehungen) der einzelnen Bahnhöfe zueinander, über ihren jeweiligen Stellenwert im Zusammenhang des Gesamtsystems.[10] Die Struktur eines Sprachsystems ist zwar nur über die Analyse von *parole*-Äußerungen rekonstruierbar, aber sie ist nicht etwa nur die Summe sämtlicher bisher hervorgebrachter *parole*-Äußerungen, sondern – das ist wichtig – sie umfaßt auch bisher noch nicht realisierte Möglicheiten. Jeder neue *parole*-Akt kann neue Verknüpfungsmöglichkeiten, die bis dahin nur virtuell (als Möglichkeiten des Systems) gespeichert warteten, aktualisieren.

De Saussure veranschaulicht den Begriff des Systems durch seinen bekannten Vergleich mit dem Schachspiel:[11] Was beim Schachspiel ausschlaggebend ist, sind die Regeln, d.h. die *Beziehungen* zwischen den einzelnen Elementen, und die *Funktion* jedes einzelnen Elements (König, Dame, Läufer usw.). Das Schachspiel entspricht der ›langue‹: Es stellt dem Spieler einen Satz von Elementen und Regeln für deren Beziehungen untereinander zur Verfügung; an sie ist er gebunden. Doch welche davon er wann und wie aktualisiert, ist sein eigener ›Willensakt‹ (»acte de volonté«, s. Kap. 4.1). – wie die *parole* als individuelle Verwendung der *langue*. Irrelevant sind sämtliche materiellen Daten der Schachfiguren, wie Material, Größe, Konturen usw. Auch ein Holzklötzchen oder eine Pappmarke kann, nach entsprechender gemeinsamer Absprache zwischen den Spielern, beispielsweise als Läufer dienen, wenn es die Funktion des Läufers erfüllt, nämlich, ein bestimmtes Muster von Schachzügen ausführen zu können, durch das es sich von sämtlichen anderen Schachfiguren unterscheidet. Kraft ihrer Funktion steht jede Figur eines Schachspiels in *Opposition* zu sämtlichen anderen seiner Figuren. Sie läßt sich, wenn man von ihren materiellen Aspekten absieht, formalisiert beschreiben als das, was sämtliche anderen Figuren nicht sind. So ist auch jedes einzelne Element eines Sprachsystems (= einer einzelnen Nationalsprache) negativ zu beschreiben als das, was sämtliche anderen nicht sind. Eine Bedeutung hat es für sich allein genommen nicht, erst wenn ich seinen Stellenwert im System angebe, indem ich aufzeige, zu welchen anderen Elementen es in Opposition steht. Zum Beispiel kann ich im Französischen die Bedeutung der Form *il se tut* nicht identifizieren, wenn ich sie für sich betrachte, erst dann, wenn ich feststelle, daß sie in Opposition steht zu einer anderen Form *il se taisait*.

4.3 Synchronie/Diachronie

Wir haben de Saussures Schachbeispiel noch nicht zu Ende geführt. De Saussure verwendet es nämlich zur Veranschaulichung eines weiteren Grundprinzips des Strukturalismus: der *Synchronie*. Der jeweilige Spielstand beim Schachspiel läßt sich von einem Zuschauer, der nachträglich dazukommt, für diesen Augenblick genauso vollständig beschreiben wie von jemandem, der von Anfang an zugesehen hat. Es ist für die Beschreibung ohne jeden Belang zu wissen, durch welche Vorgeschichte der jetzige Zustand erreicht wurde.

»Ein Zug mit einer Schachfigur hat mit dem vorhergehenden Gleichgewicht und mit dem darauffolgenden Gleichgewicht überhaupt nichts zu tun. Die vorgenommene Veränderung gehört keinem der beiden Zustände an: die Zustände aber sind das einzig Wichtige.«[12]

Dies ist eine von de Saussures deutlichen Absagen an die historische Sprachwissenschaft des 19. Jahrhunderts, die rein diachronisch (= sprachgeschichtlich) vorging.

Er stellt das Verhältnis von Synchronie und Diachronie dar in einem Achsenkreuz, das trotz des eindeutigen Primats der synchronischen Ausrichtung bei de Saussure die gegenseitige Bedingtheit von Synchronie und Diachronie zeigt: Sprache ist in jedem Augenblick *»une institution actuelle et un produit du passé«* (»eine gegenwärtige Institution *und* ein Produkt der Vergangenheit«).[13]

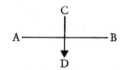

AB = *l'axe des simultanéités*
= (›Achse der Gleichzeitigkeit‹)

CD = *l'axe des successivités*
= (›Achse des Aufeinanderfolgens‹)

Das System einer Sprache ist zunächst nur *beschreib*bar zu einem bestimmten Zeitpunkt, sozusagen als statisches, unter Absehung von bereits durchlaufener und von potentiell noch zu durchlaufender Entwicklung. Zugleich ist es aber nur *versteh*bar als ein Gewordenes, als Produkt einer Entwicklung. Nur unter Berücksichtigung beider Achsen, der ›simultanen‹ und der ›sukzessiven‹, vom sog. *panchronischen* Standpunkt aus, lassen sich sprachliche Erscheinungen tatsächlich erklären.

Eines von de Saussures Beispielen: Im heutigen Französisch ist das Partizip Präsens bald veränderlich, bald unveränderlich: *une eau courante* (veränderlich, Verbaladjektiv), *une personne courant dans la rue* (unveränderlich, Verb). Erst die diachronische Frage nach den zugrundeliegenden lateinischen Formen erklärt diese Opposition: *une eau courante* geht zurück auf das lat. Partizip Präsens, also auf eine Form, die auch im Lateinischen schon adjektivischen Charakter hatte; *une personne courant dans la rue* auf das lat. Gerundium, also auf eine Form des Verbs (den sog. deklinierten Infinitiv des Verbs).

4.4 Primat der gesprochenen Sprache

Sprache *(langue)* als Gegenstand der Linguistik kann sowohl die gesprochene *(code vocal* oder *code oral)* wie die geschriebene *(code écrit)* meinen. Jedes der beiden Systeme ist zunächst unabhängig vom anderen zu untersuchen, wobei die Untersuchungen in vielen Punkten zu verschiedenen Ergebnissen führen.

Ein Beispiel: Eine Untersuchung des Lautbestands des Deutschen würde für die Wörter *Biene, zieht, Fibel, ihn* jeweils den gleichen i-Laut notieren, nämlich [i:] = langes i, während eine Untersuchung des geschriebenen Deutschen vier verschiedene i-Varianten notieren müßte.

Welches der beiden Systeme – *code oral/code écrit* – ist der primäre Gegenstand der Linguistik? Für de Saussure ist die gesprochene Sprache als das *primäre System (système primaire)* Grundlage der sprachlichen Strukturbeschreibung. Auf der Basis ihrer Beschreibung lassen sich dann auch die *Ersatzsysteme (systèmes substitutifs)* beschreiben. Diese sind: geschriebene Sprache als *Sekundärsystem (système secondaire)* und Morsealphabet und andere Codes, die auf der geschriebenen Sprache basieren, als *Tertiärsysteme (systèmes tertiaires)*.

Argumente für und gegen den Primat der gesprochenen Sprache lassen sich anführen: Es spricht dafür 1., daß Sprechen beim Spracherwerb vor dem Schreiben gelernt wird – ontogenetisch = in der Entwicklung des einzelnen, wie auch phylogenetisch = die Entwicklung der ganzen Spezies betreffend); 2., daß in der mündlichen Kommunikation dem Sprecher mehr und vielfältigere Ausdrucksmittel als in der schriftlichen, nämlich auch paralinguistische und extraverbale, zur Verfügung stehen; 3., daß bei mündlicher Kommunikation der Sprecher die Möglichkeit sofortiger Rückkoppelung hat; 4., daß sich die mündliche Kommunikation die Versprachlichung des Situationellen ersparen kann.

Dagegen hat die geschriebene Sprache der gesprochenen voraus, daß sie, technisch gesehen, wesentlich leichter konservierbar und tradierbar ist, und das ist, historisch gesehen, Grundlage jeder Kultur. Außerdem ist die geschriebene Sprache in den Fällen leistungsfähiger als die gesprochene, wo es um die Disambiguierung (= Eindeutigmachung) von Formen und Äußerungen geht, die homophon (= gleichklingend), aber nicht homograph (= gleich geschrieben) sind.

Beispiele: dt.: *Wir wollen nicht die wahre Kunst, sondern die Ware Kunst; die Lehre, die Leere;* frz.: *si, six, scie* ›Säge‹*; cent, sang, sans, (je) sens (und il sent); auteur, hauteur; maître, mettre, mètre; mai, mais, mes, mets* ›Gericht (Essen)‹*, (je) mets (und il met);* engl: *to meet, meat; to die, to dye* ›färben‹*; hole* ›Loch‹*, whole* ›ganz‹*.*

Im Deutschen sind die Fälle von Homophonen, die in der Schreibung lediglich durch die Opposition Groß-/Kleinschreibung differenziert werden, zahlreich.

Beispiel: (Das kleine Fritzchen schreibt): *Liebe Tante, Mami sagt, es würde dich Ungeheuer freuen, wenn ich dir schreibe; sie kamen in das Gebiet, wo die Wilden Leoparden jagen /* ... *die wilden Leoparden* ...*; selten wohl hat eine Akademie so viele Originale zu meistern gehabt /* ... *zu Meistern gehabt; die alten Sagen / die Alten sagen; mit den Arbeitenden teilen / mit den arbeitenden Teilen; sein Leben war nur Treue und selbstlose Pflichterfüllung /* ... *nur treue und selbstlose Pflichterfüllung.*[14]

Auf die Frage Groß- oder Kleinschreibung bzw. sog. gemäßigte Kleinschreibung im Deutschen und auf die umfassendere Debatte um eine Reform der Rechtschreibung des heutigen Deutsch soll hier nicht näher eingegangen werden. Grundsätzlich ist zu sagen – und die oben angeführten Beispiele von Homophonendifferenzierung mittels Schrift sind ein exemplarischer Beleg dafür –, daß das Problem einer Orthographiereform sich letztlich auf die Nichtidentität von *code écrit* und *code parlé* zurückführen läßt.

Nach diesem Argument für einen Primat der geschriebenen Sprache soll die entgegengesetzte Erscheinung nicht verschwiegen werden: Es gibt – und das spricht dann für den Primat der gesprochenen Sprache – auch Homographe, deren Differenzierung erst durch die verschiedene Aussprache vollzogen wird.[15]

Beispiel: dt.: *modern* [moˈdɛrn] / *modern* [ˈmoːdərn]; *umfahren* [umˈfaːrən] / *umfahren* [ˈumfaːrən]; ebenso: *übersetzen / übersetzen* und andere Präfixverben; frz.: *indulgent* [ɛ̃dylʒɑ̃] / *(ils) indulgent* [ɛ̃dylʒ]; ebenso: *négligent /*

(ils) négligent u. a.; *est* [ɛst] ›Osten‹ / *(il) est* [ɛ]; engl.: *lead* [liːd] ›führen‹ / *lead* [led] ›Blei‹; *analyses* [ə·næləsiːz] ›Analysen‹ / *(he) analyses* [ˈænəlaiziz].

4.5 Weitere Grundbegriffe des Strukturalismus

Der de Saussuresche Strukturalismus ist, außer durch die Dichotomien *langue/parole* und synchronisch/diachronisch, zu kennzeichnen durch weitere Dichotomien, die hier aber erst im 5. Kapitel dargestellt werden sollen, weil sie dort durch Belegen mit Beispielen aus der Phonologie anschaulicher gemacht werden können.
Diese Dichotomien sind: 1. deskriptiv/präskriptiv (s. Kap. 5.3.3) – die strukturalistische Sprachwissenschaft versteht sich als deskriptiv, nicht präskriptiv; 2. relevant/redundant (s. Kap. 5.3.4) – in der *langue* findet sich nur das Relevante gespeichert; 3. syntagmatisch/paradigmatisch (s. Kap. 5.3.5) – jedes Element eines Sprachsystems steht zu anderen Elementen dieses Systems einerseits in einer paradigmatischen, andererseits in syntagmatischen Beziehungen.

4.6 Kurzer Überblick über die Schulen des Strukturalismus

De Saussures Lehre wird in verschiedener Weise weitergeführt: direkt in der Prager und in der Kopenhagener Schule; die Amerikanische Schule stellt einen Neuansatz dar (wiewohl Bloomfield, ihr Begründer, de Saussures Werk kannte).
Allen drei Schulen des Strukturalismus ist gemeinsam die Absage an die vorhergegangene Epoche der Sprachwissenschaft, die Junggrammatiker. Deren Beschäftigung mit Lautgesetzen, mit Einzelentwicklungen sprachlicher Laute und Formen, wird als atomistisch abgelehnt, denn: Grundaxiom ist für alle drei Schulen die Systemhaftigkeit der Sprache, die die autonome Untersuchung einzelner Systemelemente untersagt (*autonom* meint hier: ohne Berücksichtigung ihrer Relationen im System).
Die *Prager Schule* definiert in den 1929 von Trnka u. a. verfaßten ›*Thèses*‹ des Prager Zirkels die Sprache als »ein System von Ausdrucksmitteln, die geeignet sind für (die Erreichung) ein(es) Ziel(es)«[16]. Bei der Beschreibung des Systems ist demnach der funktionale Gesichtspunkt wichtig, der dem Prager Strukturalismus die Bezeichnung *Funktionalismus, funktionale Linguistik* eingetragen hat. Fragte der Genfer Strukturalismus lediglich nach dem

65

Funktionieren von Sprache – wie funktioniert das System? –, so fragt der Prager Funktionalismus[17] darüber hinaus nach den Funktionen von Sprache – wozu dient Sprache? Ein Sprachsystem kann nicht beschrieben werden ohne Beziehung auf die Funktionen von Sprache. So ist die Untersuchung dieser Funktionen eine der Leistungen des Prager Kreises (s. Kap. 2.).

Das eigentliche Kernstück der Prager Schule jedoch ist die Phonologie, die von Trubetzkoy erarbeitet, von Jakobson weiter ausgeführt wurde. Phonologie, als »funktionale Phonetik«, ist die Anwendung von de Saussures Lehre auf die Laute: Sie geht aus von der Systemhaftigkeit des Lautbestands einer gegebenen Sprache. Damit sind de Saussures theoretische Begriffe auf der lautlichen Ebene für die Praxis nutzbar gemacht worden.

Die *Kopenhagener Schule*, gegründet 1933 durch Hjelmslev und Brøndal, versteht sich als die einzige konsequente Weiterführung der de Saussureschen Gedanken, genauer gesagt: eines vielzitierten Satzes im ›*Cours*‹: »La langue est une forme, non une substance.«[18] Sprache wird begriffen als reine Form, die sich deduktiv beschreiben läßt als ein System von »Abhängigkeiten (Funktionen) zwischen Begriffen, die allein durch ihre wechselseitige Abhängigkeit charakterisiert sind«[19]. Von dieser Beschreibung wird gefordert, daß sie »widerspruchsfrei, vollständig und so einfach wie möglich«[20] sein soll. Wie de Saussures Strukturalismus in erster Linie eine »linguistique de la *langue*«, nicht eigentlich eine der *parole* ist, so noch extremer die Kopenhagener Schule, die sich auch als *Glossematik* bezeichnet (nach griech. *glossa* = Sprache). Das Ziel der Glossematik ist eine »immanente Algebra der Sprache«, eine formalisierte Beschreibung unter Absehung von der »konkreten materiellen Füllung«[21] und unter Vermeidung aller metaphysischen Spekulation. (Solche Spekulation bestünde in der Einbeziehung nichtlinguistischer, etwa psychologischer Gegebenheiten.) Dieser hohe Grad von Abstraktheit führte dazu, daß die Glossematik bisher ohne fruchtbare Auswirkung auf die Erforschung sprachlicher Erscheinungen geblieben ist.

Die Prager und die Kopenhagener Schule distanzierten sich voneinander:

»Die Prager Schule möchte lieber funktionalistisch als strukturalistisch genannt werden, um nicht mit den Kopenhagener Strukturalisten verwechselt zu werden; und die Kopenhagener Schule möchte lieber glossematisch als strukturalistisch genannt werden, um nicht mit den Prager Strukturalisten verwechselt zu werden. Hinter dieser scheinbaren Paradoxie verbirgt sich nichts als die Tatsache der großen Differenziertheit dessen, was man allzu global als Strukturalismus oder strukturelle Linguistik bezeichnet.«[22]

Der *Amerikanische Strukturalismus* basiert auf Bloomfields Werk ›*Language*‹ ([1]1933); als andere wichtige Vertreter sind Harris, Bloch, Fries u.a. zu nennen. Bloomfields Strukturalismus ist geprägt von der behavioristischen Psychologie, die nur untersucht, was der direkten, intersubjektiven Beobachtung zugänglich ist; die Vorgänge des menschlichen Bewußtseins werden als mentalistisch aus der Betrachtung ausgeschlossen. Wie die Kopenhagener Schule versteht der amerikanische Strukturalismus sich als streng wissenschaftlich – wenn auch unter geradezu entgegengesetzten Vorzeichen: Er arbeitet induktiv, von der konkreten *parole* ausgehend, beschreibend, weshalb er auch als *Deskriptivismus* bezeichnet wird. *Meaning*, der Inhalt einer sprachlichen Form, läßt sich nach Auffassung der Bloomfieldianer nicht intersubjektiv nachvollziehbar beschreiben. Die Antwort auf die Frage nach dem Inhalt eines sprachlichen Zeichens, z.B. *Tisch*, wäre stets abhängig von subjektiven Vorstellungen, Erfahrungen, Vorkenntnissen und fiele daher bei verschiedenen Sprachforschern verschieden aus. (Über die ›*meaning*-Feindlichkeit‹ des amerikanischen Strukturalismus s. Kap. 9: Semantik.) In objektiver, also wissenschaftlicher, Weise möglich ist nur 1. die Beschreibung der Ausdrucksseite als Abfolge bestimmter Phoneme, z.B. [tiʃ], und 2. die Angabe darüber, in welchen lautlichen Umgebungen diese Form vorkommt, z.B. in den Umgebungen ... *der* – ..., ... *den* – ..., ... *ein* – ..., ... *mein* – ..., ... *dieser* – ..., ... *welcher* – ... usw. Die Summe aller Umgebungen, in denen eine bestimmte sprachliche Form angetroffen wurde, bezeichnet man als ihre *Distribution* (= Verteilung). Da die Distribution einer sprachlichen Form für den Amerikanischen Strukturalismus ein wesentliches Element ihrer Beschreibung ist, nennt man ihn auch *Distributionalismus* (zur Distribution s. auch Kap. 6.6).

Die Funktion der Sprache in der Gesellschaft besteht für Bloomfield lediglich darin, zwischen nichtsprachlichen Stimuli und nichtsprachlichen Responses zu vermitteln (zu Bloomfields Modell der sprachlichen Kommunikation s. Kap. 3).

5 Phonetik / Phonologie

5.1 Phonetik

Die Phonetik ist die Wissenschaft von der materiellen Seite der Sprachlaute, während sich die Phonologie mit der funktionellen Analyse der Sprachlaute befaßt. (In amerikanischer Terminologie ist *phonology* der Oberbegriff für Phonetik und Phonologie, *phonetics* = Phonetik, *phonemics* = Phonologie.)
Gegenstand der Phonetik sind die Bildung, die Übertragung und die Wahrnehmung der Sprachlaute; entsprechend unterscheidet man drei Zweige dieser Wissenschaft: die artikulatorische, die akustische und die auditive Phonetik.
Die *artikulatorische* Phonetik beschreibt die Lautproduktion, und zwar *Ort* und *Art* der Lautbildung. Diese sind auch ohne spezielle Meßinstrumnete der Beobachtung zugänglich; die *akustische* Phonetik dagegen braucht spezielle Meßgeräte, um ihre Fragen nach der Dauer, der Frequenz und der Intensität der Sprachlaute beantworten zu können. Die *auditive* Phonetik geht den Vorgängen bei der Analyse von Sprachlauten durch Ohr, Gehörnerven und zugehöriges Gehirnzentrum nach und untersucht deren Möglichkeiten zur Aufnahme, Differenzierung und Identifizierung der Laute.
Wissenschaftsgeschichtlich war vor allem die artikulatorische Phonetik von Bedeutung, in geringerem Umfang auch die akustische, deshalb soll hier nur auf diese beiden Zweige eingegangen werden. Auf der Basis der artikulatorischen Phonetik entwickelte der klassische Strukturalismus seinen Begriffsapparat und – das vor allem im Amerikanischen Strukturalismus – seine praktischen Vorgehensweisen.

5.1.1 Artikulatorische Phonetik

Der Luftstrom, der beim sprachlichen Kommunikationsvorgang den Kanal darstellt, kommt aus der Lunge und wird durch Mund und/oder Nase herausgedrückt. Dabei erfährt er charakteristische Ausprägungen durch die verschiedenen Engen, die er passieren muß. Besonders wichtig ist der Kehlkopf, dessen Stimmlippen entweder beim Durchgang die Luft schwingen, was zu *stimmhaften* Lauten führt, oder die Luft ohne zu schwingen durchlassen → *stimmlose* Laute.

Schematische Darstellung (Längsschnitt) der menschlichen Sprechorgane:[1]

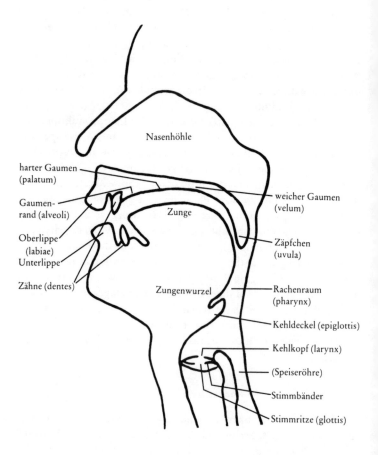

Die lat./griech. Bezeichnungen sind in Klammern beigefügt, soweit von ihnen weitere phonetische / phonologische Fachtermini abgeleitet sind, zu deren Verstehen man sie braucht (z. B. *dentes – dental*, s. S. 72).

Passiert der stimmhafte Luftstrom ohne Hindernis, so entstehen *Vokale*, wird er durch Verengung oder Verschluß beeinflußt, so entstehen *Konsonanten*. Von Ort und Art dieser Hindernisse ist die endgültige Ausprägung des Konsonanten abhängig. Über nasalen oder nicht nasalen (= oralen) Charakter eines Lautes entscheidet das Gaumensegel: Hängt es schlaff herab, so kann ein Teil der Luft durch die Nase entweichen → *Nasale*; sorgt es für Verschluß des Nasenraumes, so entweicht der gesamte Luftstrom durch den Mund → *Orale*.

Es folgt exemplarisch die artikulatorische Beschreibung der Konsonanten des Deutschen und des Französischen und der Vokale des Deutschen. Durch Orientierung an der Längsschnittdarstellung der Artikulationsorgane werden sich die Beschreibungstermini ohne nähere Erläuterungen verstehen lassen.

Zur Notierung der einzelnen Laute gibt es verschiedene Transkriptionssysteme, von denen das der API (= Association phonétique internationale), das wir hier verwenden werden, das verbreitetste ist. Es ist zu unterscheiden zwischen phonetischer Transkription (zwischen eckigen Klammern) und phonologischer (oder phonematischer) Transkription (zwischen Schrägstrichen). Die phonetische Transkription notiert, wie in einem einzelnen konkreten Fall gesprochen wurde, die phonologische notiert ein Zeichen so, wie es im Code, in der *langue*, fixiert ist, d. h., sie notiert nur Phoneme, keine Varianten (s. Kap. 5.2).

Graphie	phonetische Transkr.	phonolog. (= phonemat.) Transkr.
komm!	parole-Äußerung$_1$: [kɔm] parole-Äußerung$_2$: [kom] parole-Äußerung$_3$: [kõm] parole-Äußerung$_4$: [kʰɔm]	zugrunde liegende *langue*- Einheit: / kom /

: hinter einem Lautzeichen bedeutet ›lang‹.
Manchmal wird Länge durch -, Kürze durch ˘ über dem Lautzeichen angegeben (z. B. ā; ă).
~ über einem Vokal bedeutet ›nasal‹.
Ein kleines hochgestelltes h nach einem Konsonanten bedeutet ›aspiriert‹ (= stärker behaucht als üblich).

a) Artikulatorische Beschreibung der im Deutschen unterscheidbaren Konsonanten:[2]

		bilabial	labiodental	apikodental	alveolar	präpalatal	palatal	velar	uvular	pharyngal
Plo-	sth.	b		d				g	g	
sive	stl.	p		t				k	k	
Frika-	sth.		v		z					
tive	stl.		f		s	ʃ	ç	x	ʁ	h
Nasale		m		n				ŋ		
Laterale				l						
Vibranten				r					R	

sth. = stimmhaft, stl. = stimmlos

Erklärung derjenigen hier verwendeten Zeichen der API-Umschrift, die von den gängigen lateinischen Schriftzeichen abweichen:

v = phonetisches Zeichen für den stimmhaften labiodentalen Frikativlaut, der im Dt. meist *w* geschrieben wird, z. B. in Wasser.

ʃ = phonetisches Zeichen für den *sch* geschriebenen Frikativlaut.

ç = phonetisches Zeichen für den palatalen Frikativlaut in i*ch*, Fur*ch*t.

x = phonetisches Zeichen für den velaren Frikativlaut in a*ch*, su*ch*en.

ŋ = phonetisches Zeichen für den velaren Nasal in *singen, bang*.

R = phonetisches Zeichen für das gerollte Zäpfchen-r.

ʁ = phonetisches Zeichen für das frikative Zäpfchen-r (dem *ch* in *acht, Wucht* sehr ähnlich. Bei manchen dt. Sprechern hören sich *wacht* und *wart* ja fast gleich an.)

r = phonetisches Zeichen für das Zungenspitzen-r.

z = phonetisches Zeichen für das stimmhafte *s* in Sonne, lei*s*e.

g = phonetisches Zeichen für zwei verschiedene Laute:
    1. palatales g = g-Laut in *g*elb, *G*ift, *G*üte, *g*roß;
    2. velares g = g-Laut in *G*arten, Fa*g*ott, *g*ut.

k = phonetisches Zeichen für zwei verschiedene Laute (entsprechend denen bei g):
    1. palatales k = k-Laut in *K*eller, *K*ind, ge*k*ünstelt, *k*lein;
    2. velares k = k-Laut in *K*alb, *K*uh, *K*ohl.

b) Artikulatorische Beschreibung der im Französischen unterscheidbaren Konsonanten:[3]

		bilabial	labio-dental	apikodental	alveolar	präpalatal	palatal	velar	uvular	pharyngal
Plo-	sth.	b		d			g	g		
sive	stl.	p		t			k	k		
Fri-	sth.		v		z	ʒ				
kative	stl.		f		s	ʃ			ʁ	
Nasale		m		n			ɲ			
Laterale				l						
Vibranten				r					R	

Erklärung der Zeichen, soweit nicht aus a) schon bekannt:

ʒ = phonetisches Zeichen für den g oder j geschriebenen stimmhaften
Frikativlaut in *gilet, jardin*.

ɲ = phonetisches Zeichen für das sog. mouillierte n in *Bretagne, vigne*.

Das phonetische Zeichen g bezeichnet auch im Frz. zwei verschiedene
Laute:

       1. palatales g   = g-Laut in *guérir, tigre*;

       2. velares g   = g-Laut in *gare, gosse*.

Entsprechend bezeichnet das phonetische Zeichen k zwei verschiedene
Laute:

       1. palates k   = k-Laut in *question, qui, ancre*;

       2. velares k   = k-Laut in *car, cou*.

c) Artikulatorische Beschreibung der im Deutschen unterscheidbaren Vokale:[4]

Zungenstellung

	vorn ungerundet	vorn gerundet	neutral	hinten gerundet
Zungenhöhe				
hoch	i:	y:		u:
	I	Y		ʊ
	e:	ø:		o:
	e	œ	ə	ɔ
tief	ɛ ɛ:		ɑ: a	
variabel		ae	ɔø œ ao	

73

i = phonetisches Zeichen für geschlossenes i in W*i*ese, B*i*bel
I = phonetisches Zeichen für offenes i in B*i*tte, mächt*i*g
y = phonetisches Zeichen für geschlossenes ü in *ü*ber, Anal*y*se
Y = phonetisches Zeichen für offenes ü in L*ü*cke, S*y*mbol
u = phonetisches Zeichen für geschlossenes u in t*u*n, R*u*he
ʋ = phonetisches Zeichen für geschlossenes u in M*u*tter, l*u*stig
e = phonetisches Zeichen für geschlossenes e in *E*hre, w*e*r
ɛ = phonetisches Zeichen für offenes e in R*e*ttich, h*e*ll (kurz) und in
  *Äh*re, z*äh* (lang)
ə = phonetisches Zeichen für schwachtoniges e in Ros*e*, sag*e*n
ɑ = phonetisches Zeichen für dunkles a in S*a*al, eins*a*m
a = phonetisches Zeichen für helles a in B*a*ll, w*a*ckeln
o = phonetisches Zeichen für geschlossenes o in M*o*hn, *O*fen
ɔ = phonetisches Zeichen für offenes o in *o*ffen, M*o*tte
ae = phonetisches Zeichen für Diphthong ei, ai in S*ei*fe, M*ai*
ɔø = phonetisches Zeichen für Diphthong eu, äu in F*eu*er, bl*äu*lich
ao = phonetisches Zeichen für au in s*au*er, B*au*m

Die Beispiele zeigen, daß im Deutschen die beiden Merkmale geschlossen
und lang im allgemeinen zusammen auftreten (z. B. o: in *Ofen*, i: in *biete*),
ebenso offen und kurz (z. B. ɔ in *offen*, I in *bitte*). (Nur bei e gilt dies nicht.)
Für die Beschreibung der deutschen und für die der französischen Vokale
sind jeweils vier artikulatorische Kategorien relevant:

	deutsch		französisch
1. *Zungenstellung:*	palatal (= vorn) – neutral	–	velar (hinten)
2. *Zungenhöhe:*	offen – neutral	–	geschlossen
3. *Lippenstellung:*	ungerundet – gerundet		gespreizt – gerundet
4. *Dauer, Quantität:*	lang – kurz	4.	*Luftstromdurchgang* oral – nasal

Im Deutschen ist der Gegenpol zu *gerundet* lediglich *ungerundet*, im
Französischen ausdrücklich *gespreizt:* man vergleiche z. B. [I] in: *Wir
bringen die Kinder nicht mit*, das vor allem im Norden Deutschlands
deutlich zum geschlossenen [e] hin tendiert *(Wer brengen de Kender ...)*
mit dem frz. [i] in *Le Midi libre*. Das frz. [i] wirkt heller, spitzer.
Beim Fremdsprachenunterricht ist auf solche Laute, die artikulatorisch in
den beiden Sprachen voneinander abweichen, besondere Sorgfalt zu verwenden, zumal die Graphie über den Unterschied hinwegtäuscht.

5.1.2 Akustische Phonetik

Die oben praktizierte Beschreibung der Laute hinsichtlich ihrer
Artikulation (die artikulatorische Phonetik) ist die Grundlage der

klassischen strukturalistischen Phonologie, wie sie vor allem von Trubetzkoy ausgearbeitet wurde. Daneben gibt es die akustische Phonetik, die die Laute in den Merkmalen beschreibt, die sie während des Übertragungsvorgangs aufweisen. Eine Phonologie auf akustischer Grundlage wurde vor allem von Jakobson und Halle entworfen. Sie stellten insgesamt zwölf Merkmalpaare, mit denen sich sämtliche Phoneme aller bekannten Sprachen beschreiben lassen würden, zusammen, und zwar: vokalisch / nicht-vokalisch; konsonantisch / nicht-konsonantisch; kompakt / diffus; gespannt / ungespannt; stimmhaft / stimmlos; nasal / oral; abrupt / kontinuierlich; scharfklingend / sanftklingend; gehemmt / ungehemmt; dunkel / hell; erniedrigt / nichterniedrigt; erhöht / nichterhöht.

5.2 Phonologie. Phonem, Variante (= Allophon)

Die Phonologie beantwortet die Frage nach der Funktion der Sprachlaute, deren rein physiologisch-naturwissenschaftliche Beschreibung ihr von der Phonetik zur Verfügung gestellt wird.
Funktion eines Lautes kann nur verdeutlicht werden als relationaler Begriff: Ein Laut für sich genommen, z. B. der Vokal *o*, kann keine Funktion haben, sondern nur innerhalb des Systems einer historischen Sprache, z. B. im System des heutigen Neuhochdeutschen, und nur im Vergleich mit anderen Lauten dieses Systems: Ich frage dann, ob er zu diesen anderen Lauten in *Opposition* steht oder nicht. Nach einer der Charakterisierungen, die de Saussure vom Sprachsystem gibt, ist das einzelne Systemelement, also z. B. ein Laut, nur negativ zu definieren als das, was alle anderen Elemente dieser Klasse (also alle anderen Laute dieser Sprache) nicht sind.
Nehmen wir als Beispiel das deutsche Wort *komm!*. Wir wollen feststellen, ob im Deutschen die Vokale [o] und [ɔ] zwei verschiedene Elemente des Systems sind, ob sie in Opposition zueinander stehen: Dann wären sie zwei verschiedene *Phoneme* des Neuhochdeutschen. Diese Opposition zwischen zwei Lauten des Systems – daß der eine das ist, was der andere nicht ist – läßt sich dadurch feststellen, daß ich in einem Wort den einen gegen den anderen austausche: Wird die Bedeutung des Wortes durch dieses Austauschen verändert oder wird das Wort dadurch unverständlich, so handelt es sich um zwei verschiedene Phoneme. *Ein Phonem ist eine Lauteinheit, die bedeutungsunterscheidende Funktion hat.* Eine der

zahlreichen Definitionen (die hier nicht alle angesprochen werden können): *Ein Phonem ist die kleinste bedeutungsunterscheidende Einheit innerhalb eines Sprachsystems.*

An unserem Beispiel: wenn ein Sprecher (etwa, weil er aus Süddeutschland stammt) [kom] spricht statt [kɔm], so bleibt das Wort trotzdem verständlich. Ich kann also [o] gegen [ɔ] austauschen, ohne dadurch die Bedeutung eines Wortes zu verändern – m. a. W.: [o] und [ɔ] gehören im Deutschen also nicht zu zwei verschiedenen Phonemen. Man nennt sie *Varianten* ein und desselben Phonems oder auch *Allophone* (wörtlich = »Andersklinger«: Sie ›klingen‹ nur verschieden, aber haben nicht verschiedene Funktion). Der Unterschied zwischen [o] und [ɔ] ist nur ein phonetischer und läßt sich hier, was die verschiedenen Öffnungsgrade bei der Artikulation betrifft, phonetisch beschreiben. Er hat aber keine phonologische Funktion.

Wird nun aber der Öffnungsgrad des Vokals noch mehr vergrößert, von [ɔ] zu [a], dann erhalte ich [kam] – diese Lautfolge wird vom Hörer nicht mehr als *komm!* identifiziert, sondern er versteht statt dessen *(der) Kamm.* Durch diese größere artikulatorische Abweichung habe ich den Rahmen des Phonems [o], den Spielraum, den es der individuellen Artikulation läßt, überschritten und bin bereits in den Bereich eines anderen Phonems, des Phonems [a], hinübergerutscht. Daß [a] und [o] zwei verschiedene Phoneme des Deutschen sind, sehe ich daran, daß die Bedeutung eines Wortes sich ändert, wenn ich eines von ihnen gegen das andere austausche: *komm!* → *Kamm.*

Diesen Austausch zweier Laute gegeneinander, den ich vornehme, um festzustellen, ob sie zwei Varianten eines Phonems oder Varianten von zwei verschiedenen Phonemen sind, nennt man *Kommutation* oder *Kommutations*probe *(Kommutationstest),* da er zur Überprüfung einer Annahme dient, die den Ausgangspunkt des Analyseverfahrens darstellte; in wissenschaftstheoretischer Terminologie: da er zur Verifizierung / Falsifizierung einer Hypothese dient.[5]

Spricht nun jemand (etwa, weil er momentan Schnupfen hat) [kõm] statt [kɔm], also nasales *o,* so ist wie im Falle [o] und [ɔ] kein Bedeutungsunterschied eingetreten, also sind [õ] und [ɔ] nicht zwei verschiedene Phoneme, sondern Varianten desselben Phonems / o /, von dem wir nun schon drei verschiedene Realisierungen kennengelernt haben: [o], [ɔ], [õ]. Ihnen liegt allen dreien ein und dasselbe ›Grundmuster‹ zugrunde, das Phonem / o /. Wenn ein Sprecher [kõm] sagt, wird der Hörer beim Dekodieren sofort erkennen, daß er mit der Aussprache [õ] eigentlich [ɔ] ›gemeint‹ hat.

Jeder Sprachteilhaber hat durch seinen Besitz der *langue* in seinem internalisierten Lexikon (s. Kap. 4.2), bildlich gesprochen, eingetragen diese Grundmuster, die Phoneme, und wenn er von einem Sprecher eine individuelle Abwandlung dieses Grundmusters hört, so kann er diese Abwandlung, etwa das [ō], jederzeit als einen ›Fall von ...‹, hier von /o/, identifizieren. Jeder Laut, der in einem *parole*-Akt produziert wird, ist bereits eine ›individuelle Abwandlung‹; die Phoneme selbst, z. B. das Phonem [o], sind abstrakt, sie sind *Laut*vorstellungen *in bedeutungsunterscheidender Funktion*. Jede Realisierung einer solchen Lautvorstellung, also jedes Produkt ihrer Umsetzung in *parole*, ist eine Variante. Das bedeutet, daß ich in der empirischen Wirklichkeit nie einem Phonem begegne, sondern nur seinen Varianten.

Ergebnisse einer strukturalistischen Sprachbeschreibung beziehen sich immer nur auf eine historische Einzelsprache und dürfen nicht ungeprüft auf andere Sprachsysteme übertragen werden. Es kann sein, daß im System einer anderen Sprache ganz andere Oppositionen herrschen. Auf das Lautsystem angewandt: Es kann sein, daß das, was in der einen Sprache Varianten ein und desselben Phonems sind, in der anderen Sprache zu zwei verschiedenen Phonemen gehört.

An unserem Beispiel [o]: Im Deutschen haben wir [o], [ɔ], [ō] als drei Varianten des Phonems / o / identifiziert – gilt das auch für das Phonemsystem des Französischen und des Englischen?

Aufgaben:
5. Überprüfen Sie selbst,
1. ob [o] und [ɔ] a) im Französischen, b) im Englischen zu zwei verschiedenen Phonemen gehören oder Allophone (Varianten eines Phonems) sind,
2. ob [o] und [ō] a) im Französischen, b) im Englischen zwei verschiedene Phoneme oder nur Allophone sind! Gehen Sie dabei vor wie oben bei dem Wortpaar *komm / Kamm*, d. h., suchen Sie im Französischen und im Englischen nach Wortpaaren, deren Glieder sich nur durch den einen Laut [o] / [ō] usw. unterscheiden! Zwei Wörter, die sich nur in einem Laut (besser: in einem Phonem) unterscheiden, nennt man *Minimalpaar*.

Zwei Typen von Phonemvarianten (= Allophonen) sind zu unterscheiden: *kombinatorische Varianten (= stellungsbedingte Varianten)* und *fakultative Varianten*.

Kombinatorische Varianten (= stellungsbedingte Varianten):
Es gibt Phoneme, bei deren Realisierung nicht beliebig irgendeine ihrer Varianten vorkommen kann, sondern wo der lautliche Kontext bestimmt, welche Variante gewählt wird.
Ein Beispiel: das Phonem / x / im Deutschen (x = phonologische Umschrift für *ch*) begegnet in zwei kombinatorischen Varianten: dem sog. ich-Laut

(palatal, phonetische Umschrift [ç]) und dem sog. ach-Laut (velar, phonetische Umschrift [x]). Die Variante [ç] stellt sich automatisch ein nach Vokalen mit dem Merkmal ›vorne‹ (i, e, ö, ü) und nach Konsonanten; die Variante [x] nach allen anderen Vokalen. Dies zeigt folgende *Distributionsanalyse:*[6]

	vorhergehender Konsonant/ Vokal	x	ç
dach, nach, ach	a	+	
dich, mich	i		+
frech	e		+
nächst	ä		+
früchte	ü		+
möchte	ö		+
kochen	o	+	
kuchen	u	+	
elch	l		+
mönch	n		+
lerche	r		+

Kombinatorische Varianten befinden sich, wie die Distributionsanalyse zeigt, in *komplementärer Distribution:* In sämtlichen lautlichen Umgebungen, wo die eine Variante des betreffenden Phonems vorkommt, kommt die andere nicht vor und umgekehrt.

Wie gehe ich nun praktisch vor, um in einem Fall wie dt. [ç] und [x] festzustellen, ob es sich um zwei verschiedene Phoneme oder um zwei Varianten eines Phonems handelt? Erstens besteht die Möglichkeit kombinatorischer Varianten nur dann, wenn die beiden zur Entscheidung stehenden Laute akustische bzw. artikulatorische Ähnlichkeit miteinander haben. Trifft diese zu, so ist zweitens eine Distributionsanalyse der beiden Laute durchzuführen (s. o.). Erbringt sie das Ergebnis, daß sich die beiden Laute in komplementärer Distribution befinden, so ist auch das zweite Kriterium für kombinatorische Varianten erfüllt. Nun muß nur noch drittens untersucht werden, ob es in der betreffenden Sprache Minimalpaare (d. h. mindestens eines) gibt, die nur durch den Unterschied der beiden Laute differenziert sind. Läßt sich kein solches Minimalpaar finden, so sind alle drei Kriterien erfüllt, die erlauben, die beiden Laute als kombinatorische Varianten ein und desselben Phonems zu verbuchen.

Beim Beispiel dt. [ç], [x] handelt es sich um kombinatorische Varianten, deren Wahl durch das vorhergehende Phonem determiniert ist; in anderen

Fällen kann dies durch das nachfolgende Phonem geschehen, z. B. beim Phonem / k / in verschiedenen Sprachen: / k / hat eine palatale Variante, die automatisch eintritt vor vorderen Vokalen und vor Konsonanten, so in frz. *qui, quelque, reculer, clair, chrétien*; dt. *kicken, Keller, verkünden, klein, Knie;* engl. *to kick, kettle, crack, claw,* und eine velare Variante vor dunklen Vokalen: frz. *car, cou, col;* dt. *Katze, Kuh, kochen;* engl. *car, coat, to call.*

Fakultative Varianten (= freie Varianten):
Wo nicht aus der phonologischen Umgebung vorhersagbar ist, was für eine Variante eintreten wird, sondern die Wahl der Variante von Sprecher zu Sprecher, ja von einem einzelnen Sprechakt zu einem anderen (desselben Sprechers) willkürlich ist, spricht man von fakultativen oder freien Varianten.
Beispiel: dt. [r], [ʀ], [ʁ] = ›Zungen-r‹ und ›Zäpfchen-r‹: Ihre Distribution ist beliebig.

Aufgabe:
(nach Gleason, H. A.: Workbook in Descriptive Linguistics. New York 1955. Bei Gleason, einem der amerikanischen Strukturalisten, finden sich zahlreiche authentische Aufgaben aus indianischen, afrikanischen, asiatischen Sprachen.)
6. Im Koreanischen sind [s], [ʃ], [z] kombinatorische Varianten eines Phonems. Stellen Sie aus folgenden Beispielen deren Distribution fest:

[s]	[ʃ]	[z]
1. *satan* ›Teilung‹	8. *ʃeke* ›Welt‹	15. *tʃaŋza* ›Geschäft‹
2. *sæk* ›Farbe‹	9. *ʃekum* ›Steuern‹	16. *inza* ›Grüße‹
3. *sæe* ›neu‹	10. *ʃesuʃil* ›Waschraum‹	17. *inzwetʃa* ›Verleger‹
4. *sosəl* ›Roman‹	11. *ʃihap* ›Spiel‹	18. *paŋzək* ›Kissen‹
5. *su* ›Zahl‹	12. *ʃiktaŋ* ›Eßzimmer‹	19. *phuŋzok* ›Brauch‹
6. *sul* ›Wein‹	13. *ʃilsu* ›Fehler‹	20. *umziktʃəm* ›Restaurant‹
7. *susul* ›Operation‹	14. *ʃinpu* ›Braut‹	21. *yeŋzutʃuŋ* ›Rezept‹

5.3 Exemplifizierung sprachwissenschaftlicher Grundbegriffe an der Phonologie

Wie schon oben bemerkt, hat die strukturalistische Sprachwissenschaft ihre Begriffe und Methoden zuerst an der Phonologie erarbeitet, bevor sie sie auf größere sprachliche Einheiten als das Phonem übertrug. Daher soll uns hier auch die Phonologie als konkretes Material zur Demonstration einiger weiterer Grundbegriffe (einer davon ist bereits bekannt: die Variante) und Methoden dienen.

5.3.1 Synchronie / Diachronie (am Beispiel der Phonologie)

In Kapitel 4.3 wurde bereits darauf hingewiesen, daß die strukturalistische Sprachbeschreibung zunächst nur von der Synchronie
ausgeht, die aber durch die Diachronie ergänzt werden muß.
Will ich z. B. einen Teilbereich des französischen Vokalsystems
untersuchen, um festzustellen, welche Vokale verschiedene Phoneme, also bedeutungsunterscheidend, sind, und welche als Varianten demselben Phonem angehören, so ergäbe sich ein unzutreffen-
des Bild, wenn ich Äußerungen aus der altfranzösischen Literatur
des Mittelalters, solche aus der französischen Klassik und solche aus
dem heutigen ›français standard‹ wahllos zu einem Corpus (=
Textsammlung, die sprachwissenschaftlich ausgewertet werden
soll) vereinigen würde. In jeder Epoche der Sprachentwicklung ist
das System durch andere Oppositionen gekennzeichnet.

Am Beispiel der französischen Nasalvokale: Im 11. Jahrhundert gibt es in
diesem Phonembereich fünf, anfangs sogar sechs verschiedene Phoneme [ĩ],
[ỹ], [ẽ], [(ɛ̃)], [ã], [õ], die alle in Opposition zueinander stehen. Im 13.
Jahrhundert sind nach Zusammenfall von [ẽ] und [ã] nur noch vier
Nasalvokale feststellbar; im 17. Jahrhundert sind die Nasale [ĩ] und [ỹ] zu
[ɛ̃] und [œ̃] gesenkt worden. Die geschriebene Sprache ist konservativer als
die gesprochene und entspricht noch der alten Aussprache, daher noch
heute Schreibung *fin*, Aussprache [fɛ̃], nicht mehr [fĩ], Schreibung *brun*,
Aussprache [brœ̃], nicht mehr [brỹ].

Häufig erklärt erst die Einbeziehung der diachronischen Betrachtungsweise die Orthographie, die bei rein sychronischer Betrachtung willkürlich erscheinen müßte.

Entphonologisierung: Im heutigen Französisch ist die Opposition / ɛ̃ / : / œ̃ /
im Begriff, sich zu entphonologisieren: Die beiden Phoneme fallen in eines
zusammen, und [ɛ̃], [œ̃] sind nur noch fakultative Varianten des Phonems
/ ɛ̃ /. Bald wird auch hier die scheinbar willkürliche Schreibung nur noch aus
der Diachronie erklärbar sein.
Schematische Darstellung des Systems der französischen Nasalvokale in
seinem geschichtlichen Wandel:[7]

ca. 11. Jahrhundert	ĩ	ỹ	ẽ (ɛ̃)	ã	õ
ca. 13. Jahrhundert	ĩ	ỹ		ã	õ
	bzw. ẽ	bzw. ø̃			
ca. 17. Jahrhundert	ɛ̃	œ̃		ã	õ
Tendenz heute		ɛ̃		~ɔ̃	õ

Ähnlich bei frz. / a / : ɑ in *la patte, la tache* u. a. und in *la pâte, la tâche* u. a.
patte : *pâte* usw. war ursprünglich ein Minimalpaar, / a / und ɑ waren zwei

Phoneme, für die die Merkmalsopposition palatal : velar distinktiv war. Diese artikulatorische Opposition / a / : ɑ wurde in einem nächsten Entwicklungsstadium ersetzt durch eine rein quantitative (= Länge: Kürze-)Opposition. Das Minimalpaar *patte* : *pâte* wurde ab jetzt nicht mehr /pat/ : /pɑt/ gesprochen, sondern /pat/ : /pɑːt/, mit zwei artikulatorisch neutralen, nur durch ihre Länge unterschiedenen a-Phonemen. Heute hört man daneben bei vielen Sprechern des Standardfrz. nur einen einzigen a-Laut, *patte* und *pâte* sind gleichklingend (= homophon) geworden. Die Verschiedenheit ihrer Schreibung erklärt sich auch nur diachronisch.

Andererseits läßt sich an den frz. Nasalvokalen auch der umgekehrte Vorgang zur Entphonologisierung zeigen: *Phonologisierung von Varianten.*

Im frühen Altfranzösisch waren die Nasalvokale nur Varianten der entsprechenden Oralvokale (genauer: kombinatorische Varianten vor nasalen Konsonanten. Im Dt. sind Nasal-/Oralvokale fakultative Varianten [s. Kap. 5.2]), heute sind /o/ː/õ/,/ɛ/ːẽ/ usw. je verschiedene Phoneme.

An den Beispielen sollte gezeigt werden: 1. Die Ausgangsbasis der strukturalistischen Sprachwissenschaft muß einheitlich synchronisch sein. Auch Sprach*geschichte* ist Systemgeschichte und nicht Geschichte eines Einzellautes, d. h., auch die Diachronie kann nur dargestellt werden als Abfolge verschiedener synchronischer Querschnitte. 2. Die diachronische Achse darf aus der Sprachbeschreibung nicht ausgeklammert werden. Ein Sprachsystem läßt sich nur erklären als Ergebnis einer Entwicklung; *linguistique statique* (= synchronische) und *linguistique évolutive* (= diachronische)[8] müssen sich ergänzen.

5.3.2 Deskriptiv / präskriptiv

Ein weiteres Grundaxiom des Strukturalismus besteht darin, daß Sprachwissenschaft – als empirische Wissenschaft – nur deskriptiv vorgehen kann, d. h., sie beschreibt, wie Sprachbenutzer ihre Sprache tatsächlich sprechen, während präskriptive (oder normative) Sprachwissenschaft vorschreibt, wie sie sprechen sollen.[9]

Die traditionelle (vorstrukturalistische) Grammatik ging davon aus, daß die geschriebene Sprache, das bedeutete: die Sprache der Literatur, ›besser‹, ›korrekter‹ sei als andere, geschriebene oder gesprochene, Formen der Sprache und daß es die Aufgabe der Grammatiker sei, zum Gebrauch dieser einzig korrekten Norm zu erziehen.[10]

Die deskriptive Sprachwissenschaft geht aus von der gesprochenen

Sprache; sie analysiert *parole*-Äußerungen, um das Gemeinsame an ihnen zu ermitteln und so daraus das zugrundeliegende System, die *langue*, zu rekonstruieren.

Exkurs: *Deskriptivismus, Corpusanalyse*

Deskriptiv wird auch vorgegangen beim Entschlüsseln unerforschter Sprachen. Von dieser Aufgabe, nämlich dem Entschlüsseln von z. T. nicht verschrifteten nordamerikanischen Indianersprachen, nahm der Amerikanische Strukturalismus (Bloomfield, Harris, Hockett usw.) in seiner besonderen Ausprägung seinen Ausgang; man bezeichnet ihn auch als *Deskriptivismus* (s. Kap. 4.6). Seine Methode war die sog. *Corpusanalyse.*

Ein Corpus ist eine Sammlung von *parole*-Äußerungen, die zum Zwecke der Systemerforschung analysiert werden sollen. Ein Corpus kann aus schriftlichen Äußerungen bestehen – z. B. ist das literarische Werk eines Autors oder eine oder mehrere Nummern einer Tageszeitung und vieles andere ein sprachliches Corpus – oder aus mündlichen Äußerungen, z. B. auf Tonband mitgeschnittenen Gesprächen oder in phonetischer Transkription festgehaltenen Äußerungen eines oder mehrerer Informanten usw. Wichtig ist nur der Grundsatz der *Synchronie:* Das Corpus muß hinsichtlich der Entstehungszeit der Äußerungen homogen sein.

Die Vorgehensweisen einer Corpusanalyse (sog. *disvocery procedures*) werden dargestellt in Kap. 5.4.

5.3.3 Relevant / redundant; das Merkmal

Ein Sprachlaut hat nicht nur die Eigenschaften, die notwendig sind, damit er vom Hörer identifiziert werden kann, sondern auch noch andere, ebenfalls physikalisch feststellbare.

Will der Hörer das Lautkontinuum [kom] identifizieren, so genügt es, wenn er z. B. an dem Phonem [o] die Eigenschaften registriert, die es von dem Phonem [a] oder von dem Phonem [ɛ] oder letztlich von allen Phonemen des betreffenden Sprachsystems unterscheiden. Für [o] wären das die Eigenschaften oder phonologischen Merkmale *vokalisch, hinten, tief.* Das sind seine *relevanten* oder *distinktiven Merkmale:* nur sie sind im Code gespeichert, d. h., sie genügen, um die Lautvorstellung = das Phonem / o / gegen alle anderen abzugrenzen. Ein anderes Merkmal, das / o / ebenfalls hat, und zwar das Merkmal ›stimmhaft‹, ist *redundant:* Seine Angabe fügt keine neue Information hinzu, denn es ist bereits im Merkmal ›vokalisch‹ enthalten (alle Vokale sind stimmhaft, d. h., die Stimmbänder schwingen bei ihrer Erzeugung).

Würde eines der relevanten Merkmale fehlen, so wäre die Identifizierung nicht möglich; würde z. B. die Angabe ›tief‹ fehlen, so wäre das / o / nicht gegen das / u / abgegrenzt usw.

Redundanz gibt es auch auf den anderen Ebenen des Sprachsystems; ein Beispiel aus der Morphosyntax (d. h. auf Satzebene):

> frz. *Les animaux mangeront.*

Hier ist der Plural gleich viermal ausgedrückt:

> [lezanimomãʒrō]

Drei dieser Pluralmarkierungen können als redundant angesehen werden; vgl. andere Sätze, die ohne Redundanz die gleiche Angabe ›Plural‹ enthalten, z. B.:

> frz. *Les garçons jouent*
> [legarsōʒu]

Als redundant können alle die Teile einer Aussage bezeichnet werden, die keine neue Information hinzufügen, sondern nur die bereits unabhängig von ihnen vorhandene ganz oder teilweise (meist in anderer Form) wiederholen. (Zu dem Sinn, den die Redundanz für die Kommunikation hat, s. auch Kap. 3: Bühlers Organon-Modell.)

5.3.4 Syntagmatisch / paradigmatisch

Ausgehend vom linearen Charakter von Sprachäußerungen (s. 3.1.2.2) läßt sich feststellen, daß jedes Element einer Äußerung eine Beziehung hat zu dem, was ihm vorangeht, und zu dem, was ihm folgt. Dies gilt auf der Ebene der Phoneme (s. Kap. 5.2: kombinatorische Variante) ebenso wie auf den anderen Ebenen der jeweils nächstgrößeren Einheiten der Sprachbeschreibung (Morpheme, Syntagmen usw.). Man nennt diese Beziehung innerhalb der Abfolge einer Äußerung, innerhalb der ›chaîne parlée‹, *syntagmatische Beziehungen.* Eine Distributionsanalyse (s. Kap. 5.2) gibt Auskunft darüber, welche syntagmatischen Beziehungen für das betreffende Element innerhalb seines Sprachsystems bestehen, d. h., mit welchen anderen Elementen zusammen es vorkommen kann.

Zugleich ist ein Sprachelement aber auch im System verankert durch seine *paradigmatischen Beziehungen.* Eine paradigmatische Klasse von Sprachelementen ist die Menge der Elemente, die in einem gegebenen Kontext gegeneinander austauschbar sind.

Beispiel auf der Ebene der Phoneme: *Ring* / riŋ /: Für jedes der drei Phoneme dieses Wortes lassen sich paradigmatische Beziehungen = *Oppositionen* zu anderen Phonemen des Deutschen nachweisen, z. B. ließe sich / r / ersetzen durch / d /, / z /, / g /, / h / oder / f /; / i / durch / a /; / ŋ / durch / s /, / t / oder / f /:

Zugleich steht aber jedes der Phoneme innerhalb der *chaîne parlée* in syntagmatischer Beziehung oder *Kontrast* zu dem, was ihm vorhergeht, und zu dem, was ihm folgt.

Am Beispiel dt. *sing!* / ziŋ /: Das / z / kann nur deswegen als stimmhafter s-Laut auftreten, weil ihm kein anderes Phonem vorangeht – dt. s wird nur am Wort- bzw. Silbenanfang als / z / realisiert –, insofern ist sein Auftreten an dieser Stelle einer Äußerung syntagmatisch bestimmt. Andererseits ist in dieser Umgebung nicht jedes beliebige Phonem möglich, sondern nur eines aus der Menge / r /, / d /, / g /, / h /, / f /, / z /, insofern ist sein Auftreten in der Umgebung – ... iŋ paradigmatisch bestimmt.

Entsprechend ist das Phonem / i / in / ziŋ / einerseits syntagmatisch bestimmt: Es hätte nach den Silbenbaugesetzen des Deutschen in der Umgebung / z / ... / ŋ / kein Konsonant auftreten können; und es ist paradigmatisch bestimmt aus der Opposition zu / a / als in der Umgebung / z / ... / ŋ / ebenfalls möglichem Element des Systems.

Beispiel auf der Ebene der Morpheme:[11]

5.4 Die strukturalistische Vorgehensweise (Taxonomischer Strukturalismus)

Die strukturalistische Sprachwissenschaft will durch Analysieren von *parole*-Äußerungen zu einer Beschreibung des ihnen zugrundeliegenden *langue*-Systems gelangen. Diese Beschreibung soll umfassen

1. das Phoneminventar der analysierten Sprache,
2. das Morpheminventar sowie bei beiden Inventaren die Verknüpfungsregeln der ermittelten Elemente.

Zwei Schulen des Strukturalismus haben für diese Zielsetzung ähnliche Wege eingeschlagen, unterscheiden sich aber in der Gewinnung ihres sprachlichen Ausgangsmaterials (vgl. Kap. 4.6).

Der Amerikanische Strukturalismus Bloomfieldscher Prägung (Distributionalismus) sammelt Sprachäußerungen verschiedener Informanten und stellt sie zu einem Corpus zusammen (s. Kap. 5.3.3). Dieses Corpus ist sein sprachliches Rohmaterial. Bei genügend großem Umfang gilt das Corpus als repräsentativ für die gesamte Sprache, so daß die an ihm gewonnenen Ergebnisse auf diese verallgemeinert werden.

Der Prager Strukturalismus (Funktionalismus) geht aus von einer Sprache, die der Sprachforscher beherrscht und in der er jeweils die Beispiele sucht, die er zum Überprüfen seiner Hypothesen braucht. Der Sprachforscher ist also sein eigener Informant, der sich sein sprachliches Rohmaterial mittels Introspektion verschafft. Für ihn besteht das zu untersuchende Corpus aus sämtlichen Äußerungen, die er selbst für seinen Zweck aufgrund seiner Sprachkompetenz hervorbringt.

In den folgenden Schritten unterscheiden sich Distributionalismus und Funktionalismus nicht wesentlich.

Es folgt die *Corpusanalyse,* bei der nur zwei Operationen zugelassen sind: 1. *Segmentieren,* 2. *Klassifizieren* (daher ›taxonomischer‹ Strukturalismus).

Erinnern wir uns, daß der Distributionalismus sich entwickelte aus der Zielsetzung, die nordamerikanischen Indianersprachen zu entschlüsseln. Was bei Corpus-Aufzeichnungen aus diesen unerforschten Sprachen das einzig Gesicherte war, das war die Ausdrucksseite der Sprachäußerungen; über die Inhaltsseite wären höchstens Vermutungen möglich gewesen. Nun war der amerikanische Strukturalismus stark beeinflußt von der philosophischen

Richtung des Behaviorismus, die im Verhalten, im von außen Beobachtbaren, intersubjektiv Verifizierbaren ihren alleinigen Untersuchungsgegenstand sah. An einer Sprachäußerung konnte für den Behavioristen demnach nur der *Signifiant* Gegenstand wissenschaftlicher Analyse sein; alle Versuche, sprachliche Inhalte zu beschreiben, wurden als subjektiv, als ›mentalistisch‹ abgelehnt.

Über ein Sprachelement, das bei der Analyse an einer oder mehreren Stellen innerhalb des Corpus festgestellt wurde, kann dann zunächst nur ausgesagt werden, in welchen Umgebungen (daher ›Distributionalismus‹) es vorkommen kann = seine syntagmatischen Relationen. Um es auch hinsichtlich seiner paradigmatischen Relationen zu kennzeichnen, muß festgestellt werden, gegen welche anderen Elemente es sich austauschen oder *substituieren* läßt (s. Kap. 5.2: Kommutationsprobe, die gelegentlich auch Substitutionsprobe genannt wird). Der Sprachforscher substituiert dem zur Untersuchung stehenden Element probeweise ein anderes, ebenfalls dem Corpus entnommenes Element und muß nun in Erfahrung bringen, ob sich dadurch die Bedeutung der Äußerung verändert hat. *Er* kennt die Inhaltsseite des betreffenden Zeichens nicht, daher muß er einen muttersprachlichen Sprecher (*native speaker*) befragen, ob beide Ausdrücke das gleiche heißen – aber nicht etwa, *was* sie heißen! Konsequent behavioristisch ist nur diese eine Frage erlaubt, ob die beiden Äußerungen, die ursprüngliche und die mit dem substituierten Element, gleich sind.[12] So bleibt das Vorgehen intersubjektiv nachvollziehbar.

Hat die Substitution zu einer Bedeutungsänderung geführt, so müssen die beiden Austauschelemente beim Klassifizieren zwei verschiedenen Elementen in dem zu erstellenden Inventar der Sprache zugewiesen werden; hat sich die Bedeutung nicht verändert, so muß ich die beiden Segmente als zwei Erscheinungsformen ein und desselben Elementes klassifizieren.

Die Corpusanalyse vollzieht sich also in den methodischen Schritten Segmentieren – Substituieren – Informantenbefragung – Klassifizieren.

5.4.1 Phonemanalyse

Was in Kapitel 5.4 als Corpusanalyse allgemein beschrieben wurde, also nicht nur für Phoneme, sondern auch für größere Systemelemente (Morpheme) gilt, soll noch kurz in seiner Anwendung auf die Phoneme im besonderen gezeigt werden.

Das Corpus wird segmentiert in kleinste Lauteinheiten; so erhält man *Phone* = Einheiten, die je einem bestimmten Phonem zugeordnet werden können. Ein Phon ist ein Lautsegment, das noch nicht hinsichtlich seines Status im Sprachsystem klassifiziert ist, d. h., es ist noch nicht entschieden unter welches Phonem es als Allophon zu klassifizieren ist. Diese Entscheidung wird durch die Kommutationsprobe, also durch Aufsuchen von Minimalpaaren im Corpus, erbracht, bei Vermutung kombinatorischer Varianten durch Distributionsanalyse (s. Kap. 5.2).

Aufgabe:

7. Kreuzen Sie von den folgenden deutschen, französischen und englischen Wortpaaren diejenigen an, die Minimalpaare sind:

dt.	frz.	engl.
Rand / Rat[13]	mettre / lettre	book / books
bitten / bieten	aller / allez	sick / thick
Buch / Bücher	cher / cherchent	house / houses
Rasen / rasen	livre / ivre	then / than
Sache / Sachen[14]	beau / belle	hair / hare
blau / bau	mon / mes	live / leave
Weg / Steg	son / saut	whistle / will
	arbre / arbres	

5.4.2 Paradigmatische Beziehungen der Phoneme:
das Phoneminventar, Phonemnotierung

Wenn sämtliche Phone, die ich durch Segmentation gewonnen habe, klassifiziert sind, so ist damit das Phoneminventar der betreffenden Sprache erstellt. Es ist die Liste sämtlicher Laute, die in dieser Sprache bedeutungsunterscheidende Funktion haben.

An einem Beispiel soll zur Wiederholung des bisher Erarbeiteten nochmals vorgeführt werden, wie man bei der Erstellung eines Phoneminventars durch Corpusanalyse vorgeht: Nehmen wir an, eine Sprache besteht aus folgenden Wörtern:

fabe, lube, bare, lafe, fare, fibe, bafe, labe.

Nun soll das Phoneminventar dieser fiktiven Sprache erstellt werden. Hierfür werden folgende Operationen durchgeführt:
Kommutationsprobe durch Aufsuchen von Minimalpaaren im vorliegenden Corpus (vgl. Tab. auf S. 88).

Minimalpaare	daraus festgestellte Oppositionen zwischen Lautsegmenten (= Phonen)
fabe / fare	b : r
fabe / fibe	a : i
fabe / labe	f : l
lube / labe	u : a
bare / fare	b : f
bare / bafe	r : f
lafe / bafe	l : b
lafe / labe	f : b

Die Segmentation des Corpus ergibt die Phone [f], [a], [b], [e], [r], [i], [l], [u].

Die Minimalpaarliste zeigt, daß sie nicht alle bedeutungsunterscheidend sind: Es ist kein Minimalpaar dabei, das durch den Laut [e] differenziert wird. Daher nehme ich an, daß [e] kombinatorische Variante zu einem der anderen aufgeführten Phone ist.
Zweites Kriterium für kombinatorische Variante ist die artikulatorische Ähnlichkeit. [e] ist artikulatorisch dem [i] am ähnlichsten (beide vokalisch, vorne).
Daraufhin drittes Kriterium: Distributionsanalyse der beiden artikulatorisch ähnlichen Phone (kann hier wohl ohne Matrixdarstellung geleistet werden). Ergebnis: [e] erscheint nur im Auslaut, [i] nur im Inlaut, also komplementäre Distribution. Demnach sind [e], [i] kombinatorische Varianten *eines* Phonems.
Weiter zeigt die Minimalpaarliste, daß auch [l] und [r] hier nie ein Minimalpaar begründen. [l] und [r] stehen 1. (hier) nie in Opposition zueinander, sind 2. artikulatorisch ähnlich (konsonantisch, apikodental) – haben sie auch 3. komplementäre Distribution? Distributionsanalyse:

	nachfolgende Konsonanten und Vokale	[l]	[r]
lube	u	+	
labe, lafe	a	+	
bare, fare	e		+

[l] nur vor / u / und / a /,
[r] nur vor [e]
(Anders formuliert: [l] nur im Anlaut, [r] nur im Inlaut.)
Also: komplementäre Distribution. [l], [r] sind kombinatorische Varianten *eines* Phonems. Das ergibt folgendes Phoneminventar:

/ a /   / [e], [i] /   / u /   / [r], [l] /   / b /   / f /.

8. Lösen Sie in der gleichen Weise die folgende Aufgabe: Eine (fiktive) Sprache habe neun Wörter (und *nur* diese) mit verschiedener Bedeutung:
lená, lemá, pebá, nedá, tená, pená, medá, pedá, pelá,
Erstellen Sie das Phoneminventar dieser Sprache.[15]

Innerhalb eines Phoneminventars lassen sich Gruppen von Phonemen feststellen, die artikulatorisch enger miteinander verwandt sind als der Rest des Systems. Sie unterscheiden sich nur in *einem* distinktiven Merkmal.

Jedes Phonem der ersten Serie unterscheidet sich von einem Phonem der zweiten Serie durch das Merkmal ›stimmhaft‹. Man bezeichnet auch Serie 1 als *merkmaltragend*, Serie 2 als *merkmallos*. Phoneme, die den Artikulationsort gemeinsam haben und sich nur in der Artikulationsart unterscheiden, wie b p m oder d t n, werden als Reihe bezeichnet. Ein solches Teilsystem aus Serien und Reihen innerhalb eines Phonemsystems ist eine sog. *Korrelation*.

Das Erstellen von Phoneminventaren ist wichtig für die kontrastive Sprachwissenschaft und für ihre Anwendung im Fremdsprachenunterricht.

a) Konsonantensystem des Deutschen und des Englischen:[16a]

Deutsch				Englisch			
p b	t d		k g	p b	t d	tʃ dʒ	k g
f v		ç x		f v	θ ð		
	s z	ʃ (ʒ)			s z	ʃ ʒ	
m	n		ŋ	m	n		ŋ
l	r		j h	l	r	w	j h

⸬ = ein englisches Phonem, das keine Entsprechung im Deutschen hat;
▭ = ein deutsches Phonem, das keine Entsprechung im Englischen hat.

Der Fremdsprachenunterricht wird in seinem phonetischen Aspekt besonderen Nachdruck auf solche lautlichen Unterschiede legen, die in der Fremdsprache Oppositionen zwischen Phonemen konstituieren, in der Muttersprache dagegen nur fakultative Varianten.

Beispiel: engl. [sik] ›übel‹ : [θik] ›dick‹ vs. dt. [fuːs], [fuːθ] (das unter bestimmten Umständen als individuelle fakultative Variante vorkommen kann) oder: engl. [vəːs] ›Vers‹ : [wəːs] ›schlimmer‹ vs. dt. [vɔrt], [wɔrt] (auch, wie oben [fuːθ], zumindest als eine die Bedeutung des Wortes nicht tangierende Variante denkbar) usw.

Aufgabe:
9. Das deutsche und das englische Konsonantensystem wurden hier einander kontrastiv gegenübergestellt. Stellen Sie in der gleichen kontrastiven Weise das deutsche und das französische Konsonantensystem nebeneinander! Verwenden Sie dazu die phonetischen Beschreibungen der deutschen und der französischen Konsonanten aus Kap. 5.1.

b) Vokalsystem des Deutschen und des Französischen:

Einzeldarstellung der dt. Vokale s. Kap. 5.1. Für die schematische Darstellung der frz. Vokalphoneme wird gerne folgendes Trapezschema gewählt:[16b]

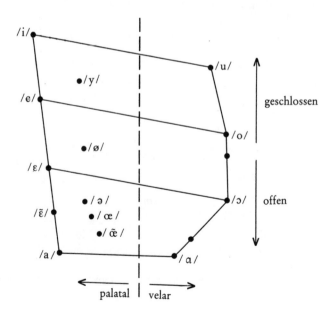

Aufgabe:
10. In Kap. 5.3.1 war von frz. Wortpaaren wie *patte / pâte, la / las, mal / mâle* die Rede. Wie müßte nach dem dort Gesagten die Trapezdarstellung der frz. Vokalphoneme abgeändert werden?

Nach diesen beiden Einzeldarstellungen nun die kontrastive Gegenüberstellung:

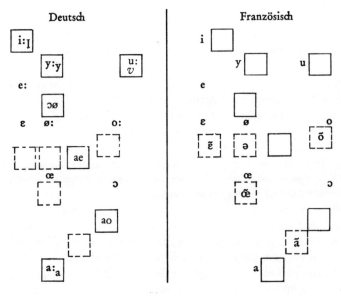

Die Tilde ~ über einem Vokal bedeutet ›nasaliert‹, z.B. *mont* [mõ], *pain* [pɛ̃] usw.

☐ = ein französisches Phonem, das keine Entsprechung im Deutschen hat;

⌐ ¬
⌊ ⌋ = ein deutsches Phonem, das keine Entsprechung im Französischen hat.

Dem Deutsch lernenden Franzosen wird – was das Vokalsystem betrifft – besonders die phonologische Relevanz der Vokalquantität (= -länge) bewußt zu machen sein: im Deutschen sind

['mitə] : ['miːtə]
['hytə] : ['hyːtə]
['bulə] : ['buːlə]
[fal]   : [faːl]

Minimalpaare; im Französischen sind dieLangvokale nur kombinatorische Varianten der kurzen; vor den sog. ›consonnes allongean-
tes‹ / r /, / ʒ /, / z / und / v / tritt automatisch die lange Variante auf:
[paːʒ] ›Seite‹, aber [vaʃ] ›Kuh‹; [bluːz] ›Bluse‹, aber [mus] ›Schaum‹; [riːv]
›Ufer‹, aber [kanif] ›Taschenmesser‹.
Für den Französisch lernenden Deutschen ist das Einüben der
Nasalvokale besonders wichtig, natürlich vor allem in Abhebung
von den zugehörigen Oralen, daneben aber auch in ihren Unterschieden untereinander.[17]

[so] ›Sprung‹ : [sõ] ›sein‹ (Possessivpron.), ›ihr‹ (Poss. Pron.); [pɛ] ›Frieden‹:
[pɛ̃] ›Brot‹ usw. sind im Französischen Minimalpaare, während dt. [bɛ̃ːr]
für [bɛːr] ›Bär‹ ohne Bedeutungsunterschied als individuelle Variante
vorkommen kann.

Neben den Nasalvokalen muß der Deutsche besonders die verschiedenen e-Phoneme im Französischen beachten: [e], [ɛ] und [ə] sind
drei verschiedene Phoneme[18], im Deutschen dagegen ist das [ə] kein
eigenes Phonem, nur kombinatorische Variante des [e], die in
unbetonten Silben eintritt.

Im Französischen sind [sel(ə)ve] ›s'élever‹ und [səl(ə)ve] ›se lever‹ ein
Minimalpaar, deutsch sind z. B. [ˈroːzə] und [ˈroːze] nur zwei verschiedene
Varianten ohne Bedeutungsunterschied.

Ebenfalls Relevanz für den Fremdsprachenunterricht hat der
Begriff der Korrelation: z. B. ist bei den Plosiven im Französischen
gegenüber dem Deutschen die Serie *p t k* weniger stark behaucht,
mithin ist auch die korrelierende Serie *b d g* stimmhafter als im
Deutschen. Oder beim Vergleich Deutsch und Englisch: das englische [t] in *tea* ist stärker aspiriert als das deutsche [t] in *Tee*.
Entsprechendes gilt für die ganze Serie *p t k* im Anlaut (oder nach s-)
vor Vokal (vgl. z. B. die Aussprache von engl. *pun* gegenüber dt.
Panne oder engl. *to spin* gegenüber dt. *spinnen*).

Phonemnotierung: Phoneme sind nicht strukturelle Letztgrößen,
sondern lassen sich weiter analysieren in ihre Merkmale. Während
der Amerikanische Strukturalismus Sprachbeschreibung vor allem
als Aufstellen von Phoneminventaren und Morpheminventaren
auffaßte, hat sich die Prager Schule besonders mit dem nächsten
Analyseschritt, dem Zerlegen der Phoneme in ihre Merkmale,
befaßt. Für sie ist ein Phonem ein *Bündel von Merkmalen* (=
Phemen, Sing.: das *Phem*). Diese lassen sich in einer Matrix
anordnen, mittels derer jedes Phonem in seinen distinktiven Merkmalen eindeutig beschreibbar ist. Bei den phonologischen Merkma-

len der Matrix, die bei dem betreffenden Phonem vorhanden sind, ist ein + einzutragen, bei denen, die fehlen, ein −. Irrelevante Merkmale sind mit o zu kennzeichnen.

Das Wort *Wissenschaft* z.B. ließe sich phonologisch folgendermaßen beschreiben:

	vokalisch	kurz	offen	gerundet	konson.	stimmhaft	plosiv	frikativ	nasal	lateral	vibrant	bilabial	labiodental	apikodental	alveolar	präpalatal	palatal	velar	uvular	pharyngal
v	−				+	+		+					+							
i	+	+	−	−																
s	−				+	−		+							+					
ə	+	+	−	−																
n	−				+	+			+					+						
ʃ	−				+	−		+								+				
a	+	+	+		**0**													+		
f	−				+	−		+					+							
t	−				+	−	+							+						

Aufgabe:
11. Entziffern Sie die folgende phonologische Matrix. Welches deutsche Wort ist hier notiert?

−				+	−	+											+		
+	+	−	−																
−				+	+			+					+						
−				+	−	+							+						

Aufgabe:
12. Sie erinnern sich an K. Bühlers Organon-Modell der sprachlichen Kommunikation (s. Kap. 3) und an den dort eingeführten Begriff der *abstraktiven Relevanz*. Versuchen Sie, Phonetik und Phonologie gegeneinander abzuheben unter dem Aspekt dieser abstraktiven Relevanz!

5.4.3 Syntagmatische Beziehungen der Phoneme

Jedes Element eines Sprachsystems ist erst vollständig identifiziert, wenn ich seine paradigmatischen *und* seine syntagmatischen Beziehungen beschrieben habe. Die paradigmatischen Beziehungen geben an, zu welchen anderen Elementen der gleichen Ebene der

Sprachbetrachtung es in Opposition steht; für ein Phonem ist die Summe sämtlicher mit ihm opponierender Elemente das Phoneminventar der betreffenden Sprache. Die syntagmatischen Beziehungen geben an, welche Elemente der gleichen Ebene ihm innerhalb der *chaîne parlée* vorangehen können und welche ihm folgen können.

Syntagmatische Beziehungen zwischen Phonemen äußern sich in Positionsbeschränkungen (die bestimmte Beschränkungen für den Bau der Silbe mit sich bringen), in Neutralisierungen von Phonemoppositionen in bestimmter Stellung und in Veränderungen von Phonemrealisierungen im Kontakt mit bestimmten anderen Phonemen.

5.4.3.1 Positionsbeschränkungen

Es gibt für bestimmte Phoneme in einem Sprachsystem Positionsbeschränkungen, sie können nicht an jeder beliebigen Stelle der *chaîne parlée* auftreten. So kann im Deutschen / h- / nur im Anlaut, / -ŋ- / nur im In- und Auslaut stehen. Für Deutsch und besonders für Französisch und Englisch gilt, daß Konsonantenhäufungen nicht beliebig möglich sind. / pfl / wie in dt. / pflɔk / z.B. gibt es im Englischen und im Französischen nicht. Kombinationen wie * / rtk /, * / pbms / sind auch im Deutschen unzulässig.

5.4.3.2 Die kanonische Form der Silbe

Die Beschränkungen in der Kombinierbarkeit von Phonemen, die für ein Sprachsystem charakteristisch sind, werden gelegentlich dargestellt in der sog. *kanonischen Form der Silbe.*[19] Im Deutschen hat die Silbe die Strukturformel (K) (K) (K) V (K) (K) (K) (K), wobei K = Konsonant, V = Vokal; fakultative Elemente stehen in Klammern. Eine minimale Silbe besteht also aus einem Vokal, z.B. / ae / ›Ei‹; -a- in / teˈaːtər / usw.; maximale Silben sind z.B. *Strumpf* / ʃtrumf /; (du) *springst* / ʃpriŋst /, (du) *schimpfst* / ʃimfst /.

Es sollen hier nicht sämtliche Kombinationsmöglichkeiten vorgestellt werden; zu unterstreichen ist nur, daß ›fakultativ‹ nicht bedeutet, jeder beliebige Konsonant könne zusammen mit jedem beliebigen anderen vor einen Vokal treten; vielmehr gelten die Kombinationsmöglichkeiten nur im Rahmen der Positionsbeschränkungen der einzelnen Phoneme.

Es kann z. B. im Deutschen einer Kombination / t / + Vokal als weiterer Konsonant nur / ʃ / vorangestellt werden: / ʃta /, / ʃte /, / ʃti / (plus jeweils fakultativer Konsonant oder fakultative Konsonanten am Ende) sind Silben des Deutschen, aber * / bta /, * / dta /, * / lta /, * / rta / usw. nicht. Kombinationsmöglichkeiten von drei Konsonanten vor dem Vokal beschränken sich auf die Gruppe / ʃ / + Plosivkonsonant + l oder r (plus jeweils fakultativer Konsonant bzw. fakultative Konsonanten am Ende), also / ʃtr / + Vokal, / ʃpr / + Vokal, / ʃpl / + Vokal, z. B. *streng, springen, Splitter.*

Für das Französische gilt die kanonische Form (K) (K) (K) V (K) (K), die häufiger als im Deutschen in ihrer minimalen Form realisiert ist, z. B. *à,* (il) *a* / a /, *et* / e /, *est* / ɛ /, *y* / i /, *eau, haut* / o /, *où, ou* / u / *eux* / ø / *eu* / y /, *an, en* / ã / usw. Die Realisierung der maximalen Form ist seltener als im Deutschen, z. B. *strict* ›streng‹ / strikt /, *sprint* ›(der) Sprint‹ / sprint / (das aber ein englisches Fremdwort ist und seine englische Aussprache beibehalten hat).

Für jede Sprache ließe sich eine detaillierte Strukturformel der Silbe aufstellen, in der sämtliche Positionsbeschränkungen mit eingetragen sind. Nur zur Illustration (nicht etwa zum Auswendiglernen) sei die von Whorf[20] für das Englische erarbeitete zitiert:

Das Element 8, V = Vokal, ist auch im Englischen als einziges unabdingbar für die Silbe. Ihm vorangehen kann

– entweder Spalte 1, das ist null (geschrieben o), bedeutet also vokalisch anlautende Silbe,

– oder Spalte 2, das ist irgendein einzelner englischer Konsonant mit Ausnahme von ŋ (diese Restriktion ist geschrieben als C –ŋ)

– oder Spalte 3, das ist eine der Konsonantengruppen gl-, kl-, gr-, kr-, dr-, θr usw.[21]

– oder Spalte 4, das bedeutet andere Konsonantengruppen.

Als Folgeelemente nach dem Element 8, V = Vokal, sind ebenfalls null oder die Konsonantengruppen 11 bis 15 möglich.

Es würde zu weit führen, hier Whorfs ganze metasprachliche Formel wieder in Objektsprache zurückzuinterpretieren[22]; es ging nur darum, vorzustellen, nach welchem Prinzip Whorf die Positionsbeschränkungen der englischen Phoneme in einer Formel zusammenzufassen versucht hat. Für die Phoneme des Deutschen und des Französischen könnten die Positionsbeschränkungen in analogen Formeln dargestellt werden.

Festzuhalten ist jedenfalls, daß sich die Phonemsysteme der einzelnen Sprachen »nicht nur in bezug auf das Vorhandensein oder Nicht-Vorhandensein bestimmter einzelner Phoneme, sondern auch hinsichtlich der diversen Kombinations- und Positionsmöglichkeiten der *vorhandenen* Phoneme im Rahmen der kleinsten bedeutungstragenden Einheiten«[23] unterscheiden.

Eine Anwendungsmöglichkeit der oben skizzierten Strukturformeln sieht Whorf im Fremdsprachenunterricht: Wenn dem Lernenden für seine Muttersprache die Strukturformel, die er unbewußt internalisiert hat, theoretisch bewußt gemacht wird und die der Fremdsprache kontrastivistisch daneben gestellt wird, hilft man ihm, phonologische Interferenzen zu vermeiden.

Ein Beispiel für eine solche Interferenz ist etwa die deutsche Aussprache [ʃloᴜ] für englisch / *slou* / slow – die deutsche Silbenstrukturformel erlaubt die Konsonantenkombination ʃl- vor Vokal, die englische nicht.

5.4.3.3 Neutralisierung, Archiphonem

In bestimmten Fällen kann die Opposition, die zwischen zwei Phonemen eines Systems besteht, aufgehoben (neutralisiert) sein. Wie es dazu kommt, führen wir am einfachsten am Beispiel der deutschen sog. Auslautverhärtung vor:

Im Deutschen stehen die beiden Phoneme / d / und / t / in Opposition zueinander, wie sich durch Minimalpaare belegen läßt, z. B. *leiden : leiten; Dorf : Torf*. Nun unterliegt aber das eine dieser beiden Phoneme, nämlich / d /, einer Positionsbeschränkung: Es kommt nur 1. im Anlaut (das bedeutet: im absoluten Anlaut, also als erstes Phonem eines Wortes, *oder* im Silbenanlaut, also als erstes Phonem einer Silbe) und 2. intervokalisch vor (Beispiele: *D*ach; gol*d*en; Wa*d*e), niemals jedoch im Auslaut. Auch wo die Graphie -*d* zeigt, ist *t* zu sprechen aufgrund der sog. Auslautverhärtung, die im Deutschen, nicht aber im Französischen und im Englischen, Regelgeltung hat. Sie betrifft die stimmhaften Plosivkonsonanten *b, d, g*. Ich spreche also dt. *Rad* / raːt /; Lo*b* / loːp /; *Berg* / bɛrk /; dagegen frz. (la) *rade* ›Reede‹ / rad /, *Antibes* (Stadt in Südfrankreich) / ãtib /, (la) *bague* ›Ring‹ / bag /, und engl. *good* ›gut‹ / gud /, *cab* ›Droschke‹ / kæb /; *dog* ›Hund‹ / dɔg /.

Der Französisch- bzw. Englischunterricht für deutsche Schüler muß hier vor muttersprachlichen Interferenzen warnen. Wenn der Schüler die automatische Auslautverhärtung seiner Muttersprache auf das Französische überträgt, bewirkt er Bedeutungsveränderung:

z. B. / rat / statt / rad /: / bak / statt / bag /. *rate* ›Milz‹ : *rade* ›Reede‹ und *bac* ›Schulabschlußexamen‹ : *bague* ›Ring‹ sind im Französischen Minimalpaare. Entsprechendes gilt im Englischen: z. B. *cap* ›Mütze‹ : *cab* ›Droschke‹ und *dock* ›(Hafen-)Dock‹ : *dog* ›Hund‹ sind Minimalpaare. Der französische und englische ›stimmhafte Auslaut‹ muß, da phonologisch relevant, immer wieder ins Gedächtnis gerufen werden.

Da im Deutschen / d / im Auslaut gar nicht auftreten kann, ist in dieser Position die sonst bestehende Opposition / d / : / t / neutralisiert, sie existiert hier nicht mehr. ›Opposition‹ zwischen zwei Phonemen besagt ja, daß sie in paradigmatischer Beziehung zueinander stehen, d. h. in einer Beziehung gegenseitiger Austauschbarkeit innerhalb einer gegebenen Umgebung. In der Umgebung ›Auslaut‹ kann ich nicht das eine Phonem gegen das andere austauschen; wenn hier ein dentaler Verschlußlaut auftritt, brauche ich ihn nicht mehr hinsichtlich des Merkmals stimmhaft/stimmlos näher zu beschreiben, da hier gar keine solche Auswahl gegeben ist. Hier begegnet statt eines Phonems / d / oder eines Phonems / t / die übergeordnete Einheit, die die beiden Phoneme zusammenfaßt: das *Archiphonem* / T /.

/ d /   / t /   (Archiphoneme werden durch Großbuchstaben
‾‾‾‾‾‾‾   transkribiert.)
/ T /

Das Archiphonem ist zu beschreiben als Bündel derjenigen distinktiven Merkmale, die die beiden in ihm zusammengefaßten Phoneme gemeinsam haben. Bei / T / sind das: konsonantisch, plosiv, dental. Das Merkmal, das die beiden Phoneme unterscheidet, also Stimmhaftigkeit, ist ausgeblendet.

Aufgabe:

13. Beschreiben Sie (analog zu / d / : / t /) die Neutralisation der Opposition / g / : / k / im Deutschen, indem Sie von den beiden Wörtern *Werg, Werk* ausgehen. Geben Sie die phonologische Beschreibung des dabei auftretenden Archiphonems!

Neutralisierung von Phonemoppositionen ergibt sich aus den Positionsbeschränkungen, denen bestimmte Phoneme unterliegen. In den Positionen, die für ein Phonem gesperrt sind (so der Auslaut für *b, d, g* im Deutschen), kann es nicht »Oppositionspartner« für das andere, ihm artikulatorisch ähnliche sein. Hier kann nur noch ihr gemeinsames Archiphonem als Oppositionspartner gegenüber

anderen Phonemen des Systems auftreten, z. B. / loːP / : / loːs / : / loːt/
: / loːn / oder / raːT / : / raːr / : / raːm /.

Aufgaben:

In jedem der folgenden Beispiele findet sich eine phonologische Erscheinung realisiert. Versuchen Sie herauszufinden, welche!

14. engl. *ten, bit.*

»Die englische Phonetik beschreibt mindestens zweierlei [t]: das [t] von *ten* – Umschrift: [tʻ] – als einen stimmlosen alveolaren Verschlußlaut mit Aspiration (= Behauchung); und das [t] von *bit* – Umschrift: [t] – als einen stimmlosen alveolaren Verschlußlaut ohne diese Aspiration ... Das *t* im Anlaut muß immer aspiriert sein, das *t* im Auslaut nie.«[24]

15. dt. *Ring*   *Wange*   aber nicht *ngalt
    Gesang   *singen*   *ngose
    hing   *Lunge*   *ngrell
    usw.   *Engel*   usw.
                 usw.

(Ein Sternchen * vor einer sprachlichen Form bedeutet hier ›nicht existent‹, sonst auch: ›nicht belegt‹ [in Texten und dergleichen], d. h. ›nur theoretisch erschlossen‹.)

16. Ein deutscher Sprecher spricht das Wort *welche* [ˈvɛlçə], ein anderer [ˈvelçə].

17. a) dt. *Sonne*   *Fuß*
       Salz   *Kies*
       sicher   *Hals*
       sein usw.   *heraus* usw.
       stets [z], nicht [s]   stets [s], nicht [z]

       aber reißen   /   reisen
           / s /   / z /

    b) Vergleichen Sie die deutschen Phoneme / s / und / z / unter phonologischen Gesichtspunkten mit den französischen / s / und / z /. Als Hilfe seien Ihnen folgende Wörter des Französischen angegeben: *la base* ›die Basis‹, *bas, basse* ›niedrig‹, *caser* ›verstauen‹, *casser* ›zerbrechen‹, *le sel* ›das Salz‹, *le zèle* ›der Eifer‹.

    c) Dasselbe für englisch / s / und / z /! Als Hilfe: *peace* ›Frieden‹, *peas* ›Erbsen‹, *raising* ›(das) Hochheben; (die) Aufzucht‹ u. a., *racing* ›(um die Wette) rennend‹, *seal* ›Siegel‹, *zeal* ›Eifer‹.

18. Das Französische hat die beiden vokalischen Phoneme / ø / und / œ /. Können Sie eine phonologische Besonderheit in deren Verteilung feststellen? Als Hilfe: *la peur* ›die Furcht‹, *jeune* ›jung‹, *ils veulent* ›sie wollen‹, *peu* ›wenig‹, *le déjeuner* ›das Mittagessen‹, *le noeud* ›der Knoten‹, (je) *jeûne* ›ich faste‹, *veule* ›gemein‹, *peureux* ›furchtsam‹.

5.4.3.4 Kontaktphänomene

Auch wenn wir im allgemeinen Sprachäußerungen beschreiben als
Abfolgen von einzelnen Phonemen, so bedeutet das nicht, daß die
Phoneme isoliert nebeneinander stehen. Vielmehr beeinflussen sie
einander in verschiedenen Weisen, die den Untersuchungsgegen-
stand der *phonétique combinatoire*[25] darstellen.
Ähnlich wie bei den kombinatorischen Varianten (s. Kap. 5.2) die
lautliche Umgebung bestimmt, welche Variante des betreffenden
Phonems automatisch eintritt, so handelt es sich auch hier um
Ersatz oder Umgruppierung von Phonemen unter dem Einfluß der
lautlichen Umgebung.

Assimilation: Beeinflussung eines Lautes durch einen benachbarten
in der Weise, daß er ihm artikulatorisch ähnlich wird (bis zur
völligen Gleichheit in bestimmten Fällen).
Beispiel: frz. *Strasbourg* [strazbuːr]. Das zweite *s* wird stimmhaft unter dem
Einfluß des folgenden stimmhaften Plosivlautes (Verschlußlautes) *b*.
Man unterscheidet:
1. *regressive Assimilation* (die die häufigste Form ist): ein Phonem
beeinflußt ein vorhergehendes:
z. B. in frz. *Strasbourg* [strazbuːr] (s. o.), *obscur* [ɔpskyr]. Zahlreiche
Beispiele finden sich im Lateinischen bei zusammengesetzten Verben mit
Präfixen wie *ab-, ad-, in-* usw., z. B. *ad-fero* > *affero* >ich bringe her<, *ad-
cedo* > *accedo* >ich rücke vor, komme herbei<, *in-minari* > *imminari*
>drohen< usw.
Regressive Assimilation liegt auch in vielen Fällen umgangssprach-
lich nachlässiger Aussprache vor:
z. B. dt. *geben* wird häufig [geːm] gesprochen, *haben* [ham], *wagen* [vaːŋ];
amerik. engl. *bottle* >Flasche< [bʌɫ], wobei [ɫ] das >dunkle< l (silbisches l)
bedeutet; frz. *médecin* >Arzt< [med̥sɛ̃], [med̥sɛ̃] – beide Aussprachen haben
[d̥], das bedeutet entsonorisiertes d (= ohne Stimmhaftigkeit gesprochenes
d), das sich von / t / nur dadurch unterscheidet, daß es keine Aspiration hat.
(Das zweite *e* in *médecin* spricht man nicht).
2. *progressive Assimilation:* ein Phonem beeinflußt ein nachfolgendes:
z. B. in frz. *Alsace* [alzas] wird das *s* stimmhaft unter dem Einfluß des
vorangehenden stimmhaften Verschlußlautes *l.*
3. *doppelte Assimilation:* Beeinflussung eines Phonems durch ein
vorhergehendes und durch ein nachfolgendes:
z. B. hört man frz. *pendant* >während< [pãnã] gesprochen. Die beiden
nasalen Vokale / a / haben den zwischen ihnen stehenden dentalen Ver-
schlußkonsonanten / d / nasaliert zu / n /.

Die Assimilation ist ein Mechanismus artikulatorischer Ökonomie.

Bei dem Beispiel *pendant* [pānā] etwa werden Artikulationsbewegungen ›eingespart‹ dadurch, daß man das Gaumensegel über die Dauer von drei Artikulationseinheiten hinweg (ā, n, ā) gesenkt läßt, statt es, wie bei der Aussprache [pādā], zu senken, zu heben und wieder zu senken.

Nach einem anderen Gesichtspunkt unterscheidet man zwischen
– *Kontaktassimilation:* der beeinflussende und der beeinflußte Laut folgen in der *chaîne parlée* unmittelbar aufeinander (so bei allen obengenannten Beispielen), und
– *Fernassimilation:* die beiden Laute folgen nicht unmittelbar aufeinander.

Beispiele: die Umlaute in den germanischen Sprachen sind Fälle von Fernassimilation: dt. *Gast, Gäste; Buch, Bücher; ich fahre, du fährst; groß, größer.* Die Assimilation des Stammvokals wurde bewirkt durch den Vokal der Endung. Die Stammvokale sind velar (*a, o, u,*), der Endungsvokal war im Germanischen *i* (nicht wie heute ə), also palatal. Er hat die velaren Stammvokale palatalisiert zu ɛ, ø, y. Entsprechend im Englischen: *foot, feet* aus Altenglisch *footi* (das *i* hat das *o* palatalisiert); *man, men; goose, geese* usw. Oder frz. *aimer* wird, neben [ɛme], häufig [eme] ausgesprochen, aber *nous aimons* stets [nuzɛmõ], *ils aimaient* stets [ilzɛmɛ]. Ebenso *têtu* ›eigensinnig, starrköpfig‹ häufig [tety], aber *la tête* stets [latɛt].

Eine solche Fernassimilation zwischen Vokalen wird auch als *Vokalharmonisierung* bezeichnet.

Dissimilation und Differenzierung: Sie bestehen – als Gegentendenz zur Assimilation – darin, daß zwei nicht weit voneinander entfernte gleiche Phoneme einander unähnlich gemacht werden, indem das eine der beiden ersetzt wird durch ein anderes. Als *Dissimilation* wird dieser Vorgang bezeichnet, wenn die beiden Phoneme nicht unmittelbar aufeinander folgen, als *Differenzierung*, wenn sie sich in unmittelbarem Kontakt befinden.

Beispiele für Dissimilation:
lat. *peregrinus* > frz. *pèlerin* ›Pilger‹,
lat. *mercatus* > frz. *marché* ›Markt‹.
oder: im ›français populaire‹ die Aussprache [kolidɔr] für *corridor*.

Beispiele für Differenzierung:
lautgeschichtliche Entwicklung von Diphthongen aus ursprünglich langen, in manchen Erklärungen als ›zweigipflig‹ charakterisierten Vokalen, z. B. mittelhochdeutsch *wîp* [vi:p] > neuhochdeutsch *Weib* [vaep].

Metathese und Interversion: Phoneme werden in ihrer Stellung innerhalb der Lautkette vertauscht. Bei nicht unmittelbar benachbarten Phonemen bezeichnet man den Vorgang als Metathese, bei unmittelbar benachbarten als Interversion. Manchmal steht für beide Fälle die Bezeichnung Metathese.

Beispiel für Metathese: im ›français populaire‹ *tant qu'à faire* statt *quant à faire.*
Beispiele für Interversion: lat. *(lac) formaticum* (wörtlich: ›geformte Milch‹) ›Käse‹ > frz. *fromage;* lat. *temperare* > frz. *tremper* ›eintauchen‹.

Hapaxepie (= Haplologie): Reduzierung von zwei lautähnlichen benachbarten Phonemgruppen zu einer:
z.B. dt. *selbstständig* > *selbständig;* frz. *contre-rôle* ›Gegenrechnung, Gegenregister‹ > *contrôle; Neuve* Ville > *Neuville* (Stadt in der Champagne); *tragico-comique* > *tragi-comique; morphophonologie* > *morphonologie.*

Sandhi (Die Bezeichnung wurde von den alten indischen Grammatikern übernommen; sandhi = ›Verbindung‹, ›Zusammenfügung‹): Man spricht von Sandhi, wenn die bisher geschilderten Vorgänge aus der kombinatorischen Phonetik sich nicht innerhalb des Einzelwortes abspielen, sondern durch die Kombination von Wörtern in Syntagmen hervorgerufen sind. Es handelt sich dann um Erscheinungen der Satzphonetik, nicht der Wortphonetik.
Assimilation auf satzphonetischer Ebene:
dt. *mein N*e*ffe, ein Stü*ck K*uchen;* frz. *ce*tte t*able; pou*r r*entrer;* engl. *a bla*ck c*ar; ba*d dog.
Wenn in der Lautkette zwei gleiche Plosivlaute (= Verschlußlaute) aufeinanderfolgen, wie oben / n / + / n /, / k / + / k /, / t / + / t / usw., wird der erste von den beiden nur unvollständig artikuliert: Der Verschluß an der Artikulationsstelle wird für den ersten Konsonanten hergestellt und länger gehalten als beim Einfachkonsonanten und dann geöffnet. So werden zwei Artikulationsbewegungen eingespart: die Öffnung des Verschlusses beim ersten Konsonanten und der Verschluß beim zweiten. Entsprechendes gilt für Frikativlaute, wo ebenfalls für den zweiten Laut des Paares nicht neu eingesetzt wird. Oder:
Regressive Assimilation auf satzphonetischer Ebene:
frz. *je pense* [ʃpãs]; *nous jetons* [nuʃtõ]; *chef d'état* [ʃεvdeta]; *l'Afghanistan* [lavganistã];
engl. *is she?* [iʒʃi].
Progressive Assimilation: z.B. in engl. *don't you?* [dountʃu]

Als Sandhi-Erscheinungen lassen sich auch andere Phänomene erklären, die zwar nicht Bestandteile der *langue* sind (denn es besteht ja nicht etwa eine Opposition zwischen frz. [ʃpɑ̃s] und dem auch möglichen [ʒpɑ̃s]), aber dennoch nicht rein sprecherindividuell auftreten, also auch nicht auf die *parole* beschränkt sind. Sie werden der *Norm* zugerechnet, die von Coseriu als Zwischenebene zwischen de Saussures *langue* und *parole* vorgeschlagen wird (s. Kap. 9.3.1.3). Wie alle Norm-Phänomene, sind auch die Sandhi-Erscheinungen nicht als (klipp und klar binäre, also für das Spracherlernen einleuchtend formulierbare) Oppositionen vorhanden, aber gleichwohl für die betr. Sprachgemeinschaft typisch (da überindividuell), daher muß der Fremdsprachenunterricht sie mit einbeziehen:

Im Englischen sind es vor allem die häufig gebrauchten, meist einsilbigen Wörter wie Hilfsverben, Präpositionen und Konjunktionen, die eine volle und mehrere schwache Varianten besitzen, z. B.

and [ænd]; [ənd], [ən], [nd], [n] bzw. [m] durch Sandhi-Assimililation vor *b* oder *p*, z. B. in *bread and butter* [brɛ̃m·bʌtə] oder [ŋ] bei *k* oder *g*, z. B. in *come and go* [ˈkʌmŋ·gou];

was [wɔz]; [wəz], [wz] und die meisten anderen Formen des Hilfsverbs *to be;*

have [hæv]; [həv], [əv], [v].

Im Französischen ist es das sog. *e instable* (häufig auch *e caduc* oder irreführend *e muet* genannt), das seine hauptsächliche Rolle überhaupt erst auf der Sandhi-Ebene spielt. Denn die Fälle, die sich wortphonetisch beschreiben lassen (z. B. *emmener* ›mitnehmen‹, *élever* ›aufziehen‹ u. a., bei langsamem Sprechtempo [ɑ̃məne], [eləve], bei normalem Sprechtempo [ɑ̃mne], [elve]), machen ja im allgemeinen im Fremdsprachenunterricht keine Schwierigkeiten. Schwierig ist nur, innerhalb von Syntagmen und Sätzen zu entscheiden, welche der vorhandenen *e instable* auch bei flüssigem Lese- und Sprechtempo ausgesprochen werden *müssen*. Das sog. *Dreikonsonantengesetz*[26] besagt, daß in den Fällen, wo bei Fortfall des *e* schwierige Konsonantengruppen entstehen würden (z. B. nfn, rlr usw.), das *e* gesprochen werden muß, daher z. B. *la fenêtre* [lafnɛtr], aber *une fenêtre* [ynfənɛtr]; *je chanterais* [ʒəʃɑ̃trɛ], aber *je parlerais* [ʒəparlərɛ] bzw. mit Assimilation [ʃparlərɛ]; *je vous r(e)-merci(e) d(e) la l(e)çon*, aber *un(e) bonn(e) leçon; parc(e) que je n(e) te l(e) red(e)mand(e)rai pas* ›weil ich dich nicht wieder darum bitten würde‹ usw.[27]

Diese wichtige Funktion der Artikulationserleichterung versieht das *e instable* als Stützvokal selbst in Fällen, wo es in der Graphie gar nicht auftaucht, z. B. *Arc de triomphe* [arkədətriõf], *ours blanc* ›Eisbär‹ [ursəblɑ̃]. In diesen Fällen wird das *e instable* gelegentlich als *parasitäres e* bezeichnet; es ist hier Sproßvokal (= *Swarabhakti* [Sanskrit: »Teilvokal«]).[28]

Die Voll- und Schwachformen im Englischen und das Dreikonsonantengesetz im Französischen sind erfahrungsgemäß im Fremdsprachenunterricht als typisch englische und typisch französische
›Aussprachetücken‹ eine häufige Fehlerquelle im mündlichen
Sprachgebrauch (Lesen und Sprechen). Sie sollten nicht nur in
häufig auftretenden Wendungen eingeübt, sondern auch in einem
theoretischen Überblick dargestellt werden, der vor allem ihren
Sandhi-Charakter hervorheben sollte, d. h. bewußt machen, daß
die richtige Aussprache in jedem Fall nur vom Kontext her gefunden
werden kann (beim *e instable* allein vom lautlichen Kontext her,
während bei der Wahl der englischen Voll- oder Schwachformen
neben dem lautlichen Kontext die inhaltliche Gewichtung eine
Rolle spielt).

Im Deutschen lassen sich als Sandhi-Erscheinungen Varianten des bestimmten und des unbestimmten Artikels anführen, genauer: die Synkopierung
(= lautliche Zusammenziehung) des bestimmten und des unbestimmten
Artikels je nach lautlicher Umgebung:
z. B. nach Präpositionen: *mit dem Fahrrad* [mitm·faːraːt]; *in den Wald
gehen* [inn·waltgeːn], [in·waltgeːn]; *für einen Groschen Bonbons*
[fyrnən·grɔʃən . . .], [fyrn·grɔʃən . . .].
Die zweite, noch verkürztere Form [fyrn·grɔʃn . . .] ist allerdings nur da
möglich, wo Verwechslung mit dem bestimmten Artikel vom Kontext her
ausgeschlossen ist, denn in dieser stark verkürzten Form sind sie zumindest
im Nominativ und im Akkusativ) homophon (= gleichklingend)

[fyrn·hunt]   1. *für einen Hund*
             2. für den Hund

Wenn der deutschlernende Ausländer eine solche homophone
Form in einer mündlichen Sprachäußerung antrifft, ist es für deren
Disambiguierung (= ›Eindeutigmachen‹ einer mehrdeutigen Form)
notwendig, daß er als Hörer um diese Sandhi-bedingte Homophonie weiß.

Bei den in diesem Kapitel dargestellten Phänomenen der kombinatorischen Phonetik ist zu unterscheiden zwischen solchen, die
gegenwärtig (noch) fakultative Varianten darstellen, also (noch)
nicht der *langue* angehören (Bsp: Aussprache [eme] für frz. *aimer*),
und den Fällen, wo Kontaktphänomene zu Sprachwandel geführt
haben (Bsp.: frz. *fromage* aus lat. *[lac] formaticum*). Wenn man sich
jedoch vor Augen hält, daß jede Veränderung der *langue* nur auf
dem Wege über die *parole* möglich ist (nach de Saussure durch
Zusammenwirken der beiden Faktoren *temps* und *masse parlante*,
s. Kap. 3.1.2.2), so ist auch für diese Formen ein Stadium zu
postulieren, wo sie lediglich Varianten waren, wo z. B. im Vulgärla-

teinischen neben *formatico* die Form *fromatico* gebraucht wurde – sei es als Artikulationserleichterung[29], sei es als bloßer *lapsus linguae,* der sich durch Zufallsumstände oder dank des Sozialprestiges seines Urhebers verbreitete. Wenn auf diese Weise die ursprüngliche Form ganz verdrängt war (oder mit anderer Bedeutung an einer anderen »Stelle« des Sprachsystems weiterlebte), dann war aus einer Variante in der *parole* ein Element der *langue* geworden. Dieser Vorgang spielt sich auf allen Ebenen des Sprachsystems ab, nicht nur im Wortschatz, wie hier. Man könnte von der »Systematisierung von Varianten« als einem Mechanismus des Sprachwandels sprechen. In der Phonologie haben wir ihn schon kennengelernt als Phonologisierung[30] von Varianten (Bsp.: Entwicklung der frz. Nasalvokale hinsichtlich ihres phonologischen Status, s. Kap. 5.3.1: Die Nasalvokale, früher nur kombinatorische Varianten neben den oralen, entwickelten sich zu eigenen Phonemen.).

6 Morphologie

6.1 Die zweifache Gegliedertheit der Sprache

Sprache ist ein Zeichensystem neben vielen anderen, mit denen sie grundlegende Eigenschaften gemeinsam hat. Worin besteht nun das Spezifische des sprachlichen Zeichensystems, das es sowohl von nichtsprachlichen menschlichen Zeichensystemen als auch von Zeichen(systemen?) im Tierreich unterscheidet? Martinet hat als Antwort darauf das sprachliche Zeichensystem als das einzige zweifach gegliederte gekennzeichnet. Was er unter der *zweifachen Gegliedertheit* der Sprache, der *double articulation*, versteht, soll hier kurz ausgeführt werden.

Ein Sprachsystem basiert auf einem Inventar von Einheiten, die selbst keine Bedeutung haben, aber bedeutungsunterscheidende Funktion: den *Phonemen*. Ihre Anzahl ist begrenzt (25–50 je nach Sprache). Das Sprachsystem enthält noch ein weiteres Inventar von nächstgrößeren Einheiten: den *Morphemen,* die aus Kombinationen von Phonemen bestehen.

Ein Morphem (von griech. *monos* ›ein‹) ist die kleinste sprachliche Einheit, die eine Bedeutung hat, mit anderen Worten: *Morpheme sind die kleinsten sprachlichen Zeichen* (= Einheiten aus Ausdrucks- und Inhaltsseite). Sie können nicht mehr weiter segmentiert werden, ohne daß man ihre Bedeutung zerstört.[1]

Dank dieser zweifachen Gliederung verfügt die Sprache auf der Basis eines sehr begrenzten Phoneminventars über einen sehr umfangreichen Zeichenvorrat. Nach Martinet besteht darin die umfassendste Verwirklichung des Prinzips der sprachlichen *économie,* d. h. des geringstmöglichen Aufwandes – eines Prinzips, das er als die Haupttriebfeder allen sprachlichen Geschehens ansieht.[2] Dabei finden sich in keinem der bekannten Sprachsysteme sämtliche Phonemkombinationen verwirklicht, die nach den Silbenbildungsregeln möglich wären (s. Kap. 5.4.3.2: zur Silbenstrukturformel).

Ein Beispiel aus dem Deutschen: die Phoneme / r /, / t / und / o / könnten in den Kombinationen / o /, / rot /, / ort /, / tor /, / tro / vorkommen, aber nur die ersten vier sind tatsächlich als Morpheme im Deutschen vorhanden (* / rto /, * / otr / wären nicht zulässig).

Gehen wir methodisch den Weg der Corpusanalyse von der *parole-*Äußerung zum zugrundeliegenden System, so lassen sich auf der

105

ersten Gliederungsebene die Morpheme, auf der zweiten die Phoneme, in die diese Morpheme weiter zerlegbar sind, zergliedern.

Die Kinder spielen

Segmente der ersten Gliederungsebene:

/ Die / Kind / er /   spiel / en /

Sie sind *Morphe* = noch nicht klassifizierte Einheiten, die je einem Morphem zugeordnet werden können. Sie entsprechen also den Phonen in der Phonologie.

Es sind zweierlei Morpheme zu unterscheiden:

Die | Kind | *er* | spiel | *en*

☐ = *lexikalische Morpheme*, das sind Ausdrücke, mit denen wir reale oder auch nur gedachte Gegenstände, Personen, Sachverhalte usw. bezeichnen.[3]

...... = *grammatikalische Morpheme*, das sind ganz allgemeine, häufig wiederkehrende Einheiten, die im wesentlichen[4] die syntaktischen Beziehungen zwischen lexikalischen Morphemen kennzeichnen.[5] (Auf den Begriff Syntax gehen wir später noch ein; hier nur soviel: Man versteht darunter feste Muster, gemäß denen lexikalische Morpheme zu komplexen Ausdrücken zusammengestellt werden.) Es ist zu beachten, daß auch grammatikalische Morpheme Ausdrucks- *und Inhalts*seite haben, oder besser: sie sind Lautketten mit einer inhaltlichen Funktion, die aber zu ihrer Konkretisierung im allgemeinen einer Umgebung aus lexikalischen Morphemen bedarf.

Beispiel (s. o.): – *er* hat hier die Funktion, den Plural eines zugehörigen Substantivs auszudrücken.

Grammatikalische Morpheme werden in der Grammatik behandelt. Sie stellen begrenzte paradigmatische Klassen dar, während die Liste der lexikalischen Morpheme offen ist (geschlossenes Inventar – offenes Inventar[6]). Dies läßt sich durch Substitutionsproben nachweisen (s. o. Beispiel):

Für die Segmente *die, -er, -en* ist die Menge der substituierbaren Morpheme gering (für *die: diese, manche, meine* oder null; für *-er* und für *-en* s. Schema Kap. 6.5), dagegen für *Kind* und für *spiel* unbegrenzt (sie umfaßt letztlich alle Substantive bzw. alle Verbstämme, über die das Sprachsystem verfügt).

Wenn die Corpusanalyse das Morpheminventar erstellt hat, sind auf der zweiten Gliederungsebene die Morpheme weiter zu analysieren in Phoneme. An unserem Beispiel: / k /   / i /   / n /   / t /   usw.

Durch die bekannten Prozeduren (Kommutationsprobe / kint / :
/ rint / usw., s. Kap. 5) gelangt man schließlich zum Phoneminventar. Damit ist die Systembeschreibung (= Morphem- und Phoneminventar der Sprache plus Angabe der jeweiligen syntagmatischen Beziehungen) vollständig.

6.2 Morphemanalyse

Der Weg vom Corpus zum Morpheminventar durchläuft die gleichen Etappen wie der zum Phoneminventar, weshalb er unter Verweis auf diesen (s. Kap. 5) knapper dargestellt werden kann, und zwar gleich an einem Beispiel:

Aus dem Kekchi, einer Maya-Sprache in Guatemala, liegt folgendes Corpus vor (ein Minimalcorpus, das als Modell für Corpora bei linguistischer Feldforschung dienen soll):

1. *tinbeq* ›Ich werde wandern‹
2. *tatbeq* ›Du wirst wandern‹
3. *ninbeq* ›Ich wandere‹[7a]

Die Bedeutung der einzelnen Segmente innerhalb der Syntagmen (Syntagma = Kombination von Morphemen) ist dem Forscher noch unbekannt, er kann zunächst nur teilgleiche Segmente feststellen → Bildung von Minimalpaaren:[7b]

tinbeq / *ninbeq*

›ich werde wandern‹ / ›ich wandere‹

/ t / : / n /

Auf der Ausdrucksseite unterscheiden sich die beiden Syntagmen nur durch / t / und / n /, inhaltlich nur durch ›Futur‹ und ›Präsens‹. Demnach hat das Morphem / t-/ die Bedeutung ›Futur‹, das Morphem / n- / die Bedeutung ›Präsens‹.

Ein zweites Minimalpaar:

tinbeq / *tatbeq*

›ich werde wandern‹ / ›du wirst wandern‹

/ in / : / at /

unterscheidet sich ausdrucksseitig nur durch / in / und / at /, inhaltsseitig durch ›erste Person‹ / ›zweite Person‹. Dem noch nicht analysierten Rest / beq / ist (nach Informantenbefragung) die Bedeutung ›wandern‹ zuzusprechen. Demnach ließ sich aus dem (Mini-)Corpus folgendes Morpheminventar des Kekchi erstellen:[8]

1. *n-* ›Präsens‹
2. *t-* ›Futur‹
3. *-in-* ›ich‹
4. *-at-* ›du‹
5. *-beq* ›wandern‹

107

6.3 Paradigmatische Beziehungen der Morpheme = Morpheminventar

Wie geschieht die Klassifizierung der durch die Segmentation gewonnenen Morphe zu Morphemen? Oder besser: wodurch wird bei zwei Morphen entschieden, ob sie als zu zwei verschiedenen Morphemen gehörig oder als Allomorphe (= Morphemvarianten) desselben Morphems im Morpheminventar zu registrieren sind?

Beispiel: Angenommen, eine Corpusanalyse habe zu folgenden Minimalpaaren geführt:

Bahn / Bahnen
Wagen / Wagen
Auto / Autos
Rad / Räder.

Daraus lassen sich folgende Morphe ablesen:

1. Bahn
2. Wagen
3. Auto   lexikalische Morphe
4. Rad
5. Räd-

6. -en
7. -Ø (= null)
8. -s   grammatikalische Morphe
9. -er

Die grammatikalischen Morphe 6.–9. haben verschiedene Lautketten, aber gleiche Funktion (Pluralbildung von Substantiven). Daher kann ich sie als Varianten ein und desselben Morphems = als *Allomorphe* des Pluralmorphems klassifizieren.

Die lexikalischen Morphe 4. und 5. haben ihrerseits auch verschiedene Lautketten, aber gleichen Inhalt, sind also *lexikalische Allomorphe.* Es sind kombinatorische Morphemvarianten; die eine, / raːt /, erscheint in der Umgebung ›Singular‹ (z. B.: *das ... fährt),* die andere, / rɛːd- /, in der Umgebung ›Plural‹ (z. B. *die ... er fahren).*

Es gibt also Morphe, die gleiche Funktion, aber verschiedene Ausdrucksseiten haben: Allomorphe (= Morphemvarianten). Andererseits gibt es auch Morphe, die gleich lauten, aber verschiedene Funktionen haben: sog. *homonyme Morphe:*

Beispiel:

-en₁ Allomorph des grammatikalischen Morphems für Plural von Substantiven (z. B. oben: *Bahnen; Betten, Zeiten)*

-en₂ Allomorph des grammatikalischen Morphems für Infinitiv Präsens Aktiv von Verben (z. B. oben: *spielen; arbeiten)*

Homonyme Morphe werden im Morpheminventar durch Indices unterschieden.

An einem weiteren Beispiel soll nochmals das Vorgehen beim Erstellen eines Morpheminventars geübt werden:

Angenommen, es sei das Morpheminventar des Französischen aufzustellen, soweit es sich aus dem folgenden Corpus ergibt:

nous pouvons	*il pouvait*	*ils ont pu*
ils peuvent	*nous pouvions*	

Die Segmentation erbringt die Morphe

1. [puv-]
2. [pœv]
3. [py]
4. [-õ]
5. [-] (= null)
6. [-ɛ]
7. [-i-]   Diese Segmente können nicht mehr in weitere, kleine-
8. [õ]   re zerlegt werden, ohne daß man ihre Bedeutung
9. [nu]   zerstört. Sie sind also kleinste Sprachzeichen, poten-
10. [il]   tielle (= noch nicht klassifizierte) Morpheme =
11. [ilz-]   Morphe.

Klassifikation dieser Morphe zu Morphemen:

1. [puv-]   *lexikalische Allomorphe* (verschiedene Ausdruckssei-
2. [pœv]   ten, gleicher Inhalt); der Inhalt läßt sich etwa angeben
3. [py]   als ›in der Lage sein, etwas zu tun‹. Es sind kombina-
              torische Varianten, z. B. kann in der Umgebung / nu /
              ... / õ / nur die Variante [puv-] stehen, weder [pœv]
              noch [py].

4. / -õ /₁   ›1. Person Plural‹   ⎫ homonyme
5. / õ /₂   ›3. Person Plural Präs. von *haben*‹ ⎬ Morphe
6. / - / (= null) ›3. Pers. Plural Präsens‹   ⎭
7. / -ɛ /   ›3. Person Singular Imparfait‹
8. / -i- /   ›1. Person Plural Imparfait‹
9. / nu /   ›Personalpronomen, 1. Pers. Plural Nominativ‹
10. / il /   ›Personalpronomen   ⎫ *grammatikalische Al-*
              3. Pers. Plural Nominativ‹   ⎬ *lomorphe*
              ›Personalpronomen   ⎪ (kombinatorische
11. / ilz- / 3. Pers. Plural Nominativ‹   ⎭ Varianten
              mit folgender Distribution: vor konsonantischem An-
              laut die Variante / il /, vor vokalischem Anlaut die
              Variante / ilz- /).

Aufgaben

19. Aus der Tzeltal-Sprache (einer Maya-Sprache) liegt Ihnen das folgende Corpus vor:[9]

hk·ab ›meine Hand‹	*k·ab* ›Hand‹
kakan ›mein Fuß‹	*akan* ›Fuß‹
alumal ›dein Land‹	*lumal* ›Land‹
awinam ›deine Frau‹	*inam* ›Frau‹
sk·op ›seine Sprache‹	*k'op* ›Sprache‹
yat·el ›seine Arbeit‹	*at·el* ›Arbeit‹

    Nehmen Sie daran nach dem oben demonstrierten Prinzip Morphemanalyse und Erstellung des Morpheminventars vor, soweit das aufgrund dieses Materials möglich ist.

20. Geben Sie an, welche der folgenden Aussagen für das Phonem, das Morphem oder keines von beiden zutreffen:

    a) Werden durch Segmentieren einer Sprachäußerung ermittelt;
    b) kleinste Einheiten der langue;
    c) kleinste Einheiten der parole;
    d) Bündel distinktiver Merkmale;
    e) kleinste Sprachzeichen;
    f) individuelle Realisationen einer Lautvorstellung;
    g) kleinste bedeutungsunterscheidende Zeichen.

21. a) Die folgenden deutschen Wörter enthalten alle *-er* / ər /. Stellen Sie fest, ob es sich um eine bedeutungslose Phonemfolge oder um Morphe handelt. Klassifizieren Sie ev. Morphe zu Morphemen.

Schwest*er*	größ*er*
neu*er*	groß*er*
Fahr*er*	Lehr*er*
Ei*er*	Bohr*er*
Öffn*er*	dies*er*
mein*er*	unt*er*
Kamm*er*	Pud*er*

    b) Dasselbe für französische Wörter, die alle *-eur* / œːr / enthalten:

(le) chass*eur*	(la) so*eur*
(le) bonh*eur*	(c'est le) l*eur*
(un oiseau) migrat*eur*	(le) voyag*eur*
(la) douc*eur*	(une) *heure*
(un sourire) enchant*eur*	(la) su*eur*

    c) und für die folgenden englischen Wörter, die alle *-er* / ə / enthalten:

silv*er*	mast*er*
sing*er*	driv*er*
high*er*	fast*er*
low*er*	teach*er*
fing*er*	rubb*er*
(tin-) open*er*	

22. Überlegen Sie, welche der folgenden Aussagen jeweils für das homonyme Morph, das Allomorph oder keines von beiden zutrifft:

a) eines von bedeutungsverschiedenen Morphen mit gleichen Phonemketten;

b) bedeutungsverschiedene Morpheme;

c) eine Formvariante eines Morphems;

d) gleiche Phonemketten;

e) Sprachzeichen mit verschiedener Ausdrucksseite.[10]

23. Welchen strukturellen Status haben *l'* und *le* im Französischen nach den folgenden Beispielen:

l'avion   *le train*
l'étudiant   *le livre?*

24. *le train part à dix heures.*
Jean n'est pas là. Je le cherche partout.
In welchem Verhältnis stehen die beiden Morphe *le* in diesen französischen Sätzen?

25. a) *Mach die Tür zu!*   *ich bin müde*
Mach die Türe zu!   *ihr seid müde*
Welches Verhältnis besteht innerhalb des deutschen Sprachsystems 1. zwischen *Tür* und *Türe*, 2. zwischen *bin* und *seid*?

b) *son œil*   *vous venez*
ses yeux   *vous veniez*
Welches Verhältnis besteht innerhalb des französischen Sprachsystems 1. zwischen *œil* und *yeux*, 2. zwischen *-ez* in venez und *-ez* in *veniez?*

c) *books, pens,*   *books*
boxes, sheep, oxen   *he writes*
Welches Verhältnis besteht innerhalb des englischen Sprachsystems 1. zwischen / s / in *books,* / z / in *pens,* / iz / in *boxes,* / - / (= null) in *sheep* und / ən / in *oxen,* 2. zwischen / s / in *books* und / s / in *he writes?*

6.4 Syntagmatische Beziehungen der Morpheme

Die Beschreibung des Systems einer Sprache ist noch nicht vollständig, wenn ich Phoneminventar und Morpheminventar (d. h. Inventar der grammatikalischen Morpheme und derjenigen lexikalischen Morpheme, die dem der Analyse zugrundeliegenden Corpus zu entnehmen waren) angeben kann. Der genaue Stellenwert eines Sprachelementes im System ist der Schnittpunkt seiner paradigmatischen *und* seiner syntagmatischen Relationen; er ist also erst dann genau definiert, wenn ich außer den Elementen, zu denen es in Opposition steht, noch die Regeln für seine horizontale Verknüpfung in einer Abfolge von Sprachelementen angebe.

Z.B. steht das Morphem *gib-* in syntagmatischer Beziehung zu den Morphemen *-st* und *-t* und /- /, mit denen es die Kombinationen *gibst, gibt* und *gib* (Imperativ) eingeht. Zugleich steht das Morphem *gib* nach der anderen Richtung – regressiv – in syntagmatischer Beziehung zu Morphemen wie *du* in *du gibst; er, sie, es, Karl,* (der) *Mann,* (meine) *Schwester, niemand, wer*... in *er gibt, sie gibt, meine Schwester gibt, niemand gibt*...
Wie bei den Phonemen in jeder Sprache bestimmte Positions- und Kombinationsregeln zu beachten sind, so bei den Morphemen Regeln, die über ihre Aktualisierung Auskunft geben, erstens in Syntagmen und Sätzen wie oben im Beispiel *gib,* zweitens darüber, ob ein bestimmtes Morphem für sich genommen als Wort auftreten kann oder an welche anderen Morpheme es bei jeder Verwendung gebunden ist (s. Kap. 6.5.1).

Aufgaben:[11]

26. a) Suchen Sie fünf Morpheme, die zu dem Morphem / ge:p / *geb-* in paradigmatischer Beziehung stehen!

    b) Suchen Sie fünf Morpheme, die zu dem gleichem Morphem / ge:p / *geb-* in syntagmatischer Beziehung stehen!

27. Ordnen Sie folgende alphabetische Listen von Morphemen jeweils zu Syntagmen und Paradigmen. Stellen Sie die Ergebnisse übersichtlich dar.

a) dt.	b) engl.	c) franz.
1. / e:r / *er*	2. / fə·gɔt / *forgot*	1. / il / *il, ils*
2. / ·ɛpfəl / *Äpfel*	1. / buk / *book*	2. / la / *la*
3. / is- / *iß*	3. / -ən / *-en*	3. / le / *les*
4. / ku:xən / *Kuchen*	4. / hi / *he*	4. / lə / *le*
5. / kaɔf / *kauf-*	5. / həz / *has*	5. / mõt / *monte, montent*
6. / zi: / *sie*	6. / ki: / *key*	6. / mõtaɲ / *montagne, mon-*
7. / -t / *-t*	7. / teik- / *take*	*tagnes,*
	8. / ə / *a* (Artikel)	7. / ry / *rue, rues*
		8. / turist / *touriste, touristes*

6.5 Schematische Zusammenfassung der Methode des taxonomischen Strukturalismus auf der phonologischen und der morphologischen Ebene

Morphologie	*Phonologie*
ermittelt kleinste bedeutungstragende Einheiten	ermittelt kleinste bedeutungsunterscheidende Einheiten

1. durch Segmentieren

einer Äußerung (parole) in *Mor-phe* (= noch nicht klassifizierte Einheiten)

z. B.
Dort fahren Bahnen
/ dort / fahr / en / bahn / en /

eines Lautkontinuums (parole) in *Phone* (= noch nicht klassifizierte Einheiten)

['dɔrt·faːrən·baːnən]
/ d / / ɔ / / r / / t / / f / / aː / usw.

2. durch Klassifizieren

Die *Substitution,* d. h. das Ersetzen eines erhaltenen Segments durch ein anderes in dieser Umgebung mögliches, liefert verschiedene *Morpheme* bzw. Morphemklassen eines jeweiligen Sprachsystems (langue).

Die *Kommutation* liefert die verschiedenen *Phoneme* des betr. Sprachsystems (langue). Kommutation: Austauschen eines Lautes gegen einen anderen mit dem Ergebnis, daß ein (ebenfalls bedeutungstragendes) anderes Morphem (bzw. eine bedeutungstragende, d. h. im System der betr. Sprache tatsächlich mögliche Kombination lexikalisches + grammatikalisches Morphem) entsteht. D. h. Feststellen von Minimalpaaren:

	/d/	/o/	/r/	/t/	
	/v/	/o/	/r/	/t/	Oppo-
oder	/d/	/o/	/r/	/t/	sition
	/d/	/o/	/r/	/f/	usw.

Kontrast

/ d / : / w /
/ t / : / f /. Oppositionen.
Der Austausch wirkt sich bedeutungsverändernd aus; es handelt sich also um verschiedene Phoneme.

[d]	[ɔ]	[r]	[t]
[d]	[ɔ]	[ʀ]	[t]
[d]	[o]	[r]	[t]

Der Austausch wirkt sich nicht bedeutungsverändernd

aus, also nur Varianten = *Allophone* eines Phonems, z. B. sind im Dt. [ʀ], [r] Allophone eines Phonems, ebenso [o], [ɔ].

Bahn	*en*	
Mensch	*en*	*-en*
Auto	*s*	*-s*
Wagen	-	*-null* usw. sind

verschiedene Morphe, die aber alle in dieselbe Morphemklasse gehören: in die, die dazu dient, den Plural von Substantiven auszudrücken: Sie sind verschiedene *Allomorphe* eines grammatikalischen Morphems (in diesem Falle des Pluralmorphems für Subst. im Dt.).

Allomorph ⏜ Allophon
gleiche Funktion,
verschiedene Erscheinungsform

dort | fahr | en | bahn | en

Die Segmentierung liefert folgende Morphe:

1. *dort*   3. *Bahn*
2. *fahr*   4. *-en*

Das Morph *-en* wurde zweimal registriert. Es handelt sich um Allomorphe zweier verschiedener Morpheme, um sog. *homonyme Morphe:*

en$_1$ = 3. Pers. Plur. Verb Präs.
en$_2$ = Plur. Subst.
(en$_3$ = Infin. Verb)
(en$_4$ = 1. Pers. Plur. Verb Präs.)

Warum gibt es bei den Phonemen nichts den homonymen Morphen Entsprechendes?

114

Allomorphe:

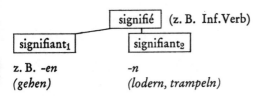

z. B. *-en*   *-n*
(gehen)   *(lodern, trampeln)*

Homonyme * Morphe:

* Homonyme = Wörter mit gleicher Lautkette, aber verschiedener Bedeutung, z. B. dt. *Hut*, frz. *louer*, engl. *race*.

6.5.1 Morphem und Wort (freie/gebundene Morpheme)

Wörter sind wohl in den Augen des alltäglichen Sprachbenutzers diejenigen sprachlichen Einheiten, die sich am unmittelbarsten intuitiv erkennen lassen, die nächstgrößeren Einheiten nach den ›Lauten‹ oder den ›Buchstaben‹. Als strukturalistischer Klassifikationsbegriff jedoch ist das *Wort* nicht brauchbar: Hierfür ist der Wortbegriff, über den in der Sprachwissenschaft alles andere als Konsens herrscht, zu heterogen.

Ist z. B. dt. *Waschmaschine* ein Wort, sind frz. *machine à laver* drei Wörter, engl. *washing-machine* eines oder zwei? Ist dt. *einziehen* ein Wort, aber besteht der Satz *er zieht ein* aus drei Wörtern? Sind dt. *das In-der-Welt-Sein, das Immer-wieder-auf-die-Uhr-Schauen* je ein Wort? Sind dt. *sein* (Hilfsverb) und (ich) *bin* ein Wort in der gleichen Weise wie z. B. *lesen* und *lese* ein Wort sind?

Die Einheit des Wortes ist problematisch.

Daß ›Morphem‹ nicht gleichbedeutend mit ›Wort‹ ist, braucht kaum eigens betont zu werden. Was das Verhältnis der Begriffe Morphem und Wort betrifft, so sind zwei Gruppen zu unterscheiden: solche Morpheme, die selbständig als Wort auftreten können (= *freie Morpheme)*, und solche, die nur als Teil eines Wortes auftreten können (= *gebundene Morpheme)*. Der Wortbegriff, der hier das Einteilungskriterium abgibt, ist der Bloomfieldsche, von der Inhaltsseite absehende: Wort als *minimal free form* (= Phonemfolge, die zwischen zwei Pausen gesprochen werden kann, bzw. Graphemfolge, die zwischen zwei Zwischenräumen geschrieben wird).

Sowohl bei lexikalischen als auch bei grammatikalischen Morphemen gibt es freie und gebundene Formen:[12]

	frei	gebunden
lexikal. Morpheme	*Haus, Hund kauf, gut* ...	*ordn-, Him-, rechn-,* ...
grammat. Morpheme	*ich, du, er* ... *der, die, das* *wenn, daß,* ...	*-er, -en, -e* *-st, -t, -end* *-ig, -isch,* ...

Unikale Morpheme sind solche, die nur in einer einzigen Kombination im Wortschatz der betr. Sprache vertreten sind, z.B. dt. / him- / in *Himbeere.* (Daß es sich bei *Himbeere* um eine noch weiter segmentierbare Kombination und nicht etwa um ein einziges Morphem handelt, zeigt die Substitution anderer Elemente aus der gleichen paradigmatischen Klasse wie *Him-: Erd-, Stachel-, Brom-, Preisel-* usw., von denen *Brom-* und *Preisel-* ihrerseits zwei weitere Beispiele für unikale Morpheme sind.

6.5.2 Wortbildung

Ein Wort besteht entweder aus einem einzelnen lexikalischen Morphem oder aus einem einzelnen grammatikalischen Morphem oder aus einer Kombination aus lexikalischen + grammatikalischen Morphem(en). Für deren Zusammentreten zu Wörtern gibt es in jeder Sprache eigene verschiedene Muster.

Dabei können freie Morpheme wieder mit freien Morphemen zusammentreten (z. B.: *Haus/tür, schall/dicht*) und/oder mit gebun-

116

denen (z. B.: *Schön/heit, zer/reiß, schnell/er; -heit, zer-, -er* sind gebundene Morpheme). Die gebundenen ihrerseits sind, wie der Name sagt, auf die Kombination sogar angewiesen und treten nur zusammen mit einem oder mehreren anderen (freien oder gebundenen) Morphemen auf (z. B.: *schnell/er:* freies lexikalisches + gebundenes grammatikalisches Morphem; *Zer/brech/lich/keit: zer-, -lich, -keit* sind drei gebundene grammatikalische Morpheme, *brech-* ist ein gebundenes lexikalisches Morphem).

Die grammatikalischen Morpheme lassen sich nach ihrer Funktion einteilen in *Flexionsmorpheme* (z. B. *-t* in *er sagt*) und *Wortbildungsmorpheme* (z. B. *-heit* in *Krankheit*).

Die Möglichkeiten lebendiger Wortbildung sind nicht in allen Sprachen gleich umfangreich; im Deutschen sind sie besonders vielfältig. Während das Repertoire an Flexionsmorphemen im Deutschen, Englischen und Französischen jeweils in gleicher Weise verwendet wird, fallen zwei Wortbildungsmuster im Deutschen durch sehr große Produktivität auf: 1. die Zusammensetzung, 2. die Ableitung.

Zusammensetzung: Sie besteht aus mindestens zwei lexikalischen Morphemen; ein oder mehrere Wortbildungsmorpheme und/oder Flexionsmorpheme können hinzutreten.

Beispiele für solche Zusammensetzungen (= Komposita; Singular: Kompositum): *Handtasche, Straßenbahnhaltestelle, Postanweisungsvordruck; stockfinster; hochstapeln.*

Neben den Komposita gibt es als besonderen Fall der Zusammensetzung die *Zusammenrückung*, das ist eine Ad-hoc-Zusammensetzung, häufig eine Spontankreation des Sprechers.

Beispiele: das *Über-den-Dingen-Stehen;* ein *Komm-ich-heut-nicht-komm-ich-morgen-Typ* (ganz zu schweigen von den Wortschöpfungen der Heideggerschen Existenzphilosophie wie das *In-der-Welt-Sein, das Sich-immer-schon-vorweg-Sein, das Bei-den-Dingen-Sein* usw.).

Ableitung: Sie besteht aus einem lexikalischen Morphem und einem oder mehreren Wortbildungsmorphemen; ein Flexionsmorphem kann hinzutreten. Wortbildungsmorpheme können zwei Funktionen haben: eine inhaltliche und/oder eine morphologische Funktion, nämlich die, das lexikalische Morphem in eine andere Wortart abzuleiten.

Wortbildungsmorpheme treten als *Präfixe* (= Vorsilben) oder als *Suffixe* (= Nachsilben) oder als *Infixe* (= Zwischensilben) auf; Prä- und Suffixe werden unter dem Begriff *Affixe* zusammengefaßt.

a) Beispiele für Ableitung durch Präfix (bzw. durch Präposition oder Richtungsadverb in der Funktion eines Präfix):

Unsinn, Mißstand, Abfahrt, Anfahrt, Auffahrt, Ausfahrt, Einfahrt, Herfahrt, Hinfahrt, Überfahrt, Vorfahrt, Zufahrt usw.; *absehen, ansehen, aufsehen, aussehen, besehen, einsehen, nachsehen, vorsehen, übersehen, zusehen* usw.; *abmessen, anmessen, bemessen, ermessen* usw.

b) Beispiele für Ableitung durch Suffix:

Wahrheit, Übelkeit, Scheidung usw.; *eßbar, arbeitsam, ärgerlich, reuig.*

c) Beispiele für Ableitung durch Infix:

reinigen, schädigen.

d) Beispiele für Ableitung durch Prä- und Suffix(e):

Bewässerung, unüberwindlich, mißverständlich, entleihbar, betriebsam, entnazifizieren, Unabhängigkeit.

Mit ›Produktivität‹ dieser Wortbildungstypen ist gemeint, daß jeder Sprecher spontan individuelle Wortbildungen nach diesen Mustern vornehmen kann:

z. B. *nachlesbar; unprofessoral;* (sich etwas) *ersitzen;* die *Einbürgerungspapiere;* die *Unentflohbarkeit* unserer Katze . . ., die *Unübersetzbarkeit* . . .

Aufgabe:

28. Beschreiben Sie bei den fünf letztgenannten Wörtern jeweils das zugrundeliegende Muster der Wortbildung!

Im Französischen nimmt die Wortbildung als kreative Möglichkeit einen geringeren Raum ein [13a]; eine Liste der Wortbildungsmöglichkeiten, vor allem der Ableitungssuffixe *(-able: mangeable; -age: arrachage; -ard: montagnard; -el: conceptuel; -isme, -iste: réformisme, réformiste* u. a.) findet sich z. B. in der ›*Grammaire Larousse du français contemporain*‹[13b].

Im Englischen sind die Möglichkeiten, den Wortschatz durch bloßes ›Umfunktionieren‹ vorhandener Elemente zu erweitern, sehr umfassend. Ableitungen durch Prä- und Suffixe gibt es auch im Englischen, doch ist der am meisten in die Augen springende Typ die sog. *zero-derivation* (auch *Konversion* genannt), ›Ableitung durch Null-Morphem‹, das ist das Überwechseln eines Wortes in eine andere Wortart ohne Veränderung seiner Ausdrucksseite.

Beispiele: Substantiv → Verb *(bridge* → to *bridge* ›überbrücken‹)[14], Adjektiv → Verb *(idle → to idle* ›müßig sein‹), lokatives Adverb → Verb *(out → to out* ›rausschmeißen; k.o.-schlagen‹), Interjektion → Verb *(hail!* → to hail ›mit Heilrufen begrüßen‹), Verb → Substantiv *(to look → a look* ›Blick‹; *a person's looks*, Plural, ›jemandes Aussehen‹) u. a.

Dieser Ableitungstyp ist unkompliziert, entsprechend häufig und sehr produktiv. Seine Übersetzung ins Deutsche und ins Französische läßt sich oft nicht wörtlich, sondern nur durch Paraphrasen (z. B. aus Verb und Substantiv) leisten.

Über Wortbildung im Englischen informiert ausführlich Marchand (1969), dem auch die meisten der obengenannten Beispiele entnommen sind.

Exkurs: *Einige deutsche Wortbildungsmöglichkeiten und ihre frz./ engl. Übersetzung*

Einige beliebige literarische Beispiele deutscher Zusammensetzungen und Ableitungen mit ihren Überzeugungen ins Französische und ins Englische mögen einen Eindruck davon geben, mit welchen Mitteln sie beim Übersetzen wiedergegeben werden können. Beispiele aus H. Hesse: ›*Das Glasperlenspiel*‹[15] und der davon erschienenen französischen und englischen Übersetzung.

– Zusammensetzungen:

a) »die Angst vor dem *Sterbenmüssen*« (S. 507)
   »la peur du décès inéluctable«
   »the knowledge of death: (unvollständig übersetzt!)

b) »*wassergeschliffene* Kiesel« (S. 514)
   »des cailloux *polis*« (*Wasser* fehlt!)
   »*water-polished* pebbles«

c) »eine frühe, jugendliche *Menschheitsstufe*« (S. 208)
   »un *niveau* précoce et juvénile *de l'humanité*«
   »an early, youthful *stage of human life*«

d) »das *randvoll* gefüllte Gefäß« (S. 221)
   »la coupe remplie *à ras bords*«
   »the vessel, which had been filled *to the brim*«

e), f) »für die *Glaubenslosen* zumindest ein *Religionsersatz*« (S. 223)
   »au moins un *succédané de religion* pour les *incroyants*«
   »for the *faithless* at least a *substitute for religion*«

g) »die *Klosterleute*« (S. 223)
   »les *religieux*«
   »the *monastery folk*«

h) »*Glasperlenspielmeister*« (S. 226)
   »(le) *Maître du jeu des Perles de Verre*«
   »the *Magister Ludi*«

i) »(auf einen) *Vertrauensposten*« (S. 227)
   »(à un) *poste de confiance*«
   »(some) *post of confidence*«

k) »*Ordenssekretär*« (S. 227)
   »*secrétaire de l' Ordre*«
   »*secretary to the order*«

l) »ein desto geeigneterer Gegenstand für das *Verehrungsbedürfnis* der Heranwachsenden« (S. 234)

»un objet d'autant plus indiqué pour le *besoin de vénération* des générations montantes«

»a great stimulus to the *hero-worshipping needs* of the younger generation«

Das Englische kann Zusammensetzungen vom Typ *Klosterleute – monastery folk, Orangensaft – orange juice* nach dem gleichen Muster bilden wie das Deutsche, macht aber davon nicht so ausgedehnten Gebrauch wie das Deutsche. Von den 11 Beispielen aus Hesses Roman wurden im Englischen 3 morphologisch unverändert wiedergegeben (e], g], l]).

Im Französischen ist dieses Wortbildungsmuster nicht möglich. Wo im Deutschen und im Englischen die inhaltliche Struktur in der Abfolge 1. Bestimmendes, 2. Bestimmtes (= 1. Determinierendes, 2. Determiniertes) besteht *(Handtasche, handbag)*, geht im Französischen, gerade umgekehrt, das Bestimmte dem Bestimmenden voran *(sac à main)*. Morphologisch verknüpft werden sie durch eine Präposition (hier *à*, häufig *de, pour* u. a.). Dieser Typ *(Vertrauensposten – poste de confiance)* ist in den 11 Beispielen für das Französische siebenmal vertreten. Wir können also sagen, daß die gängigste Übersetzung einer deutschen Substantivzusammensetzung im Französischen aus *determiniertem Substantiv plus Präposition plus determinierendem Substantiv* besteht.[16]

Im Englischen ist der ›romanische‹ Typ *Vertrauensposten – poste de confiance – post of confidence* etwas häufiger (hier in 11 Beispielen fünfmal) als die »echte«, wie im Deutschen strukturierte Zusammensetzung vom Typ *monastery folk* (g) oder *hero-worshipping needs* (l).

Übersetzung von 11 Beispielen deutscher Wortzusammensetzungen:

	durch Wortzusammensetzungen	durch das Muster »Determiniertes plus Präpos. plus Determinierendes«	durch ein bedeutungsähnliches nicht zusammengesetztes Wortschatzelement	durch andere Wendungen (einschl. »null«)
im Engl.	4	5	–	2
im Franz.	–	7	2*	2

* die Beispiele e) und g)

Zugunsten der Übersichtlichkeit werden die Beispiele a) bis l) nicht weiter ausgewertet, sondern es sind für jede der beiden Übersetzungssprachen nur die häufigsten Muster festgehalten:

Zur Ergänzung der Beispiele sei noch ein anderes im Französischen häufiges Muster zur Übersetzung deutscher Nominalkomposita zitiert:

Schuljahr – (engl. *school year* wie im Dt. –), frz. *année scolaire; Postkarte* – (engl. ebenso: *post card* –) frz. *carte postale.*

Auch hier geht, wie beim Typ *Vertrauensposten – poste de confiance,* das Determinierte dem Determinierenden voran. Der Unterschied ist nur ein morphologischer: Das Determinierende ist hier ein Adjektiv, das Zugehörigkeit, Betreff usw. ausdrückt:

année scolaire wörtlich: *das »schulische« Jahr, carte postale* wörtlich: *die »zur Post gehörige« Karte.*

– *Zusammenrückungen* sind ebenfalls im Englischen und im Französischen möglich, doch nicht so unbegrenzt wie im Deutschen. Vor allem entfallen im Französischen die zahlreichen Zusammenrückungen mit substantivierten Infinitiven, die im Deutschen sehr häufig sind; denn die Substantivierung des Infinitivs ist im Französischen als Ableitungsmöglichkeit tot. (Die vorhandenen Formen *le + Infinitiv* sind lexikalisiert, d. h., sie gehören nicht zu den jederzeit ableitbaren Formen des Verbs, sondern sind eigene lexikalische Morpheme, die häufig auch inhaltlich eine leichte Verschiebung gegenüber dem Inhalt des Verbstamm-Morphems darstellen, z. B. Konkretisierung in *l'être* ›das Wesen‹ gegenüber *être* ›sein‹, *le manger* ›das Essen‹ im Sinne von ›Nahrung‹ [z. B. *on peut apporter son manger]* gegenüber *manger* ›essen‹).
Bei deutschen Zusammenrückungen mit substantiviertem Infinitiv gibt es bei der Übersetzung ins Französische nur nichtwörtliche Möglichkeiten:

Beispiel: »er hielt es ... beinahe nicht mehr aus vor Bedrücktheit und *Sichfremdfühlen*« (Hesse S. 219) »il ne pouvait presquè plus résister, tant *il se sentait* oppressé et *dépaysé*«
engl. »... a *feeling* of oppression and *of alienation* had already begun to assail him«.

Prinzipiell kann im Englischen so wie im Deutschen jedes Verb substantiviert werden durch Anfügen des Suffix *-ing:*

playing, hearing, reading usw.

– Ableitungen:

a) »nach der *Wiedereinreihung* in die kleine Republik ...« (Hesse, S. 223)
»quand *il serait rentré dans le rang* de la petite république ...«
»once *he was incorporated* in the little republic ...«

b) »Man wird dir zwei Leute schicken, die dir *einhelfen* sollen.« (S. 245)
»On va t'envoyer deux hommes, qui devront *t'aider à te familiariser avec ta tâche.«*
»You will be sent two people to *be of assistance* to you.«

c), d) »ein kaum begreifliches *Überbetonen* und Vorwegnehmen seiner *demnächstigen* Stellung« (sic!) (S. 238)
»une anticipation à peine concevable sur sa *prochaine* position« (*Überbetonen* fehlt!)
»a heardly conceivable *overemphasis* and foretaste of his *approaching* position«

e) »er ... war jäh *verstummt*« (S. 235)
»(on) l'avait brusquemen *réduit au silence*«
»... to his *amazement*« (ungenau!)

f) »Bannung des Unendlichen und *Tausendgestaltigen* ins Einfache« (S. 514)
»fixation de l'infini et de *ses milliers de formes*«
»the transformation of the infinite and *multiform* into the simple«

g) »ihre *Wißbarkeit*« (S. 500)
»la *possibilité de* les *connaître*«
»a *comprehension* of them«.

Bei der Fülle und Differenziertheit der möglichen Ableitungen im Deutschen sind die Möglichkeiten wörtlicher Übersetzung im Französischen und im Englischen begrenzt. Auf die verschiedenen, meist nicht nur lexikalischen (wie in d]), sondern morphosyntaktischen Transpositionen (= Übersetzungen durch eine andere Wortart) soll nicht näher eingegangen werden; einige davon sind durch die Beispiele a) bis c) und e) bis g) illustriert.

Ein für das Deutsche charakteristisches Wortbildungsmuster stellen die *Präfixverben* dar (z. B. *besteigen, erwachen, aufessen, einziehen, ausstoßen*), die entweder als Ableitungen eingeordnet oder (wegen der Komplexität der Gruppe) als eigener dritter Typus neben Zusammensetzung und Ableitung angesehen werden.[17]
Die Präfixe haben die Funktion, den Verbinhalt zu modifizieren. Sie drücken entweder die *Richtung* aus *(einziehen, ausstoßen)* oder die *Aktionsart,* das bedeutet vor allem »die zeitliche Verlaufsweise eines Seins oder Geschehens«[18]: Verben, in denen die zeitliche Begrenzung eines Geschehens ausgedrückt ist, nennt man *perfektiv.*

122

Sie können *ingressiv* (= *inchoativ*) sein = den Beginn eines Geschehens bezeichnend (*erwachen*, auf*stehen*) oder resultativ = das Ende eines Geschehens bezeichnend (auf*essen*, ver*brennen*, aus*trinken*). Wie die wenigen Beispiele zeigen, ist keine Eins-zu-Eins-Zuordnung von Präfix und inhaltlicher Funktion möglich, z. B. können *auf-* und *aus-* sowohl richtungsangebend als auch resultativ sein (auf*richten* gegenüber auf*brauchen*; aus*werfen* gegenüber aus*schlafen*).

Die Bildung von Präfixverben ist im Deutschen sehr produktiv:

ausgeben, ausgießen, auszahlen usw. haben eine hohe Frequenz (= Auftretenshäufigkeit), dagegen können Äußerungen wie »nun hat sie *ausgesorgt*«[19a] (entsprechend: *ausgeliebt, ausgesungen, ausgeschnarcht* usw.) oder »(er) kann keine Ruh' *erreiten*«[19b] als Augenblicksbildungen angesehen werden; ähnlich einerseits *enthalten, entlassen, entnehmen*, andererseits *entstielen, entgräten*, (sich) *entwölken, enteisen*.[20]

Im Englischen und im Französischen gibt es gewisse Präfixe, die noch zu Spontanableitungen verwendet werden können:

Beispiele: engl. *re-*, etwa in *to retell, to rewrite;* frz. *re-* mit den kombinatorischen Varianten *re-* [rə], *ré-* [re]; für *ré-* [re] als fakultative Variante manchmal r- [r]: *re-* vor Konsonant, z. B. *revenir, reprendre; ré-* (manchmal *r-*) vor Vokal, z. B. *rééduquer, réintégrer; réouvrir.*[21]

Doch liegt im Englischen wie im Französischen nicht annähernd die gleiche Vielfalt an Präfixen und gleich vielseitige Kombinierbarkeit der vorhandenen vor.

Eine weitere teilweise Entsprechung zu den deutschen Präfixverben hat das Englische in seinen Verben mit adverbialen Postpositionen, z. B. *to go out* ›(her)ausgehen‹, *to draw in* ›(hin-, her)einziehen‹, *to eat up* ›aufessen‹ usw. Aber deutsche Spontanbildungen wie *er hat sich die Goldmedaille erschwommen; nun hat sie ausgesorgt; sich Ruhe erreiten* (s. o.) könnten auch englisch nicht wörtlich übersetzt werden.

Im ganzen ist die reiche Modifizierungsmöglichkeit des Verbalbestandes durch Präfixe eine Struktureigenheit des Deutschen, die im Französischen weitgehend fehlt, im Englischen nur z. T. in einem morphosyntaktisch ähnlichen Wortbildungsmuster (Postpositionen) ihre Entsprechung hat. Die Übersetzung deutscher Präfixverben ins Französische und ins Englische wird meist (außer da, wo im Englischen ein Verb mit Postposition vorhanden ist) nach folgendem Grundschema verlaufen:

dt. Präfix ⟶ frz., engl. Verb
dt. Verb ⟶ frz., engl. Transposition (= Übersetzung durch eine andere Wortart)

Was für eine Transposition für die Wiedergabe des deutschen Verbs zu wählen ist, hängt vom Kontext und von der Semantik (d. h. von Inhalt und Bedeutung) des einzelnen Verbs ab. Das oben angegebene Grundschema für die Übersetzung der deutschen Präfixverben wird gerne als *chassé-croisé*, als ›Über-Kreuz-Entsprechung‹, bezeichnet.[22]

a) *Der Vogel flog — herein*
   l'oiseau entra — en volant

b) *er hinkte — davon*
   il s'éloigna — en boitant
   (d'un pas boitant, de son pas boitant usw.)[23]

schematisiert:

A＼＿＿＿B
B'＿＿＿＼A'

Der *Inhalt* A des Determinierten *(fliegen)* ist in der Zielsprache im Determinierenden A' ausgedrückt *(en volant)*, der *Inhalt* des Determinierenden B *(herein)* ist in der Zielsprache im Determinierten B' ausgedrückt *(entrer)*. Diese in der Strukturverschiedenheit der beiden Sprachen angelegte verschiedene Abfolge von Inhalten (s. o. *Handtasche – sac à main*) ist nicht nur linear zu verstehen,

B   A   A'   B'

sondern auch hierarchisch. Wenn wir die syntaktische (= die Satzkonstruktion betreffende) Übergeordnetheit des Vollverbs gegenüber den adverbialen Ausdrücken, die zu seiner Qualifizierung dienen, so interpretieren, daß dem Vollverb dadurch auch inhaltlich mehr Gewicht gegeben wird, bedeutet dies für unser Beispiel: Im Deutschen liegt das Hauptgewicht der Aussage auf der Art der Fortbewegung: ›er flog‹ (nicht etwa *fuhr, kroch, tänzelte, polterte* usw.); als nähere Bestimmung tritt dann noch die Richtungsangabe hinzu: *herein*. Im Französischen dagegen liegt das Hauptgewicht auf der Feststellung der Richtung, nämlich daß er sich (in welcher Weise auch immer) hereinbewegt hat: ›il *entra*‹ (nicht etwa *sortit, monta, descendit* usw.); die Bewegungsart, wie das geschehen ist, *en volant*, wird erst an zweiter Stelle, also untergeordnet, angegeben.[24] Für die praktische Übersetzung gilt gelegentlich, daß man auf die präzisierende Wirkung des Kontextes vertrauen kann, im Beispiel a) also, daß man *en volant* auch weglassen könnte, da es schon in dem Subjekt *Vogel* impliziert ist. Die »elegante Lösung« des Weglassens ist aber nur da erlaubt, wo das deutsche Verb inhaltlich redundant mit einem der anderen Satzteile ist, vgl. dagegen oben Beispiel b) ›*er hinkte* davon‹!

Auf der Ebene der Phoneme muß eine Sprachbeschreibung die Kombinations- und Positionsregeln mit berücksichtigen, auf der Ebene der Morpheme die Regeln für deren Kombination untereinander zu Wörtern *und* die Regeln für die Bildung weiterer Wörter ausgehend von den im Lexikon der Sprache vorhandenen. Auch hierin sind die Möglichkeiten der einzelnen Sprachsysteme sehr verschieden, und eine kontrastive Gegenüberstellung ist nützlich für die angewandte Sprachwissenschaft, insbesondere für die Übersetzung sämtlicher Textsorten, von der literarischen Übersetzung bis zum Sachbuch, zum Zeitungsnachrichtentext oder zur Benutzungsanweisung von Gebrauchsgütern.

Wir sind in unserer Darstellung vom Deutschen ausgegangen und haben nur schlaglichtartig zwei Wortbildungstypen (mit Untertypen) des Deutschen und von ihnen verursachte Probleme bei der Übersetzung vom Deutschen ins Französische und ins Englische skizziert.

6.6 Die Wortarten (Wortklassen)

Ähnlich wie beim Begriff ›Wort‹ bringen wir auch bei dem Begriff der *Wortarten* ein quasi umgangssprachliches Vorverständnis mit. Wir glauben zu wissen, was ein Substantiv oder ›Hauptwort‹ oder ›Dingwort‹ ist, ebenso, was ein Verb oder ›Tätigkeitswort‹ oder ›Zeitwort‹ ist, und dieses ›Wissen‹ schlägt sich in den deutschsprachigen Bezeichnungen der Wortarten nieder.

Nur können diese ›sprechenden‹ Bezeichnungen (gegenüber den nicht motivierten lateinischen Fremdwörtern *Substantiv* und *Verb*) irreführend sein. Ist z. B. wirklich das Substantiv das ›Hauptwort‹ jeder Aussage? Auf der Tatsache, daß es substantivlose Aussagen gibt, die voll kommunikationstauglich sind, beruhen Syntaxtheorien, die das Verb als das ›Hauptwort‹ in jedem Satz verstehen, wie es implizit auch die sprachwissenschaftliche Nomenklatur tut (lat. *verbum* ›das Wort‹).[25] Die Bezeichnung ›Dingwort‹ reduziert die sehr komplexen inhaltlichen Untergruppen dieser Wortart ungerechtfertigt auf eine einzige, die der Bezeichnung konkreter Gegenstände (Naturprodukte und Artefakte) wie *Tisch, Brücke, Hammer, Apfel.* Neben dieser einen inhaltlichen Verwirklichungsmöglichkeit der Wortart Substantiv gibt es in Wirklichkeit noch andere Gruppen wie *Hund, Mikrobe, Greis* (Lebewesen); *Anna, Goethe, Hamburg, Schwarzwald* (Eigennamen); *Durst, Freiheit, Hilfsbereitschaft* (›Abstrakta‹); *Verdauung, Umkehr, Abgabe* (Tätigkeiten) u. a., die die Bezeichnung ›Dingwörter‹ nicht rechtfertigen.

Das Verb ist als Wortklasse nicht die einzige, die Tätigkeit ausdrückt, z. B. die substantivisch ausgedrückten Tätigkeiten *Verdauung, Umkehr, Abgabe,* oder: *Übersetzung, Anstieg, Bruch, Tausch, Verzicht* usw. Andererseits gibt es Verben, deren Erfassung durch die Bezeichnung ›Tätigkeitswort‹ fragwürdig ist: *sich befinden, ruhen, schweigen, verharren* u. a. Und als ›Zeitwörter‹, also als diejenigen Wörter im Satz, die angeben, in welcher zeitlichen Relation sich der in dem Satz ausgedrückte Sachverhalt gegenüber dem Zeitpunkt der Äußerung befindet, könnten auch Adverbien, Präpositionen, Substantive und Adjektive aufgefaßt werden, etwa wenn wir an Beispiele wie die folgenden denken:

1. *Wohnt er hier? Nein, er* hat *hier gewohnt, aber er hat gekündigt.* (Zeitangabe im Verb)
2. *Wohnt er hier? Nein,* nicht mehr. (Zeitangabe im Adverb)
3. *Kommt er jetzt? Nein,* nicht vor *dem Mittagessen,* erst nach *dem Mittagessen.* (Zeitangabe in der Präposition *und* lexikalisch im Substantiv *Mittagessen*)
4. *Das ist mein zukünftiger Arbeitsplatz; vorjährige Äpfel* (Zeitangabe im Adjektiv)

Diese willkürlich gewählten Beispiele Substantiv und Verb sollten zeigen, daß in der traditionellen Grammatik sowohl Bezeichnung als auch Einteilung der Wortarten mehr oder weniger intuitiv und unsystematisch vollzogen wurden.

Der Einteilung lagen heterogene Kriterien zugrunde:

1. Bedeutung: Als Substantive wurden die Wörter eingeordnet, die Gegenstände bezeichnen, als Verben die, die Tätigkeiten und Zustände bezeichnen, und als Adjektive die, die ›Eigenschaften‹ bezeichnen.
2. Form: Unterscheidung hinsichtlich morphologischer Veränder-

lichkeit: Deklinierbare Wörter sind Substantive und Adjektive, konjugierbare Wörter sind Verben, unveränderliche sind Adverbien, Präpositionen u. a.

3. Vermischung mehrerer Kriterien zur Bestimmung einer einzelnen Wortart, z. B. Form und Funktion. Beim Adverb etwa stützte sich die Klassifizierung zugleich auf seine Unveränderlichkeit und auf die inhaltliche Funktion (nähere Qualifizierung von Verb, Adjektiv, anderem Adverb, Substantiv oder dem ganzen Satz).[26]

Die vorstrukturalistische Einteilung der Wortarten (auch Wortklassen genannt) beruhte auf willkürlichen, uneinheitlichen Kriterien und war daher undurchsichtig und nicht intersubjektiv nachprüfbar. Der Strukturalismus, vor allem der Bloomfieldsche, mußte sie daher als unwissenschaftlich verwerfen. Er hat an ihre Stelle ein einheitliches Kriterium für die Unterscheidung der Wortarten gesetzt: die *Distribution*.

Unter der Distribution einer sprachlichen Form versteht man die Summe aller lautlichen bzw. morphologischen Umgebungen, in denen diese sprachliche Form bisher angetroffen worden ist (s. Kap. 5.2.1: Distribution von kombinatorischen Phonemvarianten).

Alle Wörter, die die gleiche Distribution haben, werden *einer* Wortart zugerechnet. *Wortklassen sind Distributionsklassen.* Sie werden paradigmatisch ermittelt, d. h. durch Substitution in der Weise, die wir von der Phonem- und der Morphemanalyse her kennen.

Beispiel: der Hund bellt.

Wenn wir nun fragen, welcher Wortklasse das Element *der* in diesem Satz angehört, so müssen wir es nur distributionell definieren: *der* ist ein Wort, das vor Substantiven auftritt; formal notiert: *der* hat die Umgebung [–Subst.]. Mit dieser Distributionsformel läßt sich für jedes andere Wort entscheiden, ob es derselben Wortklasse wie *der* angehört. Alle Wörter, die diese Distributionsformel befriedigen, bilden eine Wortklasse.

Das wären z. B. *ein (ein Hund bellt), mein, dein, sein* usw.; *dieser, jener; mancher; kein.*

Wir sehen, daß sich diese Einteilung der Wortklassen, die allein durch das Stellungskriterium ermittelt wird, nicht mit der traditionellen Einteilung der Wortarten deckt. Die Klasse *der, mein, dieser* ... umfaßt alle Elemente, die das Substantiv, das auf sie folgt, näher determinieren. Wir können sie bezeichnen als Klasse der (Substan-

127

tiv-)Determinanten (engl.: noun qualifiers)[27], in der die herkömmlichen Wortarten bestimmter Artikel, unbestimmter Artikel, adjektivisches Possessivpronomen, adjektivisches Demonstrativpronomen aufgegangen sind, weil sie alle dieselbe Distribution haben. Wir können auch mit Bloomfield sagen: Sie haben alle dieselbe Funktion innerhalb eines Satzes. Nur müssen wir uns dessen bewußt bleiben, daß ›Funktion‹ für den Amerikanischen Distributionalismus nie etwas Inhaltliches meint (wie z. B. für den Prager Strukturalismus, s. Kap. 2); das Absehen vom Inhalt sprachlicher Formen ist ja im amerikanischen Strukturalismus das oberste Prinzip der Wissenschaftlichkeit.

Die distributionelle Wortartbestimmung wird üblicherweise als Teil der Syntax behandelt, und wir sehen auch, daß ihre oben skizzierte Methode sich nicht am isoliert betrachteten Wort durchführen läßt: Um die Distribution einer Form zu beschreiben und zu ihrer Distributionsklasse zu gelangen, muß ich ihre syntagmatischen Beziehungen angeben. Obwohl die Distributionsklassen Elemente der morphosyntaktischen Ebene sind, wurden sie hier im Kapitel Morphologie vorgestellt, da dieses Kapital sich u. a. mit dem vorstrukturalistischen Begriff des Wortes und seinem Verhältnis zu den Begriffen der strukturalistischen Sprachbeschreibung befaßte. Dabei sollte die Darstellung der Kategorie ›Wortart‹ vs. Distributionsklasse nicht ausgeklammert bleiben.

7 Suprasegmentalia

In einem Sprachsystem sind Elemente anzutreffen, deren Ausdrucksseite noch nicht vollständig beschrieben ist, wenn sie auf den beiden Ebenen der zweifachen Gegliedertheit der Sprache (s. Kap. 6) analysiert sind. Ein Beispiel:

übersetzen/übersetzen
(Ich übersetze einen Brief) (Der Fährmann setzte uns über).

Es handelt sich um zwei verschiedene sprachliche Zeichen mit gleichen Lautketten, die aber nicht homonym sind, sondern sich auch ausdrucksseitig unterscheiden: durch die Stelle des *Akzents:*

[yːbərˈzɛtsən] / [ˈyːbərzɛtsən]

Auch andere Präfixverben des Deutschen lassen sich als Beispiele anführen.

Aufgabe:

29. Suchen Sie herauszufinden, worin bei je zwei solcher Präfixverben der morphologische Unterschied besteht. Gehen Sie von Beispielsätzen aus wie:

a) *Wir umfahren den Häuserblock.*
b) *Das Auto fuhr den Zaun um.*

Die Funktion, die im allgemeinen von Phonemen getragen wird, nämlich die bedeutungsunterscheidende, kann, wie wir gesehen haben, in einzelnen Fällen dem Wortakzent zukommen.

Bedeutungsunterscheidende Phänomene, die sich der Morphem- und Phonemanalyse entziehen, bezeichnet man als *Suprasegmentalia* (Singular: das Suprasegmentale), da sie nicht durch Segmentieren von Äußerungen in Morpheme und in Phoneme erfaßbar sind, sondern die Segmente einer Phonemkette ›überlagern‹ und mehrere Segmente gegeneinander abheben (z. B. beim Akzent: akzentuierten Vokal gegen nichtakzentuierten). Sie werden auch als *Prosodeme* bezeichnet (*Prosodie* = Untersuchung der »phénomènes mélodiques, d'intensité et de durée qui accompagnent ou caractérisent le discours«[1].) Suprasegmentalia sind: *Akzent, Intonation, Tonhöhe* und *Junktur.*

Gelegentlich werden auch die sog. *Chroneme* zu den Suprasegmentalia gerechnet, das sind die Merkmale Länge/Kürze von Phonemen. Wir haben sie als distinktive phonologische Merkmale bereits dem Phonemsystem integriert (s. Kap. 5), das auf diese Weise Oppositionen wie / a / : / aː/, / i / : / iː / usw. enthalten kann:

Vgl. im Deutschen die Minimalpaare *Wall/Wahl; Mitte/Miete;* im Englischen *bit/beat; not, knot/naught.*

(Im Französischen dagegen sind Langvokal und Kurzvokal lediglich Varianten ein und desselben Phonems.) Im Unterschied zu den anderen genannten Suprasegmentalia sind die Chroneme nicht suprasegmental, sondern je einem bestimmten Segment der zweiten Gliederungsebene inhärent.[2]

Akzent: In den meisten Fällen hat der Akzent kontrastive Funktion und tritt nur in der *parole* in Erscheinung: Er hebt auf der syntagmatischen Ebene ein Element gegenüber vorhergehenden und folgenden Elementen heraus:

dt.: *ich habe das Buch gekauft; ich h a b e das Buch gekauft; ich habe d a s Buch gekauft* usw.; engl.: *w e did; we d i d .*

In dieser Funktion tritt der Akzent auch im Französischen auf als sog. *accent d'insistance,* einerseits als *accent intellectif,* um eine Antithese zwischen zwei Begriffen schärfer herauszustellen (z. B.: *Ce n'est pas de l' i m portation que je parle, mais de l' e x portation),* andererseits als *accent affectif* (z. B.: *C'est ép o u vantable!).*[3]

In gewissen Fällen hat der Akzent jedoch *oppositive Funktion* (ist *phonologisch relevant),* wie unser Eingangsbeispiel *übersetzen / übersetzen* zeigte; so im Deutschen, im Englischen (auch im Spanischen, im Italienischen, im Russischen u. a., nicht jedoch im Französischen, s. u. Aufgabe). In diesen Fällen gehört der Akzent als Mittel der Bedeutungsdifferenzierung der *langue* an.

Beispiele: dt.

Aúgust /	*Augúst*
(männl. Vorname)	(Monatsname)
Endstellung /	*Entstellung*
[ˈɛntʃtɛluŋ]	[ɛntˈʃtɛluŋ]
Im deutschen Nebensatz befindet	*Dieser Neubau bedeutet eine* Ent-
sich das Verb in Endstellung.	stellung *der Landschaft.*

Im Englischen[4] wird durch die Stelle des Akzents unterschieden zwischen festen Substantivzusammensetzungen *(compounds)* und Syntagmen *(syntactic groups,* bei denen die einzelnen Morpheme unabhängige Sprachzeichen bleiben und auch durch dazwischentretende Erweiterungen getrennt werden können):

130

compound:	*syntactic group:*
bláck-bird	*bláck bird*
(›Amsel‹)	(›schwarzer Vogel‹)
	Beispiel für eine Erweiterung:
	a black little bird
wóman doctor	*wóman dóctor*
(›Frauenarzt‹)	(›Ärztin‹)
dáncing girl	*dáncing gírl*
(›Tänzerin‹)	(›tanzendes Mädchen‹)[5]

Aufgabe:

30. Versuchen Sie zu erklären, warum im Französischen der Akzent nie bedeutungsunterscheidende Funktion hat!

Intonation: In den europäischen Sprachen ist die Intonationskurve einer Äußerung, d. h. die relativen Tonhöhen ihrer Vokale zueinander, vor allem bedeutungsunterscheidend hinsichtlich Aussagesatz/Fragesatz:[6]

dt.: *er kommt nicht / er kommt nicht?*
engl.: *he doesn't come / he doesn't come?*
frz.: *il ne vient pas / il vient pas?*

Allerdings ist die Intonation nur für diejenige syntaktische Variante der Frage bedeutungsrelevant, die die gleiche Lautkette wie der Aussagesatz aufweist und nicht eigens morphosyntaktisch gekennzeichnet ist (wie es z. B. der Fall ist in: *kommt er nicht? doesn't he come?* – Umstellung; *est-ce qu'il ne vient pas?* – Fragepartikel *est-ce que*). Andere Funktionen der Intonation sind nicht so deutlich binär oppositiv wie diese; sie liegen nicht auf Systemebene, sondern wären eher der Pragmalinguistik zuzuweisen (z. B. Ausdruck von Ironie, von Überraschung u. a. durch entsprechende Intonation).

Tonhöhe: Dagegen gibt es *Tonsprachen*, z. B. das Chinesische, das Japanische, das Vietnamesische oder auch afrikanische Sprachen. Sie haben mehrere Tonhöhen, das Chinesische z. B. einen eben verlaufenden Hochton, einen Steigton, einen Fallton und einen erst abfallenden, dann wieder ansteigenden Ton.[7] Diese Tonhöhen sind bedeutungsunterscheidend (phonologisch relevant). d. h. bei sonst gleichen Lautketten sind sie das einzige differenzierende Element.

Beispiel aus dem Yoruba, einer afrikanischen Sprache:[8]

bá ›treffen‹	*(Erklärung der Zeichen:*
ba ›(sich) verstecken‹	/ = Hochton
bà ›Stange‹	\ = Tiefton
	kein Akzentzeichen = mittlere Tonhöhe)

Junktur:

Beispiele:

dt.:	*den Bau erkennen* / *den Bauer kennen*
	ich werde das Ei nehmen / *ich werde das einnehmen*
	über den Wall tragen / *über den Wald ragen*
engl.:	*a name* / *an aim*
	why choose / *white shoes*
	see the meat / *see them eat*
frz.	*trois petits trous* / *trois petites roues*
	il parle du nôtre / *il parle d'une autre*
	il est ouvert / *il est tout vert*

Die Junktur als Grenzmarkierung (in Gestalt einer nur angedeuteten Pause: ... *das Ei / nehmen ... das einnehmen*) ist in ihrer Existenz umstritten: Macht der Sprecher in normalen Redesituationen wirklich eine Zäsur im einen Fall? Wenn überhaupt, so sicher nur bei langsamem Redetempo; im übrigen überläßt er, wie in anderen Fällen von Wort- oder Satzhomonymie, die Disambiguierung dem Kontext.[9]

Eine spezielle Erscheinungsform hat die Junktur im Deutschen vor einem Vokal im Anlaut (= am Wort- oder Silbenanfang) in Gestalt des sog. ›harten Vokaleinsatzes‹ oder ›Knacklautes‹. Minimalpaare wie

der Radler / *der Adler*
zu messen / *zum Essen* u. a.

veranschaulichen, daß die Junktur an dieser Stelle deutlicher feststellbar ist als bei konsonantischem Anlaut. Notiert wird sie meist mit +, z. B.: *sie arbeitet in Ulm* / zi:+ˈarbaitət+in+ˈulm/; *Theater* / te+ˈaːtər/; *die alten Erinnerungen* / di+ˈ / altən+erˈinəruŋən

In süddeutschen Sprachvarianten fehlt der Knacklaut oft, z.B. [diˈaltən-erˈinəruŋən], bzw. tendiert dazu, durch einen artikulationserleichternden halbvokalischen Gleitlaut ersetzt zu werden. *Beispiel: Theater* → [teˈ-jaːtər], *die Alten* → [diˈjaltən].

Der harte Vokaleinsatz ist typisch für das Deutsche, wie sein artikulatorischer Konterpart, die ›*liaison vocalique*›, typisch für das

Französische ist. Hier muß die Fremdsprachendidaktik vor Interferenzen warnen, denn der phonetische Gesamteindruck einer Äußerung wie [il + a + yn + ami + a + ɔrle + ã] für *il a une amie à Orléans* / ilaynamiaɔrleã / ist, auch bei korrekter Artikulation aller Einzellaute, stümperhaft unfranzösisch. Entsprechend ist das Deutsch eines Ausländers nie akzentfrei, solange er z. B. *Ich komme am achten April um elf Uhr an* mit vokalischer Bindung statt mit Knacklaut spricht: [iç·kɔməam·axtəna·prilum·ɛlfuːr·an].

Aufgabe:

31. Geben Sie an, welches Suprasegmentale jeweils in den folgenden Äußerungen auftritt:

a) »Was ist konsequent? Heúte so, mórgen so.
   Was ist inkonsequent? Heute só, morgen só.«
   (aus: Landmann, Salcia: ›Judenwitze‹).

b) Im Wortschatz des Japanischen heißt
   tsúrù ›Kranich‹
   tsùrú ›Ranke‹
   tsuru ›Angeln‹

c) Wir verbrachten den Urlaub in *Konstanz.* Dieser Meßwert ist von einer geringen *Konstanz* (= nicht sehr konstant).

d) engl.:   *my train* ›mein Zug‹ / (it) *might rain* ›es könnte regnen‹
         that's tough ›das ist zäh‹ / *that stuff* ›das Zeug da‹
         night-rate ›Nachttarif‹ / *nitrate* ›Nitrat‹

e) dt.:   *ein Laden* / *einladen*   *an Prangern* / *anprangern*
        an Stellen / *anstellen*   *zu geben* / *zugeben*
        aus Baden / *ausbaden*   *ein Name* / *Einnahme*
        an Hängen / *anhängen*

f) span.: *termino* [ˈtɛrmino] ›*Ende*‹
        termino [tɛrˈmino] ›ich beende‹
        terminó [tɛrmiˈno] ›er hat beendet‹

g) it.: *canto* [ˈkanto] ›ich singe‹
      cantò [kanˈto] ›er hat gesungen‹

h) frz.: *le bijoutier pare les cous* / *la couturière parle et coud*
       ›der Juwelier schmückt   ›Die Schneiderin redet und näht‹
       die Hälse‹

8 Syntax

8.1 Der Untersuchungsgegenstand der Syntax. Zum Begriff ›Satz‹.
Satz, Äußerung. Grammatikalität, Akzeptabilität

Das Funktionieren des Sprachsystems wird vorgestellt als ein
Kombinieren von kleineren Einheiten zu nächstgrößeren: Aus
25–50 Phonemen wird eine potentiell unbegrenzte Menge von
Morphemen zusammengefügt. Die Möglichkeit der Sprache, in
dieser Weise »aus wenig viel zu machen«, macht nicht halt auf der
Morphemebene; jedem ist geläufig, daß Sprache in ihrer alltäglichen
Verwendung in größere Einheiten realisiert auftritt, als die Morpheme es sind. Diese größeren Einheiten sind das, was wir als *Sätze*
bezeichnen. Sie bilden den Untersuchungsgegenstand der Syntax.[1]
Häufig werden die beiden Ebenen Morphologie und Syntax unter
der Bezeichnung *Morphosyntax* zusammengefaßt, da viele sprachlichen Phänomene nur unter Einbeziehung beider Ebenen beschrieben werden können. Daß Sätze ›normalerweise‹ ihrerseits wiederum zu größeren Einheiten, den *Texten*, zusammengefügt auftreten, wollen wir hier nur erwähnen. Dieser Tatbestand bzw. die
Beziehungen zwischen den Sätzen in einem Text sind Gegenstand
einer eigenen, jüngeren linguistischen Disziplin, der Textlinguistik.[2]
Den Begriff ›Satz‹ zu definieren, ist problematisch[3]; es gibt eine
ganze Anzahl von *Satzdefinitionen*, die in verschiedener Weise auf
inhaltlicher (logischer, philosophischer, kommunikationswissen-
schaftlicher, psychologischer) oder auf rein rhythmischer Grundlage formuliert wurden und sich kaum miteinander in Einklang
bringen lassen.
Auf die aristotelische Logik geht die Definition zurück, ein Satz sei,
was *Subjekt und Prädikat* habe. Dabei meint ›Subjekt‹ den Begriff,
von dem etwas ausgesagt wird, und ›Prädikat‹ das, was ausgesagt
wird. Diese zwei Grundelemente des Satzes werden in psycholo-
gisch-kommunikationswissenschaftlicher Betrachtung auch bezeichnet als *Thema und Rhema*.
Die Thema-Rhema-Definition des Satzes deckt sich nicht immer
mit der grammatischen Subjekt-Prädikat-Definition: Thema ist
immer der dem Hörer schon bekannte Gegenstand der Rede, über
den etwas ausgesagt werden soll; Rhema ist das, was ich als etwas
Neues darüber aussage, was dem Hörer Information über das

Thema gibt. Die Qualifizierung eines Satzteiles als Thema oder Rhema wechselt demnach je nach Textzusammenhang bzw. nach Situation:

In dem Satz *Heute abend gehe ich ins Theater* ist *heute abend* Rhema, wenn der Satz auf die Frage antwortet: *Wann gehst du ins Theater?*, aber *ins Theater* ist Rhema, wenn der Satz auf die Frage antwortet: *Wohin gehst du heute abend?*

Eine andere, funktionale Satzdefinition sagt, daß der Satz die *virtuellen* Elemente des Sprachsystems erst *aktualisiere*, d. h., daß erst der Satz einer Folge von Morphemen »einen Wirklichkeitsbezug gebe«[4]; Morpheme wie *Mann, Brief* sagen noch nichts darüber aus, ob tatsächlich ein Mann und ein Brief vorhanden sind oder ob sie gar nicht existieren, erst ein Satz *Der Mann liest den Brief* bezieht diese Morpheme auf außersprachliche Wirklichkeit, indem er mit ihnen auf einen Sachverhalt hinweist.

Eine andere, logisch-inhaltliche Satzdefinition bezeichnet den Satz als *Ausdruck eines einzigen Gedankens;* sie läßt sich durch beliebige Beispiele unschwer widerlegen. Und eine physikalisch begründete Definition schließlich charakterisiert den Satz als *Intonationseinheit* mit bestimmter Tonführung.[5]

Eine Satzdefinition, von der die strukturalistische Sprachwissenschaft ausgehen kann, sollte nur intersubjektiv nachvollziehbare Kriterien enthalten. Auch auf dem Gebiet der Syntax ist diese Forderung am unanfechtbarsten dann zu erfüllen, wenn die Definition von der sprachlichen Inhaltsseite absieht. So wird hier meist Bloomfields Definition zugrunde gelegt (die seiner Definition des Wortes als *minimal free form* genau parallel läuft): »Der Satz ist eine unabhängige sprachliche Form, die durch keine syntaktische Beziehung in eine größere sprachliche Form eingebettet ist.«[6] Was wir herkömmlich als Nebensätze bezeichnen, hat nach dieser Definition nicht den Status von Sätzen. In Kapitel 8.2.1 wird ausgeführt, inwiefern in der strukturalistischen Satzbeschreibung Nebensätze nicht als Sätze, sondern als Satzglieder eingestuft werden.[7]

Satz/Äußerung: Eine strukturalistische Sprachbeschreibung ist noch nicht vollständig, wenn wir Phonem- und Morpheminventar (einschl. Kombinations- und Positionsregeln) erschlossen haben; hinzukommen müssen die ›Baupläne‹, nach denen in dem betr. Sprachsystem die kleineren Elemente zu Sätzen zusammengefügt werden.

Das methodische Prinzip zur Entdeckung dieser Baupläne ist uns aus Phonologie und Morphologie bekannt: Corpusanalyse. Nur von konkreter *parole* ausgehend kann ich Rückschlüsse auf die zugrundeliegende *langue* ziehen, das gilt auch auf syntaktischer Ebene.

Bestandteile der *langue* sind bestimmte (Syntagma-)Muster; ihre Realisierungen in der *parole* werden als *Äußerungen* bezeichnet. Die Begriffe Satz/Äußerung stehen auf syntaktischer Ebene in einem entsprechenden Verhältnis wie Phonem/Phon auf der phonologischen Ebene.

Grammatikalität/Akzeptabilität: Sätze sind gekennzeichnet durch die Eigenschaft der *Grammatikalität:* Sie sind Anordnungen von Morphemen (besser: Morphemblöcken, s. Kap. 8.2.1), deren jeweilige Form und Abfolge mit den Regeln des Sprachsystems in Einklang stehen. In Äußerungen ist die Grammatikalität ein Kommunikationserfordernis, aber nur eines neben dem ebenfalls wichtigen der *Akzeptabilität.* Akzeptabilität ist ein Kriterium, das den Hörer in einer Kommunikationssituation betrifft: Je leichter eine – grammatikalisch korrekte – Äußerung für ihn zu decodieren ist, desto höher ist deren Grad an Akzeptabilität.

Vergleichen Sie die drei folgenden Sätze:

1. *Obwohl der größte Teil der Studenten, die mit dem Inhalt des Referates, das der Kommilitone, dem der Professor, der das Seminar abhielt, das Thema zugeteilt hatte, vorlas, nicht einverstanden war, eine Diskussion gewünscht hatte, verlief sie nicht sehr lebhaft.*

2. *Obwohl der größte Teil der Studenten, die nicht einverstanden waren mit dem Inhalt des Referates, das der Kommilitone vorlas, dem der Professor, der das Seminar abhielt, das Thema zugeteilt hatte, eine Diskussion gewünscht hatte, verlief sie nicht sehr lebhaft.*

3. *Obwohl der größte Teil der Studenten, die nicht einverstanden waren mit dem Inhalt des Referates, eine Diskussion gewünscht hatte, verlief sie nicht sehr lebhaft. Das Referat las der Kommilitone vor, dem der Professor, der das Seminar abhielt, das Thema zugeteilt hatte.*

Der dritte Satz (bzw. das Satzgefüge unter 3.) ist für den Hörer akzeptabler als der zweite Satz, der zweite ist akzeptabler als der erste, wiewohl beide nicht nur gleichen Inhalt, sondern auch gleiche morphologische Bestandteile haben. Sie haben den gleichen Grad an Grammatikalität, aber nicht an Akzeptabilität. Für einen möglichst hohen Akzeptabilitätsgrad ist es wichtig, bei mehreren zur Verfügung stehenden Äußerungsvarianten diejenige zu wählen, die dem Kurzzeitgedächtnis des Hörers eine möglichst geringe Speicherleistung zumutet.

Bei einem Vergleich verschiedener Sprachsysteme ließe sich vermutlich eine verschieden große Diskrepanz zwischen Grammatikalität und Akzeptabilität feststellen. Im positiven Extremfall wäre jede grammatisch korrekte Äußerung schon von maximaler Akzeptabilität. Vergleicht man das Deutsche und das Französische, so ist die Zahl der ›auf Anhieb‹ akzeptablen Äußerungen im Französischen größer. Das hängt mit Strukturunterschieden zusammen, die der Komparatist Malblanc u. a.[8] als die ›lineare Struktur‹ des Französischen und das ›Verschachtelungs-, Einschachtelungsprinzip‹ des Deutschen bezeichnet *(structure linéaire* vs. *emboîtement).* Die ›Verschachtelung‹ des Deutschen beruht insbesondere
1. auf der Endstellung des Verbs bzw. des Prädikats bei Nebensatzstellung:

z. B: *Der Mann, der in seinem ordentlich gehaltenen kleinen Garten hinter dem bescheidenen Haus an schönen Sommerabenden gerne vor dem Dunkelwerden ein Pfeifchen r a u c h t e, war auch heute da.*

2. auf der Möglichkeit, dem Substantiv beliebig viele adjektivische und partizipiale Attribute vorangehen zu lassen, wobei letztere aufgrund ihres verbalen Charakters noch Objekte bei sich haben können:

Wir kamen an eine frische, grüne, sich bis an den fernen Waldrand erstreckende, mit bunten Blumen übersäte und von den verschiedensten Arten von Insekten bevölkerte Wiese.

Aufgabe:
32. Übersetzen Sie die beiden Sätze a) ins Französische, b) ins Englische und vergleichen Sie sie hinsichtlich der Akzeptabilität mit dem Deutschen!

Das Englische hat wie das Französische die erstgenannte Möglichkeit der Verschachtelung nicht, wohl aber die zweite – allerdings in eingeschränktem Maße: Es dürfen zwar beliebig viele attributive Adjektive dem Substantiv vorangehen, aber attributive Partizipien nur dann, wenn sie nicht zusätzlich noch ein Objekt haben (d. h. nur dann, wenn sie nicht verbal, sondern adjektivisch gebraucht sind).

8.2 Strukturalistische Syntax: Konstituentenstrukturgrammatik

Die strukturalistische Syntax wendet wiederum (wie Phonologie und Morphologie) die beiden taxonomischen Entdeckungsprozeduren auf Textcorpora an: Segmentieren und Klassifizieren. Ihr Ziel dabei ist es, die Elemente, die die Sätze des betreffenden Sprachsystems konstituieren, zu ermitteln, d. h. die *Konstituenten* der Sätze, und die Baupläne, nach denen sie zu Sätzen gefügt sind, d. h. die *Strukturen*, in denen sie angeordnet sind. Wenn die Beschreibung sämtlicher Sätze eines Corpus in dieser Weise geleistet ist, stellt die Liste dieser Satzplanbeschreibungen eine Konstituentenstrukturgrammatik (hier: die Konstituentenstrukturgrammatik, die dem betr. Corpus zugrunde liegt) dar.

8.2.1 Prozeduren zur Ermittlung der Konstituenten:
  Permutationstest, Substitutionstest, Deletionstest

Um die Satzglieder einer Äußerung zu bestimmen, muß ich die Äußerung zunächst segmentieren – aber wo sollen jeweils die Segmentgrenzen liegen? Die Morpheme als Elemente der nächstunteren Ebene der Sprachbeschreibung sind in die größere Konstruktion Satz eingegangen – soll dann jedes dieser Morpheme als eigenes Satzsegment klassifiziert werden? Oder gehören bestimmte Morpheme in der angetroffenen Abfolge enger untereinander zusammen als mit den restlichen?
Diese Frage nach den syntagmatischen Beziehungen läßt sich empirisch klären: Nehmen wir eine beliebige Äußerung: *Der Mann liest das Buch.* Wir zerlegen sie in ihre Morpheme *der, Mann, lies, -t, das, Buch.* Diese Morpheme vertauschen wir nun probeweise in ihrer Reihenfolge, um zu sehen, ob diese völlig beliebig ist. Diese Vertauschprobe nennt man einen *Permutationstest*[9]. Von den sich ergebenden Möglichkeiten,

  der Mann lies-t das Buch
  Das Buch lies-t der Mann
  Lies-t der Mann das Buch
  (daß, weil, wenn usw.) *der*
  Mann das Buch lies-t
* *der -t Mann das lies Buch*
* *Buch Mann das lies der -t*
* *lies Buch das Mann -t der* usw.

sind nur die ersten vier grammatikalisch korrekte Sätze des Deutschen: der erste als Aussagesatz, der zweite als Aussagesatz mit Emphase auf *das Buch,* der dritte als Fragesatz, der vierte als Nebensatz. Alle vier enthalten drei Morphemblöcke, die man offensichtlich nicht mehr weiter zerschlagen darf, wenn man aus den gegebenen sechs Morphemen Sätze des Deutschen bilden will: einen Block *der Mann,* einen Block *lies-t* und einen Block *das Buch.*

Die syntagmatischen Beziehungen zwischen den Morphemen sind demnach nicht alle gleich eng, z. B. ist die Beziehung zwischen *der* und *Mann* enger als die zwischen *Mann* und *lies.* Der Permutationstest hat ergeben, welche Morpheme im Satz zusammengehörig eine Satzkonstituente bilden. Wir sehen, daß sich die so gefundenen Konstituenten *der Mann, liest, das Buch* mit den Satzteilen der herkömmlichen Syntax decken, die genau ebenso segmentiert hätte, Daß sich die Konstituentenanalyse dennoch grundlegend von ihr unterscheidet, wird in Kapitel 8.2.2 klar werden.

Der Permutationstest hat die syntagmatischen Beziehungen im Satz aufgedeckt; die paradigmatischen werden durch den *Substitutionstest* festgestellt, der uns als Kommutationstest bereits aus Phonologie und Morphologie bekannt ist. Wieder an dem Beispiel *Der Mann liest das Buch:* Bei jedem Segment frage ich, was in der gleichen Umgebung an seiner Stelle hätte auftreten können. Für *der Mann* läßt sich substituieren *ein Junge, die Frau, ein Schüler* ... Diese Elemente bilden alle eine paradigmatische Klasse, da sie in der gleichen Umgebung als Satzkonstituenten füreinander substituiert werden können. Entsprechend bilden *liest, schreibt, nimmt, holt* ... ihrerseits eine Konstituentenklasse; ebenso *das Buch, die Zeitung, einen Brief, diesen Apfel* ...

Der Permutationstest hat gezeigt, welche Morpheme als eine Satzkonstituente zusammengehören, der Substitutionstest, welche Elemente des Sprachsystems in die gleiche Konstituentenklasse gehören. Der *Deletionstest* schließlich zeigt, welche Konstituenten unabdingbar zu einem Satz gehören und welche als zusätzliche Erweiterungen anzusehen sind. In dem Beispiel *Der Mann liest das Buch* kann die Konstituente *das Buch* weggelassen werden: Was ich durch den Deletionstest erhalte, ist immer noch ein Satz: *Der Mann liest.* Dieser Satz kann seinerseits nicht mehr vereinfacht werden; wir nennen ihn einen *Kernsatz.* In einem Beispiel *Die Uhr steht jetzt, weil du vergessen hast, sie aufzuziehen* zeigt der Deletionstest, daß alle Konstituenten weggelassen werden dürfen bis auf die beiden *die Uhr* und *steht;* sie bilden den Kernsatz. An diesem Beispiel sehen wir, daß die Konstituentenanalyse Nebensätze nicht als eigene Sätze behandeln kann, sondern so wie alle anderen Konstituenten die Erweiterungen des Kernsatzes darstellen. Komplexe Sätze lassen sich auf Kernsätze zurückführen, dadurch wird für sie eine übersichtliche Konstituentenstrukturbeschreibung, wie das folgende Kapitel sie darstellen wird, erst möglich.

8.2.2 Analyse in unmittelbare Konstituenten (= IC-Analyse)

Ein Satz ist ein Konstitut, das in seine Konstituenten geteilt werden soll. Diese Unterteilung soll sich so vollziehen, daß zweierlei sichtbar wird: 1. die Beziehungen der Morpheme im Satz untereinander und 2. die Beziehung zwischen Morphem und Satz.

Der Kernsatz *Der Mann liest* ist, so hatten wir schon festgestellt, aus zwei Konstituenten zusammengefügt: *der Mann* und *liest*. Sie sind *unmittelbare Konstituenten* des Satzes, daher die Bezeichnung dieses Verfahrens als *Immediate Constituents Analysis*, kurz *IC-Analyse*. Wenn jede der beiden Konstituenten, *der Mann* und *liest*, ihrerseits nochmals zerlegt wird, wie wir es gleich vornehmen werden, erhalten wir dabei deren unmittelbare Konstituenten; für *der Mann* sind *der* und *Mann* unmittelbare Konstituenten, aber dem ursprünglichen Kernsatz gegenüber sind *der* und *Mann* nur mittelbare Konstituenten. Diese stufenweise Teilung wird in einem Strukturschema dargestellt:

Ein solches Strukturschema bezeichnet man als den *Stammbaum* (auch *Stemma*, Plural: *Stemmata* genannt) des betr. Satzes. Er besteht aus *Knoten* und *Kanten:*

In dieser Form handelt es sich um einen *konkreten Stammbaum:* er beschreibt lediglich die IC-Analyse eines bestimmten Satzes. Wie soll nun zum Ausdruck kommen, daß dieser Strukturbaum für alle anderen Kernsätze des gleichen Typs gilt, z. B. *Der Junge schreibt. Der Baum blüht. Das Auto fährt?* Dies wird bewirkt, indem statt der konkreten Konstituenten die Bezeichnungen der Konstituenten*klassen* in die Knoten eingetragen werden. Die Konstituentenklasse, zu der *der Mann, der Junge, der Baum, das Auto* gehören, nennt man Nominalphrase, abgekürzt NP. Die Konstituentenklasse, zu der *liest, schreibt, blüht, fährt* gehören, ist die Verbalphrase = VP. Ich kann den Stammbaum von oben dann auch schreiben als

Für die weitere Zerlegung kommen noch Klassenbezeichnungen hinzu: Artikel = ART, Substantiv oder Nomen = N, Verbstamm = V, Konjugationsendung = KONJ. Mit ihrer Einbeziehung erhalte ich den vollständigen *Klassenstammbaum* für den zitierten Kernsatztyp:

An die Endknoten eines Klassenstammbaums lassen sich die jeweiligen konkreten Konstituenten anhängen:

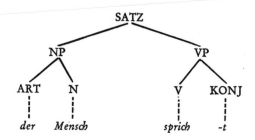

In einer solchen Stammbaumdarstellung ist erstens zum Verhältnis der Morpheme des Satzes untereinander zu sehen, daß diejenigen, die nicht zu einer gemeinsamen Konstituente gehören, nur insofern miteinander zu tun haben, als sie letztlich vom gleichen Knoten SATZ dominiert werden. Nur auf diesem Wege kommt es z. B. innerhalb der zwei verschiedenen Konstituenten NP und VP zu einer Übereinstimmung hinsichtlich des Numerus (sog. *Kongruenz*, frz. *accord*). Zweitens zeigt die Darstellung den wichtigsten Unterschied der IC-Analyse zur traditionellen Satzanalyse in Satzteile: Die letztere ging rein linear der Abfolge des Satzes nach und stellte damit alle Satzteile, als hätten sie durchweg das gleiche Gewicht, auf einer Ebene dar. Die IC-Analyse dagegen veranschaulicht in ihrem Schema, daß der Satz ein *hierarchisches Gebilde* ist, in dem die letzten Elemente der Analyse, die Morpheme (man geht im allgemeinen von diesen nicht mehr weiter zur Phonemanalyse) nur auf dem Weg über andere Analysezwischenstufen mit dem Satz in Beziehung stehen. Die unmittelbaren Konstituenten des Kernsatzes sind jeweils NP und VP.

Es gibt noch andere Kernsatztypen als den Typ *Der Mann liest*, z. B.:

(NP_{nom} bedeutet Nominalphrase Nominativ
NP_{akk} bedeutet Nominalphrase Akkusativ
NP_{dat} bedeutet Nominalphrase Dativ
Adj bedeutet Adjektiv
PP bedeutet Präpositionalphrase)

– *Er bringt ein Buch*	NP_{nom} V NP_{akk}
– *Wir gehen einer Arbeit nach*	NP_{nom} V NP_{dat}
– *Es beruht auf einem Irrtum*	NP_{nom} V PP
– *Struppi ist krank*	NP_{nom} Vsein Adj
– *Struppi ist ein Hund*	NP_{nom} Vsein NP_{nom}
– *Ich schenke dem Kind einen Ball*	NP_{nom} V NP_{dat} NP_{akk} u. a.

Bei allen diesen Kernsatztypen besteht jedoch die erste Stufe der Analyse in gleicher Weise in der binären Unterteilung des Satzes in NP und VP. Erst auf der nächsten Stufe erscheinen die hier aufgezählten Spezifizierungen innerhalb der VP.

Die Konstituentenstrukturgrammatik geht nämlich von der Annahme aus, daß jeder Satz zwei unmittelbare Konstituenten hat: Die eine ist die NP im Nominativ, die andere ist der Rest des Satzes. Als Kriterien für die Teilung auf sämtlichen Stufen der syntaktischen Hierarchie gelten folgende:

1. »Die Teile sollen möglichst unabhängig sein.
2. Die Teile sollen unter Bewahrung ihrer Bedeutung in möglichst vielen anderen Umgebungen verwendet werden können.«[10]
(Zu dem Beispiel oben: *der Mann* kann in mehr verschiedenen anderen Umgebungen vorkommen als *Mann liest* oder *Mann lies*.)
3. »Die Teile sollen Elemente einer Konstituentenklasse sein, die möglichst viele Elemente umfaßt.«[11]
(Z. B. ist die Konstituentenklasse, zu der *liest* gehört, viel umfangreicher als die, zu der *-t* gehört; die Klasse von *liest* ist die aller Verben in der Form 3. Person Singular Präsens Aktiv, die Klasse von *-t* ist die der anderen Konjugationsendungen von Verben. Daher muß ich segmentieren *Der Mann | liest*, und nicht etwa *Der Mann lies | t*.).

Manche Vertreter der IC-Analyse (z. B. Wells) postulieren, daß beim Segmentieren stets in binären Schritten vorzugehen sei; doch läßt sich das Binaritätsprinzip logisch nicht begründen, und bei manchen Typen von Konstituten wird auch von ihnen eine Dreiteilung (als überzeugender) zugelassen, z. B. bei NPs wie *Männer und Frauen*, wo es nicht möglich wäre, von den beiden Segmentierungsmöglichkeiten *Männer | und Frauen* und *Männer und | Frauen* einer einen begründeten Vorzug vor der anderen zu geben.

Exkurs: *Darstellungstechniken der IC-Analyse*

Für die stufenweise Analyse von Sätzen gibt es verschiedene Darstellungsweisen. Der Unterschied liegt jedoch allein im Graphischen, logisch sind sie äquivalent.

a) Klassenstammbaum (nach Bedarf mit angehängten konkreten Konstituenten; s. vorhergehendes Kapitel):

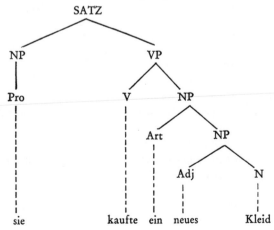

b) Kästchenschema von Hockett (einem der amerikanischen Strukturalisten):[12]

(3) sie	kauf (10)	-te (11)	ein (6)	neues (8)	Kleid (9)
				neues Kleid (7)	
	kaufte (4)		ein neues Kleid (5)		
	kaufte ein neues Kleid (2)				
sie kaufte ein neues Kleid (1)					

c) Schichten *(layers)* von Fries:[13]

d) Klammerung:
[Sie] [((kauf) (-te)) ((ein) ((neues) (Kleind)))]
Die Klammern schließen je zwei zusammengehörige Elemente ein. Sie sind noch nicht durch grammatische Termini gekennzeichnet (sog. *unlabelled bracketing*).
Mit grammatischer Kennzeichnung der Klammern:
[Sie]$_{NP}$ [(kaufte)$_V$ ((ein)$_{Art}$ ((neues)$_{Adj}$ (Kleid)$_N$)$_{NP}$)$_{NP}$] VP
Mittels einer solchen Darstellung ist nicht nur ein einzelner Satz beschrieben, sondern eine Strukturanalyse und -beschreibung für alle Sätze gleichen Typs geleistet. Mit anderen Worten: Durch Analysen von *parole*-Akten ließ sich ein Teil des Sprachsystems erschließen.

Aufgabe:
33. Zerlegen Sie folgende Sätze in ihre unmittelbaren Konstituenten (= ICs):
a) Ein Kind kauft Eis.
b) Der fleißige Student schrieb ein langes Referat.

8.3 Dependenzgrammatik. Die Valenz des Verbs

Die oben dargestellte Konstituentenstrukturgrammatik geht von der Annahme aus, daß Sätze eine hierarchische, also eine nichtlineare Struktur haben, die sich als Ergebnis der Satzanalyse in

Stammbäumen oder anderen graphischen Schemata darstellen läßt. Aufgrund dieser formalen Voraussetzung – nämlich daß Sätze hierarchische Gebilde sind –, lassen sich noch andere Modelle der Satzanalyse aufzeigen, die sich inhaltlich von diesem unterscheiden. Eine der Alternativen zur Konstituentenstrukturgrammatik ist die Dependenzgrammatik von Tesnière (1959).[14]

Tesnière kommt, nach Untersuchung des Satzes im Französischen und im Deutschen, zu der Annahme, daß die wichtigste, unabdingbare Konstituente des Satzes das Verb ist. Das Verb drückt den Vorgang aus *(procès)*. Von ihm hängen alle anderen Konstituenten unmittelbar oder mittelbar ab (daher ›Dependenz‹grammatik = Abhängigkeitsgrammatik).

Auf der ersten Stufe der hierarchischen Zerlegung, dem Verb direkt untergeordnet, finden sich die Aktanten *(actants)*, das sind die »Lebewesen oder Dinge, die (...) in irgendeiner Weise, (...) sei es auch in völlig passiver, an dem *procès* beteiligt sind.«[15]

Morphologisch sind die *actants* stets Substantive oder deren Vertreter (Pronomina). Auf der gleichen Stufe, also auch direkt vom Verb abhängig, sind die Umstandsangaben *(circonstants)*. Die Funktion von *circonstants* wird von Adverbien oder adverbialen Ausdrücken getragen.[16]

Von Aktanten und Zirkumstanten abhängig, also dem Verb indirekt subordiniert, finden sich, wenn vorhanden, die Indices *(indices)*: die Artikel der (substantivischen) Aktanten, die Adjektive und die adjektivischen Pronomina (Possessivpronomina, Demonstrativpronomina). Diesen wiederum sind solche Adverbien, die sich nur auf sie, nicht auf den ganzen Satz beziehen, untergeordnet.

Beispiele für Dependenzstammbäume:

Mann und *Buch* sind die Aktanten, *der* und *das* die Indices.

schrieb ist der Vorgang *(procès)*
sie, Bruder und *Brief* sind die Aktanten; *säuberlich* und *mit Tinte* sind die Zirkumstanten.
(Auf der ersten Hierarchiestufe werden im allgemeinen die Aktanten links, die Zirkumstanten rechts angeordnet). Es finden sich bei Tesnière auch abstraktere Abhängigkeitsbäume, z.B. würde ein solcher für den oben angeführten Satz *Der Mann liest das Buch* so aussehen:

I = Verb, O = Substantiv, A = Adjektiv, T = Artikel.

Die Valenz des Verbs:

Die Zahl der Aktanten ist nicht beliebig, sondern wird vom Verb bestimmt. Diese Eigenschaft der Verben, über die Anzahl der mit ihnen im Satz auftretenden Aktanten zu bestimmen, nennt Tesnière ihre *Valenz*. Wie chemische Elemente charakterisiert werden durch die Anzahl anderer Atome, die jedes ihrer Atome binden kann, und danach als ein-, zwei- usw. -wertig bezeichnet werden (z.B.: Sauerstoff ist zweiwertig; H_2O bedeutet, daß ein Sauerstoffatom zwei Wasserstoffatome gebunden hat), so sind nach Tesnière die Verben klassifizierbar in solche mit einer, zwei usw. Valenzen.

Beispiel: nous dormons: dormons
                              |
                            nous
               dormir ist einwertig

               Paul bat Pierre: bat
                              / \
                          Paul   Pierre
               battre ist zweiwertig usw.

Die sog. unpersönlichen Verben (z.B. die »meteorologischen«: *es regnet, es blitzt* usw.) werden als *avalent* (= nullwertig) aufgefaßt;

das unpersönliche Pronomen – ohnehin an dieser Stelle nicht in allen Sprachen vorhanden, vgl. lat. *pluit,* it. *piove* usw. für dt. *es regnet* – wird nicht als Aktant bewertet.

Auf diese Weise hängt vom Verb als Anfangsknoten die Struktur des ganzen Satzes ab: Das Verb allein (und nicht etwa der Satz als Gesamtheit) verfügt, wie viele Aktanten in seiner Umgebung zugelassen sind.

Beispiel: Ein Satz, dessen Verb *blühen* ist, kann stets nur eine einzige Nominalphrase enthalten, z. B. *die Rose blüht,* aber nicht: *die Rose blüht dem Gärtner einen Zweig auf den Hut.*[17] Substituiert man für *blühen* ein anderes Verb, etwa *stecken* oder *werfen* oder *nähen* oder *malen* usw., so ist der Satz mit drei Aktanten grammatikalisch korrekt: *(sie) steckt/wirft/näht/ malt dem Gärtner einen Zweig auf den Hut.*

Durch die Anzahl seiner Leerstellen (= freien Valenzen) bestimmt das Verb die Anzahl der zulässigen Aktanten im Satz, doch ist seine Verfügungsgewalt über die anderen Satzelemente in zweierlei Weise eingeschränkt:

– Erstens muß nicht die volle Zahl der vom betr. Verb zugelassenen Aktanten im Satz erscheinen, es können auch Leerstellen freigelassen werden.

Z. B. ist deutsch *sie hilft* oder französisch *il aime* je ein grammatikalisch korrekter Satz, obwohl er nur einen Aktanten enthält und deutsch *helfen* und französisch *aimer* Verben mit zwei Valenzen sind (z. B. *Anna hilft ihrer Freundin; il aime une étudiante).* Das Verb diktiert lediglich die maximal mögliche Anzahl von Aktanten im Satz. Die sehr nützliche Angabe, welcher Aktant/welche Aktanten bei einem bestimmten Verb in einer bestimmten Sprache unabdingbar notwendig ist/sind und welcher/welche u. U. weggelassen werden kann/können, ist u. a. zu finden in einem Valenzwörterbuch, z. B. in der Form:

$$\text{schreiben}_{(D)(A)}; \text{bringen}_{(D)A}; \text{anklagen}_{(G)A}.^{[18]}$$

(Die Buchstaben meinen die Kasus, die Buchstaben in Klammern sind fakultative, die ohne Klammern obligatorische Kasus.) Die Nützlichkeit eines solchen Valenzwörterbuches für den Fremdsprachenunterricht liegt auf der Hand.

– Zweitens kann das Verb die Reihenfolge der Satzkonstituenten nicht festlegen. Die Verbvalenz ist eine abstrakte Eigenschaft, daher kann »die Abhängigkeitsbeziehung nur über das potentielle Vorkommen, nicht aber über die Positionen des Vorkommens entscheiden«[19].

Daher sind Dependenzstammbäume – »einem Mobile ähnlich – Valenzstrukturen ohne Außenstruktur«[20].

Aufgabe:

34. Geben Sie eine Strukturbeschreibung des folgenden Satzes
a) durch IC-Analyse (Klassenstammbaum, an den die konkreten Konstituenten angefügt sind),
b) nach der Dependenzgrammatik:
Die Katze fängt die Maus.

8.4 Zusammenfassung von Konstituentenstruktur-grammatik und Dependenzgrammatik

(Gemeinsamkeiten und Unterschiede der beiden Modelle)

Die grundlegende Gemeinsamkeit von Konstituentenstruktur-grammatik und Dependenzgrammatik ist die Auffassung vom Satz als hierarchischem Gebilde; damit setzen sie sich von der vorstrukturalistischen Syntax, die Sätze als linear auffaßte, ab.
Konstituentenstrukturgrammatik und Dependenzgrammatik gehen zwar beide vom hierarchischen Charakter von Satzstrukturen aus, entwerfen diese aber verschieden strukturiert: In der Konstituentenstrukturgrammatik ist die Spitze der Hierarchie der Satz als Ganzes, der zuerst binär zerlegt wird in eine Nominalphrase NP und den Rest, der als Verbalphrase VP bezeichnet wird (weil er im allgemeinen ein Verb enthält). In der Dependenzgrammatik bildet das Verb die Spitze der Hierarchie, von der die Auftretensmöglichkeit der Aktanten allein abhängt.
Die Konstituentenstrukturgrammatik ist im großen Zusammenhang der strukturalistischen Sprachbeschreibung zu sehen, deren Ziel es ist, von der *parole* ausgehend die zugrundeliegende *langue*, das System, darzustellen. Die *discovery procedures* bestehen im Segmentieren und Klassifizieren der Ausdrucksseite sprachlicher Zeichenketten, unter dem Bestreben, die Inhaltsseite weitgehend auszuklammern. In diesem Programm der Systembeschreibung stellt die Konstituentenstrukturgrammatik die Theorie für eine der Beschreibungsebenen neben Phonologie und Morphologie dar.
Eine Konstituentenstrukturgrammatik soll die Beschreibung der zugrundeliegenden syntaktischen Strukturen sämtlicher bei ihrer Corpusanalyse angetroffener Sätze umfassen. Wie bei Phonem- und Morphemanalyse ist auch hier das abstrahierende Zusammenfassen heterogener konkreter Phänomene zu Klassen notwendig. Dies führt zur formalisierten Notierung syntaktischer Kategorien in Klassenstammbäumen. Nur ein Klassenstammbaum, z. B.

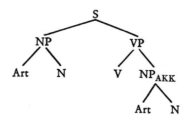

ermöglicht es, intersubjektiv und nicht bloß intuitiv aufzuzeigen, daß Sätze wie *Der Hund frißt die Wurst; Vater raucht Pfeife; der Schüler las ein Gedicht* ... Anwendungen *eines* syntaktischen Musters sind.

An konkreten Stammbäumen wie

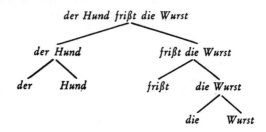

wird diese Feststellung über die Struktur der untersuchten Sprache weniger evident. Nur Klassenstammbäume ermöglichen es, die syntaktischen Strukturen von Sätzen auf ihre Ähnlichkeit hin zu vergleichen.

Tesnières Dependenzgrammatik steht nicht in Zusammenhang mit einer Sprachbeschreibung auf sämtlichen Strukturebenen, sondern geht von vornherein lediglich auf die Beschreibung von Sätzen aus. Daher wird die Satzanalyse bei ihr nicht, wie bei der Konstituentenstrukturgrammatik, bis hinab zu den Morphemen als letzten mittelbaren Konstituenten des Satzes durchgespielt.

Tesnières Satzstrukturstemmata haben nicht den gleichen Formalisiertheitsgrad wie die einer Konstituentenstrukturgrammatik, die ja auf Distributionskriterien gründen. Mit Tesnières Abhängigkeitsbäumen[21] ist der Vergleich zwischen verschiedenen Strukturen schwieriger, z. B. bei graphisch gleich verlaufenden Stammbäumen, deren Knoten funktionell jedoch verschieden sind.

Eine Konstituentenstrukturgrammatik beschreibt alle von ihr angetroffenen Satzstrukturen »in ihrer tatsächlichen Anordnung«, eine

Dependenzgrammatik beschreibt – über die Valenz – »alle tatsächlichen Satzstrukturen in ihrer möglichen Anordnung«.[22]
Welches dieser Grammatikmodelle praktisch nützlicher ist, läßt sich nicht global entscheiden; es gibt Einzelbereiche der Grammatik, in denen das eine, andere, in denen das andere adäquatere Erklärungen liefert, so daß ein Zusammenspiel beider Modelle als am sinnvollsten anzusehen wäre. Ein Fall, dem die Dependenzgrammatik besser gerecht wird, sind z. B. Sätze gleichen Inhalts und gleicher Konstituenten, die lediglich untereinander permutierte Varianten darstellen:

1a) *Hans bringt dem Nachbarn die Leiter*
1b) *Hans bringt die Leiter dem Nachbarn*

Nur ein Dependenzstammbaum weist die Sätze 1a) und 1b) als gleich aus, da er sich bezüglich der Reihenfolge der beiden permutierten Aktanten nicht festlegt. Eine IC-Analyse würde für die beiden Sätze zu (irreführenderweise) verschiedenen Klassenstammbäumen führen.

Ein Fall dagegen, in dem die Nichtfestlegung der Positionen im Satz ein Nachteil ist, wären Sätze, die durch bloße Permutation inhaltlich verändert werden, weil in der betreffenden Sprache – zumindest in bestimmten Satzmustern – die syntagmatische Abfolge bedeutungsrelevant ist, z. B. im Französischen bezüglich der Unterscheidung von Nominativ und Akkusativ der Substantive: Die Stemmata 1a) und 1b) sind in der Dependenzgrammatik völlig gleichwertig, ebenso 2a) und 2b), so daß man sich genötigt sieht zu fragen: wer wen? Bei einer IC-Analyse wird diese Unklarheit vermieden, da ihre Stammbäume mit angehängten konkreten Konstituenten die Satzpositionen eindeutig festhalten. Ein wichtiger Beitrag des

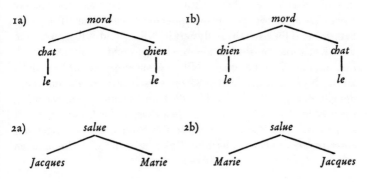

151

Dependenzmodells ist in seinem Kernstück, der Valenztheorie, ausgedrückt: Die Valenz des Verbs ist eine *semantische* Gegebenheit, von der aber entscheidend die *Syntax* des Satzes abhängt. Dependenzgrammatik macht also bereits bewußt, was die gTG in ihrer späteren Version (1965) thematisiert: daß sich Syntax und Semantik nicht voneinander trennen lassen.

8.5 Von der Konstituentenstrukturgrammatik zum generativen Ansatz der Transformationsgrammatik

Aufgabe:

35. Geben Sie die Strukturbeschreibungen der folgenden Sätze durch IC-Analyse:

1a) *Die Entwicklung der Ereignisse wird interessant.*
1b) *Die Erforschung der Ereignisse wird interessant.*
2a) *World War I was started by Austria.*
2b) *World War I was started by 1914.*
3a) *Le boulanger cuit le pain.*
3b) *Le boulanger cuit la niut.*
4a) *Frau N. bügelt die Wäsche.*
4b) *Die Wäsche wird von Frau N. gebügelt.*
5) *Der Briefträger gab das Paket ab.*

Die Lösungsversuche der Aufgaben 1) bis 5) sollen zu einer kritischen Überprüfung der Leistungsfähigkeit der IC-Analyse führen.

Für die Sätze 1a) und 1b) wurden gleiche Strukturstammbäume ermittelt, ebenso für 2a) und 2b) und für 3a) und 3b) – und dies, obwohl einer, der das Deutsche kennt, »weiß«, daß die Beziehung zwischen *Entwicklung* und *Ereignissen* eine andere ist als die zwischen *Erforschung* und *Ereignissen:* Im ersten Falle *entwickeln sich* die Ereignisse selber (Aktiv), im zweiten Falle *werden* die Ereignisse *erforscht* von jemand anderem (Passiv). Die NP wird für Satz 1a) und für Satz 1b) analysiert in NP_{Nom} und NP_{Gen}, wobei in der Konstituentenstrukturbeschreibung nicht zum Ausdruck kommt, daß die Funktion der NP_{Gen}, genauer gesagt: ihr Verhältnis zu der NP_{Nom}, in den beiden Sätzen verschieden ist. Entsprechendes gilt im englischen Beispiel für die Konstituente *by Austria* in 2a), *by 1914* in 2b), und im französischen Beispiel für *le pain* in 3a), *la nuit* in 3b). Die IC-Analyse weist also Sätzen, die sozusagen *auf einer anderen Ebene* ungleich sind, gleiche Strukturbeschreibungen zu.

Der komplementäre Fall hierzu liegt in Beispiel 4) vor: die IC-Analyse erstellt verschiedene Stammbäume für die Sätze 4a) und 4b), obwohl wir ›wissen‹, daß die Sätze 4a) und 4b) auf einer anderen Ebene gleich sind.

Bei Satz 5) ist das Ergebnis der IC-Analyse deshalb unbefriedigend, weil der Stammbaum nicht zu zeigen vermag, daß die Konstituente *ab* nicht etwa eine satzerweiternde Adverbialbestimmung ist (wie z. B. *gern und reichlich* in einem Satz *Wir gaben gern und reichlich*), sondern Teil der Konstituente *gab*, was sich durch den Deletionstest nachweisen läßt: bei *Wir gaben gern und reichlich* lautet der Kernsatz *Wir gaben*, bei *Der Briefträger gab das Paket ab* jedoch nicht * *Der Briefträger gab* und auch nicht * *Der Briefträger gab das Paket*. In anderen Tempora wird die Zusammengehörigkeit der Konstituenten *gab* und *ab* noch deutlicher, z. B. *Der Briefträger wird das Paket abgeben*, ebenso bei Hinzufügen eines Modalverbs: *Der Briefträger wollte/mußte/konnte das Paket abgeben*. Solche Konstituenten, die in bestimmten Sätzen getrennt erscheinen, aber als auf einer anderen Ebene zusammengehörig erkannt werden, nennt man *diskontinuierliche Konstituenten*. Es hat sich erwiesen, daß die IC-Analyse zwar Sätzen Strukturbeschreibungen zuordnen kann, daß aber diese Strukturbeschreibungen nicht in allen Fällen mit dem *Wissen* der Sprecher der betreffenden Sprache oder ihrem ›Sprachgefühl‹ oder wie immer wir diese ihre Fähigkeit zunächst einmal nennen wollen, übereinstimmen.

Mit dem Einbeziehen dieser hier nur vage und vorläufig angesprochenen Fähigkeit des Sprechers ist bereits die grundlegende Wende vom Strukturalismus zum generativen Ansatz der Transformations-grammatik (häufig TG abgekürzt) vollzogen.

8.5.1 Sprachtheoretische Grundlagen der generativen Transformationsgrammatik

Die Einsicht in die Grenzen der IC-Analyse führte manche ihrer Vertreter, z. B. Z. S. Harris, zu dem neuen Ansatz; sein Begründer ist Noam Chomsky.

Chomsky hat eine so grundlegende Neuorientierung in die Sprach-wissenschaft gebracht, daß er diesbezüglich häufig de Saussure an die Seite gestellt wird. Und wenn de Saussure andererseits seine Vorläufer hatte (vgl. Kap. 4, Anm. 1), so läßt sich in ungleich höherem Maße und direkterem Bezug Chomsky in seinen ›Syntactic Structures‹ (1957) eher als Umorientierung des Strukturalismus interpretieren, die grundlegende Kategorien von jenem beibehält, wenn auch umbenannt und inhaltlich modifiziert. Dies gilt vor allem von der zentralen Dichotomie *langue/parole*.

Die generative Transformationsgrammatik (oft gTG abgekürzt) geht aus von der Beobachtung, daß der Sprecher, der eine Sprache kennt, in dieser Sprache auch grammatikalisch korrekte Äußerungen hervorbringen kann, die er vorher noch nie gehört hat. Er verfügt über die Elemente des betreffenden Sprachsystems und über die Regeln für ihre Verknüpfung; er kann von endlichen Mitteln unendlichen Gebrauch machen. Diese seine Fähigkeit wird als seine *Kompetenz* bezeichnet (engl. *competence*, frz. *compétence*). Das Anwenden dieser Kompetenz, also das Hervorbringen von Sprachäußerungen, wird *Performanz* (engl. *performance*, frz. *performance*) genannt.

Das Begriffspaar *Kompetenz/Performanz* entspricht dem de Saussureschen *langue/parole*, doch muß auf einen grundlegenden Unterschied hingewiesen werden: Kompetenz ist eine Größe, die – im Gegensatz zur de Saussureschen *langue* – nicht autonom, unter Absehung von den Sprachbenutzern, gedacht werden kann; Kompetenz »kommt nur vor« als Kompetenz eines Sprechers/Hörers, eben als dessen Fähigkeit, grammatikalisch korrekte Sätze hervorzubringen = zu *generieren*, daher die Bezeichnung dieses Grammatikmodells als *generativ*. Chomskys Kompetenz ist dynamischer als de Saussures *langue*, sie beinhaltet eine kreative Komponente, die zur Folge hat, daß eine Sprache mehr ist als die Summe sämtlicher bisher in ihr vorliegenden Äußerungen. »Es ist ... notwendig, von de Saussures Begriff der langue als lediglich einem systematischen Inventar von Einheiten abzugehen und zurückzugehen auf das Humboldtsche Verständnis der zugrunde liegenden Kompetenz als einem System generativer (›erzeugender‹) Prozesse«[23] – Sprache (mit Humboldts Worten) nicht als *ergon* (griech. ›Werk‹, etwas Fertiges), sondern als *enérgeia* (griech. ›wirkende Kraft‹).

Mit Chomsky, so kann man sagen, hat ein neuer Faktor Einzug in die Sprachwissenschaft gehalten – zugleich auch ein sehr alter Faktor: der Mensch.[24] Während der Strukturalismus das Ziel hatte, durch Analysieren von *parole*-Äußerungen das zugrundeliegende *langue*-System zu entdecken, ist es das Anliegen eines generativen Sprachmodells, die Kompetenz des Sprechers/Hörers nachzubilden. Der Strukturalismus suchte eine endliche Menge vorliegender Sätze zu *beschreiben*, die gTG, eine unbegrenzte Menge von Sätzen zu *erzeugen*.

Ein Modell der menschlichen Sprechfähigkeit, wie es eine generative Grammatik ist, kann stets nur ein *Leistungsmodell* sein, niemals ein *Funktionsmodell,* denn die neurophysiologischen, psychologischen u. a. Vorgänge im Sprachzentrum des menschlichen Gehirns sind ja der Beobachtung nicht zugänglich. (Zur Unterscheidung der beiden Typen von Modellen, Leistungsmodell und Funktionsmodell, s. Kap. 3.1.2.1.)

Ein Leistungsmodell der menschlichen Sprechfähigkeit hat die Aufgabe, den Regelapparat nachzubilden (zu ›simulieren‹), über den der Sprecher / Hörer verfügt und den er in den Performanzakten anwendet.

Einer der oben genannten Unterschiede zwischen Strukturalismus und gTG modifiziert sich, wenn man berücksichtigt, daß die (Re-)Konstruktion der Sprecher / Hörer-Kompetenz methodisch ebenfalls über die Analyse einer endlichen Menge von Äußerungen erfolgt. Ein wichtiger Unterschied ist allerdings, daß Chomsky in dieser Menge auch Intuitionen und introspektive Auskünfte zuläßt, während sich der Strukturalismus – mehr empirisch-positivistisch orientiert – allein an das Corpus als auszuwertendes Material hält.

Bevor skizziert wird, wie dieser Regelapparat nach Chomsky aussieht, soll der Begriff *Sprecher/Hörer* bei Chomsky noch präzisiert werden. Seine Relevanz in der TG im Gegensatz zum Strukturalismus wurde bereits deutlich: Er ist die Existenzbedingung der Kompetenz, denn diese ist ohne den Sprecher als ihren Träger nicht denkbar. Als Träger der gesamten Kompetenz, die er in jedem Augenblick fehlerlos in Performanzakten zur Anwendung bringen kann, kommt allerdings nur ein *idealer Sprecher / Hörer* (engl.: *ideal speaker / hearer)* in Frage, den Chomsky folgendermaßen charakterisiert:

»Der Gegenstand einer linguistischen Theorie ist in erster Linie ein idealer Sprecher/Hörer, der in einer völlig homogenen Sprachgemeinschaft lebt, seine Sprache ausgezeichnet kennt und bei der Anwendung seiner Sprachkenntnis in der aktuellen Rede von solchen grammatisch irrelevanten Bedingungen wie
– begrenztes Gedächtnis
– Zerstreutheit und Verwirrung
– Verschiebung in der Aufmerksamkeit und im Interesse
– Fehler (zufällige oder typische)
nicht affiziert wird.«[25]

Ein Sprecher, der stets unbeeinträchtigt über die gesamte Kompetenz der betreffenden Sprache verfügt, entspricht in der Tat nicht der Realität, wie wir sie an uns und anderen in jedem beliebigen Kommunikationsakt mit »Versprechern«, unvollständigen Sätzen, Ungenauigkeiten beobachten können – dies wird auch häufig als ein Punkt der Kritik an Chomsky vorgebracht.

Weiter läßt sich kritisch einwenden: Wenn Chomsky Kompetenz als Fähigkeit zum Hervorbringen korrekter Sätze definiert, so wird zwar eingeräumt, daß der Hörer entsprechend über die Fähigkeit zum Verstehen der korrekten Sätze anderer verfügt. Chomskys Idealisierung abstrahiert jedoch von der Tatsache, daß diese beiden Fähigkeiten sich in ihrem Umfang normalerweise nicht decken. Die letztere, die als *Kompetenz R (rezeptive Kompetenz)*[26] bezeichnet werden kann, umfaßt in der Regel viel mehr als die erstere, *Kompetenz P (produktive Kompetenz)* genannte. Das sog. ›passive Beherrschen‹ einer Fremdsprache, aber auch der ›passive Wortschatz‹ in der Muttersprache, gehören der Kompetenz R an. Die Kompetenz R ist eine wichtige Größe u. a. in der Fremdsprachendidaktik, wo in Lernzielformulierungen das sog. Hörverstehen ausdrücklich als eigenes Lernziel ausgebracht ist.[27]

Jeder Sprachteilhaber hat als Sprecher die obengenannte Fähigkeit, grammatikalisch richtige Sätze zu generieren. Um seine Fähigkeit als Hörer zu erläutern, erinnern wir uns kurz an die Beispielsätze aus Kap. 8.5, etwa: 4a) *Frau N. bügelt die Wäsche*, 4b) *Die Wäsche wird von Frau N. gebügelt.* Wir hatten dort festgestellt, daß der Hörer aufgrund seines ›Wissens‹ (d. i. seiner Kompetenz) erkennt, daß die beiden Sätze ›auf einer anderen Ebene‹ gleich sind. Diese ›andere Ebene‹ wird in der gTG *Tiefenstruktur* genannt. Der Hörer ist also in der Lage, Sätzen mit verschiedenen Lautketten gegebenenfalls die gleiche Tiefenstruktur zuzuschreiben. Umgekehrt gibt es Sätze von der Art des folgenden Beispiels: *Marie ist leicht erregt.* Hier handelt es sich um zwei verschiedene (aber homonyme) Sätze, nicht um einen:

1. Marie ist nicht sehr stark erregt.
2. Es ist nicht schwer, Marie zu erregen.

Ebenso: Die Beschreibung der Linguistik ist einfach.

Aufgabe:

36. Suchen Sie nach Paraphrasen, die verdeutlichen, welche beiden homonymen Sätze hier vorliegen!
Die beiden jeweiligen Sätze haben nach Chomsky gleiche *Oberflächenstruktur*, aber ungleiche Tiefenstruktur. Hier kann der Hörer genau entsprechend Sätzen mit gleicher Oberflächenstruktur verschiedene Tiefenstrukturen zuordnen.

Die Nützlichkeit der Begriffe Oberflächenstruktur und Tiefenstruktur ließ sich aufweisen an Sätzen wie den obigen (aus Kap. 8.5, Sätze 1 bis 5), vor denen das strukturalistische Syntaxmodell der IC-Analyse versagt, weil die Strukturstammbäume, die es diesen Sätzen zuordnet, nicht zeigen, wie je zwei Sätze miteinander zusammenhängen. Dieses zeigt dagegen die gTG mittels ihrer Begriffe Oberflächenstruktur und Tiefenstruktur.

Da der kompetente Sprecher (insbesondere als Hörer) die Fähigkeit hat, 1. zwei verschiedene Sätze als Paraphrasen voneinander zu erkennen, 2. homonyme Sätze zu disambiguieren (= eindeutig zu machen), muß ihr in einem Modell seiner Sprachfähigkeit Rechnung getragen werden in Gestalt zweier verschiedener Ebenen der Satzerzeugung: eben der Tiefenstruktur und der Oberflächenstruktur.

8.5.2 Die Komponenten einer generativen Transformationsgrammatik

Die Beschreibung sprachlicher Äußerungen umfaßt, wie es uns vom Strukturalismus her schon geläufig ist, ausdrucksseitig die Ebenen der Phonologie und der Morphosyntax, inhaltsseitig die Semantik. Ein Regelapparat zum Generieren von Sätzen, den die gTG darstellt, muß sich also aus einer syntaktischen Komponente (die die morphologische miteinschließt), einer phonologischen Komponente, einer semantischen (= Inhalts-)Komponente und einem Lexikon zusammensetzen. Eine gTG umfaßt erstens einen *Basis-Teil*, bestehend aus Konstituentenstrukturregeln, Subkategorisierungsregeln und Lexikonregeln, und zweitens einen *Transformationsteil*, bestehend aus den Transformationsregeln. Syntaktische Aufgaben erfüllen beide, der Basis- und der Transformationsteil:

Im Basis-Teil werden die Tiefenstrukturen der Sätze erzeugt, im Transformationsteil werden diese in ihre Oberflächenstrukturen überführt.

Die Tiefenstruktur eines Satzes, die also von der Basis erzeugt wurde, wird von der semantischen Komponente ›interpretiert‹ (d. h. zu der syntaktischen Tiefenstruktur tritt die semantische Seite des Satzes hinzu). Die Oberflächenstruktur, die durch Basis + Transformationsteil erzeugt wurde, wird von der phonologischen Komponente ›interpretiert‹. Das *Lexikon* in der gTG entspricht dem Lexeminventar im Strukturalismus. ›Lexikon‹ bedeutet hier (um diesen theoriespezifischen Gebrauch des Wortes gegen andere, teils umgangssprachliche abzugrenzen) die Nachbildung desjenigen Teils im Regelapparat des kompetenten Sprechers, der ihm die korrekte Verwendung von Wortschatzelementen ermöglicht. Die gTG bezeichnet die Morpheme als *Formative*, bei denen – gemäß der strukturalistischen Unterteilung der Morpheme – unterschieden wird zwischen *lexikalischen Formativen* und *grammatischen Formativen*.

Die lexikalischen Formative sind im Lexikon der gTG notiert in Form einer phonologischen und einer semantischen Matrix ihrer distinktiven Merkmale. (Die Notationsweise ist uns aus Kap. 5: Phonetik/Phonologie bekannt, s. dort als Beispiel die phonologische Matrix des deutschen Wortes *Wissenschaft*. Es gibt auch distinktive *semantische* Merkmale, s. dazu Kap. 9.3.2.2: Semanalyse.) Zugleich enthält das Lexikon Angaben über die syntaktischen Kategorien eines jeden lexikalischen Formativs. Beispiel eines solchen sog. Lexikoneintrags: die Formativmatrix des deutschen Wortes *Hund:*[29]

	h	u	n	D	[+ N, + zählbar, + belebt,
vok.	–	+	–	–	– menschlich, – abstrakt ...]
nas.	–	–	+	–	
dent.	–	–	+	+	
.					
.					
.					

(Das Merkmal + *belebt* schließt das Merkmal – *abstrakt* ein; in diesem Falle ist die Angabe – *abstrakt* redundant.) Das Lexikon geht im allgemeinen in die Tiefenstruktur mit ein.

Die *phonetisch-phonologische Komponente* interpretiert die Formative phonologisch, d. h., sie wendet phonologische Regeln einschließlich Artikulation und Intonation auf sie an.

Beispiele: s. o. *Hund* [hunt]: die Auslautverhärtung im Deutschen, oder: Umlaute: *Mann/Männer;* engl. *tooth/teeth,* oder: im Französischen Regeln für die Bindung (= *liaison): ils viennent* [ilvjen] / *ils arrivent* [ilzari:v].

Als Überblick sei hier die Organisation einer gTG in einem Blockdiagramm dargestellt:[30]

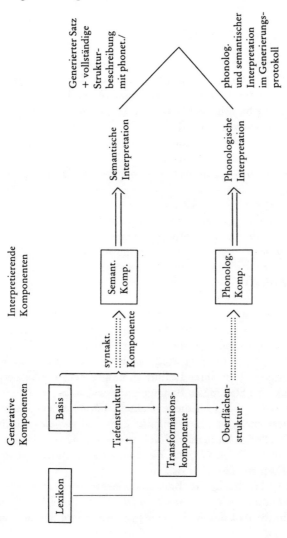

Die beiden generativen Komponenten, aus denen sich die syntaktische Komponente zusammensetzt, unterscheiden sich hinsichtlich ihrer Regeltypen: in der *Basiskomponente* sind es *Ersetzungsregeln*, zu denen ein *Formativlexikon* hinzutritt; in der *Transformationskomponente Transformationsregeln*. Was man unter Ersetzungsregeln und unter Transformationsregeln versteht, werden die beiden folgenden Kapitel erläutern.

8.5.2.1 Die Basiskomponente

In der Basiskomponente werden Tiefenstrukturen von Sätzen erzeugt. Die einzelnen Konstituenten, aus denen sich diese Sätze zusammensetzen, werden durch Symbole notiert; diese formalisierte Schreibung ist wohl das Charakteristikum, das dem Anfänger an der TG am meisten auffällt.

Die Generierung eines jeden Satzes beginnt mit dem Anfangssymbol S (= Satz). Dieses Anfangssymbol wird nach Ersetzungsregeln ersetzt durch Kategorialsymbole (= *expandiert* zu Kategorialsymbolen):

NP	(Nominalphrase)	Adj	(Adjektiv)
VP	(Verbalphrase)	Konj	(Konjunktion)
N	(Nomen)	Präp	(Präposition)
V	(Verb)	Pro	(Pronomen)
Art	(Artikel)		u. a.

Die Bezeichnungen der Kategorialsymbole kommen, wie ersichtlich, von den traditionellen Wortarten her; in der TG jedoch haben diese Namen »rein mnemotechnische Funktion«[31], die Funktionen der Kategorien im Satz sind nicht wie bei den traditionellen Wortarten z. T. in ihrer Definition mitgegeben, sondern ergeben sich aus ihrer Stellung im Baumgraphen des Satzes.

Kategorialsymbole, für die lexikalische Formative eingesetzt werden, bezeichnet man als *terminale Kategorialsymbole* (z. B. N, für das *Hund* oder *Mann* oder *Glück* usw. eingesetzt werden kann, im Gegensatz z. B. zu NP, das nicht unmittelbar durch ein lexikalisches Formativ ersetzbar ist).

Die Regeln, die in der Basiskomponente erscheinen, sind sog. Ersetzungsregeln (engl. *rewrite-rules*). Diese Bezeichnung besagt, daß *ein* Symbol durch ein oder mehrere andere Symbole ersetzt

160

wird. Die Anwendung solcher Ersetzungsregeln wird so lange fortgesetzt, bis der Satz generiert ist, nämlich bis er nur noch aus terminalen Kategorialsymbolen besteht, für welche Formative eingesetzt werden.

Beispiel: Der Satz *Der Junge aß einen Apfel* soll generiert werden. Hierzu benötigt man folgende Regeln:
 (→ ist das Ersetzungssymbol,
   ⌢ das Konkatenationszeichen, das angibt, daß die durch es verbundenen Konstituenten miteinander im Satz auftreten)

S → NP⌢VP

NP → Art⌢N
Art → der, einen
N → Junge, Apfel

VP → V⌢NP
V → aß

Das Generierungsprotokoll, das die Erzeugung des Satzes in ihren verschiedenen Stadien festhält, kann auf verschiedene Weise notiert werden, etwa in einem Baumgraphen:

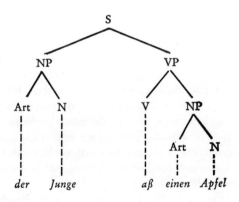

oder durch etikettierte Klammern[32] oder durch untereinandergeschriebene jeweilige Stadien der Generierung nach Anwendung der einzelnen Regeln:

S

NP VP

Art N VP

ein N VP usw.;
die Reihenfolge der Anwendung der Regeln ist beliebig.

Solche Notierungen der Strukturen von Sätzen, die nur Kategorialsymbole und Formative enthalten, nennt man *P-Marker* (von engl.
phrase-marker) oder *Formationsmarker.*
Formationsmarker unterscheiden sich in der Art der Darstellung
nicht von IC-Analysen, doch sind diese äußerlich gleichen Stemmata in den beiden Fällen verschieden zu interpretieren: Die IC-
Analysen gehören einer *Beschreibungsgrammatik* an – die Konstituentenstrukturgrammatik ist statisch, sie beschreibt die Strukturen
fertig vorgefundener Sätze eines abgeschlossenen Corpus –; die
gTG ist eine *Erzeugungsgrammatik*, sie simuliert den dynamischen
Prozeß der Satzerzeugung; ihre Formationsmarker werden generiert durch Regeln, die jederzeit neue, bisher nicht vorgefundene
Sätze erzeugen können. Man hat die TG (bzw.: jede mögliche
generative Grammatik) bezeichnet als »in Bewegung gesetzte Konstituentenstruktur«[33]: Die statische Konstituentenstruktur wird
dynamisch, indem sie nun einen Erzeugungsprozeß abbildet.

8.5.2.1.1 Rekursivität
Wenn ein Regelapparat in der Lage sein soll, unendlich viele neue
Sätze zu erzeugen, so bedeutet dies, daß er (letztlich stets angewiesen auf die zur Verfügung stehende Phonemmenge in ihrer
Begrenztheit) die Möglichkeit haben muß, durch mehrfaches Wie-
derverwenden einzelner Elemente in ein und demselben Satz
unendlich lange Sätze zu erzeugen. Mit einem begrenzten Regelapparat kann dies nur geleistet werden, wenn ein und dieselbe Regel
bei der Generierung eines Satzes mehrmals nacheinander angewendet werden kann, mit den Worten der generativen Grammatiker:
wenn *rekursive* Regeln bestehen.
In der Tat gibt es in der TG rekursive Regeln, wie folgendes Beispiel
zeigt:
Der Satz *Die dicke friedliche schwarze Katze schläft* soll erzeugt
werden, wozu wir folgende Regeln brauchen:

1) S   → NP VP
2) NP   → (Art) (AdjP) N
3) AdjP → (AdjP) Adj
4) VP   → V
5) Art → die
6) Adj → dicke, friedliche, schwarze
7) N   → Katze
8) V   → schläft

Elemente in Klammern sind fakultativ.

Regel 3) ist rekursiv: das gleiche Symbol, hier *AdjP*, erscheint vor dem Ersetzungspfeil und hinter ihm.[34]

Ein weiteres Beispiel: Erzeugung des Satzes *Wir lesen Bücher und Zeitschriften*. Erforderliche Regeln:

1) S   → NP VP
2) VP   → V (NP)
3) NP   → Pro
4) NP   → NP (Konj NP)
5) NP   → N

Die hier unter 4) stehende Regel – wir erinnern uns, daß die Reihenfolge der Regeln beliebig ist – ist ebenfalls rekursiv.

8.5.2.1.2 Weitere Symbole für die Notierung von Ersetzungs- regeln

Eine übersichtlichere Notierung wird angewandt, wo es für ein Symbol von links des Pfeiles mehrere Ersetzungsmöglichkeiten rechts des Pfeiles gibt. Diese Varianten werden alle untereinander geschrieben und in geschweifte Klammern gesetzt, z. B. (aus den im vorherigen Kapitel erzeugten Beispielsätzen zusammengetragen):

$$
NP \rightarrow \left\{
\begin{array}{l}
Art\ AdjP\ N \\
Pro \\
NP\ Konj\ NP \\
N \\
\cdot \\
\cdot
\end{array}
\right\}
$$

Kategorialsymbole, die innerhalb einer Ersetzungsregel fakultativ sind, werden in Klammern gesetzt, z. B.:

$$\text{AdjP} \rightarrow (\text{AdjP})\text{Adj}$$

(denn die Adjektivphrase eines Satzes, den ich generiere, kann sehr wohl aus nur einem Adjektiv bestehen, z. B. *Die schwarze Katze schläft* statt *Die dicke friedliche schwarze Katze schläft*).

8.5.2.1.3 Zusätzliche Differenzierungen innerhalb der Ersetzungsregeln

Bei den bisher angegebenen Ersetzungsregeln wurde der Kontext außer acht gelassen; es handelte sich zum größten Teil um *kontextfreie Regeln* = Regeln, die in jedem beliebigen Kontext angewandt werden können. Daneben gibt es aber Regeln, die nur in bestimmten Kontexten gelten, sog. *kontextsensitive Regeln.*

Ein Beispiel: das Symbol *Art* ist je nach Kontext zu ersetzen durch *der* oder *den* oder *dem* usw.

In der Ersetzungsregel muß daher der Kontext mitangegeben sein, und zwar folgendermaßen:

$$\text{Art} \rightarrow \begin{cases} \text{der } /\text{o} - \overset{\frown}{\text{N}} \text{ NOMINATIV} \\[1ex] \text{den } /\text{o} - \overset{\frown}{\text{N}} \text{ AKKUSATIV} \\[1ex] \text{dem/o} - \overset{\frown}{\text{N}} \text{ DATIV} \qquad \text{usw.} \end{cases}$$

Erklärung der einzelnen Symbole:
o = Kontext gleichgültig
NOMINATIV usw.: grammatische Formative werden im allgemeinen in Großbuchstaben notiert
Die erste kontextsensitive Regel in dem Beispiel bedeutet also: Ersetze das Symbol *Art* durch *der* in allen Kontexten von folgender Struktur: Eine oder mehrere beliebige Konstituenten gehen voran (auch eine ›Konstituente null‹ ist möglich), eine Konstituente ›Nomen im Nominativ‹ folgt.

Ein Beispiel für eine kontextfreie Regel wäre etwa NP → Art N. In jedem beliebigen Kontext kann das Symbol NP expandiert werden zu Art $\overset{\frown}{\text{N}}$:

Ein Auto *kommt. Es steht* eine Mühle *im Schwarzwälder Tal.* Die Kinder *suchen* die Ostereier usw.

8.5.2.1.4 Subkategorisierungsregeln, Selektionsbeschränkungen

Nicht jeder syntaktisch korrekte Satz wäre als tatsächliche Äußerung möglich, z. B.

1. * Die Heuschrecke besteht aus Hochhäusern.
2. * Seine Sensibilität jodelt.
3. * Die Gäste wurden asphaltiert.
4. * Der Lehrer frißt Hasen.
5. * Ein Problem häkelt Bratwürste.

Die Sinnlosigkeit der Sätze 1 bis 5 beruht auf der semantischen Inkompatibilität (= Unverträglichkeit) zwischen einzelnen ihrer Konstituenten. Es bestehen nämlich *Selektionsbeschränkungen* zwischen NP_{Nom} und VP, die z. B. in Satz 1 bis 5 verletzt wurden, und zwischen V und NP_{Akk}, gegen die Satz 5 zusätzlich verstößt. Auch zwischen anderen Konstituenten von Ersetzungsregeln gibt es Selektionsbeschränkungen.

Das Lexikon in der gTG wird, wie wir wissen, als Notierung der Formative in Merkmalkomplexen dargestellt. Beim Erzeugen von Sätzen können die lexikalischen Formative nur so gewählt werden, daß sich ihre Merkmalkomplexe miteinander vertragen. In Satz 4 z. B. wurde verstoßen gegen eine Selektionsbeschränkung, die in der Merkmalmatrix des Verbs *fressen* notiert ist, nämlich daß das Nomen in der zugehörigen NP_{Nom} das Merkmal *-menschlich* haben muß. Der kompetente Sprecher hat demnach nicht nur die Fähigkeit, syntaktisch korrekte Satzstrukturen zu erzeugen, auf die sich Chomsky im frühesten Entwurf seiner generativen Transformationsgrammatik (1957) weitgehend beschränkte. Da sich im Output eines solchen um die lexikalischen Regularitäten verkürzten Spracherzeugungsmodells noch durchaus Sätze wie die obigen befinden können (Chomsky zitiert als engl. Beispiel ·*Green ideas sleep furiously*), wurden in der späteren Version der gTG (1965) *Subkategorisierungsregeln* mitaufgenommen, die die Lexikonkategorien N, V, Adj usw. weiter spezifizieren in »belebte Nomina«, »abstrakte Nomina« usw., und darauf aufbauend eben die Selektionsbeschränkungen.[35]

(In der gTG gibt es auch Regeln für syntaktische Selektionsbeschränkungen, auf die aber zugunsten äußerster Vereinfachung in unserer Darstellung nicht eingegangen werden soll.)

Ähnlich wie die strukturalistische Sprachtheorie durchlief auch die gTG zuerst ein asemantisches Stadium, ein Stadium der ›*Signifiant*-Lastigkeit‹, in dem das wissenschaftliche Interesse seinen Schwerpunkt auf der Ausdrucksseite der Sprache hatte, dort von den kleinsten Elementen der Ausdrucksseite, den Phonemen, ausgehend und zu größeren weiterschreitend, hier die größere Einheit syntaktische Struktur in den Mittelpunkt stellend. Erst eine darauffolgende Erweiterung hat in beiden Fällen auch den *Signifié*, die Inhaltsseite der Sprache, als *conditio sine qua non* der Ausdrucksseite in die Theorie mit eingebaut.[36]

Aufgabe:

37. Geben Sie die Generierungsprotokolle (in Form von P-Markern) für folgende Sätze an:

a) *Kinder und Narren sagen die Wahrheit.* (Sprichwort)

b) *Die freundliche alte Wirtin heizte dem Studenten das Zimmer.*

8.5.2.2 Der Transformationsteil

Der Basisteil einer TG erzeugt in der oben dargestellten Weise die Tiefenstrukturen von Sätzen, der Transformationsteil wandelt diese Tiefenstrukturen in Oberflächenstrukturen um. Der Transformationsteil faßt die einzelnen Formative des Satzes zu grammatikalisch richtigen Wörtern zusammen und bringt sie in die korrekte Wortstellung.

Die Erzeugung der Tiefenstruktur läßt sich (s. Kap. 8.5.2.1) in einem P-Marker, in Stammbaum- oder anderer Form, festhalten, die Erzeugung der Oberflächenstruktur aus der Tiefenstruktur in einem *T-Marker (= Transformationsmarker).* Der T-Marker gibt die Reihenfolge der Formative im Oberflächenstruktursatz an; die Verknüpfung wird hier im allgemeinen durch einen Bindestrich symbolisiert. Das Ersetzungszeichen ist gewöhnlich ein Pfeil mit doppeltem Schaft: =>. Man unterscheidet Transformationen einerseits nach der syntaktischen Funktion der erzeugten Konstruktionen: Passivtransformation T_P, Relativsatztransformation T_R, Inversionstransformation T_I usw. Andererseits sind nach formalen Kriterien folgende Transformationsoperationen zu unterscheiden:

1. Substitution T_s (ein oder mehrere Elemente werden durch ein oder mehrere andere ersetzt)

2. Permutation T_p (Elemente werden in ihrer Reihenfolge umgestellt)

3. Deletion, Tilgung, T_t (ein oder mehrere Elemente werden getilgt)

4. Addition T_a (ein oder mehrere Elemente werden hinzugefügt).

Beispiele:[37]

1. Substitution:

Die Tiefenstruktur lautet z. B.

die – Kinder – lärmen – wenn – die – Kinder – spielen
[1 – 2 – 3 – 4 – 5 – 6 – 7 –]
=> [1 – 2 – 3 – 4 – sie – 7]

Oberflächenstruktur: *Die Kinder lärmen, wenn sie spielen.* Meist wird bei Personalpronomina die Referenz hinzugefügt, d. h. hier: die Angabe, daß sich *sie* auf den in der NP *die Kinder* benannten Umweltreferenten bezieht: Man schreibt: wenn Ref. [2] = Ref. [6].

2. Permutation:

Permutationstransformationen sind vor allem wichtig, weil sie die Erzeugung von Sätzen mit diskontinuierlichen Konstituenten erklären, denen die IC-Analyse nicht gewachsen war (s. Kap. 8.5). Dies ist letztlich deswegen möglich, weil die TG in ihren Transformationen nicht nur jeweils benachbarte Konstituenten erfaßt, sondern ganze Ketten von Symbolen in andere überführen kann, z. B.

Tiefenstruktur:

der – Briefträger – ab – gab – das – Paket
[1 – 2 – 3 – 4 – 5 – 6]
=> [1 – 2 – 4 – 5 – 6 – 3]

Oberflächenstruktur: *Der Briefträger gab das Paket ab.*

3. Tilgung:

Tiefenstruktur:

die Kinder lärmen und die Kinder lachen
[1 – 2 – 3 – 4 – 5 – 6 – 7]
=> [1 – 2 – 3 – 4 – 7], wenn Ref. [2] = Ref. [6].

Oberflächenstruktur: *Die Kinder lärmen und lachen.*

Der P-Marker dieses Beispielsatzes

1. S → $\widehat{S \ (Konj \ S)}$

2. S → $\widehat{NP \ VP}$

3. NP → $\widehat{Art \ N}$

4. VP → $\widehat{V \ (NP)}$

(Rekursivität von S)

zeigt, daß Rekursivität beim Erzeugen der Tiefenstruktur und nachfolgende Tilgungstransformation häufig zusammenarbeiten.

4. Addition:

Sie spielte zunächst vor allem eine Rolle für die Erzeugung von Passivtransformationen (T_p). Nach der früheren Version der TG generierte nämlich die

Tiefenstruktur nur Aktivsätze, die durch Transformationen in Passivsätze der Oberflächenstruktur transformiert wurden. Diese Transformationen sind den formalen Kriterien nach 1. Permutationstransformationen und außerdem 2. Additionstransformationen, denn es wird ein Element, das Hilfsverb, hinzugefügt (dt. *werden*, engl. *to be*, frz. *être*).

Nach der neueren Fassung der gTG generiert jedoch bereits die Tiefenstruktur die verschiedenen Satztypen (also nicht etwa nur Aktivsätze!), und zwar mit Hilfe einer Satztypenkonstituenten *Const*, die ›Affirmation‹, ›Interrogation‹, ›Imperativ‹, ›Negation‹, ›Passiv‹, ›Emphase‹ lauten kann.

Noch vor Anwendung der Ersetzungsregel S → NP⌢VP gehen also als allererste voraus

$$\Sigma \rightarrow \text{Const} \frown \text{S}$$

$$\text{Const} \rightarrow \begin{Bmatrix} \text{Affir} \\ \text{Inter} \\ \text{Imp} \end{Bmatrix} + (\text{Neg}) + (\text{Emph}) + (\text{Passiv})^{[38]}$$

8.6 Zusammenfassung

Als erstes muß ausdrücklich betont werden, daß die generative Transformationsgrammatik hier in rigorosester Vereinfachung und Vergröberung dargestellt wurde. Eine solche Verkürzung ist im gegebenen Rahmen nur zu verantworten, wenn dem Leser dringend empfohlen wird, sich in Fällen, wo er genauere Information über die TG benötigt, an spezielle Literatur aus diesem Gebiet zu wenden.[39] In unserem Zusammenhang ging es nicht um eine detaillierte Darstellung der TG – zumal ihre Verwertbarkeit umstritten und im didaktischen Bereich (Fremdsprachenunterricht) von Chomsky ausdrücklich gar nicht intendiert ist (TG als wissenschaftliche, nicht als didaktische Grammatik), sondern um das Aufzeigen zweier verschiedener möglicher Ansätze, Sprache in ihrem Funktionieren zu erklären.[40] Die strukturalistische Beschreibungsgrammatik, die über die *parole*-Analyse eine Strukturbeschreibung der *langue* versucht, hat, ausgehend von der Ebene der Syntax, in der generativen Transformationsgrammatik (bzw. generell in jeder Art von Erzeugungsgrammatik) eine Alternative gefunden.

Diese beiden verschiedenen Sprachtheorien stehen genetisch zwar nicht unverbunden nebeneinander, doch Ausgangsbasis, Zielsetzung und Richtung ihrer Beschäftigung mit Sprache sind einander so konträr, daß man versucht sein könnte, zu ihrer Charakterisierung in vergröbernder Schematisierung Dichotomien vorzuschlagen wie

Strukturalismus	*gTG*
– beschreibend	– erzeugend
– statisch (endliches Corpus), Sprache als érgon	– dynamisch, Sprache als *enérgeia* (Neues schaffende Kreativität)
– von der *parole* realer Sprecher (Informanten) ausgehend	– von der *langue* (= Kompetenz) des idealen Sprechers ausgehend
– empirisch	– mentalistisch
– Orientierung an den Naturwissenschaften	– Orientierung am philosophischen Rationalismus.[41]
– Orientierung am Positivismus	– Orientierung an mathematischen und automatentheoretischen Modellen.

9 Semantik

9.1 Untersuchungsgegenstand der Semantik

Die (linguistische) Semantik[1] untersucht die Bedeutung sprachlicher Zeichen und Zeichenfolgen. Das Wesen eines Zeichens als untrennbarer Einheit von Ausdrucks- und Inhaltsseite (wobei, je nach dem Zeichenmodell, das man zugrunde legt, noch verschiedene andere Konstituenten in das Zeichen mit einbezogen sein können, s. Kap. 3) ist zunächst wenig problematisch; vergleichsweise wenig problematisch ist auch die Struktur der Ausdrucksseite, deren Beschreibung der klassische Strukturalismus zuerst geleistet hat (Phonologie, Morphologie). Freilich mußte er für die Klassifizierung der jeweils erhaltenen Segmente bereits auf die Inhaltsseite rekurrieren; das Klassifikationskriterium bestand ja in der Möglichkeit/Unmöglichkeit, durch Austausch zweier Segmente gegeneinander die Bedeutung der jeweiligen Zeichenkette zu verändern.

9.1.1 ›Meaning-Feindlichkeit‹ des amerikanischen Strukturalismus

Die Beschäftigung mit der Inhaltsseite selbst wurde als problematischer empfunden. Entsprechend dem Stimulus-Response-Modell sprachlicher Kommunikation definiert Bloomfield die Bedeutung einer sprachlichen Form als die Situation, in welcher der Sprecher sie ausspricht, und die Reaktion, die im Hörer durch sie hervorgerufen wird. Bedeutung ist für Bloomfield nicht linguistisch beschreibbar, sondern nur in Verbindung mit (allen) anderen Wissenschaften. Das wäre durchführbar in Fällen wie *Salz* (definierbar als Natriumchlorid) oder beispielsweise bei Pflanzen- und Tiernamen, würde aber problematisch bei Wörtern wie *Liebe* und *Haß* und sämtlichen Begriffen, die nicht exakt klassifiziert sind. Konsequenterweise bemüht sich der amerikanische Strukturalismus, vor allem Bloomfields Schüler, Bedeutung aus seiner Beschreibung eines Sprachsystems ganz auszuklammern, ja ihre Nichteinbeziehung überhaupt zur Bedingung der Wissenschaftlichkeit einer Sprachbeschreibung zu machen, was gelegentlich mit dem Schlagwort ›*Meaning*-Feindlichkeit‹ etikettiert wird. Wissenschaftlich – das bedeutet für die Bloomfieldsche Schule in der Nachfolge des

Behaviorismus: nichts als das Verhalten ›von außen‹ beschreibend, empirisch verifizierbar, intersubjektiv nachvollziehbar, antimentalistisch. Entsprechend dem Stimulus-Response-Modell sprachlicher Kommunikation[2] definiert Bloomfield die Bedeutung einer sprachlichen Form als die Situation, in welcher der Sprecher sie ausspricht, und die Reaktion, die im Hörer durch sie hervorgerufen wird.

9.1.2 Bedeutung – Bezeichnung; de Saussures ›valeur‹ – ›signification‹

Wenn wir sagen, das sprachliche Zeichen diene zur Bezeichnung eines Außersprachlichen (auch *Referent* genannt), und: es habe Bedeutung, so sind die beiden Termini nicht austauschbar.

Ein Beispiel möge auf den Unterschied zwischen ihnen hinführen (Beispiel von G. Frege): Die beiden Ausdrücke *Morgenstern* und *Abendstern* haben verschiedene Bedeutung, aber gleiche Bezeichnung: Beide bezeichnen den Planeten Venus. Ein anderes klassisches Beispiel (von E. Husserl): *Der Sieger von Jena* und *der Besiegte von Waterloo* haben durchaus verschiedene Bedeutung, aber sie bezeichnen beide denselben Umweltreferenten, Napoleon I.[3]

»Bedeutung läßt sich im Hinblick auf die Sprache-Welt-Relation umschreiben als im Sprachsystem gegebene Möglichkeit der Bezeichnung von Umweltreferenten und als Möglichkeit des Gebrauchs von Wörtern in Sprechakten.«[4] Bedeutung kann auch definiert werden als der »einzelsprachlich gegebene Inhalt eines Zeichens oder einer Fügung«, die Bezeichnung dagegen als »der Bezug auf einen außersprachlichen Gegenstand oder Sachverhalt«[5]. Schematisch dargestellt:[6]

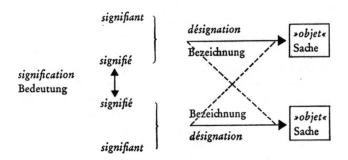

172

In gewissen Fachsprachen und in künstlichen Codierungssystemen, z. B. in der Chemie, die auf natürlichen Sprachen basieren, fallen Bedeutung und Bezeichnung zusammen, darauf beruht ihre Präzision und weiterhin ihre Übersetzbarkeit.

In dem obigen Schema von Coseriu wird u. a. verdeutlicht, daß die Beziehungen zwischen den Bedeutungen innerhalb eines Sprachsystems strukturierbar sind: Die Bedeutung eines sprachlichen Zeichens wird bestimmt davon, welche anderen Bedeutungen das System für den betreffenden *parole*-Akt noch zur Auswahl stellt.

Beim Syntagma *der Sieger von Jena* (s. o.) liegt die Bedeutung gerade in der Opposition zu anderen für die Bezeichnung des gleichen Umweltreferenten ebenfalls möglichen Syntagmen, z. B. *der Besiegte von Waterloo, der ehrgeizige Korse* u. a. Dagegen sind Bezeichnungen (nach Coseriu) nicht strukturierbar; sie verweisen auf Gegenstände, sind gegenständlich, während Bedeutungen begrifflich sind.[7]

Wie die Bedeutung ein Beziehungsbegriff ist, sich bestimmen läßt als Beziehungen auf der Inhaltsebene, so auch de Saussures Begriff der *valeur*[8], der im Gegensatz zu dem Begriff der *signification* steht. (Hier ist vor terminologischer Verwechslung mit dem Vorhergehenden zu warnen: de Saussures *signification* entspricht der *Bezeichnung*, de Saussures *valeur* der *Bedeutung*. Deshalb wird im folgenden der Terminus *signification* unübersetzt beibehalten.) Innerhalb eines sprachlichen Zeichens ist einem Lautbild (*image acoustique*) ein Begriff (*concept*) zugeordnet, aber zugleich steht auch dieses Zeichen in Beziehung zu den anderen Zeichen des betreffenden Sprachsystems.

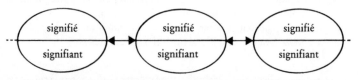

Wert (*valeur*) – nicht nur eines sprachlichen Zeichens – hat nach de Saussure zwei Voraussetzungen:

– Es muß ein Gegenstand vorhanden sein, der anders ist als der, dessen Wert ich bestimmen will, und gegen den mein Gegenstand eingetauscht werden kann (»... *une chose dissemblable susceptible d'être échangée contre celle dont la valeur est à déterminer*«).

– Es müssen ähnlich geartete Gegenstände vorhanden sein, die sich mit meinem Gegenstand vergleichen lassen (»... *des choses similaires qu'on peut comparer avec celle dont la valeur est en cause*«).

De Saussure illustriert diese beiden Determinanten eines Wertes mit dem Beispiel eines Fünf-Franc-Stückes:

Man kann es gegen etwas aus einer anderen Klasse eintauschen, z. B. gegen Brot, und kann es weiter identifizieren durch Vergleich mit anderen Elementen der gleichen Klasse, z. B. mit einem Ein-Franc-Stück oder mit einem Dollar.

Das Fünf-Franc-Stück steht für die Ausdrucksseite eines Zeichens; ich kann sie ›eintauschen gegen‹ die zugehörige Inhaltsseite (d. h., habe ich die Ausdrucksseite, so verfüge ich auch über die Inhaltsseite), *und* ich kann sie genauer identifizieren, indem ich sie von anderen in dem Sprachsystem vorhandenen Einheiten als Ausdrucks- und Inhaltsseite (= Zeichen) abgrenze.

De Saussure fügt ein sprachliches Beispiel an: frz. *mouton* kann die gleiche *signification* haben wie engl. *sheep,* aber nicht den gleichen Wert. *mouton* wie *sheep* verweisen auf den gleichen Umweltreferenten, aber der Wert ist dadurch bestimmt, daß engl. *sheep* noch *mutton* (zur Bezeichnung des zum Verzehr bestimmten Fleisches des Tieres) neben sich hat, frz. *mouton* aber nicht durch ein entsprechendes Zeichen eingegrenzt wird.

» La valeur de n'importe quel terme est déterminée par ce qui l'entoure « :[9a] Auch hier ist wieder eines der Grundelemente von de Saussures ›Cours‹ mit anderen Worten ausgedrückt: Jedes Element des Sprachsystems läßt sich nur negativ beschreiben als das, was alle anderen nicht sind. Das gilt nicht nur für den Wortschatz einer Sprache, sondern auch für die Ebene der Morphosyntax.[9b]

Häufig angeführtes Beispiel: Der Wert des dt. Präteritum ist ein anderer als der des frz. Imparfait, da dem letzteren im frz. System das Passé simple an der Seite steht. Oder: Der Plural im Frz., Engl., Dt. u. a. hat, trotz gleicher *signification,* nicht den gleichen Wert wie der Plural im Sanskrit, da das Sanskrit neben Singular und Plural noch einen Dual besitzt.

Das strukturalistische Grundkonzept vom Gefügecharakter jeder Sprache, der Abhängigkeit des einzelnen Elements vom Gesamtsystem, ist auf der Ebene der Phoneme mittels Oppositionsbeispielen leicht nachweisbar. Wie nun ein Phonem innerhalb des Phoneminventars einer Sprache charakterisiert wird als das, was die anderen nicht sind – und das ist dann seine *valeur* – so gilt auch für die Inhaltsseite und auch für das Zeichen als ganzes dieselbe negative Definition. Die *signification* ist zwar nicht strukturierbar, denn sie bleibt nicht innerhalb des Rahmens des Sprachsystems, sondern weist jeweils auf Außersprachliches; aber die *valeur* eines Zeichens ist jeweils innerhalb des Systems umrissen durch die *valeurs* anderer Zeichen dieses Systems.[10]

Aufgaben:

38. Was versteht de Saussure unter *signification*, was unter *valeur*?
39. Versuchen Sie, die Begriffe *signification* und *valeur* in Beziehung zur Sapir-Whorf-Hypothese zu setzen (s. Kap. 2.2).

9.1.3 Denotation – Konnotation

Wie das Begriffspaar Bezeichnung – Bedeutung unterscheidet auch das Begriffspaar Denotation – Konnotation verschiedene Komponenten der Inhaltsseite sprachlicher Zeichen.

Denotation ist der »begriffliche Inhalt eines Zeichens im Unterschied zu Nebenbedeutungen (z. B. Emotion, Wirkung)«[11], denotativ bedeutet »nur den begrifflichen Inhalt des sprachlichen Zeichens betreffend, ohne Berücksichtigung von (z. B. emotionaler) Nebenbedeutung und inhaltlichen Nuancen, die das Zeichen als Begleitvorstellungen beim Sprecher/Hörer wachruft«[12].

Konnotation ist der Wortinhalt »neben dem rein begrifflichen Inhalt«[13], das Gesamt emotionaler Begleitvorstellungen, die durch ein Wort hervorgerufen werden.

Beispiel: Krebs ist nicht nur ein medizinischer Terminus für eine Krankheit mit bestimmten objektiv feststellbaren Symptomen *(Denotat)*, sondern zugleich für viele ein Schreckenswort, das Komponenten wie ›plötzlich ausbrechend‹, ›meist unheilbar‹, ›qualvoll‹, ›meist tödlich ausgehend‹ beinhaltet *(Konnotat).*[14]

Konnotativ bedeutet im Gegensatz zu denotativ »nicht den begrifflichen Inhalt (Bedeutungskern, Bezeichnung eines bloßen Sachverhaltes), sondern die im sprachlichen Zeichen mitenthaltenen inhaltlichen Nebenkomponenten, Bedeutungsnuancen betreffend«[15].

Z. B. beziehen sich *Frühjahr* und *Frühling* und *Lenz* auf das gleiche Denotat ›erste der vier Jahreszeiten‹, doch die Konnotationen zeigen Unterschiede: *Frühjahr* ist sachliche Angabe eines Zeitabschnitts innerhalb des Jahresablaufs, »nüchterne Sachbezeichnung« (Ulrich); *Frühling,* und noch stärker *Lenz,* lassen die Emotionen der Freude, Erwartung, Hoffnung usw. angesichts des jedes Jahr wiedererwachenden Lebens in der Natur mitschwingen – nicht von ungefähr sprechen wir von *Frühlingsgefühlen* und vom *Lenz des Lebens,* nicht von *Frühjahrsgefühlen* und vom *Frühjahr des Lebens.*

Wie die Beispiele zeigen, handelt es sich bei den Konnotationen eines sprachlichen Zeichens nicht etwa um rein subjektive, individuelle ›Zutaten‹ zur systemverankerten Denotation, wie es die Assoziationen sind, sondern auch die Konnotationen sind konventionell festgelegt, also überindividuell (wenn auch nicht so generell wie die Denotationen). Die Trennung zwischen Denotation und Konnotation und vor allem zwischen Konnotation und Assoziation ist noch nicht ganz befriedigend vollzogen. Aber während das Denotat eines sprachlichen Zeichens der unabdingbare Inhaltskern ist, der in allen denkbaren Situationen und Kontexten seiner Verwendung vorliegt, sind die Konnotationen nicht für alle Kontexte und Situationen gültig. Daraus resultieren verschiedene *Kontextbedeutungen* eines sprachlichen Zeichens:

Z. B. läßt sich für das Wort *Wasser* in den drei folgenden Äußerungen jeweils das gleiche Denotat feststellen, aber nicht die gleichen Konnotate:
– »Wir waren den ganzen Tag im Wasser oder lagen in der Sonne.«
– »Das Wasser hatte die gesamte Ernte vernichtet.«
– »Ich muß den Rosen frisches Wasser geben.«

9.2 Historische Semantik

Die Fragestellung der vorstrukturalistischen Sprachwissenschaft war vorwiegend historisch, diachronisch. Für die Semantik heißt das, daß sie als Bedeutungslehre weitgehend identisch mit einer Bedeutungswandlungslehre war. Diese äußerte sich vor allem als *Etymologie*, d. h. als Erforschung der Wortgeschichte je einzelner Wörter, ihres Ursprungswortes = Etymons (*Etymon*, Plural *Etyma:* griech. *to etymon* = das Wahre) und der Bedingungen ihres Laut- und Bedeutungswandels. Für die Sprachwissenschaft in den romanischen Sprachen gingen diese Forschungen im allgemeinen zurück bis zum Lateinischen.

Z. B. ist das Etymon von frz. *nuit* klass.lat. *noctem,* das Etymon von frz. *cheval* vulgärlat. *caballum* (statt klass.lat. *equus*); für das Deutsche und das Englische führt die etymologische Fragestellung zurück in das nicht durch Zeugnisse belegte sog. Urgermanische.

An etymologischen Wörterbüchern sind u. a. zu nennen:
– Für das Deutsche: Kluge, F: Etymologisches Wörterbuch der deutschen Sprache. 20. Auflage bearbeitet von Walther Mitzka. Berlin: de Gruyter & Co., [20]1967;
und: Der Große Duden, Band 7: Herkunftswörterbuch. Die

Etymologie der deutschen Sprache. Mannheim/Wien/Zürich: Bibliographisches Institut, 1963.
– Für das Französische: Bloch, O./Wartburg, W. v.: Dictionnaire étymologique de la langue française, Paris: Presses Universitaires de France, [1]1932 ... [5]1968;
und: Wartburg, W. v.: Französisches etymologisches Wörterbuch (abgekürzt: FEW). Bonn/Leipzig/Tübingen/Basel, 1922 ff.
Bloch/Wartburg geht vom Neufranzösischen aus, das FEW von den lateinischen, germanischen usw. Etyma. Um im FEW die Geschichte eines Wortes nachlesen zu können, ist das Etymon ggf. zuerst in Bloch/Wartburg nachzuschlagen.
– Für das Englische: Skeat, W. W.: An Etymological Dictionary of the English Language. Oxford: Clarendon Press, [1]1884 ... 1963; und: Skeat, W. W.: A Concise Etymological Dictionary of the English Language. Oxford: Clarendon Press, [1]1882, Corr. Impr. 1961; und: Weekley, E.: An Etymological Dictionary of Modern English. London: Murray, 1921.

Aufgabe:

40. Geben Sie mit Hilfe der oben angegebenen Wörterbücher die Etyma und die Bedeutungsgeschichte der folgenden Wörter an:
1. dt.: a) *Hemd,* b) *Kalauer,* c) *ordnen,* d) *Sack,* e) *siedeln;*
2. frz.: a) *aller,* b) *danger,* c) *dîner,* d) *engin,* e) *honte,* f) *poison,* g) *travail;*
3. engl.: a) *engine* (vgl. mit frz. *engin!*), b) *fancy* (Substantiv), c) *meadow,* d) *poison* (vgl. mit frz. *poison!*), e) *story,* f) *woman.*

9.3 Verschiedene Ansätze struktureller Semantiken

Die strukturalistische Sprachwissenschaft beschäftigte sich zunächst mit der Ausdrucksseite (der *signifiant*-Seite) der Sprache, die sie als zweifach gegliedert charakterisiert. Die Annahme, daß auch die Inhalts-*(signifié-)*seite strukturiert sei, liegt als formale Gemeinsamkeit verschiedenen Semantiktheorien zugrunde. Sie gehen davon aus, daß der Wortschatz einer *langue,* genauer gesagt: ihr gesamter *signifié*-Bestand, in sich strukturiert ist und nicht aus voneinander unabhängigen Einzelinhalten besteht (ansatzweise de Saussure; die Vertreter der Wortfeld-Theorie), oder davon, daß zunächst der einzelne *signifié* in sich strukturiert ist, also in kleinere Einheiten analysiert werden kann (z. B. Hjelmslev, Leisi), und daß daraus folgend auch das gesamte *signifié*-Repertoire einer *langue* strukturiert ist (z. B. Pottier, Greimas, Coseriu).

9.3.1 Von Strukturiertheit des gesamten signifié-Bestandes ausgehend

9.3.1.1 De Saussures ›rapports associatifs‹[16]

Für die Ausdehnung des Strukturiertheitsprinzips von der Ausdrucksseite auf das gesamte sprachliche Zeichen hat de Saussure zwei Ansätze beschrieben, die stichwortartig als *signification vs. valeur* (s. 9.1.2) und als *rapports associatifs* gekennzeichnet werden können.

De Saussure sieht jedes Wort als Mittelpunkt eines Netzes von Assoziationen an; wenn wir ein Wort verwenden oder aufnehmen, klingen ohne unser Zutun andere Wörter mit an, die mit dem betreffenden Wort Ähnlichkeit haben, und zwar auf drei verschiedene Weisen, wie de Saussure es für das Beispielwort ›enseignement‹ darstellt:[17]

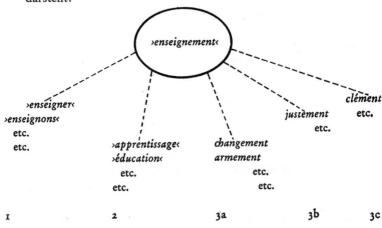

(Numerierung der einzelnen Assoziationsstränge von der Verfasserin)

Strang 1 umfaßt Wörter mit sowohl lautlicher wie inhaltlicher Ähnlichkeit, die man also als lexemidentisch bezeichnen kann. (Sie bilden eine sog. *Wortfamilie.*) Strang 2 umfaßt Wörter mit nur inhaltlicher Ähnlichkeit, die zu dem Ausgangswort in paradigmatischer Beziehung stehen, also in einem Kontext für es substituierbar sind. Es ist ein Strang von (Quasi-)Synonymen.[18] Strang 3a umfaßt hier Wörter mit gleichem Suffix, allgemeiner gesagt: mit gleichem Ableitungsaffix (Beispiel für Präfix etwa dt. *miß-: mißtrauen, mißverstehen, Mißmut;* frz. *mé-: méconnaître, mégarde, mésalliance;* engl. *mis-: mislead, misunderstand, mistake*). Man könnte sie als morphemidentisch bezeichnen, muß aber bedenken, daß dieser Assoziationsstrang nur wirksam wird bei Ausgangswörtern, die selbst ein Ableitungsaffix enthalten. Strang 3b umfaßt Wörter mit gleichlautendem, aber nicht inhaltlich gleichem Affix, *-ment$_1$* und *-ment$_2$* sind homonyme Morphe, ihre Funktion ist nicht gleich (*-ment$_1$*: Substantivbildung aus Verbstämmen; *-ment$_2$*: Adverbbildung aus Adjektiven). Strang 3c schließlich umfaßt Wörter, die eine teilweise lautliche Ähnlichkeit mit dem Ausgangswort haben, sog. *Paronyme*[19] von ihm sind.

De Saussures *rapports associatifs* sind ein Ansatz zur Strukturierung auch des Lexikons einer Sprache, gegen den jedoch von der strukturellen Semantik Einwände erhoben werden, insbesondere:[20]
1. Die Assoziationen sind in ihrem Umfang nicht kontrollierbar, zumindest hinsichtlich 3b und 3c, da stets neue Verkettungsmöglichkeiten die Liste noch weiter fortführen können.
2. Die Assoziationen widersetzen sich auch deswegen der Strukturierung, weil sie weitgehend individuell bedingt sind.
3. Die Assoziationen sind nicht in allen Fällen sprachlich begründet, sondern z.T. durch die außersprachliche Wirklichkeit, durch die Kopräsenz der Gegenstände, die in der Realität gemeinhin zusammen auftreten, bedingt.

9.3.1.2 Die Wortfeld-Theorie

In 9.3.1.1 ist uns am Beispielwort ›*enseignement*‹ als einer der drei Assoziationsstränge, in die für de Saussure jedes sprachliche Zeichen eingebunden ist, der der inhaltlich verwandten Wörter ›*apprentissage*‹, ›*éducation*‹ etc. begegnet. Ein solcher Teilausschnitt des Wortschatzes einer Sprache, der inhaltsverwandte Wörter (im allgemeinen einschließlich ihrer Antonyme[21]) ein und derselben Wortart umfaßt (z.B. ausschließlich Substantive oder ausschließlich Verben usw.), wird als *Wortfeld* bezeichnet.[22] Die Wortfeld-Theorie hat ihre erste ausführliche Darstellung erfahren durch J. Trier[23] und ist vor allem mit dem Namen L. Weisgerbers und mit der deutschen sprachwissenschaftlichen Richtung der inhaltsbezogenen Sprachbetrachtung verbunden. Als französische Vertreter wären G. Matoré[24] und P. Guiraud[25] zu nennen.

Die Wortfeld-Theorie geht davon aus, daß innerhalb des Gesamtwortschatzes einer Sprache Teilmengen von Zeichen vorhanden sind, die inhaltliche Gemeinsamkeiten aufweisen (vgl. ein Beispiel von de Saussure:[26] ›*craindre*‹, ›*avoir peur*‹, ›*redouter*‹). Im einführenden Kapitel seines für diese Theorie grundlegenden Werkes führt Trier in verschiedenen Metaphern aus, wie die Sprache einen ›Begriffsblock‹ gliedert: »Die das Wortfeld, den Wortmantel, die Wortdecke mosaikartig zusammensetzenden Einzelworte legen – im Sinne ihrer Zahl und Lagerung – Grenzen in den Begriffsblock hinein und teilen ihn auf.«[27] Ein solcher »inhaltlich zusammengehöriger Teilausschnitt des Wortschatzes«[28] ist wie ein Flickenteppich, ist wie Allerleirauhs Mantel, wie ein Mosaik aus verschieden großen, durch verschieden verlaufende Konturen abgegrenzten Einzelstückchen zusammengefügt. Vom »lückenlosen Zeichenmantel«[29] ist die Rede – wobei aber, ungeachtet der suggestiven Bilder, gerade die Lückenlosigkeit des Wortfeldes bzw. das bündige Anschließen eines Mosaiksteinchens an die anderen von Weisgerber später in Abrede gestellt wurde. Vielmehr ist an ein gegenseitiges Überlappen der »Feldnachbarn« (andererseits an gelegentliche Lücken) zu denken, z.B. in einem Wortfeld der ›näheren zwischenmenschlichen Beziehungen‹ folgendermaßen vorstellbar:

f' und f": benachbarte Felder
(etwa ›Verwandtschaft‹ oder ›Berufsgemeinschaft‹ oder dgl.)

Wir wollen in diesem Zusammenhang von weiteren Problemen des Wortfeld-Begriffs, etwa von dem der Feldgrenzen, absehen und nur festhalten, daß es für die Wortfeld-Theorie keine unabhängigen sprachlichen Einzelzeichen gibt: »Außerhalb eines Feldganzen kann es ein Bedeuten überhaupt nicht geben«[30]; will ich ein Wort verstehen, so muß ich das Wortfeld als Ganzes präsent haben (assoziativ, vgl. de Saussure, s. 9.3.1.1), denn erst aus ihm kann ich die Bedeutung des Einzelwortes ergliedern.

Ein weiterer Aspekt der Wortfeld-Theorie äußert sich in dem Bild vom ›Netz Sprache‹, das ich über die Wirklichkeit werfe, um sie »gliedernd zu fangen«: Indem ich einen Bereich der außersprachlichen Wirklichkeit sprachlich gliedere, erschließe ich ihn meiner

Kognition. Die Nähe zu Humboldts Sprachauffassung (vgl. Kap. 2.2: die Sapir-Whorf-Hypothese) ist hier deutlich.

Der Feldgedanke ist nicht auf die synchronische Sprachbetrachtung beschränkt: Die diachronische Frage nach dem Wie des Sprachwandels findet hier die Antwort, daß es keine Schicksale von Einzelwörtern gibt, sondern daß Sprachwandel zu verstehen ist als Feldgliederungswandel (vgl. 9.3.2.4).

9.3.1.3 Syntagmatische Beziehungen im Wortschatz einer Sprache (Coserius Begriff der ›Norm‹)

Die im vorhergehenden Kapitel dargestellten Wortfelder lassen sich als paradigmatische Strukturen innerhalb des Wortschatzes einer Sprache verstehen; die Feldglieder sind in Äußerungen gegenseitig substituierbar, ohne daß die betreffenden Äußerungen ihre Grammatizität einbüßten, z. B.:

Ich würde nur von Freunden Geld leihen.
Kollegen
Bekannten
......
.....

Nun ist aber der Wortschatz einer Sprache nicht nur durch eine paradigmatische Achse strukturiert, sondern auch durch eine syntagmatische. Das soll heißen:

– paradigmatisch: Für einen bestimmten Kontext, für eine bestimmte Stelle einer Äußerung, kann ich wählen, was für ein Zeichen ich einsetzen möchte, aber ich habe als Auswahlmöglichkeit nur die Zeichen der gleichen Klasse, d. h. Zeichen mit der gleichen syntaktischen Funktion, zur Verfügung. Ich muß also eine morphosyntaktische Restriktion berücksichtigen, z. B.:

2. *Il a fait des voyages.*
   études
   efforts
   ......
   ......

– syntagmatisch: Ich habe nicht die Wahl unter sämtlichen Wörtern oder Syntagmen der gleichen syntaktischen Funktion, sondern muß außer der morphosyntaktischen Restriktion noch eine lexikalische beachten, z. B.

2'. *Il a fait des voyages.*
   études
   efforts
   progrès
   aber: * *suicide*

3. *Elle est bonne pour les pauvres, aux méchants, envers tous. Il est fort en géographie, aux cartes.*[31]

Es gibt Adjektive, die die Präposition je nach dem hinzutretenden substantivischen Objekt wechseln.

Äußerungen wie * *faire suicide* (statt richtig: *commettre suicide*) oder * *fort à la géographie* (statt richtig: *fort en géographie, en mathématique* etc.) verstoßen zwar in nichts gegen die Regeln der *langue*, sind aber dennoch in der betr. Sprache nicht üblich, denn sie verstoßen gegen die *Norm*.

Die Norm wurde von Coseriu eingeführt als ein Zwischenbereich zwischen *langue* und *parole*.[32] Sie ist nicht durch Oppositionsbeziehungen strukturiert wie die *langue*, aber sie ist die Summe dessen, was in einer Sprache üblich geworden ist hinsichtlich Verträglichkeiten/Unverträglichkeiten in der Kombination sprachlicher Zeichen auf der syntagmatischen Achse. Solche üblich gewordenen Syntagmen nennt man *Kollokationen*[33] oder mit Coseriu *lexikalische Solidaritäten*[34] (vgl. auch Kap. 8.5.2.1.4: Selektionsbeschränkungen).

Für das Erlernen einer Fremdsprache ist das Beherrschen der üblichen Kollokationen ein wichtiger Faktor. Nützlich hierfür ist jeweils das Erstellen eines Kollokationsfeldes = einer Gruppierung von inhaltsverwandten Kollokationen um ein bestimmtes Wort herum.

Beispiel: Kollokationsfeld von *voyage*:

   aller en voyage, partir en voyage, partir pour un voyage, faire un voyage, être en voyage, rentrer de voyage.[35]

Auf die Unzulänglichkeit des Erlernens isolierter ›Vokabeln‹ haben wir auch in anderem Zusammenhang schon hingewiesen (s. Kap. 2.2: Sapir-Whorf-Hypothese); hier geht es vor allem um das Lernziel aktive, idiomatische Beherrschung der Fremdsprache.

Aufgabe:

41. Versuchen Sie ein Kollokationsfeld 1. um das frz. Wort *classe*, 2. um das frz. Wort *manger* zu erstellen!

Benutzen Sie als Hilfsmittel einsprachige Wörterbücher, z. B.:

Littré, É.: Dictionnaire de la langue française. Abrégé par Beaujean, E. Paris: Gallimard/Hachette, 1960 (sog. Petit Littré);

Robert, P.: Dictionnaire alphabétique et analogique de la langue française. Paris: Société du Nouveau Littré, 1967 (sog. Petit Robert).

9.3.2. Von Strukturiertheit des Einzel-signifié und des gesamten signifié-Bestandes ausgehend

9.3.2.1 Komponentielle Semantik

Die Kopenhagener Schule des Strukturalismus unter Hjelmslev strebte eine möglichst weitgehende Formalisierung der Kategorien des de Saussureschen Strukturalismus an. Auf diese spezielle Ausformung, die Glossematik, und auf ihre Terminologie soll hier nicht eingegangen werden, da sie insgesamt bisher keine fruchtbare Weiterführung erfahren haben. Nur auf dem Gebiet der Semantik ging von dort ein wichtiger Anstoß aus, den wir behandeln wollen. Wie die Ausdrucksseite des sprachlichen Zeichens sich in kleinere Einheiten, die Phoneme, zerlegen läßt – Hjelmslev nennt sie Ausdrucks-*figurae* –, so soll die Inhaltsseite ebenfalls in kleinere Einheiten, die Inhalts-*figurae*, Inhaltskomponenten (daher ›komponentielle Semantik‹), zerlegbar sein. Dies fordert Hjelmslevs Hypothese vom Isomorphismus (wörtlich: Formgleichheit) aller sprachlichen Strukturen.

Z. B.[36] ist das sprachliche Zeichen *Auto* semantisch zerlegbar in die Komponenten ›Fahrzeug‹ + ›durch Motor angetrieben‹ + ›mehr als zweirädrig‹ + ›zum Transport von Personen bestimmt‹.

Die Bezeichnung dieser Inhaltskomponenten schwankt zwischen Sem, Semen, Semiem; heute hat sich – neben *semantisches Merkmal*, engl. *semantic marker*, frz. *trait sémantiquement pertinent* – *Sem* durchgesetzt.

Entsprechend dem Vorgehen auf der Phonemebene sollen auch hier kleinste distinktive Einheiten ermittelt werden durch Kommutation. Kommutiert man ein solches Sem gegen ein anderes, so erhält man einen anderen Inhalt.

Z. B. Kommutation des Sems ›vierrädrig‹ gegen ›zweirädrig‹ ergibt *Motorrad*, Kommutation von ›zum Transport von Personen bestimmt‹ gegen ›zum Transport von Waren bestimmt‹ ergibt *Lastwagen* usw.

Eine zweifache Gliederung der Inhaltsseite, wie sie für die Ausdrucksseite nachweisbar ist (kleinste Einheiten, die noch Bedeutung haben = Morpheme; ihrerseits in kleinere Einheiten zerlegbar: in kleinste bedeutungsunterschiedene Einheiten, die selbst nicht Bedeutung haben = Phoneme), läßt sich für die Inhaltsseite nicht isomorph durchführen (– inwiefern sind die Seme wirklich ›*kleinere* Einheiten‹, inwiefern strukturelle ›Letztgrößen‹ der Analyse?).

Bei der Zerlegung des *signifié* in einzelne semantische Merkmale steht zunächst die Strukturiertheit des Einzel-*signifié* im Vordergrund – nicht nur der *signifiant*, auch der *signifié* sei strukturiert –, aber sie impliziert in einem weiteren Schritt zuerst Strukturiertheit von Gruppen von *signifiés* (z. B. ›Auto‹, ›Lastwagen‹, ›Motorrad‹, ›Fahrrad‹, ›Schubkarre‹ usw.) und im weiteren die Strukturiertheit des gesamten Wortschatzes einer Sprache.

Der Begriff des Wortfeldes von Trier und Weisgerber begegnet hier – unabhängig von diesen – strukturalisiert als Gruppe von Wörtern, deren Seme eine gemeinsame Durchschnittsmenge haben (›*Auto*‹, ›*Lastwagen*‹, ›*Motorrad*‹, ... lassen sich ebensogut verstehen als ›Wortfeld der Fahrzeuge‹).

9.3.2.2 Semanalyse (B. Pottier)

B. Pottier hat die Parallele zur Phonologie, die sich in Hjelmslevs Sem als inhaltsseitiger Entsprechung zum Phonem ausdrückte, weiter vervollständigt zu einem begrifflichen Instrumentarium für die Analyse von Wortinhalten.

Die folgenden Definitionen sind von Geckeler[37] übernommen (von mir gekürzt und vereinfacht):

Sem	= *le trait distinctif sémantique minimum*
Semem	= *l'ensemble des traits sémantiques pertinents (ou sèmes) entrant dans la définition de la substance d'un lexème*

Lexem   = *lexikalische Realisierung eines Semems*
Archisemem   = *l'ensemble des traits sémantiques pertinents (ou sèmes)*
Archilexem   = *die lexikalische Realisierung eines Archisemems*

Der semantische Gehalt eines Lexems ist ein *Semem*. Das Semem ist die Gesamtheit der *Seme*. Das Sem ist das kleinste bedeutungsunterscheidende Merkmal (*»trait distinctif minimal de signification«*) und manifestiert sich durch Opposition in einem Teilbereich des Wortschatzes (*»ensemble lexical«*).

Seme und Sememe können nur gewonnen werden, wenn man Teilbereiche des Wortschatzes einer Sprache bearbeitet (*»de petits ensembles lexicaux«*).[38a]

Auch Pottiers »petits ensembles lexicaux« sind nichts anderes als Wortfelder. Für ein solches Wortfeld, das der Sitzgelegenheiten, soll hier exemplarisch Pottiers Semanalyse wiedergegeben werden. Die Inhaltsanalyse von Greimas liegt im wesentlichen auf derselben Linie und bedient sich ebenfalls der unten angeführten Darstellungstechnik der Matrix, doch kann hier der Kürze wegen auf sie nur hingewiesen werden.

Pottier geht aus von den Morphemen *chaise, fauteuil, tabouret, canapé, pouf* und definiert ihren Inhalt durch folgende Seme:

/ ›avec dossier‹/	= s_1	/›pour s'assesoir‹/	= s_4
/›sur pied›/	= s_2	/›avec bras‹/	= s_5
/ ›pour 1 personne‹ /	= s_3	/ ›avec matériau rigide‹ /	= s_6

die für das Wortfeld ›sièges‹ zu folgender Matrix führen:

	s_1	s_2	s_3	s_4	s_5	s_6
chaise	+	+	+	+	−	+
fauteuil	+	+	+	+	+	+
tabouret	−	+	+	+	−	+
canapé	+	+	−	+	+	+
pouf	−	+	+	+	−	−

Die Seme s_2 und s_4 sind allen untersuchten Feldgliedern gemeinsam. $\{s_2, s_4\}$ stellen somit das Archisemem des Feldes dar[38b], das sich lexikalisch realisiert findet in dem Archilexem *siège*. Die objektive Festsetzung der ›Feldgrenze‹, ist ein Problem, das wir schon in 9.3.1.2 erwähnten. In Fällen wie bei *siège* läßt sich die Ausdehnung des Wortfeldes, die deckungsgleich mit der des Archisemems ist, angeben – alles, was ich als Sitzgelegenheit klassifiziere, gehört zum Feld –, aber nicht bei jedem Feld ist das Archisemem lexikalisch realisiert, z. B nicht beim Wortfeld *Klugheit, Weisheit* usw.[39] So kann die Anzahl der Feldglieder subjektiv festgesetzt sein, z. B. weist Geckeler zu Recht auf das Fehlen von ›banc‹ bei Pottier hin.[40] Bei Hereinnahme von ›banc‹ wäre nach Geckeler die Matrix um ein Sem s_7 = / rembourré‹ / zu erweitern (um die Opposition ›banc‹/›canapé‹ zu ermöglichen); ferner wäre neben (+) und (−) das Zeichen (o) für gleichgültige Merkmale hinzuzufügen (das bei ›banc‹ für (dt. ›gepolstert‹) s_1 und s_5 zutrifft).

9.3.2.3 Operationale Bedeutungsdefinition

Gelegentlich (z. B. bei Ullmann[41]) wird in der neueren Semantik unterschieden zwischen 1. analytischer Semantik oder komponentieller Semantik, worunter Hjelmslev und die Vertreter der strukturellen Semanalyse (Pottier, Greimas u. a.) zusammengefaßt werden, und 2. operationaler Semantik, die hier im Ansatz von Leisi[42] vorgestellt werden soll. Allerdings ist auch die operationale (oder, wie Leisi sie daneben auch nennt, ›operationelle‹) Bedeutungsdefinition ›analytisch‹ in ihren Inhaltsbeschreibungen, doch versteht sie sich selbst nicht als strukturalistisch, vielmehr enthält sie eher pragmatische Elemente (zur Pragmatik s. Kap. 11).

Der Inhalt eines sprachlichen Zeichens ist für Leisi zu beschreiben in Termini seines Gebrauchs[43] (daher ›operational‹), durch Angabe der Bedingungen, unter denen die Verwendung dieses Zeichens erfolgt. Um diesen Inhalt zu ermitteln, vergleicht man »verschiedene reale Situationen«[44], in denen das betreffende Zeichen auftritt, und gewinnt daraus die »ihm fest zugehörigen Bedingungstypen«[45], d. h. diejenigen, die in allen verglichenen Situationen feststellbar sind.

Eine Ähnlichkeit zwischen Leisi und der behavioristischen Bedeutungsdefinition ist nur scheinbar: während die Corpusanalyse der Bloomfieldschen Schule Sprachäußerungen *(parole*-Äußerungen) vergleicht, um durch Feststellen der verschiedenen Umgebungen der einzelnen Segmente das dahinterstehende System *(langue)* zu rekonstruieren, vollzieht Leisi seine Analyse nicht auf dem durch *langue* und *parole* abgesteckten Feld des Strukturalismus, sondern an den Situationen sprachlicher Interaktion zwischen den sprechenden Subjekten. Deswegen habe ich ihn eingangs als pragmatisch orientiert bezeichnet.

Leisi gibt als Beispiel die Analyse des deutschen Adverbs *doch* als sog. Gefühlsträger: An dem Unterschied[46] zwischen den beiden Äußerungen *Bleiben Sie sitzen!* und *Bleiben Sie doch sitzen!* weist er zunächst die Unergiebigkeit einer rein psychologischen Bedeutungslehre auf, da für sie das *doch* »Gemütlichkeit, Höflichkeit, Ungeduld oder Verlegenheit bekunden kann«[47]. Dagegen faßt die Bedingungsdefinition alle Einzelfälle eindeutig zusammen: »*doch* kann in der Aufforderung dann gesetzt werden, wenn der Angesprochene ein der Aufforderung zuwiderlaufendes Verhalten zeigt oder zu zeigen im Begriffe ist – in unserem Falle: wenn er aufsteht oder Anstalten macht, aufzustehen. Liegen keine entsprechenden Symptome vor, z. B. bei einer auf fernere Zukunft gerichteten Aufforderung, so ist *doch* ausgeschlossen.«[48]

Ein Vergleich mit der komponentiellen Semantik und der Semanalyse von Pottier und Greimas legt nahe, in Leisis Gebrauchsbedingungen eine Entsprechung zu den Semen zu sehen: der Inhalt eines sprachlichen Zeichens als Summe seiner Gebrauchsbedingungen, so wie bei Pottier usw. als Summe der Seme. Leisi will jedoch die letzteren lediglich als Vorstufen von Semen verstanden sehen, er bezeichnet seine Semantik als »noch nicht strukturell«[49], als »physikalische« Semantik, die der strukturellen vorausgehen müsse wie die Phonetik der Phonologie. Gewiß, seine Beschreibung der außersprachlichen Bedingungen für die Verwendung von gewissen sprachlichen Formen weist einen geringeren Grad von Formalisiertheit auf als die komponentielle Semantik – z. B. ist sie nicht in einer Matrix darstellbar –, und entsprechend wäre es schwieriger, von den Gebrauchsbedingungstypen einzelner sprachlicher Zeichen zum Gesamtinventar der Gebrauchsbedingungen einer Sprache zu gelangen, d. h. von der Strukturiertheit des Einzel-*signifié* – hier in Bedingungstypen – zu der (von Leisi auch gar nicht angestrebten) Strukturiertheit des gesamten *signifié*-Bestandes fortzuschreiten.
Doch sollte festgehalten werden, daß Leisis Ansatz auch (oder vielleicht vorwiegend?) da Ergebnisse bringt, wo eine strukturalistische Semanalyse Schwierigkeiten machen dürfte: bei der semantischen Beschreibung solcher sprachlicher Formen, die der Wortart nach »auf der Grenze zwischen Lexikon und Grammatik liegen«[50], während die Leistungen der Semanalyse im Bereich der »anschaulicheren« Wortarten Substantiv, Verb und Adjektiv zu suchen sind; für die Wortfeld-Theorie gilt dasselbe.

9.3.2.4 Diachronisch-strukturelle Semantik

Die diachronisch-strukturelle Semantik wendet das Prinzip der Strukturiertheit des Wortschatzes nicht nur zur synchronischen Systembeschreibung einer Sprache an, sondern auch, um Sprachgeschichte, genauer: Bedeutungswandel, zu erklären. Bedeutungswandel ist Wortschatzgliederungswandel (wie schon Triers Wortfeld-Theorie Bedeutungswandel als Feldgliederungswandel sah).

Die diachronisch-strukturelle Semantik ist vor allem von Coseriu ausgearbeitet worden. Auch sie betrachtet jeweils inhaltlich verwandte Teilbereiche des Wortschatzes und geht den in ihnen stattfindenden Verschiebungen nach. Dabei unterscheidet sie 1. bloße lexikalische Neubesetzung und 2. Wandel der inhaltlichen Struktur.

– Bloße lexikalische Neubesetzung, ohne Wandel der inhaltlichen Struktur:
Beispiel: Benennung der Teile des Beines:

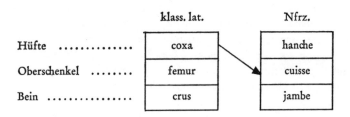

Die Verschiebung der Bezeichnung wurde ausgelöst durch einen sog. *Homonymenkonflikt* (oder *Homonymenkollision*), wie er gerade für die Geschichte der französischen Sprache typisch ist: *femur* und *fimus* ›Mist‹ waren homonym geworden (= lautlich zusammengefallen), daher wird verständlich, daß *femur* lexikalisch ersetzt wurde.[51] Die Bezeichnung des nächstliegenden Körperteils *coxa* wurde inhaltlich ausgedehnt und umfaßt nun auch den früheren Inhalt von *femur* (Oberschenkel), also Hüfte und Oberschenkel. Da aber die Kommunikationserfordernisse eine Unterscheidung zwischen diesen beiden Körperteilen brauchen, erfuhr *coxa*, früher ›Hüfte‹, dann ›Hüfte + Oberschenkel‹, eine Bedeutungsverengung und bezeichnete hinfort nur den Oberschenkel. Jetzt war für die Hüfte eine neue Bezeichnung notwendig, die man nun aus dem Germanischen nahm: *hanka* > *hanche* (die germanische Herkunft ist dem neufrz. Wort noch anzusehen an dem anlautenden *h aspiré*). *crus* schließlich wurde ersetzt durch *camba*, einen Ausdruck aus der Veterinärsprache, dem Griechischen entlehnt und ursprünglich das Sprunggelenk der Pferde bezeichnend: Ein gröberes (und damit häufig auch ausdrucksfähigeres) Wort zu wählen war charakteristisch für die spätere Kaiserzeit.

Ein Homonymenkonflikt besteht also darin, daß von zwei Wörtern eines oder beide ihre Ausdrucksseite im Laufe der Sprachentwicklung so gewandelt haben, daß sie bei beiden gleich geworden ist. Das Verweisen auf zwei verschiedene Inhalte, das sie nach wie vor leisten sollen, ist nach dem lautlichen Zusammenfall häufig schwierig. Bei diachronischer Betrachtung des französischen Wortschatzes lassen sich verschiedene Mittel feststellen, durch die einer solchen störenden Homonymie *(homonymie gênante)* entgegengewirkt wird; eines davon ist eine wie hier beschrieben verlaufende lexikalische Neubesetzung von zumindest einem der beiden homonym gewordenen Wörter.

Bedeutungswandel, wie auch Lautwandel, läßt sich auch strukturalistisch erklären: ein ›freies Kästchen‹ (»case vide«) im System – hier das Kästchen ›Oberschenkel‹ – übt gleichsam eine Sogwirkung auf das benachbarte aus, so daß von dort ›nachgerückt‹ wird usw., gemäß dem strukturalistischen Prinzip, daß eine Veränderung an einer Stelle des Systems sich letztlich auf das ganze System auswirkt. Doch werden, sei es auch hier nur am Rande, historische und kulturhistorische Faktoren in die Erklärung von Sprachwandel mit einbezogen.

– Wandel der inhaltlichen Struktur.

Beispiel: Verwandtschaftsbezeichnungen: Auf dem Gebiet der Verwandtschaftsbezeichnungen unterschied das Lateinische sprachlich zwischen ›Onkel mütterlicherseits‹ und ›Onkel väterlicherseits‹, ebenso bei ›Tante‹ (und bei ›Vetter‹ und ›Kusine‹, doch können sie aus der hier vorgenommenen exemplarischen Darstellung weggelassen werden).

Lat.	Frz.	Ital.	Span.	Port.	Katal.	Rumän.
patruus avunculus	oncle	zio	tío	tio	oncle	unchiu
amita matertera	tante	zia	tía	tia	tia	mătuşă

Es handelt sich also um eine lexikalische Neustrukturierung eines Gegenstandsbereiches, hier durch Bedeutungserweiterung. Sämtliche romanischen Sprachen haben die Unterscheidung zwischen mütterlicher und väterlicher Linie fallenlassen, offensichtlich, ohne daß dadurch die Kommunikation gestört wurde. Hier führt eine Erklärung mit rein strukturalistischen Mitteln nicht weiter, nur Kenntnis historischer, hier kulturhistorischer, juristischer Gegebenheiten: Im römischen Recht hatten väterliche und mütterliche Linie hinsichtlich des Erbrechts verschiedenen Status, in den Staatswesen der romanischen Völker nicht mehr. Wo eine Sachunterscheidung hinfällig geworden war, konnte oder mußte die sprachliche Unterscheidung es ebenfalls werden.

Aufgaben:[52]

42. Beschreiben Sie, in welchem inhaltlichen Verhältnis im Französischen des 16. Jh. die Wörter *le desjeuner, le disner, le soup(p)er* gestanden haben und in welchem sie heute stehen![53] Die Orthographie in den folgenden Rabelais-Stellen zeigt, typisch humanistisch, Anlehnung an die lateinische, z. B. *soubdain* statt *soudain*, von *subitaneus; lict* statt *lit*, von *lectus*, usw.

»Ponocrates (Anm.: Gargantuas Erzieher) luy remonstroit que tant soubdain ne debvoit repaistre au partir du lict (Anm.: also: wenn er aus dem Bette aufstand) sans avoir premierement faict quelque exercise. Gargantua respondit: ... Mes premiers maistres me y ont accoustumé, disans que *le desjeuner* faisoit bonne memoire ... Je m'en trouve fort bien *et n'en disne que mieulx*« (p. 92).

»Notez icy que *son disner* estoit sobre et frugal, ... mais *le soupper* estoit copieux et large« (p. 106; dies galt jedoch erst, seit ein anderer Erzieher da war, vorher war auch das *disner* eine wahre Riesenmahlzeit, vgl. p. 92 ff.).

»... et de soir, a l'entrée de *souper*, ...« (p. 159).

Zeigen Sie durch eine graphische Darstellung den Unterschied zwischen frz. 16. Jh. *desjeuner, disner, soup(p)er* (in Dialekten heute noch ähnlich) und frz. 20. Jh. *petit déjeuner, déjeuner, dîner, (souper)* im ›français standard‹:

	16. Jh.	20. Jh.
›Frühstück‹		
›Mittagessen‹		

Handelt es sich nur um lexikalische Verschiebung oder auch um einen inhaltlichen Strukturwandel?

43. Beschreiben Sie diachronisch-strukturell die semantische Entwicklung von afrz. *chef* zu nfrz. *chef*, wie sie aus folgender graphischer Darstellung (nach Coseriu) hervorgeht:

afrz.

chef

nfrz.

chef
tête

Konsultieren Sie zur Lösung der Aufgabe Bloch/Wartburg: Dictionnaire étymologique de la langue française, Stichwörter *chef* und *tête*!

9.4 Semantik in der gTG

Entsprechend der äußerst verkürzten Behandlung der gTG im Syntaxkapitel soll auch hier nur angedeutet werden, was die Semantik der gTG mit dem Strukturalismus gemeinsam hat und was sie von ihm unterscheidet.

Im Lexikon der gTG (s. Kap. 8.5.2) sind die Formative notiert in Form von semantischen Merkmalmatrices. Diese unterscheiden sich in der Darstellungstechnik nicht von den Matrices der Semanalyse in der strukturellen Semantik (s. Kap. 9.3.2.2). Was für die Syntax in Kap. 8 festgestellt wurde, gilt auch für das Lexikon: In der Syntax bedient sich zum einen der taxonomische Strukturalismus der Baumgraphen, um Sätze, die bei einer Corpusanalyse vorgefunden wurden, zu *beschreiben;* zum anderen bedient sich die gTG der gleichen Baumgraphen, um in Imitation des Regelapparates, den der ideale Sprecher besitzt, Sätze zu *erzeugen.* Die vorliegenden Baumgraphen müssen nur jeweils verschieden interpretiert werden (vgl. das Bild von der taxonomischen Demontage vorliegender Sprachäußerungen und der generativen Montage potentiell stets neuer grammatikalisch korrekter Sprachäußerungen).

Auch die Matrixnotierung der semantischen Struktur eines Wortschatzelements hat ihren Platz sowohl im Analyseprogramm der strukturalistischen Beschreibungsgrammatik als auch im Satzerzeugungsprogramm einer generativen Grammatik. Da ein sprachliches Zeichen durch seine paradigmatischen *und* seine syntagmatischen Beziehungen bestimmt wird, ist im Regelapparat des idealen Sprechers nicht nur seine semantische Matrix anzusetzen. Der vollständige Lexikoneintrag enthält auch die sog. Selektionsbeschränkungen mitnotiert (vgl. Kap. 9.3.1.3). Sie geben die Anweisungen, mit welchen anderen Zeichen zusammen ein Zeichen in Sätzen verwendet werden kann, d. h., welche Restriktionen auf die semantische Matrix derjenigen Formative zutreffen müssen, mit denen zusammen es sich zu grammatikalisch korrekten Sätzen kombinieren läßt. (Beispiel: s. Kap 8.5.2.1.4 das Verb *fressen.*)

Für Ausdrucks- wie Inhaltsseite der Sprache gilt: Die gTG hat die Kategorien und Techniken – sozusagen die Werkzeuge – des taxonomischen Strukturalismus beibehalten, aber sie will mit ihrer Hilfe etwas anderes herstellen (ja, überhaupt *etwas herstellen*).

9.5 Unterdisziplinen der Semantik: Onomasiologie, Semasiologie

Bei diesen beiden Unterdisziplinen innerhalb der Gesamtdisziplin der Semantik handelt es sich um zwei methodisch entgegengesetzte

Betrachtungsweisen, die sich zwangsläufig aus der Dualität des sprachlichen Zeichens ergeben.

9.5.1 Onomasiologie

Die Onomasiologie geht aus von einem *signifié* (oder sogar von einem Gegenstand der außersprachlichen Realität) und stellt die Frage nach den möglichen zugehörigen *signifiants*

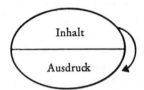

Eine wichtige Hilfsdisziplin der Onomasiologie ist die *Sprachgeographie*. Sie stellt Sprachatlanten auf – der ›*Atlas linguistique de la France*‹ (= ALF, von J. Gilliéron und E. Edmont) und der ›*Atlas linguistique de l'Italie et de la Suisse*‹ (= AIS, von J. Jud und K. Jaberg) sind besonders zu nennen –, die man als Sammlungen onomasiologischer Karten bezeichnen kann. Die Daten hierfür werden auf empirischem Wege gewonnen, und zwar in folgender Weise: Jede Karte des Sprachatlas geht aus von einem Gegenstand, einer Tätigkeit usw. des täglichen Lebens, besonders des bäuerlichen (Haus, Hof, Ackerbau, Bienen-, Viehzucht, Geräte, Witterung usw.). Innerhalb eines bestimmten geographischen Raumes werden nun, nach der Methode der sog. *Feldforschung*, die in anderen Disziplinen (z. B. der Soziologie) auch angewandt wird, sog. *Informanten* (= muttersprachliche Sprecher) befragt, wie sie den betr. Gegenstand oder Vorgang bezeichnen. Der Sprachforscher notiert diese Äußerungen auf der geographischen Karte des Gebietes und verbindet je gleiche Ausdrucksformen zu sog. *Isoglossen* (= Linien gleicher sprachlicher Bezeichnungen).

So zeigt Karte 1 des ALF innerhalb Frankreichs z. B. die Verteilung der verschiedenen Lautformen, die die Honigbiene bezeichnen; neben der Bezeichnung *abeille* im ›français standard‹ und südlich der Loire finden sich die Formen *avette* (im W), *mouchette* (im O), *mouche à miel* (in N-Frankreich) u. a., und schließlich in einzelnen, nicht zusammenhängenden schwer zugänglichen oder peripher gelegenen Gebieten die Formen *é, és, a*.

Eine Karte des Sprachatlas ist eine synchronische Bestandsaufnahme, doch offenbart sie (nach Gilliéron) indirekt auch die Diachronie: Die Isoglossen zeigen verschiedene ›Schichten‹, verschieden alte Bezeichnungen ein und derselben Sache. Die Ausdrücke, die in verkehrsmäßig wenig erschlossenen, abgelegenen Gebieten (z. B. in Gebirgen) notiert wurden, sind in der Regel die älteren, z. B. bei den Bezeichnungen der Biene *é, és, a;* andernorts sind diese Bezeichnungen wegen Mangel an Lautsubstanz schon verdrängt durch andere Ausdrücke, im Fall *abeille, avette* durch Suffixderivationen, im Fall *mouche à miel, mouchette* durch ursprünglich metaphorische Verwendung eines Wortes, das inhaltlich unter einem bestimmten Aspekt mit dem zu ersetzenden Wort Ähnlichkeit hat (Biene ~ Fliege).

Die ähnlich ausgerichtete deutsche Bewegung ›Wörter und Sachen‹, vorbereitet von Hugo Schuchardt, offiziell begründet durch R. Meringer und W. Meyer-Lübke[54a], entstand als Reaktion gegen die Vorherrschaft der Phonetik, der Lautgesetze usw., kurz, der zu einseitigen Beschäftigung mit der Ausdrucksseite der Sprache. Der Bezug zum Umweltreferenten, zur ›Sache‹, darf nicht aus dem Auge verloren werden, nicht nur weil jedes Sprachzeichen qua Zeichen gleich unabdingbar aus Inhalt und Ausdruck besteht, sondern häufig hilft erst die notwendige Kenntnis der ›Sachen‹, die notwendige Realienkenntnis über die betreffende Sprach- und Kulturgemeinschaft, die scheinbare Willkür der Entwicklung der Ausdrucksseite zu durchleuchten.

Ein Beispiel: ›Leber‹ heißt im Französischen *foie,* im Italienischen *fegato* – von der Ausdrucksseite her scheint keinerlei Zusammenhang mit dem lateinischen Wort für Leber, *iecur,* vorzuliegen. Ohne das Rekurrieren auf die Kulturgeschichte wäre er auch nicht herstellbar; erst dadurch erfahren wir, daß im Lateinischen *iecur ficatum* eine häufige Kollokation, ein fester Begriff war, der die Leber eines mit Feigen gemästeten Tieres, nach anderen Autoren auch ein Gericht mit Leber und Feigen, bezeichnete, jedenfalls eine bei den Römern beliebte Delikatesse. Aus *iecur ficatum* wurde durch Ellipse *ficatum* zur Bezeichnung jeder Leber allgemein und zum Etymon des französischen *foie.*

Ein anderes Beispiel, gleichsam komplementär zum vorhergehenden gelagert, soll zeigen, wie die Einbeziehung der Sachwelt in die Sprachforschung Aufschlüsse über Siedlungs- und Kulturgeschichte geben kann.

Im Wortschatz des *Sardischen* sind die Wörter im Sachbereich des Hirtenwesens (Weidevegetation, Viehzucht usw.) vorromanisch, dagegen die

Wörter des Acker-, Getreide- und Weinbaus lateinischen Ursprungs. Daraus ließ sich ablesen, daß die Bevölkerung Sardiniens ursprünglich eine Hirtenbevölkerung gewesen war, der erst die Romanisierung ihre heutige Lebens- und Bodennutzungsform als Hirten und Bauern gebracht hat.

Die sprachgeographisch ausgerichtete Onomasiologie fragt nach den verschiedenen *signifiants,* die in verschiedenen geographischen Gebieten innerhalb einer historischen Sprache einem bestimmten *signifié* zugeordnet sind.

Dieselbe Frage läßt sich entsprechend stellen für verschiedene Stil-niveaus innerhalb einer Sprache, z. B. wenn ich von dem *signifié* ›Kopf‹ ausgehe und frage, welche verschiedenen *signifiants* auf verschiedenen Stilebenen zu seiner Bezeichnung bereitstehen *(Kopf, Haupt, Schädel, Birne, Grind* usw.) (s. Kap. 10.1.3).

Außerdem ist ›*signifié* eines Zeichens‹ nicht identisch mit ›Inhalt eines *lexikalischen Morphems*‹, sondern bezieht sich ebenso auf den Inhalt eines *grammatikalischen Morphems.* So wäre auch eine onomasiologische Frage: Welche verschiedenen morphosyntakti-schen und lexikalischen Möglichkeiten gibt es im Deutschen (Fran-zösischen, Englischen, …), um den Inhalt ›Befehl an den Hörer, den momentanen Standort von Sprecher und Hörer zu verlassen‹ auszudrücken? Es gibt sowohl morphologisch gesehen verschie-dene Signifiants, z. B.:

	Imperativ	Infinitiv	Partizip Perfekt
Inhalt: ›Befehl,		*hierbleiben!*	*hiergeblieben!*
den Standort	*bleib*		
nicht zu verlassen‹	*hier!*		

als auch lexikalisch: *hierbleiben, dableiben, verweilen* usw.

Neben einer innersprachlichen Onomasiologie gibt es eine inter-sprachliche, die nach den verschiedenen Bezeichnungen ein und derselben ›Sache‹ in verschiedenen historischen Sprachen (Deutsch, Englisch, Französisch usw.) fragt. Dabei läßt sich u. a. auch aufdecken, wo verschiedene Sprachen lexikalisch oder morpholo-gisch nicht ›deckungsgleich‹ sind:

Z. B. hat der *signifié* ›von höherer Temperatur‹ als ›warm‹ im Dt. die Bezeichnung *heiß,* im Engl. seine Entsprechung *hot* – aber im Frz.? Das Frz. kann hier nur umschreiben durch Gradadverb + Adjektiv: *très chaud.* Der Skala dt. *lau, warm, heiß* steht frz. nur *tiède, chaud* gegenüber. Natürlich läßt sich die Eigenschaft ›heiß‹ im Frz. auch ausdrücken, aber entscheidend ist, daß der betreffende *signifié* in dieser Sprache nicht in gleich primärer Weise lexikalisch abgedeckt ist wie, meinetwegen, *sourire* oder *s'étonner*.)

Oder: Das Deutsche nennt ein krautiges, blütentragendes Gewächs *Blume*, den blühenden Teil einer Pflanze *Blüte*, das Englische das erstere *flower*, das letztere *blossom* – aber das Französische? Es hat für den einen *signifié* (›blühender Teil einer Pflanze‹) keinen *signifiant*, oder besser: wo das Deutsche und das Englische zwei verschiedene Inhalte sehen, denen also auch zwei verschiedene Ausdrücke zugehören, sieht das Französische nur einen und hat daher nur einen Ausdruck *fleur*.

Es handelt sich im Grunde um je einzelsprachlich verschiedene Aufgliederungen der außersprachlichen Wirklichkeit, wie sie von der Sapir-Whorf-Hypothese angenommen werden (s. Kap. 2.2).

Die Onomasiologie wurde hier etwas ausführlicher dargestellt, da ihr Hauptanliegen: das Einbeziehen des Umweltreferenten in die Beschäftigung mit der Sprache, nicht als überholte Etappe in der Wissenschaftsgeschichte anzusehen ist. Beschäftigung mit Sprache, die nicht verharrt bei der Ausdrucksseite des sprachlichen Zeichens, sondern zu der unlösbar damit verbundenen Inhaltsseite *und* von hier zur ›Sache‹ weitergeht, auf die mittels dieser Sprache verwiesen wird, das ist auch programmatischer Bestandteil der gegenwärtigen Sprachwissenschaft, wie er sich im Ansatz der linguistischen Pragmatik zeigt (s. Kap. 11) und in der Praxis laut wird in der Forderung nach verbindlichen Kenntnissen in Landeskunde im Fremdsprachenstudium und -unterricht. Z. B. sind in vielen Fällen im Fremdsprachenunterricht bereits beim Vermitteln von Vokabeln, die sich in Muttersprache und Fremdsprache problemlos zu entsprechen scheinen, charakteristische Unterschiede in der gemeinten »Sache« bewußt zu machen (etwa durch verschiedene Arten von Dokumentationsmaterial).

Natürlich entsprechen sich, beispielsweise, dt. *Brot* und frz. *pain* einerseits, aber trotzdem ist es wichtig, daß der Lernende von Anfang an die Unterschiede in der Form *(ficelle, flûte, baguette* usw.) und im Stellenwert erfährt. Oder denken wir an den ganzen Bereich verschiedener gesellschaftlicher, politischer u. a. Institutionen: dt. *Parlament* / engl. *parliament* / frz. *parlement;* dt. *Kult(us)ministerium* / frz. *Office de l'éducation nationale;* dt. *Abitur* / frz. *bac(calauréat)* / engl. *school-leaving exam.*

9.5.2 Semasiologie

Die Semasiologie geht aus von einem *signifiant* und untersucht die Beziehungen, die diesen *signifiant* mit verschiedenen *signifiés* verbinden, die er ausdrücken kann.[54b]

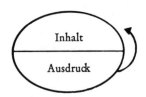

So läßt sich z. B. bei verschiedenen *parole*-Äußerungen, die alle einen gleichen *signifiant* enthalten, untersuchen, ob ihm jeweils auch der gleiche *signifié* entspricht bzw. worin sich die jeweils durch diesen *signifiant* evozierten *signifiés* unterscheiden.

Beispiele:
dt.   1a) *Das alte* Haus *brannte ab.*
      1b) *Das ganze* Haus *war empört über diese Maßnahme.*
frz. 2a) *Je me promène dans le* bois.
      2b) *Va chercher du* bois *pour faire du feu.*
engl. 3a) *After* dinner *we watched TV.*
      3b) *Fish and chips? That was not a big* dinner!

Aufgabe:
44. Stellen Sie fest, ob in diesen Beispielen die *signifiants* dt. / haos /, frz. / bwa / und engl. / ˈdinə / jeweils die gleichen Inhaltsseiten haben. Geben Sie ggf. die Unterschiede zwischen den jeweiligen Bedeutungen an (in Form distinktiver semantischer Merkmale).

Wie die Aufgabe gezeigt hat, ist auch die Frage nach den verschiedenen Kontextbedeutungen eines sprachlichen Zeichens (s. 9.1.3) eine semasiologische. Zugleich gehört sie in den Bereich der Polysemie (s. 9.6), die man all den sprachlichen Zeichen zusprechen kann, welche die Möglichkeit verschiedener Kontextbedeutungen in sich tragen. Je nach Kontext finden sich eines oder mehrere Seme gegenüber den restlichen Semen des Semems hervorgehoben, z. B. engl. *dinner* enthält die Seme s_1 = / ›(Haupt-)Mahlzeit‹ /, s_2 = / ›abends‹ /. In dem Kontext *a big dinner* steht s_1 im Vordergrund, in dem Kontext *after dinner* s_2. Als weitere semasiologische Fragestellung läßt sich auch die sog. Disambiguierung (= Eindeutigmachung) von Homonymen (= Wörtern mit gleicher Ausdrucks-, aber verschiedener Inhaltsseite) nennen.

Beispiel:

dt. 1a) *die Arme$_1$* (= die Bedauernswerte)
1b) *die Arme$_2$* (Plural von *der Arm*)
oder als Satzhomonymie:
2a) *Reiche Studenten meinen Wein.*
2b) *Reiche Studenten meinen Wein.*

frz. 3a) *mineur$_1$* ›minderjährig‹
3b) *mineur$_2$* ›Bergmann‹
Satzhomonymie:
4a) *Gal, amant de la reine, alla, tour magnanime,*
Gallament de l'arène à la Tour Magne à Nimes
(Wortspiel aus der Epoche der Ranaissance)

engl. 5a) *race$_1$* ›Rasse‹
5b) *race$_2$* ›Wettrennen‹
Satzhomonymie:
6a) (When he is back,) *he will give me a ring.*
6b) (As a birthday present) *he will give me a ring.*

Auch zur Homonymie s. Kap. 9.6.

Semasiologische *und* onomasiologische Vorgehen werden angewandt in der *Lexikographie* = bei der Abfassung von Wörterbüchern. Einsprachige Wörterbücher beruhen nur auf einem semasiologischen Verfahren: Es wird ausgegangen von einem Stichwort oder *Lemma* (Plural: Lemmata), für das eine Definition gegeben wird. Diese Definition stellt eine Semanalyse dar, eine Aufzählung der semantisch distinktiven Merkmale. Beim Erstellen eines zweisprachigen Wörterbuches wird ein semasiologischer Prozeß gefolgt von einem onomasiologischen: der Weg vom Stichwort zur Definition ($s_1 + s_2 + s_3 \ldots + s_n$) ist semasiologisch, der Weg von der hierbei erhaltenen Semanalyse zu dem Wort (den Wörtern) der Zielsprache ist onomasiologisch (d.h., er besteht in der Frage: Welches Wort existiert in der Zielsprache, um ein ›Ding‹ zu bezeichnen, das sich ›zusammensetzt‹ aus den Semen $s_1 + s_2 + s_3 \ldots + s_n$?).

Aufgabe:

45. Welche der folgenden Werke gehören ihrem Titel nach in die Semasiologie, welche in die Onomasiologie?

R. Hallig: Die Benennungen der Bachstelze in den romanischen Sprachen und Mundarten

H. H. Christmann: Latein *calere* in den romanischen Sprachen mit besonderer Berücksichtigung des Französischen

H. Rheinfelder: Das Wort *persona*. Geschichte seiner Bedeutungen mit bes. Berücksichtigung des frz. und it. Mittelalters

A. Zauner: Die romanischen Namen der Körperteile

E. Schott: Das Wiesel in Sprache und Volksglauben der Romanen

L. Söll: Die Bezeichnungen für den Wald in den romanischen Sprachen[55]

9.6 Asymmetrie des Sprachzeichens[56]

Als der (wenn auch idealisierte) ›Normalfall‹ des sprachlichen Zeichens ist das aus Inhalts- und Ausdrucksseite zusammengesetzte anzusprechen, bei dem *ein* Inhalt *einem* Ausdruck gegenübersteht. Bei natürlichen Sprachen (nicht bei Kunstsprachen) sind aber die Fälle häufig, bei denen diese Symmetrie nicht vorliegt (und eine ›Aufweichung‹ der festen Konturen der Inhaltsseite hat sich bereits oben durch den Begriff der Kontextbedeutung angedeutet).

Drei Typen von Asymmetrie sprachlicher Zeichen – und zwar auf der Morphemebene und auf der Satzebene – lassen sich feststellen: Homonymie, Synonymie und Polysemie.

– *Homonymie:* Zwei oder mehr Zeichen haben gleichen Ausdruck, aber verschiedene Inhalte.

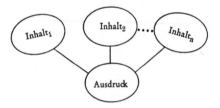

›Gleicher Ausdruck‹ kann bedeuten:

– *Homophonie* = gleiche Lautkette, aber verschiedene Schreibung (und natürlich verschiedener Inhalt), z. B.

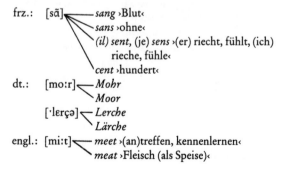

- *Homographie* = gleiches Schriftbild, aber verschiedene Lautung und Bedeutung, z. B.

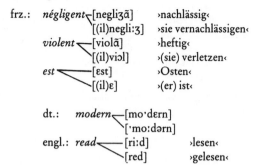

- *Homophonie* mit zusätzlicher Homographie, z. B.

frz.: (le) son₁   [sõ]   ›Ton‹
      (le) son₂   [sõ]   ›Kleie‹
      son₃   [sõ]   ›sein‹; ›ihr‹ (Prossessivpron.)

      (le) pas₁   [pa]   ›Schritt‹
      (ne ...) pas₂ [pa]   ›nicht‹ u. v. a.
dt.: Reif₁   [raef]   ›Ring‹
      Reif₂   [raef]   ›gefrorener Tau‹

      sieben₁   [ˈziːbən]   (Zahlwort)
      sieben₂   [ˈziːbən]   (Verb)
engl.: ear₁   [ˈiːə]   ›Ohr‹
       ear₂   [ˈiːə]   ›Ähre‹

       race₁   [reis]   ›Rasse‹
       race₂   [reis]   ›Rennen, Wettrennen‹

       pupil₁   [ˈpjuːpil]   ›Pupille‹
       pupil₂   [ˈpjuːpil]   ›Schüler‹

Homonymie kann also in zwei Erscheinungsformen auftreten:

Homonymie { Homophonie
            Homographie

Homophonie ist nicht auf die Morphemebene begrenzt, sondern ebenso auf der Satzebene anzutreffen. Im Französischen begegnen besonders viele Homophone; auf ihnen basieren zahlreiche Wortspiele, z. B.

Aufgaben:

46. Schreiben Sie in historischer Orthographie (in den verschiedenen Möglichkeiten, mit je verschiedener Bedeutung):

1. *le bijoutier* / parleku /
   le maître d'armes / parleku /
   la couturière / parleku /
2. [ilɛtenɔrmemãbɛt]
3. / õnəpøparled(ə)laːr   sãpãse   alagrɛs/
47. Wieviele Homophone enthält der frz. Satz *Cinq moines, sains de corps et d'esprit, ceints de leurs ceintures, portaient dans leur sein le seign du Saint-Père?*

Das Englische besitzt ebenfalls eine ganze Anzahl von Homophonen, dort oft mit zusätzlicher Homographie.

Aufgaben:

48. Geben Sie (durch Übersetzen ins Deutsche) beide Bedeutungen des folgenden Satzes:

    Flying planes can be dangerous.

49. Erklären Sie folgende Witze:
    a) Ein schottischer Ladenbesitzer wundert sich über den neuen Rollladen seines Konkurrenten und fragt ihn neidisch, wie er ihn denn finanziert habe. Erwidert der erste, das sei ganz einfach gewesen, er habe nur eine Sammelbüchse auf seinem Ladentisch aufgestellt mit der Aufschrift: *For the blind.*
    b) Die Hausfrau fragt den neuen Milchmann: *Where is my milk bill? – Sorry, madam, but my name is John.*

Das Deutsche hat (bislang) durch seine Großschreibung eine Möglichkeit, Homophone graphisch zu differenzieren, daher ist völlige Homographie im Deutschen selten. Entsprechende Wortspiele sind auch hier anzutreffen:

Er hat in Moskau liebe Genossen (... Liebe genossen.) Der Gefangene floh. (... gefangene Floh.) Ich möchte nicht mit dem alten Auto fahren (... dem Alten ...) Wir wollen nicht die wahre Kunst, sondern die Ware Kunst.
Homophonie mit zusätzlicher Homographie:
Reiche Studenten meinen Wein.

Im Lateinischen gab es ebenfalls Homonyme:

Beispiele für Homographie ohne Homophonie:

aeris	[ɑeris]	›der Luft‹ (Genitiv von *aer*)
	[ɛːris]	›des Erzes‹ (Genitiv von *aes*)
populus	[ˈpɔpulus]	›Volk‹
	[ˈpoːpulus]	›Pappel(baum)‹

Beispiele für Homophonie mit zusätzlicher Homographie:
    minor₁   ›ich drohe‹ (von *minari*)
    minor₂   ›kleiner‹ (Komparativ von *parvus*)
    sero₁   ›ich reihe, knüpfe‹
    sero₂   ›ich säe‹

und ein Beispiel für Homophonie mit und ohne Homographie aus der Eingangsformel der Präfationen in der katholischen Messe, das von Werner Bergengruen entdeckt und in seinem Roman »Der letzte Rittmeister« literarisch ausgeschmückt wurde: An einem schönen Frühlingstag sieht man den Rittmeister plötzlich von seinem Tisch auf einer Caféterrasse aufstehen, um vor einem Pferd, das draußen gerade einen Wagen vorbeizieht, mit einer Verbeugung seinen Hut zu ziehen. Seinem darob befremdeten Begleiter erklärt er, sogar die Bibel vertrete, »im Frühling (sei) es würdig und gerecht, auch das Pferd zu grüßen: *vere dignum et iustum est (a)equum et salutare*«[57].

– *Synonymie:* Zwei oder mehr Zeichen haben gleichen Inhalt, aber verschiedenen Ausdruck (in Laut und Schrift).

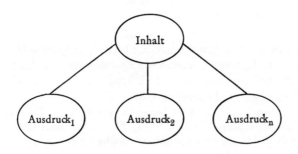

Restlose Synonymie gibt es kaum, vgl. selbst Beispiele wie:

dt.: *Kiefer, Föhre*[58]; *Christbaum, Weihnachtsbaum; Samstag, Sonnabend* (s. S. 202);
frz.: *orteil, doigt du pied*; engl.: *mirror, looking-glass*.

Sie besteht darin, daß man in sämtlichen möglichen Kontexten das eine Zeichen für das andere substituieren kann, ohne dadurch einen Bedeutungsunterschied herbeizuführen, m. a. W.: daß beide Zeichen genau die gleiche Distribution haben. Was statt dessen vorliegt, zeigen einige Beispiele:

dt.:   *Ich arbeite seit Frühjahr hier.*
          * *Frühling*
          * *Lenz*

(* = kann hier nicht substituiert werden)
(s. 9.1.2 Bedeutung – Bezeichnung)

Ich hatte einen Sonnenbrand im Gesicht.
*Antlitz
* Visage
sein edles Antlitz (* Gesicht, * Visage)
Ich knall dir eins in die Visage. (* Gesicht, * Antlitz)

frz.: *Elle a la figure maigre. (Elle a le visage maigre.)*
* face, * tête
un beau visage aux traits réguliers
(une belle) * face
il fait une drôle de tête
(un)   * *visage*
         * *face*
devant la face de Dieu
(le) *visage*
* *figure*
* *tête*

engl.: *The way to the station? Don't ask me.*
* *question*
The examiners questioned me for half an hour.
* *asked*

Zwischen den üblichen Synonymen herrscht teilgleiche Distribution, sie sind strenggenommen nur Quasi-Synonyme. Und selbst wo sich die Distributionen decken, kann noch ein Unterschied in den Konnotationen bestehen, z. B deutsch

Samstag/Sonnabend: die Wahl konnotiert die regionale Herkunft des Sprechers mit (Süddeutschland: *Samstag,* Norddeutschland: *Sonnabend*); s. auch die in Anm. 58 genannten Berufsbezeichnungen.

Noch häufiger bestehen zwischen den Synonyma Unterschiede im Stilniveau *(Gesicht/Visage)* (s. Kap. 10.1.3: diaphasisch), bzw. die Synonyme konnotieren die soziale Schichtenzugehörigkeit des Sprechers mit, so vor allem im Wortschatz des Englischen, wo viele Synonymenpaare aus einem Wort germanischen und einem Wort romanischen Ursprungs bestehen *(glasses/spectacles*›Brille‹; *to die/to decease* ›sterben‹), und ähnlich im Deutschen bei den zahlreichen Synonymenpaaren aus deutschstämmigem Wort und Fremdwort *(Auffassung/Konzeption; nachprüfen/verifizieren; Auskunft/Information; Gebiet/Region).* Diese beiden Register des deutschen Wortschatzes sind in anderen Fällen auch bewußt zur Bedeutungsdifferenzierung ausgenutzt;

Beispiel aus einer psychoanalytischen Untersuchung: »Zur Reflexion auf das Motiv fähiges *Handeln*« steht dort im Gegensatz zu »klischeebestimmtem blindem *Agieren*«.[59]

– *Polysemie:* Ein Zeichen hat mehrere, als zusammenhängend bewußte Inhalte

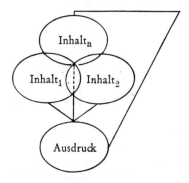

Beispiele:
dt.: *Der Absatz ist zu niedrig.*
      (Absatz = 1. ›Schuhabsatz‹
                  2. ›Treppenabsatz‹
                  3. ›Verkauf einer Ware‹)
frz.: *défendre* = 1. ›verteidigen‹
                  2. ›verbieten‹
     sauvage = 1. ›farouche‹
                  2. ›inhabité‹
engl.: *to ride* = 1. ›reiten‹
                  2. ›Auto (Bus usw.) fahren‹

Es handelt sich also bei Polysemie nicht um mehrere verschiedene Zeichen (wie bei Homonymie), sondern um Mehrdeutigkeit *eines* Zeichens. Es gibt jedoch Fälle, wo die Entscheidung, um welches der beiden Phänomene es sich handelt, strittig ist. Diachronisch gesehen ist häufig Homonymie aus ursprünglicher Polysemie entstanden dadurch, daß sich die zwei Bedeutungen eines Wortes semantisch zu weit auseinanderentwickelten.

Beispiele:
dt. *Schloß*$_1$ = ›Verschluß‹, *Schloß*$_2$ = ›Palast‹, heute homonym, ursprünglich polysem: das Schloß war das Gebäude, das ein Tal abschloß. frz. *voler*$_1$ = ›fliegen‹, *voler*$_2$ = ›stehlen‹, heute homonym, ursprünglich polysem: bei der Greifvogeljagd mußte der Vogel fliegen und im Fliegen die Beute erhaschen → erhaschen, heimlich, unrechtmäßig wegnehmen.

Polyseme auf der morphosyntaktischen Ebene:

dt.:   *die –* Artikel femin. Sing. Nominativ
         „   „   „   Akkusativ
         „   mask. Plur. Nominativ
         „   „   „   Akkusativ
         „   femin.   „   Nominativ
         „   „   „   Akkusativ

Demonstrativpronomen } ebenfalls in sämtlichen beim
Relativpronomen   Artikel aufgeführten Genera, Numeri und Kasus

frz.:   *il –* 1. ›er‹
         2. ›es‹
    oder: *les –* 1. Artikel Plural mask.
            2. Artikel Plural fem.
            3. Akkusativ des Personalpronomens mask. u. fem.

engl.: *him –* 1. ›ihn‹
          2. ›ihm‹

Die Asymmetrie des Sprachzeichens ist eine Eigenheit, auch Eigenwilligkeit natürlicher Sprachen im Gegensatz zu den Kunstsprachen, bei denen der Wortschatz im allgemeinen durch eine strenge Eins-zu-Eins-Entsprechung zwischen Ausdrucks- und Inhaltsseite gekennzeichnet ist. In natürlichen Sprachen ist Polysemie der Normalfall (und sicher auch wieder als eine Manifestation des sprachlichen *économie*-Prinzips deutbar).

Die Sprachgemeinschaften haben sich nicht etwa nur schlecht und recht mit dieser der kommunikativen Eindeutigkeit zuwiderlaufenden Laune der Sprachstruktur arrangiert, sie haben vielmehr immer wieder (im Sinne der Jakobsonschen ästhetischen oder poetischen Funktion von Sprache[60]) aus der Not eine Tugend gemacht und die Asymmetrie des Sprachzeichens für absichtliche Mehrdeutigkeiten ausgenutzt, sei es in Witzen und Bonmots (s. o. und s. auch den Anhang), sei es in der Dichtung. Für die literarische Anwendung seien zum Schluß zwei Beispiele zitiert:

1. J. B. Priestley: ›*An Inspector Calls.*‹ Act II (p. 50):[61] (Eine junge Fabrikarbeiterin hat Selbstmord begangen. Der Inspektor versucht vergeblich bei der Familie des Unternehmers Birling Schuldgefühle gegenüber der Toten zu wecken.)
Mrs. Birling: *She* (d. i. die Tote) *was giving herself ridiculous airs. She was claiming elaborate fine feelings and scruples that were simply absurd in a girl in her position.*

Inspector (...): *Her* position *now is that she lies with a burnt-out inside on a slab.*[62]
(Übersetzung: Mrs. B.: Sie hat sich lächerlich aufgespielt. Sie tat, als hätte sie ein Recht auf differenzierte schöne Gefühle und Skrupel, die einfach absurd waren bei einem Mädchen in ihrer *Lage*.
Inspektor: Ihre jetzige *Lage* ist die, daß sie mit verätzten Eingeweiden auf einem Schragen liegt.)

Dies ist ein Beispiel für Nutzung der Polysemie des englischen Substantivs *position*. Die Übersetzung dieser absichtlichen Mehrdeutigkeit ins Französische und ins Deutsche ist hier möglich, weil beide Sprachen zufällig in ihrem Wortschatz dieselbe Mehrdeutigkeit haben (frz. *position*, dt. *Lage*). Dies ist aber nicht die Regel, vielmehr stellen gerade Wortspiele verschiedener Art oft hartnäckige Klippen der literarischen Übersetzung dar. Man vergleiche das folgende Beispiel und seine Übersetzung:

2. J. Giraudoux: ›Contes‹. ›Erzählungen‹. Zweisprachige Ausgabe. S. 36 f.[63]

Scène: Celle de la Cour d'Assises. *Personnages: Ceux de la Cour d'Assises*	Ort der Handlung: vor dem Schwurgericht. Personen der Handlung: die zu einem Schwurgericht Gehörigen.
Le Président. – Accusé, votre nom.	Vorsitzender: Wie heißen Sie, Angeklagter?
L'Accusé. – Je me recommande à l'indulgence du jury. (Avec embarras.) Je m'appelle du nom de l'évêque qui fit condamner Jeanne d'Arc et la fit brûler sur le bûcher, l'ignoble canaille, vers 1428.	Angeklagter: Ich empfehle mich der Nachsicht des Gerichtshofs. (Verwirrt): Ich heiße wie der Bischof, dieser verruchte Schuft, der Jeanne d'Arc verurteilen und um das Jahr 1428 auf dem Scheiterhaufen verbrennen ließ.
Le Président. – Vous n'êtes pas ici devant un jury de baccalauréat. Taisez-vous. Votre nom?	Vorsitzender: Sie stehen hier nicht vor einer Prüfungskommission beim Abitur. Schweigen Sie. Wie heißen Sie also?
L'Accusé. – Eh bien! puisque mon président insiste, je jure de dire la vérité, et toute la verité. (Hésitant.) Je m'appelle Port *avec un* »t«.	Angeklagter: Ja, wenn der Herr Vorsitzende es unbedingt wünschen, so schwöre ich, die Wahrheit zu sagen und nichts als die Wahrheit. (Zögernd): Ich heiße Port mit »t«.

Zur Erklärung des Wortspiels: Der besagte (historische) Bischof hieß Pierre *Cauchon* / kɔʃõ /.
Er war also homophon mit dem ›Schwein‹: *cochon* / kɔʃõ /. Dieses ist (quasi-)

205

synonym mit *le porc* / pɔːr / ›Schwein‹ (als Fleisch zum Verzehr), und *le porc*
ist homophon mit *le port* / pɔːr / ›der Hafen‹.

Dieses akrobatisch kalauernde, kettenreaktionsartige Spiel mit Homophonie – Synonymie – nochmals Homophonie ist individuell einzelsprachlich
bedingt; der deutsche Übersetzer mußte denn auch ›passen‹.

10. Modifizierung der Homogenität des sprachlichen Systembegriffs

10.1 Struktur der Sprache vs. Architektur der Sprache, Dia-System

Die strukturalistische Sprachbeschreibung ging aus von einem homogenen Sprachsystem, das für alle Angehörigen einer Sprachgemeinschaft durch die gleichen Systemelemente und die gleichen Oppositionsbeziehungen zwischen diesen gekennzeichnet ist. Diese Idealisierung war methodologisch begründet, sie war Voraussetzung für die Beschreibbarkeit von Sprache mit strukturalistischen Kategorien. In gleicher Weise ist in der gTG die Kompetenz des idealen Sprechers/Hörers eine Idealisierung. Dieser *Homogenitätsannahme* steht die *tatsächliche Heterogenität* der historischen Einzelsprache gegenüber.[1] Die Heterogenität besteht 1. in »Unterschiede(n) der geographischen Ausdehnung oder *diatopische(n) Unterschiede(n)*«[2] – *regionalen* Sprachvarietäten, 2. in »Unterschiede(n) zwischen den sozial-kulturellen Schichten der Sprachgemeinschaft oder *diastratische(n) Unterschiede(n)*«[3] – *sozialen* Sprachvarietäten und 3. in »Unterschiede(n) zwischen den Typen der Ausdrucksmodalität oder *diaphasische(n) Unterschiede(n)*«[4] – *funktionalen* Sprachvarietäten.

Coseriu bezeichnet als *Struktur der Sprache* das einheitliche System, charakterisiert durch Oppositionen; als *Architektur der Sprache* die Diversität von diatopischen, diastratischen und diaphasischen Subsystemen, aus denen sich in Wirklichkeit eine historische Sprache aufbaut.

So »ist eine historische Sprache niemals ein einziges Sprachsystem, sondern ein ›Diasystem‹: eine Summe von ›Sprachsystemen‹, zwischen denen jederzeit Koexistenz und Interferenz herrscht«[5]. (Interferenz = gegenseitige Beeinflussung)

Oder, mit Wandruszka[6] gesprochen: »Unsere Sprachen sind keine Monosysteme. Jede Sprache ist eigentlich ein Konglomerat von Sprachen; jede Sprache ist ein Polysystem.«

10.1.1 Diatopische Gliederung (Regionale Sprachvarietäten)

Geographisch bedingte Subsysteme innerhalb einer historischen Sprache bezeichnet man als *Dialekte*.

10.1.1.1 Definition von ›Dialekt‹

›Dialekt‹ läßt sich definieren als »besondere Form einer Sprache, die in einem bestimmten geographischen Gebiet gesprochen wird«[7] und sich von den anderen besonderen Formen innerhalb derselben Sprachgemeinschaft »auf einer oder allen Sprachebenen (Aussprache, Grammatik, Wortschatz und idiomatischer Wortgebrauch) soweit unterscheidet, daß sie als eine Einheit für sich anzusehen ist, die sich aber von den anderen Dialekten der Sprache nicht so stark unterscheidet, daß sie als eigene Sprache zu betrachten wäre«[8].

Ein Dialekt kann also 1. *phonetisch* charakterisiert sein, z. B. durch Monophthongierung von Diphthongen: im Alemannischen in Südwest-Deutschland / suːbər / für *sauber,* / wiːs / für *weiß;* oder 2. *morphosyntaktisch,* z. B. im Kasussystem: Nominativform mit Funktion des Nominativs *und* des Akkusativs: *Kennst du der Mann?* für … *den Mann,* so im Rheinischen (Köln) und auch im Südwesten Deutschlands (scherzhaft bezeichnet als der ›badische Akkusativ‹); oder 3. *lexikalisch,* entweder so, daß ein überregional gebräuchlicher *signifiant* regional mit einem anderen *signifié* gekoppelt ist, z. B. schwäbisch und südfränkisch *Hafen* für ›Topf‹, *laufen* für ›gehen‹, *strecken* für ›sich (durch Handaufzeigen zu Wort) melden‹, oder durch eigene *signifiants,* z. B. schwäb./südfränk. *Kuttereimer* für ›Mülleimer‹, berlinerisch *Schrippe* für ›Brötchen‹, rheinisch *Klümpchen* für ›Bonbon‹ u. v. a. Häufig manifestiert sich ein Dialekt nicht nur auf einer Sprachebene, sonern auf mehreren.

10.1.1.2 Dialekt vs. Einheitssprache

Der Unterschied zwischen Dialekt und Einheitssprache ist nicht ein wesensmäßiger. Das wird klar, wenn wir nach der Entstehung der Einheitssprache fragen. In den meisten Fällen nämlich geht sie zurück auf ein Subsystem unter anderen, ursprünglich gleichwertigen: der Dialekt eines Gebietes, das politisch oder kulturell dominant wurde, gewann mehr Prestige als die anderen, er wurde zur ›Hochsprache‹.

So ist z. B. die französische Hochsprache hervorgegangen aus dem Franzischen, dem Dialekt der Ile de France, die die politische Vorherrschaft über die anderen Provinzen erlangt hatte. Vorher, in altfranzösischer Zeit, hatten Franzisch, Champagnisch, Pikardisch, Normannisch usw. als gleichberechtigte regionale Ausformungen ›des‹ Altfranzösischen nebeneinander bestanden.

Oder die Einheitssprache entstand »durch Mischung und Ausgleich aus verschiedenen Dialekten«[9], so das Neuhochdeutsche zunächst als böhmisch-sächsische Kanzleisprache, der vor allem Luthers Bibelübersetzung zur Verbreitung als Einheitssprache verhalf.

In England ist die Einheitssprache aus dem Dialekt Londons hervorgegangen. Allerdings ist die Hochsprache, das ›King's (oder Queen's) English‹, nicht einfach die Fortführung dieses regionalen Subsystems, sondern das, was sich durch Einwirkung eines anderen, sozial bedingten Subsystems aus jenem entwickelt hat. Es sind dies die Sprachgewohnheiten der Public Schools und der großen Universitäten, von denen, zumal durch den in sich abgeschlossenen Internatsbetrieb, die Angehörigen der Führungsschicht geprägt sind.[10]

Die jeweilige Einheitssprache ist hervorgegangen aus einem oder mehreren Subsystemen und unterscheidet sich von diesen durch ihre Funktion: als Schulsprache, Verwaltungssprache, Literatursprache, Schriftsprache ganz allgemein; auch als Verständigungsmittel zwischen Angehörigen stark differierender Dialekte, für die sie der einzige gemeinsame Code ist.

10.1.1.3 ›Hochsprache‹ – Dialekt – *patois*. Diglossie

Die Bezeichnung ›Hochsprache‹ impliziert ein Werturteil, das als psychologische Konsequenz aus den in 10.1.1.2 angeführten Gegebenheiten folgte: Die Einheitssprache galt als die ›Norm‹ (im Sinne des ›Normativen‹[11]), die vom Dialektsprecher anzustreben war. Durch die gesellschaftliche Entwicklung hat dieses Problem an Interesse verloren (heute stehen viel stärker soziolinguistische Probleme im Vordergrund): »Die Dialekte verlieren in der modernen Industriegesellschaft an Bedeutung, weil die Gesellschaftsformen, die auf kleinräumiger Kommunikation beruhen, immer weiter zurückgehen. Massenmedien und Berufsmobilität tragen zum Ausgleich regionaler Unterschiede bei.«[12] Das schließt nicht aus, daß gerade als Gegentendenz gegen diese Einebnung sprachlicher Individualität Bemühungen um Aufwertung des Dialekts als des Ursprünglichen, Gewachsenen zu beobachten sind.

Als ein Zeugnis dafür stehe die Aufwertung des Dialekts in den (wenn auch auf vereinzelte Bundesländer beschränkten) Richtlinien für den Deutschunterricht, die Dialektäußerungen der Schüler als den hochsprachlichen gleichwertig zulassen.[13]

Im französischen Sprachgebiet stellt den Gegenpol zum *français standard* das *patois* dar. Zwar gibt es auch im Französischen den Begriff *dialecte*, aber er wird, weitgehend wertfrei, nur auf die großen Gebiete der ehemaligen altfranzösischen Dialekte angewendet. Dagegen werden regional bedingte Subsysteme, die sich oft erheblich vom Standardfranzösischen unterscheiden und räumlich meist auf kleinere Gebiete, oft sogar nur auf eine Gemeinde begrenzt sind, abwertend als *patois* (= ›Mundart‹) bezeichnet.

Mit *patois* verbindet der Franzose die Assoziation des Hinterwäldlerischen, Bäurischen, »d'hommes qui sont nés lourdauds ou n'ont pas reçu d'éducation«[14]. Diese negative Einschätzung des Dialekts erklärt sich aus der jahrhundertealten starken Zentralisierung Frankreichs, die nicht nur ein politisches, sondern im gleichen Maße ein kulturelles Faktum ist. Die Sprache von Paris als das Standardidiom verdrängt die *patois* immer mehr, so daß ihr Gebrauch nur noch auf einige wenige Kommunikationssituationen beschränkt ist: Sie werden praktisch nur noch in abgelegenen Milieus und auch da nur innerhalb des Dorf- und Familienalltags und vorwiegend innerhalb der älteren Generation benutzt. In anderen Sprechsituationen und mit anderen Kommunikationspartnern bedient sich auch der *patois*-Sprecher durchweg des Standardfranzösischen.

Wo in einer Sprachgemeinschaft eine solche Situation vorliegt, spricht man von *Diglossie:* Es sind zwei verschiedene Idiome (= Sprachen) in Gebrauch, zwischen denen Funktionstrennung besteht. Das eine dient als familiäre Umgangssprache, das andere, mit höherem Prestige versehene, ist Schriftsprache, Bildungssprache und die Sprache für alle offiziellen Anlässe.

Ein interessanter Fall von Diglossie liegt z. B. in der arabischen Welt vor: Das Schriftarabische als Sprache des Korans ist für alle arabischen Staaten in offiziellen Situationen verbindlich – und zugleich ein Symbol der arabischen Einheit –, daneben hat jeder Einzelstaat eine andere regionale Sprachvariante für die Alltagssituationen.[15]

10.1.2 *Diastratische Gliederung (Soziale Sprachvarietäten)*

10.1.2.1 Idiolekt – Soziolekt

»Das Gesamt von Sprachbesitz und Sprachverhalten eines gegebenen Individuums«[16] bezeichnet man als seinen *Idiolekt.* Daß jemals zwei Sprachteilhaber »bis in alle Einzelheiten hinein den gleichen Sprachbesitz aufweisen«[17], ist praktisch unmöglich. Dabei ist nicht nur rein quantitativ an verschiedenen Umfang des Wortschatzes und der syntaktischen Muster zu denken, sondern auch – bei Verfügen über die gleichen Sprachzeichen – an die individuell verschiedenen Konnotationen (s. Kap. 9: Semantik). »Ein Deckungsbereich verschiedener Idiolekte, soweit diese Deckung mit einer Gruppenbildung zusammengeht«[18], wird als *Soziolekt* bezeichnet; ein Soziolekt ist also eine Gruppensprache. Als Gruppen, die als Träger von Soziolekten angesehen werden können, sind zu nennen: Berufsgruppen, Ausbildungsgruppen (Schüler, Studenten, Soldaten), Familien (für die Gruppensprache innerhalb einer Familie gibt es die gelegentliche Bezeichnung *Familekt*), Altersgruppen, Gesinnungsgruppen (z. B. politische Parteien) u. a., vor allem aber die sozialen Schichten. Innerhalb der letztgenannten hat sich seit den sechziger Jahren das Interesse der *Soziolinguistik* vorwiegend auf die gehobene Mittelschicht und die Unterschicht konzentriert (s. Kap. 10.1.2.2). Soziolekte unterscheiden sich vor allem hinsichtlich des Wortschatzes voneinander.

Aufgaben:

50. Ordnen Sie die folgenden deutschen Wörter je einem bestimmten Soziolekt zu (z. B. ›Seemannssprache‹, ›Schülersprache‹): *Pauker; verhoffen;* die intensivierenden Gradadverbien *irre* und *echt* (z. B. das war *irre gut / das war echt gut); Endlösung; keilen; reffen; Schweiß* (im Sinne von ›Blut‹); *Pons* (süddeutsches Synonym: *Schlauch*); (einen) *Salamander* (reiben); *steiler Zahn; Wandlung; Kimmung: Fux* (sic!); *Visite; Affe; Wachtel* (im Sinne von ›Aufseher‹).

51. Versuchen Sie, die Wörter aus Aufgabe 50 linguistisch zu systematisieren, indem Sie sie in folgende Kategorien einordnen:

a) ein allgemein geläufiger *signifiant* wird in der Gruppensprache mit einem anderen *signifié* verknüpft;

b) für einen allgemein geläufigen *signifié* hat die Gruppensprache ihren eigenen *signifiant* geschaffen;

c) gruppenspezifische Aufteilung der außersprachlichen Wirklichkeit (d. h. im Soziolekt findet sich ein Ausschnitt der außersprachlichen Wirklichkeit sprachlich bezeichnet, für den die Gemeinsprache und/oder andere Gruppen keine eigene Bezeichnung haben – vgl. Kap. 2.2: die Sapir-Whorf-Hypothese).

10.1.2.2 Die Bernstein-Hypothese

Die neuere Soziolinguistik basiert durchgängig auf der Hypothese des Engländers Basil Bernstein, sei es als Fortführung seines Ansatzes, sei es in Form der vielfältigen Bernstein-Kritik. In der hier gebotenen knappen Form läßt sich eine Darstellung von Bernsteins zahlreichen Aufsätzen (ab 1958) und ihrer Rezeption vor allem in Deutschland und in den USA nicht durchführen; es sei statt dessen auf einführende Literatur zur Soziolinguistik verwiesen.[19]

10.1.2.2.1 Bernsteins Ansatz

Sehr knapp skizziert ist Bernsteins grundlegende Aussage etwa folgende: Die Angehörigen der Mittelschicht und die der Unterschicht (Arbeiterschicht) innerhalb einer Sprachgemeinschaft verwenden sehr verschiedene Varianten der gemeinsamen Einheitssprache. Was die Sapir-Whorf-Hypothese (s. Kap. 2.2) als interlinguistische (= zwischen verschiedenen Sprachgemeinschaften bestehende) Ungleichheit konstatierte, das transponiert Bernstein in den intralinguistischen (= innerhalb einer Sprachgemeinschaft gegebenen) Rahmen hinein.

Bernstein wendet nicht nur ausdrücklich Sapirs und Whorfs These von der sprachlichen Relativität auf die Soziolekte der Einzelsprachen an; er übernimmt auch die zweite (problematischere) Teilhypothese Whorfs, die vom sprachlichen Determinismus. Sie besagt bei Bernstein: Aufgrund ihrer verschiedenen Sprachvarianten sind Angehörige verschiedener sozialen Schichten auch verschieden hinsichtlich ihres Wahrnehmens und ihres Denkens. Die Sprachvariante der Mittelschicht bewirkt besser ausgebildete kognitive Fähigkeiten als die der Unterschicht, das bedeutet bessere Schulerfolge der Mittelschichtkinder, die weiter zu besseren beruflichen, sozialen und wirtschaftlichen Chancen führen.

10.1.2.2.2 Elaborierter Code/restringierter Code

Bernstein geht aus von einem Zweischichtenmodell: gehobene Mittelschicht und Unterschicht, wobei die Einteilung nach dem Beruf und der Schulbildung des Mannes und der Frau vorgenommen wird. Die Sprachvariante der Mittelschicht bezeichnet Bernstein als *elaborierten Code (elaborated code,* ursprünglich: *formal language),* die der Unterschicht als *restringierten Code (restricted code,* ursprünglich: *public language).*

Die Kritik wirft Bernstein u. a. vor, daß der Code-Begriff in seinen

212

verschiedenen Arbeiten nicht ohne Widersprüche definiert ist. Natürlich meint ›Code‹ bei Bernstein etwas anderes als bei den Strukturalisten (z. B. Martinet[20]), sofern sie *code/message* als Synonympaar für *langue / parole* verwenden.

Wichtig ist die grundlegende Feststellung, daß Bernsteins Ansatz mit dem Strukturalismus nichts zu tun hat. Ihm geht es nicht um die Strukturbeschreibung eines Sprachsystems, sondern um Sozialisationsforschung: Rolle der Sprache im Sozialisationsprozeß der Kinder aus verschiedenen sozialen Schichten.[21]

Elaborierter Code und restringierter Code lassen sich durch eine Reihe sprachlicher Merkmale voneinander unterscheiden, die Bernstein in verschiedenen Listen aufzählt:

Mittelschicht: *elaborierter Code* *weniger vorhersagbar*	Unterschicht: *restringierter Code* *stärker vorhersagbar*
»1. Die Äußerungen sind mit sauberer grammatischer Anordnung und Syntax konstruiert.	Kurze, grammatisch einfache, oft unvollständige Sätze von dürftiger Form.
2. Logische Modifikationen werden durch grammatisch komplexe Satzkonstruktionen, vor allem durch Verwendung von Konjunktionen und Nebensätzen, vermittelt.	Seltener Gebrauch von Nebensätzen, um ein Thema der Äußerung genauer zu differenzieren. Einfacher Gebrauch von sich immer wiederholenden Konjunktionen (so, dann, und).[22]
3. Differenzierte Auswahl von Adjektiven und Adverbien. [...]	Starre und begrenzte Auswahl von Adjektiven und Adverbien. [...]
4. Häufige Verwendung von Präpositionen, die sowohl logische als auch räumliche und zeitliche Beziehungen ausdrücken.«[23]	
5. Häufige Verwendung des Personalpronomens *ich*. Mehr Äußerungen der individuellen Annahme, die explizit als solche ausgewiesen werden; persönliche Meinung statt Kollektivmeinung.	
6. Mehr verbale Erklärungen, die Rücksicht auf mögliche Uninformiertheit des Hörers nehmen.	Implizite Voraussetzung, daß der Hörer das gleiche Vorwissen und die gleichen Erfahrungen habe wie der Sprecher selbst. Dieser kommunikativ egozentrische Standpunkt bewirkt ein geringes Maß an verba-

7.

[...]

8.

9. Der Sprachgebrauch verweist auf die Verfügung über eine komplexe begriffliche Hierarchie«[25], d. h.: über einen größeren Wortschatz, der u. a. einen höheren Abstraktionsgrad der Äußerungen ermöglicht.

[...]

10.

11.

len Erklärungen (etwa für in das Gespräch eingebrachte Eigennamen, deren Umweltreferent dem Hörer möglicherweise unbekannt ist.[24]

»Häufige Verwendung kurzer Befehle und Fragen.

[...]

Die individuelle Auswahl aus einer Reihe traditioneller Wendungen und Aphorismen spielt eine große Rolle.

[...]

»Tatsachenfeststellungen werden oft wie Begründungen verwendet; am Ende steht meist eine kategorische Behauptung wie ›Du gehst mir nicht aus dem Haus‹.

Häufig werden Feststellungen als implizite Fragen formuliert, die dann eine ›Antwort‹ auslösen, so daß es zu Kreisgesprächen kommt, in denen die Sprecher sich ihrer gegenseitigen Sympathie versichern (sympathetische Zirkularität)«[26], d. h.: mehr phatische Sprachverwendung, sprachliche Aufrechterhaltung von Kontakten und gegenseitiges Sichvergewissern der Gruppensolidarität (z. B.:
A: »Heiß heute!« – B: »Das kann man wohl sagen!«)

Bernstein leitet die beiden Codes aus den unterschiedlichen Sozialstrukturen der beiden Schichten her bzw. aus den unterschiedlichen Sozialisationsmilieus beim Spracherwerb: Die Unterschichtfamilie sei *statusorientiert*, die Mittelschichtfamilie *personorientiert)*. Auch hier müssen wir uns auf Literaturhinweise beschränken.[27]

10.1.2.3 Defizithypothese und Differenzkonzeption

Bernsteins Wertung der beiden Codes wird mit dem Schlagwort *Defizithypothese* gekennzeichnet: Der restringierte Code wäre demnach defizient gegenüber dem elaborierten. Diese sprachliche Defizienz der Unterschicht bedingt eine kognitive – konkret: geringere Intelligenzleistung, höhere Schulversagerquote bei Unterschichtkindern. Die daraus gezogene bildungspolitische Forderung schlägt sich nieder in der sog. *kompensatorischen Spracherziehung.*[28]

Die entgegengesetzte Position äußert sich in der *Differenzkonzeption:* Elaborierter Code und restringierter Code sind rein deskriptiv als verschieden zu erfassen, jedoch gleichwertig (von *funktionaler Äquivalenz*) in ihrer kommunikativen Leistung. Am Beispiel der *Satzkomplexität:* Bernstein stellt fest, daß der elaborierte Code mehr subordinierende Konjunktionen verwendet, also seine Benutzer befähigt, auch in ihrem Denken und in ihren Urteilen Beziehungen zwischen Tatbeständen differenzierter zu erfassen. Eine empirische Überprüfung[29] erbrachte, daß der restringierte Code auch ohne subordinierende Konjunktionen Möglichkeiten anbietet, logische Abhängigkeiten auszudrücken, z. B. durch sog. Modalpartikeln (auch »Abtönungspartikeln« genannt und gerade im Dt. – im Gegensatz zum Frz. und zum Engl. – sehr häufig verwendet).

Beispiele:

elaborierter C.: *Er konnte nicht kommen, da (weil) er krank war.*

restringierter C.: *Er konnte nicht kommen, er war ja (doch) krank.*

(vgl. Kap. 11: Abtönungspartikeln als illokutive Indikatoren)

ähnlich:

elaborierter Code: syntaktische *Sub*ordinierung durch Relativpronomen: *Ich kenne einen Mann, der Autos verkauft.*

restringierter Code: syntaktische *K*oordinierung durch Demonstrativpronomen: *Ich kenne einen Mann, der verkauft Autos.*

10.1.3 Diaphasische Gliederung (Funktionale Sprachvarietäten)

Neben regional und sozial bedingten Unterschieden innerhalb eines Sprachsystems gibt es Unterschiede des *Stils:* die diaphasischen Subsysteme. Man unterscheidet z. B. zwischen »familiärer und offizieller Sprechweise«[30], literarischem Stil, Umgangssprache usw. Der einzelne Sprachteilhaber verfügt im allgemeinen über mehr als einen Sprachstil und trifft die Auswahl je nach Ausdrucksintention,

d. h. unter Berücksichtigung verschiedener Komponenten der Kommunikationssituation. Solche Komponenten sind z. B. Einschätzung des Partners, Gegenstand der Kommunikation, Öffentlichkeitsgrad der Kommunikationssituation u. a. (wie in Kap. 11 als ›pragmatische Universalien‹ und als ›Beschreibungselemente von Redesituationen‹ zusammengestellt).

Auch die diaphasischen Subsysteme manifestieren sich auf den verschiedenen Ebenen der Sprache:

– phonetisch / phonologisch:

Z. B. bestehen im Französischen in nachlässigem Stil[31] die Tendenzen, [a] (= vorderes a) wie [ɛ] zu sprechen (*Paris*→[pɛri], *madame*→[mɛdɛm]), / o / wie [œ] (*d'accord* → [dɛkœːr], *alors* → [ɛlœːr]) und gewisse Vokale und Konsonanten auszulassen (*T'es pas gentil; il y a* [ja]; *cette femme* [stəfam]; *la table* → [latɛb]; *quelque chose* [kɛkʃoːz]; *je ne sais pas* [ʃɛpɑ];[32]

– morphosyntaktisch:

Z. B. ist im Deutschen der Modusgebrauch (die Wahl zwischen Indikativ und Konjunktiv) in vielen Fällen heute nicht mehr so sehr ein grammatisches wie ein stilistisches Faktum (*Er sagt, er habe Zahnschmerzen – er sagt, er hat Zahnschmerzen*); im Französischen wird das Partizip Präsens zur Ersetzung eines Nebensatzes praktisch nur noch im Behördenstil gebraucht, nicht aber in der Umgangssprache (*N'ayant pas reçu de réponse, nous vous prions de . . . – Puisque nous n'avons pas reçu . . .* oder *Comme nous . . .* oder auch *quand* oder auch *bien que*); im Englischen wird beim Relativpronomen für Personen in der Umgangssprache die Nominativform auch für den Akkusativ gebraucht (*Who did you expect?*, nicht *Whom . . . ?*)

– lexikalisch: Hierbei gehören die Synonyme (besser: Quasi-Synonyme), die zwar den gleichen Umweltreferenten bezeichnen, aber dennoch nicht in allen sprachlichen Umgebungen gegeneinander substituierbar sind (s. Kap. 9.6), eben weil sie sich hinsichtlich des Stilniveaus unterscheiden.

Beispiele:

dt. *Frau* (im Sinne von ›Ehefrau‹) – *Gattin* – *Gemahlin; essen – speisen; Mund – Maul, Klappe* usw.; *sterben – verrecken – abkratzen, draufgehen – entschlafen* usw.;

frz. *s'ennuyer – s'embêter* ›sich langweilen‹; *camarade – copain* ›Kamerad‹; *mort – décédé – crevé* ›tot‹; *habiter – demeurer – être domicilié* (Verwaltungssprache) – *résider* ›wohnen‹; *bouche – gueule* ›Mund‹; *laid – moche* ›häßlich‹; engl. *cinema – pictures* ›Kino‹; *clever, intelligent – sharp* ›intelligent‹; *money – brass* ›Geld‹; *marriage – wedlock* ›Ehe‹.

10.1.4 Überlappen der Subsysteme

Wir haben jeden der drei Typen von Subsystemen getrennt skizziert, doch in der Wirklichkeit einer Sprachgemeinschaft überschneiden sie sich häufig.

Die Überschneidung *diatopisch-diastratisch* liegt z. B. in allen den Sprachgemeinschaften vor, in denen die regionalen Varianten als minderwertig eingestuft und dann »als Stigmatisierung sozialer Art bewertet«[33] werden. Besonders ausgeprägt ist dies in Frankreich der Fall, s. Kap. 10.1.1.3 zum Verhältnis *patois* – Hochsprache.

Der Dialekt in Deutschland hat, zumindest in weiten Gebieten, einen anderen Stellenwert als das französische *patois:* »In Deutschland muß man unterscheiden zwischen Nord und Süd: In Norddeutschland gilt der Dialekt (ähnlich wie in Frankreich) eher als Unterschichtssprache; im Süden ist es durchaus möglich, auch bei offiziellen Situationen und in höheren Schichten mit einem leichten Dialektanklang zu sprechen.«[34]

Die Überschneidung *diatopisch – diaphasisch* findet sich überall da, wo der Dialekt in der Familie und in sonstigen weniger offiziellen Kommunikationssituationen verwendet wird, als offizielles Kommunikationsmittel jedoch die Hochsprache dient.

10.2 Diachronie: der Sprachwandel

In Kapitel 10.1 wurde ausgeführt, inwiefern eine historische Sprache auch bei synchronischer Betrachtungsweise sich als nicht homogen erweist: In jedem Augenblick ist sie ein Nebeneinander und in vielen Fällen eine Übereinanderlagerung von diatopischen, diastratischen und diaphasischen Subsystemen.

Daß außerdem ›Homogenität des Systems‹ nicht gleichbedeutend ist mit statischer Unveränderlichkeit, hat de Saussure bereits betont, indem er die synchronische Dimension durch die diachronische vervollständigte (s. Kap. 4 und Kap. 5).

Die diachronische Frage nach dem Sprachwandel befaßt sich zunächst mit seinen *Erscheinungsformen* auf den verschiedenen Sprachebenen (›Lautwandel‹ – morphosyntaktischer Wandel – ›Bedeutungswandel‹). Dann wird nach den *Gründen* für diese Sprachwandlungen gefragt, d. h., es werden Hypothesen zu ihrer Erklärung angeboten. Diese können entweder rein strukturalistisch versuchen, alle Sprachveränderungen allein systemimmanent zu erklären[35], oder sie können außersprachliche Faktoren (politische, siedlungsgeschichtlich-ethnische) mit einbeziehen.

Besonders wichtig ist in diesem Zusammenhang der Einfluß eines anderen Sprachsystems: entweder in Form eines *Substrats* (= Sprache eines eroberten Volkes, die in der Sprache der Eroberer Spuren hinterläßt) oder in Form eines *Superstrats* (= Sprache eines Eroberervolkes, die sich aber als Ganzes nicht halten kann, sondern nur in der Sprache der von ihm Eroberten Spuren hinterläßt).

Die Romania (= die Gesamtheit aller Völker, deren Sprachen, als romanische Sprachen, auf das Lateinische zurückgehen) ist ein besonders ergiebiges Anschauungsmaterial für den Sprachwandel: Zum einen ist er hier, besonders in Frankreich, durch sprachliche Denkmäler weitgehend lückenlos belegt, was für die germanischen Sprachen nicht der Fall ist; zum anderen tritt er hier in besonderer Vielfalt vor Augen, denn aus dem ursprünglich einheitlichen klassischen Latein haben sich, über das Sprechlatein (gelegentlich ›Vulgärlatein‹ genannt), elf verschiedene romanische Sprachen entwickkelt.[36]

Auf den Sprachwandel einzugehen, würde den Rahmen der vorliegenden Ausführungen überschreiten, so daß wir uns mit einigen für die Geschichte der jeweiligen Sprache besonders wichtigen Stichworten begnügen müssen, die in der folgenden Aufgabe zum selbständigen Benutzen der entsprechenden Literatur anregen sollen.[37]

Wenn auch nur in dieser knappen Form, schien es uns doch notwendig, den Sprachwandel mit einzubeziehen als Komplement zu den Subsystemen, insofern beide einen etwaigen mißverständlichen Systembegriff modifizieren. Ein Sprachsystem läßt sich erstens zwar ahistorisch beschreiben, aber nicht erklären ohne Einbeziehung seiner Geschichte, und es läßt sich zweitens zunächst überhaupt nur beschreiben als homogenes Strukturgefüge, aber diese Beschreibung ist auf einen konkreten Gegenstand, d.h. auf eine historische Sprache, nicht anwendbar ohne Berücksichtigung von dessen regionaler, sozialer und stilistischer Diversität. Eine historische Sprache ist nicht statisch, sondern dynamisch, und nicht homogen, sondern heterogen.

Aufgabe:

52. Erarbeiten Sie sich anhand von Hilfsmitteln[37] folgende Themen zur Sprachgeschichte im Rahmen allgemeiner Zusammenhänge:
1. Antikes Rom: Republik → Monarchie → Kaiserreich.

Griechischer Einfluß (→ lat.-griech. Basis des gelehrten Wortmaterials unserer Sprachen.)

Zeit Caesars, Romanisierung.

2. Germanische Völker im Römischen Reich – welche? wann?

Substrate / Superstrate?

3. Mittelalter: Wichtigste Ereignisse für

das Frz. (Karolingische Renaissance, Feudalismus, allmähliche Zentralisierung → Vorherrschaft des Franzischen)

das Dt. (Klosterkultur, Lehnübersetzungen)

das Engl. (Eroberung durch die Normannen → besondere Zusammensetzung des engl. Wortschatzes, die *hard words*)

4. Auswirkungen der Renaissance

auf das Frz. (Italianismen; DuBellay: Selbstbewußtsein der eigenen Nationalsprache, Abgrenzung gegen Latein und gegen Italienisch)

auf das Dt. (Humanismus und Renaissance, Luthers Bibelübersetzung, böhmisch-sächsische Kanzleisprache als Grundlage der Hochsprache; Erfindung des Buchdrucks)

auf das Engl. (das Elisabethanische Zeitalter)

5. Sprachreglementierung:

in Frankreich: die *Académie Française;* (evtl.: in Deutschland: die Sprachgesellschaften; Wörterbücher, z. B. das der Brüder Grimm)

6. Entstehung/Verbreitung überregionaler Einheitssprachen, Rückgang der Dialekte (allgemeiner Militärdienst, allgemeine Schulpflicht; nationale Einigung – je später sie erfolgte, desto größere Dialektvielfalt hielt sich[38]; für Frankreich auch in diesem Zusammenhang Einfluß der Frz. Revolution; England: die Public Schools).

11 Pragmatik

11.1 Sprachliche Kompetenz vs. kommunikative Kompetenz

Mit der *linguistischen Pragmatik* oder *Pragmalinguistik* (die Ende der 60er Jahre anfing, sich zu konstituieren) hat die neuere Linguistik eine grundsätzliche Erweiterung ihres Blickfeldes, eigentlich sogar eine Wandlung ihres Gegenstandsverständnisses vollzogen: Sprache interessiert nicht mehr so sehr als abstraktes Zeichensystem, sondern als System symbolischer Kommunikation. Was in sprachlichen Kommunkationssituationen geschieht, ist auch durch den Regelapparat der gTG nicht voll abgedeckt: Zwar erzeugt die Kompetenz als »Fähigkeit eines idealen Sprechers, ein abstraktes System sprachgenerativer Regeln zu beherrschen«[1], grammatische Sätze. Doch auch bei Anwendung dieser linguistischen Regeln kann man zu Sätzen gelangen, die man in tatsächlichen Kommunikationssituationen nicht verwenden würde, wie

»Ich bin jetzt dort in Berlin.«   (wenn der Satz in Freiburg gesprochen wird; es sei denn: »Ich stelle mir vor, daß ich jetzt dort in Berlin bin.«)

»Ich überrede Sie hiermit.«[2]

Die Fähigkeiten eines idealen Sprechers müssen demnach noch mehr umfassen als den von Chomsky beschriebenen Regelapparat. Dieser stellt vielmehr nur die sprachliche Kompetenz des Sprechers dar, aber darüber hinaus verfügt dieser über eine *kommunikative Kompetenz.*[3] Erst aus dem Zusammenwirken beider läßt sich die faktische sprachliche Äußerung in ihrer System- *und* Situationsadäquatheit erklären. Aufgabe der TG war die Nachkonstruktion des Regelsystems, nach dem wir grammatische Sätze generieren; Aufgabe einer Theorie der kommunikativen Kompetenz ist »die Nachkonstruktion des Regelsystems, nach dem wir Situationen möglicher Rede überhaupt hervorbringen oder generieren«[4], die »kommunikative Fähigkeit zur Konstituierung von Sprechsituationen«[5]. Methodologische Konsequenz der Entscheidung für diesen (komplexen) Untersuchungsgegenstand ist eine Orientierung an sozial-(handlungs-)wissenschaftlichen Konzepten. So stützt sich die folgende Darstellung einerseits, mehr linguistisch ausgerichtet, auf D. Wunderlich, der in seiner linguistischen Pragmatik von der Sprechakttheorie von J. Austin und von J. R. Searle ausgeht, andererseits auf die zwar an Sprachlichem unabdingbar festgemachte, aber darüber hinausgehend gesellschaftswissenschaftliche Theorie von J. Habermas.

Im Zusammenhang mit der Unterscheidung ›sprachliche Kompetenz / kommunikative Kompetenz‹ steht die zwischen Satz und Äußerung.[6] Betrachten wir eine bestimmte Redesituation, so haben wir nach Habermas eine konkrete Äußerung vor uns, was besagt, daß ihre Bedeutung nicht allein vom zugrundeliegenden Sprachsystem und der linguistischen Kompetenz des Sprechers bestimmt wird, sondern auch vom situativen Kontext, von den Persönlichkeitsstrukturen der Sprecher/Hörer, von ihren Rollen, ihren Erwartungen, psychischen Verfassungen usw. Das sprachliche Zeichenmodell von Peirce[7], von dem (und, in seiner Nachfolge, von Morris[8]) die Pragmatik ausgeht, zeigt drei (nicht, wie de Saussures Zeichenmodell, nur zwei) Dimensionen des Zeichenprozesses:[9]

Die semantische Dimension meint die Relation zwischen den Zeichen und den Gegenständen, auf die sie anwendbar sind (Untersuchungsgegenstand der Semantik), die syntaktische Dimension meint die formale Relation der Zeichen untereinander (nach Peirce Untersuchungsgegenstand der Syntaktik), und die pragmatische Dimension meint die Beziehung zwischen Zeichen und Benutzer (Untersuchungsgegenstand der Pragmatik).

Sprache ist also nicht denkbar ohne ihre(n) Benutzer; nicht ein Zeichensystem, dessen Elemente sich jeweils auf ›Teile der außersprachlichen Wirklichkeit‹ beziehen (so im Strukturalismus), sondern ein Zeichensystem, dessen Elemente durch ihre Benutzer jeweils bezogen werden auf ›Teile der außersprachlichen Wirklichkeit‹.[10]

11.2 Der Handlungsaspekt sprachlicher Kommunikation (Zwei Ebenen der Konventionalität von Sprache)

In einer Sprechsituation geht es nicht nur um die Absicht der Kommunikationspartner, einander etwas mitzuteilen; es müssen auch Kommunikationsinteressen berücksichtigt werden, d. h. das, was ein Kommunikationspartner durch sprachliche (und nichtsprachliche) Mittel beim anderen zu bewirken beabsichtigt.[11] Insofern ist Sprechen nicht nur ein Mitteilen, sondern stets auch ein Handeln, z. B. ein Befehlen, Fragen, Bestreiten, Behaupten usw. Pragmatik läßt sich definieren als das Studium sprachlicher Handlungen und der Kontexte, in denen sie vollzogen werden.

Nun ist zu fragen, welche Beziehung besteht zwischen bestimmten Sprechhandlungstypen und bestimmten grammatischen Modi von Sätzen. Man kann etwa untersuchen, ob jede Äußerung, die grammatikalisch die Form einer Frage hat, auch einer Frageintention entspringt, d. h., ob sie hinsichtlich ihrer kommunikativen Funktion als Frage gemeint ist, z. B.:

1. »Könntest du bitte deine Schuhe abputzen?«
2. »Dürfte ich sie höflichst bitten, mir das Manuskript zurückzusenden?«
3. »Wie kannst du ihm das nur erlauben?«
4. »Ist das nicht ein einmaliges Angebot?«

1. und 2. sind Aufforderungen[12], 3. erhebt einen Vorwurf, 4. heischt Zustimmung.

Umgekehrt kann die kommunikative Frageintention sich grammatikalisch anderer Vehikel bedienen als des Fragesatzes, z. B.:

»Sie werden sicher heute noch weiter wollen.« »Mich würden die Gründe für seine Abreise interessieren.« »Dein Freund war wohl nicht zu Hause.«

Ähnlich kann eine Aufforderungsintention in verschiedenen grammatischen Modi vorgebracht werden:[13]

»Monika, mach das Fenster zu!«
»Monika, sei mal so nett und mach das Fenster zu!«
»Monika, machst du mal das Fenster zu?«
»Monika, bist du mal so nett und machst das Fenster zu?«
»Monika, kannst du mal das Fenster zumachen‹«
»Monika, würdest du bitte mal das Fenster zumachen?«
»Monika, kannst du denn nicht das Fenster zumachen?«
»Monika, du könntest mal das Fenster zumachen.«
»Monika, du kannst das Fenster zumachen.«
»Monika, ich wäre dir dankbar, wenn du mal das Fenster zumachst.«
»Monika, ich denke, du solltest mal das Fenster zumachen.«
»Monika, ich möchte, daß du das Fenster zumachst.«
»Monika, warum machst du nicht das Fenster zu?«

»Monika, warum steht das Fenster denn immer noch auf?«
»Monika, das Fenster steht auf!«
»Monika, ich wundere mich, daß es dich gar nicht stört, daß das Fenster aufsteht.«
»Monika, es zieht!«
»Monika, merkst du denn gar nicht, daß es zieht?«

Für jeden dieser Sätze wäre eine Situation als Rahmen denkbar, in der seine Äußerung genau denselben kommunikativen Effekt erbringen würde wie die eines anderen aus den oben aufgeführten. Ich muß also unterscheiden zwischen Frage*sätzen* (Interrogativformen), Aufforderungs*sätzen* (Imperativformen) einerseits und Frage- und Aufforderungs*handlungen* andererseits. Wunderlich spricht von »zwei Ebenen der Konventionalität von Sprache«[14]: die eine beruht im System grammatikalischer Regeln – die Konventionalität dieser Ebene, der *langue,* ist bereits im de Saussureschen Strukturalismus ein Grundprinzip –; die zweite ist durch die Regeln des Sprachhandelns gegeben und artikuliert sich in der Frage: Welche Konsequenzen ergeben sich aus bestimmten Äußerungen für einen Sprecher und einen Hörer? Was kann ein Satz in welchen Situationskontexten bedeuten?

Die oben als erste beschriebene Ebene der Konventionalität könnte man die grammatische, die zweite die pragmatische nennen. Daß zwischen ihnen keine Eins-zu-Eins-Entsprechung besteht, sondern einem Typ der einen Ebene u. U. mehrere der anderen entsprechen, haben die angeführten Beispielsätze deutlich zu machen versucht.

11.2.1 Indirekte Sprechhandlungen

Betrachten wir nochmals die Beispielsätze aus 11.2, so stellen wir fest, daß für den pragmatischen Sinn eines Satzes der Kontext eine entscheidende Rolle spielen kann, wenn auch nicht muß. Während in den 13 ersten Beispielsätzen die Aufforderung, das Fenster zu schließen, auch ohne Rekurs auf eine gegebene Situation verstanden werden kann (sie alle enthalten die lexikalischen Morpheme *Fenster* und *zumachen*), ist bei den sechs letzten Äußerungen nur durch die Situation klar, daß es sich nicht (jedenfalls im pragmatischen Sinne nicht) um Feststellungen eines Zustandes, sondern um Aufforderungen handelt. Es sind Beispiele für sogenannte indirekte Sprechhandlungen.[15] Hier ist die indirekte Sprechhandlung dadurch gekennzeichnet, daß »die wörtliche Äußerung den Grund für die indirekte Aufforderungshandlung«[16] angibt. Die Feststellung, »es herrscht der Zustand x«, kann schlußfolgernd verstanden werden als Aufforderung: »Mach, daß der Zustand x nicht mehr besteht.«[17] Hierfür sind nach Wunderlich zwei Kontext-Bedingungen Voraussetzung:

– Man muß entnehmen können, daß »der Sprecher den Zustand x direkt oder indirekt als unangenehm empfindet«[18];
– die Beziehung Sprecher zu Hörer muß hinsichtlich des »Ranges der Kommunikationspartner«[19] im betreffenden Kommunikationsakt so strukturiert sein, daß Bitten oder Aufforderungen möglich sind, d. h., entweder muß der Sprecher der Bevorrechtigte sein, oder es muß Gleichberechtigung vorliegen. Natürlich gibt es nicht nur bei Aufforderungen (wie hier), sondern grundsätzlich bei allen Sprachhandlungstypen die Möglichkeit indirekter Realisierungsform.

11.3 Explizit illokutive Äußerungen[20]

Wenn wir wieder an die Beispielsätze aus 11.2 anknüpfen, so fällt auf, daß einige davon noch einen Vordersatz enthalten, in dem das Personalpronomen der 1. Person und ein Verb vorkommen:

»M., *ich wäre dir dankbar,* wenn du mal das F. zumachst.«
»M., *ich denke,* du solltest mal das F. zumachen.«
»M., *ich möchte,* daß du das F. zumachst.«
»M., *ich wundere mich,* daß es dich gar nicht stört, daß das F. aufsteht.«

Solche sprachlichen Ausdrücke dafür, »daß der Sprecher Komponenten der Interaktion (seine Wahrnehmungen, seine Erwartungen) in bestimmter Weise bewertet oder beurteilt«[21], bezeichnet man als illokutive Äußerungen.

Die Sprechakttheorie unterscheidet zwischen lokutiven, illokutiven und perlokutiven Akten als simultanen Aspekten von Sprechakten. *Lokutiver Akt:* Akt des Hervorbringens einer Äußerung[22a] (die pragmatisch noch nicht spezifiziert ist). Er läßt sich seinerseits nochmals als unterteilt ansehen in einen *phonetischen,* einen *phatischen* und einen *rhetischen* Akt:

»Beispiel: Mutter und Kind gehen über die Straße. Plötzlich ruft die Mutter: ›Paß auf, da vorn liegt Hundedreck!‹

a) *phonetischer Akt:* die Mutter produziert bestimmte Laute, die in einer phonetischen Umschrift wiedergegeben werden können; bzw. die Mutter sagt / pas'aof da'forn li:kt .../
b) *phatischer Akt:* die Mutter äußert Wörter der dt. Sprache, die ersten in

einer Imperativsatzform, die späteren in einer Aussagesatzform bzw. die Mutter sagt: ›Paß auf, da . . .‹ (= ›A‹)

c) *rhetischer Akt* (bei Austin) = *propositionaler Akt* (bei Searle): die Mutter prädiziert zum angesprochenen Kind den Akt des Aufpassens, und sie referiert auf eine Stelle am Boden, zu der sie den Zustand des Hundedreck-Liegens prädiziert; bzw. die Mutter sagt, daß das Kind aufpassen soll und daß an einer Stelle am Boden vor dem Kind Hundedreck liegt.«[22b]

Illokutiver Akt: Akt der Übermittlung der empfängergerichteten Senderintention[23], in unserem Beispiel: Die Mutter macht das Kind aufmerksam auf eine Stelle am Boden.

Perlokutiver Akt:

– perlokutiv$_1$: die beabsichtigte Wirkung des Sprechakts (so bei Wunderlich[24]), in unserem Beispiel: Indem die Mutter ›A‹ sagt, macht sie das Kind aufmerksam auf eine Stelle am Boden;

– perlokutiv$_2$: die durch den Sprechakt wirklich auf den Empfänger (bzw. auf Sender und Empfänger zugleich, z. B. beim Versprechen) ausgeübte Wirkung (so eher bei Austin und Searle), in unserem Beispiel: Dadurch, daß die Mutter ›A‹ sagt, warnt sie das Kind vor dem Betreten dieser Stelle.

Die Unterscheidung zwischen illokutiv und perlokutiv$_2$ ist nicht immer eindeutig; in der Regel kann sie durch den von Austin[25] vorgeschlagenen Test durchgeführt werden:

»*in* saying it I was warning him« – illokutiv (in dem Moment, wo ich es sagte, warnte ich ihn gleichzeitig)

»*by* saying it I convinced him« – perlokutiv (dadurch, daß ich es sagte, überzeugte ich ihn)

Im folgenden sollen einige Beispiele verdeutlichen, was unter Illokution und Perlokution zu verstehen ist:[26]

»Illokutive Akte	Allgemeiner perlokutiver Effekt
argumentieren, daß p	
begründen, daß p	
rechtfertigen, daß p	
beweisen, daß p	H ist davon überzeugt, daß p
folgern, daß p	
ableiten, daß p	
widerlegen, daß p	
entkräften, daß p	
zum Widerspruch führen, daß p	H ist davon überzeugt, daß nicht p
falsifizieren, daß p	

.
.
.

beglückwünschen
gratulieren
danken   H ist erfreut
loben
Komplimente machen

.
.
.

Wenn ein Examenskandidat durch eine knifflige Frage des Prüfers erfreut wird, obwohl der Prüfer den Kandidaten damit hereinlegen wollte, so ist das ein spezieller perlokutiver Effekt einer Examensfrage.«

Aufgabe:
53. »Zwei Kinder spielen auf der Straße, als ein großer Hund zugelaufen kommt und sie anspringt. Die Kinder schreien. Die Besitzerin des Hundes sagt darauf: ›Der Hund beißt doch nicht!‹ Welche Art von illokutivem und perlokutivem Handeln intendiert die Hundebesitzerin mit ihrer Äußerung?«

Das Verb ist nicht die einzige grammatische Form, die die Funktion übernehmen kann, die Äußerung in einer bestimmten Weise auszurichten, vorauszuschicken, was der Hörer damit zu machen hat. Andere Wortarten, z. B. Adverbien, können für dieselbe Funktion verwendet werden s. 11.3.3: Andere Wortarten (Nicht-Verben) in der Funktion ›illokutiver Indikator‹.[27]
Die drei folgenden Kapitel sollen das Funktionieren illokutiver Äußerungen darstellen.

11.3.1 Performative Verben

An den performativen Verben, wie *befehlen, fragen, begrüßen, versprechen, taufen* usw., ist intuitiv einleuchtend, daß Sprechen zugleich ein Handeln ist. Denn sie beschreiben nicht nur mit sprachlichen Mitteln einen außersprachlichen Vorgang (wie es etwa beliebige andere Verben: *laufen, geben, lieben,* tun), sondern im sprachlichen Benennen dieses Vorgangs liegt zugleich sein Vollzug. Wenn ich sage: *er fliegt,* beschreibe ich damit eine außersprachliche Handlung; wenn ich aber sage: *ich begrüße Sie,* so beschreibe ich damit nicht nur eine Grußhandlung, sondern indem ich sie sprachlich benenne, konstituiere ich sie zugleich als sprachliche Handlung; *Benennen und Vollzug des Benannten fallen in den performativen Verben in eins zusammen.*
Performative Verben sind Verben, die unter bestimmten Umständen performativ gebraucht werden *können.* Der wichtigste

227

Umstand ist: die Form im Präsens Indikativ 1. Person (Singular oder Plural) bzw. einige wenige äquivalente Formen (s. Kap. 11.3.2).

Ich verspreche dir, ... ist normalerweise performativ. *Ich versprach dir,* ... ist nicht performativ, sondern deskriptiv, ebenso: *Er verspricht dir,* ... Genauer gesagt: In den beiden letzten Äußerungen wird zumindest das Verb *versprechen* nicht performativ verwendet. Mit ihnen wird vielmehr über einen früheren Sprechakt des Versprechens berichtet bzw. eine Tatsachenbehauptung (»Es existiert / existierte ein solcher Sprechakt«) aufgestellt.

Der zweitwichtigste Umstand ist die Ernsthaftigkeit des Sprechens. Scherzhafte Versprechungen z. B. zählen nicht. In ihnen wird *Ich verspreche dir,* ... *mit anderen Rede-Intentionen* geäußert. Verben wie z. B. *laufen, essen, schneiden, anziehen* lassen sich dagegen niemals performativ gebrauchen. Das macht den Unterschied zwischen ihnen und Verben wie *versprechen, befehlen, empfehlen, raten* usw. und deren Besonderheit aus. Darum also nennt man sie performative Verben, nicht etwa deshalb, weil sie in jedem Sprechakt performativ verwendet würden.

Nun gibt es aber viele Äußerungen, die kein solches performatives Verb enthalten, z. B. *Das Wetter ist schlecht.*

Wie kann man behaupten, solche Äußerungen seien ebenfalls Sprechhandlungen? Indem man von der Annahme ausgeht, jeder Satz sei als abhängig von einem performativen Verb denkbar, und sei es nur *ich meine* oder *ich teile dir (als wirklich) mit.*

11.3.2 Explizit performative Formeln

Wir können nunmehr genauer auf die ›performativen Sätze‹, wie Habermas sie nennt, eingehen. Sie können implizit oder explizit sein.

Explizit performative Formeln (EPF'n) sind Wendungen, deren sich der Sprecher bedient, um den Charakter einer Sprechhandlung explizit zu deklarieren (z. B. als Befehl, als Bitte, als Behauptung). Wunderlich[28] gibt die linguistische Struktur solcher explizit performativen Formeln an (ihre nicht formalisierte Beschreibung ist uns schon aus 11.3.1 bekannt):

»ich .... dir, daß ....
    VERB   SATZ
(z. B. *ich verspreche dir [hiermit], daß ich morgen komme*)

Alle EPF'n stehen im Indikativ Präsens in der positiven Form; Subjekt: 1. Person (Singular oder Plural); Personobjekt (Dat. oder Akk.): 2. Person (Singular oder Plural). Die Partikel ›hiermit‹ kann ergänzt werden.

Gewisse Transformationen der angegebenen Struktur beeinflussen die kommunikative Funktion der EPF nicht, z. B. Passiv: *Es wird gebeten, die Tür leise zu schließen;* oder Permutation: *Wir warten hier, das versprechen wir euch.* (Ob man auch solche Ausdrücke als explizit performative Formeln bezeichnen sollte, wie Wunderlich es tut, bedürfte noch der Diskussion.)

Eine bestimmte EPF ist jedoch nicht für alle Situationen als Indikator einer bestimmten kommunikativen Funktion festgelegt, vgl.:

Ich frage dich, was du hier liest (Fragefunktion), dagegen: *Ich frage dich, ob du endlich die Klappe halten kannst* (Aufforderng); oder:
Ich rate dir, mit der Bahn zu fahren (Ratschlag), dagegen: *Ich rate dir zu verschwinden* (Drohung, jedenfalls häufig).

Die EPF'n sind, wie aus den Beispielen ersichtlich, nicht immer hinreichend eindeutig, um die kommunikative Funktion anzugeben. Zum zweiten sind sie in normalen Gesprächen oft gar nicht anzutreffen. Demnach muß es noch andere Mittel mit derselben Funktion geben, d. h. noch andere Träger der Konventionalität von Sprechhandlungen: die illokutiven Indikatoren.

11.3.3 *Andere Wortarten (Nicht-Verben) in der Funktion ›illokutiver Indikator‹*

Die Äußerung eines Satzes wie *Du kannst das Fenster schließen* kann je nach Kontext verschiedene kommunikative Funktionen haben. Zur pragmatischen *Disambiguierung* (= Beseitigung bzw. Verringerung der Mehrdeutigkeit in der Sprecherintention) kann also einerseits der Situationskontext dienen, andererseits auch sprachliche Mittel, die dem Hörer sagen, wie er die Äußerung zu ›verwerten‹ hat, z. B.:

He, du kannst das Fenster schließen. (Aufforderung)
Du kannst bitte *das Fenster schließen.* (Aufforderung)
Du kannst mal *das Fenster schließen.* (Aufforderung)
Du kannst ja *das Fenster schließen.* (Ratschlag)
Du kannst bestimmt *das Fenster schließen.* (Versuch, den Hörer davon zu

überzeugen, daß er eine bestimmte Fähigkeit besitzt oder daß eine bestimmte Handlung dem Hörer erlaubt ist.)

Du kannst das Fenster schließen, oder? (Frage nach der Information, ob der Hörer eine bestimmte Fähigkeit oder Entscheidungsbefugnis besitzt, oder Aufforderung mit Offenlassen einer Handlungsalternative.)

Ja, *du kannst das Fenster schließen.* (Erlaubnisgeben oder Bestätigung, daß der Hörer eine Fähigkeit besitzt oder daß eine Erlaubnis besteht.)

Nanu, du kannst das Fenster schließen? (Ausdruck der Überraschung, daß der Hörer eine bestimmte Fähigkeit besitzt.)

Die Beispiele zeigen, daß auch illokutive Indikatoren, die keine Verben sind, Träger illokutiver Akte sein können. Ihre linguistische Form ist (zumindest im Deutschen) häufig das Adverb, daneben auch die Interjektion. Aus der Gattung Adverbien sind es besonders die – gelegentlich zu Unrecht als unwesentlich angesehenen – sog. ›Modalpartikeln‹ (›Abtönungspartikeln‹). Daß sie eine wichtige kommunikative Funktion haben können, ist von seiten der Soziolinguistik ebenfalls festgestellt worden. Vergleichen wir eine Äußerung eines elaboriert Sprechenden mit ihren Varianten im restringierten[29] Code,

elaboriert: *Er kam nicht,* weil *er krank war.*
restringiert: *Er kam nicht, er war* ja *krank.*
oder: *Er kam nicht, er war* doch *krank.*

so stellen wir fest, daß im restringierten Code ein illokutiver Indikator die gleiche Funktion haben kann wie im elaborierten die Hypotaxe.[30] (Zu der Konsequenz, die diese Feststellung für Bernsteins These hat, s. 10.1.2.3.)

11.4 Pragmatische Universalien

Nach Habermas befaßt sich die Universalpragmatik mit allgemeinen Strukturen der Sprechsituation (s. Kap. 11.1), sog. »dialogkonstituierenden Universalien«[31]).

11.4.1 Systematisierung von Sprechakten

Für Habermas steht im Zentrum der pragmatischen Universalien der Sprechakt, der in seiner jeweiligen pragmatischen Intention festgelegt wird durch seinen performativen Satz bzw. durch das performative Verb, genauer: durch dessen Semantik. Die Vielzahl performativer Verben läßt sich semantisch-pragmatisch in einige größere Gruppen zusammenfassen – von daher sieht Habermas eine Möglichkeit, Sprechakte in ein System einzuordnen, dem als intersprachlich gültigem der Status eines Universale zukommt.[32] Er unterscheidet vier Klassen von Sprechakten:

1. *Kommunikativa*, z. B. *sagen, fragen, antworten, zugeben, zitieren*. Sie dienen dazu, »den pragmatischen Sinn der Rede überhaupt anzusprechen, den »Sinn von Äußerungen qua Äußerungen« zu explizieren.

2. *Konstativa*, z. B. *beschreiben, mitteilen, erklären, voraussagen, deuten, versichern, bestreiten, bezweifeln*. Sie dienen dazu, »den Sinn der kognitiven Verwendung von Sätzen auszudrücken«. Sie explizieren den »Sinn von Aussagen qua Aussagen«.

3. *Repräsentativa*, z. B. *offenbaren, gestehen, preisgeben*. Sie dienen dazu, »den pragmatischen Sinn der Selbstdarstellung eines Sprechers vor einem Hörer anzusprechen«. Sie explizieren »den Sinn des zum Ausdruckbringens von Intentionen, Einstellungen, Expressionen des Sprechers«. Die von diesen performativen Verben abhängigen Sätze sind Intentionalsätze mit Verben wie *wissen, denken, meinen, hoffen, lieben, wollen* usw.

4. *Regulativa*, z. B. *befehlen, bitten, ermahnen, sich weigern, versprechen, vereinbaren, entschuldigen, vorschlagen*. Sie dienen dazu, den »Sinn der praktischen Verwendung von Sätzen auszudrücken«. Sie explizieren den »Sinn des Verhältnisses, das Sprecher/Hörer zu Regeln einnehmen, die sie befolgen oder verletzen können«[33].

Diese Systematisierung von Sprechakten ist bei Habermas deswegen fundamental wichtig, weil auf ihr die ›ideale Sprechsituation‹ beruht (s. Kap. 11.8). Die ideale Sprechsituation (oder ›ideale Redesituation‹, ›Diskurs‹, ›herrschaftsfreie Diskussion‹) ist der eigentliche Schlüsselbegriff der *Habermas*schen Pragmatik, dem bei ihm alle anderen pragmatischen Begriffe letztlich untergeordnet sind. Daher haben wir ihm ein eigenes Kapitel gewidmet.

Den genannten vier Klassen von Sprechakten fügt Habermas noch eine fünfte hinzu: institutionelle Sprechakte, z. B. *begrüßen, danken, gratulieren, taufen, heiraten, wetten, verurteilen* usw. Diese letztere Klasse basiert auf konventionalisierten Situationen, sie »setzt Institutionen bereits voraus«[34]; die ersten vier Klassen hingegen bringen erst selbst Sprechsituationen hervor, weshalb nur sie (nicht dagegen die fünfte) von Habermas den pragmatischen Universalien zugerechnet werden.

Aufgabe:

54. Stellen Sie für jeden der folgenden Beispielsätze fest, welcher der vier Habermasschen Sprechakttypen vorliegt:

a) *Ich möchte aber doch meinen, daß es sich hier um eine geradezu skandalöse Situation handelt* ... (S. 141)

b) *Ich bin ebenfalls der Meinung, daß in den psychiatrischen Krankenhäusern noch sehr vieles zu tun ist.* (S. 145)

c) *... und dazu müßten wir einfach einmal feststellen:* ... (S. 151)

(Satz a) bis c) aus: Steger, H. et al.: Heutiges Deutsch. Bd. II. Diskussion: ›Sind Geisteskranke Stiefkinder der Gesellschaft?‹)

d) Robespierre: *Ich verlange, daß Legendres Vorschlag zurückgewiesen werde.* (S. 45)

e) Camille: *Ich wiederhole dir, du kannst ruhig sein.* (S. 38)

(Satz d) und e) aus: Büchner, G.: ›Dantons Tod‹.)

Habermas' Einteilung der Sprechakte ist nicht unumstritten. Mit einem Ausdruck, der zu den Repräsentativa gehört, nämlich *Ich verschweige dir nicht, daß* ...[35], bringe ich gegenüber meinem Kommunikationspartner zum Ausdruck, daß ich ihm offen, ohne Täuschung, ernsthaft (Qualität intersubjektiv ehrlicher Rede oder ›Wahrhaftigkeit‹[36] bei Habermas) eine Proposition mitteilen will. Er soll erkennen, daß ich ihm dabei nichts verheimliche. Das gleiche kann ich nun aber auch mit einem bloßen Kommunikativum – unter Verwendung von *sagen* –, indem ich entsprechende adverbiale Zusätze mache (z. B. *Ich sage dir ganz offen, daß* ...). Habermas sieht nicht die große Bedeutung der Adverbien für die Sinnkonstitution und Sinnerschließung. Und *mitteilen* wiederum ordnet Habermas unter die Konstativa ein. (Warum nicht ebenso wie *sagen* unter die Kommunikativa?) Habermas hat das Phänomen der Polysemie nicht in Betracht gezogen, die Tatsache, daß es Überschneidungsbereiche gibt; und manchmal ist seine Zuordnung eines Verbs zu einer Klasse (so bei *mitteilen*) sogar völlig arbiträr. Daraus folgt, daß die Pragmatik semantische Kategorien miteinbeziehen müßte, gerade für die schwierige Klassifizierung der Sprechakte, genauer: der für die Sprechakte wichtigsten Verben wie auch Adverbien beim Typ der einleitenden Hauptsätze. Dabei könnten Substitutionstests (Austauschproben), Permutationstests (Umstellproben), Deletionstests (Weglaßproben) (s. Kap. 8) und andere Proben und das Begriffsinventar der strukturellen Semantik (s. Kap. 9) eine große Rolle spielen. Semantik und Pragmatik sollten dabei zusammenwirken.

In einigen Fällen ist die semantische Bedeutung nicht mit dem pragmatischen Sinn identisch. *Es stimmt, daß* ... weist z. B. semantisch auf die Wirklichkeitsadäquatheit der Proposition (nach Auffassung des Sprechers) hin. Aber pragmatisch gesehen gesteht der Sprecher damit manchmal seinem Kommunikationspartner etwas zu: Er räumt ein, daß dieser recht hat. *Es stimmt, daß* ... wird dann konzessiv gebraucht. (Zu einem solchen Fall siehe am Schluß von Kap. 11.8: Aufgabe a], Zeile 25).

Dieses Beispiel zeigt, wie Semantik und Pragmatik bei einer detaillierten

Klassifikation der Sprechakte zusammenwirken könnten: Nach der semantischen Abgrenzung (*Es stimmt, daß* ... gegenüber *Ich halte es für möglich, daß* ..., *Ich nehme an, daß* ... usw.) müßten die verschiedenen pragmatischen Verwendungsbedingungen im einzelnen angegeben werden.

Austin hatte vor Habermas eine *andere Einteilung der Sprechakte* vorgenommen.[37]

Die Frage einer überzeugenden und anhand linguistischer Tests nachweisbaren Klassifikation der Sprechakte (bei der durchaus Übergangs- und Mischtypen vorkommen könnten) ist also noch nicht gelöst. Es ist zu unterscheiden zwischen a) denknotwendigen pragmatischen Universalien in bezug auf die Wirklichkeit des Sprechhandelns. Sie könnten erschlossen werden aus den performativ verwendbaren Verben des Deutschen, des Englischen und des Französischen usw.; denn die Konstituierung pragmatischer Universalien muß auf den historischen Sprachen basieren, sie darf nicht von abstrakten Postulaten ausgehen; und b) den pragmatischen Universalien in der Habermasschen Konzeption, wie sie hier dargestellt ist.

Wir haben Habermas' Einteilung der Sprechakte dargelegt und zu bedenken gegeben, daß eine andere, eingehender linguistisch begründete Einteilung durchaus möglich wäre. Eine solche Einteilung wäre u. a. nützlich für die fachwissenschaftliche Basis eines Sprachunterrichts, der auf eine jeweils genau definierte kommunikative Kompetenz abzielt und es nicht bei global programmatischen Lernzielformulierungen bewenden läßt.

Ob eine Einteilung nach semantischen Kriterien völlig anders aussähe als Habermas' Klassifikation nach eher »pragmaphilosophischen« Kriterien oder ob sich teilweise Parallelen ergäben, bliebe abzuwarten.

Entsprechend ihrer postulierten intersprachlich-allgemeinen Gültigkeit stellt Habermas eine Beziehung zwischen performativ verankerten pragmatischen Universalien (d. h. zwischen Typen von Sprechakten) und philosophischen Kategorien her, und dies in folgender Weise:

Philosophische Problemstellung	Sprechakte
›Sein und Schein‹	Konstativa
›Wesen und Erscheinung‹	Repräsentativa
›Sein und Sollen‹	Regulativa

Auf die philosophischen Problemstellungen und die damit zusammenhängenden Beziehungen zwischen den Konstativa und der Wahrheit von Aussagen, den Repräsentativa und der Wahrhaftigkeit von Äußerungen, den Regulativa und der Richtigkeit von

Handlungen können wir hier nicht eingehen. Der Argumentations-
gang, durch den Habermas seine Klassifikation zu begründen sucht
und mit dem er zum Begriff der idealen Sprechsituation (s. Kap.
11.8) gelangt, ist ein philosophischer, kein linguistischer. Festzuhalten bleibt nur: Das Zusammenwirken dieser drei fundamentalen
Arten von Sprechakten ist nach Habermas notwendig, damit man
zwischen einem ›wahren‹ und einem ›falschen‹ Konsensus unterscheiden kann. Im Konsensus, im Sich-Verständigen von mindestens zwei Sprechern / Hörern, liegt der pragmatische Sinn von Rede
überhaupt.[38] Damit gehören die Sprechakte, die diese Unterscheidung pragmatisch repräsentieren, als dialogkonstituierende Universalien zu den Bedingungen jeder Kommunikation.[39]

11.4.2 Weitere Beschreibungselemente von Kommunikations-
situationen

Der Sprechakt als weitgehend inhaltlich fundiertes Universale
(s. 11.3.1) stellt nur *ein* Element der stets komplexen Sprechsituation dar. Andere pragmatische Universalien, d. h. rekurrierende
Faktoren, die in die Beschreibung einer Kommunikation mit eingehen müssen, sind z. T. grammatikalisiert, d. h. an bestimmte Wortklassen gebunden; z. T. lassen sie sich nicht in linguistische Kategorien fassen. Sie können sowohl zur Beschreibung einer Kommunikation von einem extrakommunikativen Standpunkt aus dienen als
auch »vom Sprecher selbst (sozusagen meta-kommunikativ)
benannt werden«:[40]

»... die jeweilige Person des Sprechers,
die jeweils angesprochene Person
(oder Personen),
die Zeit der Äußerung,
der Ort des Sprechers, in bezug auf
die Gesamtgruppe, in bezug auf den
umgebenden Raum, den Wahrnehmungsraum des Sprechers, in dem
der ihn umgebende Raum, der Angesprochene und die evtl. gleichzei-
tigen Handlungen oder Verhaltens-
weisen des Angesprochenen enthalten sind,
die phonologisch-syntaktischen Ei-

*Grammatikalisierte pragmatische
Universalien sind:* alle deiktischen
Ausdrücke
der PERSON: Personalpron. und
ihre Ableitungen (Possessiva);
der ZEIT: Tempusformen, Zeitad-
verbien wie *jetzt, morgen* ...;
des ORTES: Demonstrativa (*der,
das* ...), Ortsadverbien wie *hier,
links;*
Formen der Kontaktaufnahme wie
Gruß, Vokativ usw., besondere ho-
norative Formen; Wiedererwähnung von Rede (direkte und indirekte Rede), Formen der Redeein-

genschaften der verbalen Äußerung,
die phonetischen Eigenschaften der paralinguistischen[41] Begleitphänomene,
die strukturellen Eigenschaften der außerverbalen[42] Äußerungsformen,
die strukturellen Eigenschaften der begleitenden Handlungen des Sprechers,
der vom Sprecher intendierte kognitive Inhalt der Äußerung, der im Rahmen einer pragmatikunabhängigen logischen Semantiksprache beschreibbar ist, die Intention des Sprechers:

leitung und des Redeabschlusses wie *ich will es dir erklären ...*, *ich habe dir hiermit alles gesagt, was ich weiß*, bestimmte grammatische Modi wie Frage, Imperativ, Konjunktiv, Optativ; Modaladverbien wie *augenscheinlich, vermutlich, möglicherweise, sicher* usw.

a) thematisch orientiert (Argumente klären wollen, den Angesprochenen überzeugen wollen, etwas in Erfahrung bringen wollen, seinen eigenen Standpunkt darlegen wollen usw.),
b) handlungsmäßig orientiert (gewisse Handlungen des Angesprochenen erreichen wollen, eigene vergangene Handlungen rechtfertigen oder erklären wollen, eigene gegenwärtige Handlungen deutlich machen wollen, einen allgemeinen Kontakt herstellen wollen, ein Kontaktbestreben des Angesprochenen abwehren wollen usw.),
c) ausdrucksmäßig orientiert (gewisse Gefühle und Emotionen ausdrücken wollen, wie Haß, Freude, Angst, Ärger, Zuneigung usw., Wunsch nach Bestätigung oder Solidarität durch den Angesprochenen usw.),
die Voraussetzungen, die der Sprecher mitbringt:

a) allgemeine Voraussetzungen, die während des gesamten Kommunikationsverlaufs einigermaßen konstant bleiben: das Wissen des Sprechers (enzyklopädische Weltkenntnis, Bekanntschaft mit dem Thema, Kenntnis von Sprachen, Kenntnis der gesellschaftlichen Normen, Kenntnis der Biographie des Angesprochenen usw.),

die Fähigkeiten des Sprechers (Perzeptions- und Produktionsfähigkeit von Sprache, kognitive Fähigkeiten wie Kombination und Assoziation, Problemlösung, Abstraktion und Generalisierung, strukturelle Gliederung usw., Lernfähigkeit, Konzentrationsfähigkeit, Fähigkeit zur Einstellung auf einen Sprech- oder Handlungspartner, Fähigkeit, die eigene Rolle und Motivation sich bewußt zu machen usw.),
die allgemeine Motivation des Sprechers (seine Wünsche, Bedürfnisse, Interessen usw.«[43]

Hier wäre an weiteren Merkmalen noch einzufügen:
– »Rang der Kommunikationspartner im jeweiligen Kommunikationsakt:

gleichberechtigt (›symmetrische Interaktion‹[44]) – bevorrechtigt (›komplementäre Interaktion‹)[45]

- sozioökonomische Voraussetzungen beider Kommunikationspartner (Rolle, Status, ökonomische Situation)[46]
- Öffentlichkeitsgrad des Kommunikationsaktes[47]

»b) spezielle Voraussetzungen, die sich im Verlauf der Kommunikation verändern können: Annahmen über den Angesprochenen (Annahmen über dessen Wissen, Fähigkeiten und Motivation, über dessen Intention und Interesse, über dessen emotionale Gefühlslage, über dessen Erwartungen in bezug auf die Rolle des Sprechers, über dessen Verständnis der vorausgegangenen Äußerungen und Handlungen, über dessen Ermüdungszustand, Aufmerksamkeit usw.)[48],
Verständnis der vorausgegangenen Äußerungen und Handlungen,
Verständnis der eigenen Rolle,
an die Kommunikation geknüpfte eigene Erwartungen,
emotionale Gefühlslage,
Ermüdungszustand, Aufmerksamkeit usw.,
die mit der Äußerung etablierte Interrelation von Sprecher und Angesprochenem (der Sprecher versucht, den Angesprochenen zu etwas zu bewegen, der Sprecher führt ein gewisses Verständnis herbei, der Sprecher erzielt ein gewisses Interesse des Angesprochenen, der Sprecher befreit den Angesprochenen von gewissen Befürchtungen, der Sprecher stellt eine Norm auf, der Sprecher geht eine Verpflichtung ein usw.).«[49]

11.4.2.1 Referenzmittel[50]

In die von Wunderlich aufgestellte Liste pragmatischer Universalien aus 11.4.2, die – zusätzlich zum zentralen Sprechakt – zur Beschreibung jeden Kommunikationsaktes anwendbar sind, ist noch eine Differenzierung einzubringen. Sie bezieht sich auf die vier ersten Punkte: Person des Sprechers, Person des Hörers, Zeit und Ort.
Bezugspunkt aller Verweise auf diese vier Elemente eines Kommunikationsaktes, d. h. Bezugspunkt der drei möglichen Arten von *Deixis*: lokal, temporal und personal, ist der »hier-jetzt-ich-Ursprung des Sprechers«[51]. Wo auf andere Orte – Zeiten – Personen verwiesen wird, müssen diese stets »relativ zu diesem Ursprung bestimmt werden«[52].

Beispiel für lokale Deixis: Gebrauch der im Dt. zugleich als Verbalpartikel fungierenden Richtungsadverbien *hinauf/herauf, hinaus/heraus* usw.
A: *Bitte, wirf mir den Schlüssel heraus!* – B: *Ich habe ihn doch schon* hinaus*geworfen.* (Wenn A draußen, B drinnen ist.)

Aufgabe:

55. Vergleichen Sie, welche Möglichkeiten das Frz. und das Engl. haben, um solche dt. Richtungspartikeln zu übersetzen. Beispielsätze:

1. *Bitte, wirf mir den Schlüssel heraus! – Ich habe ihn doch schon hinausgeworfen.*
   frz.: ?   engl.: ?
2. *Er trug den Koffer hinaus.*
   frz.: ?   engl.: ?
3. *Ein Vogel flog herein.*
   frz.: ?   engl.: ?
4. *Wer trägt die Getränke herauf?*
   frz.: ?   engl.: ?
5. *Sie galoppierten herein.*
   frz.: ?   engl.: ?

Die Frage nach den Referenzmitteln lautet also etwa: Mit welchen sprachlichen Mitteln (Wortarten; Lexikonelementen) sorgt der Sprecher dafür, daß der Hörer versteht, »von welchen Teilen der Umwelt die Rede ist«? Und zusätzlich: Welche Regeln gelten jeweils für die Anwendung der einzelnen sprachlichen Mittel, z. B.: unter welchen Bedingungen darf ich zum Zwecke der Deixis ein Personalpronomen verwenden, unter welchen nicht?

Dabei ist zu unterscheiden zwischen *situationsabhängigen und situationsunabhängigen Referenzmitteln* nach folgendem Schema:[53]

situationsabhängige Referenzmittel	situationsunabhängige Referenzmittel	
Hinweisgesten bestimmter Artikel	Eigennamen Kennzeichnungen	in Texten:
Pronomina Demonstrativa Kennzeichnungen deiktische Ausdrücke		Neueinführung von Referenzobjekten: unbestimmter Artikel Zahlwörter Nullartikel Wiedererwähnung: Pro-Formen

Situationsabhängige Referenzmittel können nur verwendet werden, wenn das Referenzobjekt entweder sich im Wahrnehmungsraum von Sprecher und Hörer befindet oder bereits in sprachlicher Weise eingeführt wurde. So ist z. B. eine Sequenz: *Vorhin wollte dich die Dame besuchen. Heute abend kommt eine Dame nochmals vorbei.* abweichend, ebenso wie: *Vorhin wollten dich die Damen besuchen. Heute abend kommen einige Damen nochmals vorbei.* und *Vorhin wollten dich die Damen besuchen. Heute abend kommen Damen nochmals vorbei.* Der Verstoß beruht darauf, daß die Neueinführung eines Referenzobjektes außer durch Eigennamen durch den unbestimmten Artikel bzw. dessen Entsprechung im Plural (dt.: Null-Artikel: *Damen*, frz.: Plural des ›article partitif‹: *des dames*, engl.: *some: some ladies*) oder durch ein Zahlwort erfolgen kann. Erst im weiteren, für die anaphorische Rückverweisung auf dieses Objekt, darf ich mich des bestimmten Artikels (oder auch eines Demonstrativums; jedenfalls der sog. Pro-Formen) bedienen.

Aufgabe:

56. Kennzeichnen Sie im folgenden Text a) alle Neueinführungen, b) alle Textverweise (Rückverweisungen); nicht nur hinsichtlich der Wortart, sondern ggf. auch in lexikalisch-semantischer Hinsicht:

»Er war hier am Waldrand, dort war ein Transformatorenhäuschen, dort war ein Milchstand, dort war ein Feld, dort waren ein paar Figuren / ... /. Später bemerkte er, daß die Figuren auf dem Feld Gendarmen mit Hunden waren.

Neben einem Brombeergebüsch, halb schon unter den Brombeeren, fand Bloch dann ein Kinderfahrrad. Er stellte es auf. Der Sattel war ziemlich hochgeschraubt wie für einen Erwachsenen. Im Reifen steckten einige Brombeerstacheln, ohne daß deshalb aber die Luft ausgegangen war. In den Speichen hatte sich ein Fichtenast so verfangen, daß er das Rad blockierte. Bloch riß an dem Ast. Dann ließ er das Rad fallen in der Meinung, die Gendarmen könnten von weitem in der Sonne die Reflexe der Scheinwerferkappe sehen. Die Gendarmen waren aber schon mit den Hunden weitergegangen.«[54]

Die Referenzmittel wurden hier im Rahmen der pragmatischen Universalien, nicht im Kapitel ›Semantik‹, aufgeführt, weil sie als lediglich zusätzliche Präzisierung der genannten Universalienliste aufgefaßt werden können. In 11.4.2 wurde festgestellt, daß gewisse pragmatische Universalien bestimmten grammatischen Formen zugeordnet sind; dabei kann für die Versprachlichung eines Universale mehr als *eine* grammatische Form zur Verfügung stehen. Daher kann 11.4.2.1 verstanden werden als Darstellung der pragmatischen Distribution dieser einzelnen grammatischen Formen (Unter welchen Bedingungen wähle ich welche Form?).

11.5 Die Doppelstruktur umgangssprachlicher Kommunikation

»Wir können davon ausgehen, daß *Sprecher/Hörer in ihren Äußerungen Sätze verwenden, um sich über Sachverhalte zu verständigen.* Die elementaren Einheiten der Rede haben eine eigentümliche Doppelstruktur, in der sich das spiegelt. Ein Sprechakt ist nämlich aus einem performativen Satz und einem davon abhängigen Satz propositionalen Gehalts zusammengesetzt. Auch wenn die performativen Bestandteile nicht ausdrücklich verbalisiert werden, sind sie im Sprechvorgang stets impliziert; sie müssen daher in der Tiefenstruktur eines jeden Satzes auftreten.«[55]

Im Sprechakt können wir sowohl den performativen Satz als auch den abhängigen Satz in den verschiedensten Formen realisieren. Vor allem in reinen Behauptungssätzen wird der performative Satz meist getilgt; ebenso wird das DU oft getilgt, bzw. es erscheint je nach Verb als Dativ »*dir*« oder Akkusativ »*dich*« (bzw. unter pragmatischen Bedingungen, die wir hier nicht beschreiben wollen, als Dativ *Ihnen* oder Akkusativ *Sie*). So entstehen z. B., ausgehend vom vorangehenden Schema, in elementaren Sprechakten die folgenden Strukturen:

Peter wird morgen in Frankfurt sein. – Ich bin sicher: morgen ist Peter in Frankfurt. – Ich versichere dir: morgen ist Peter in Frankfurt. – Ich versichere dir, daß Peter morgen in Frankfurt ist/sein wird.
Ich nehme an, daß P. ... Vielleicht ist P. ... (etc.).
Ist Peter morgen in Frankfurt? – Sag mal, ist Peter morgen in Frankfurt? – Was meinst du: ob Peter morgen in Frankfurt ist?
Mach (= Bewirke), daß Peter morgen in Frankfurt ist/nach Frankfurt kommt. – Sag Peter, er soll morgen in Frankfurt sein. – (Wenn der Sprecher Befehle geben darf, in einem Kontext von Befehlen, die der Hörer weiterleiten soll):
... und Peter soll morgen in Frankfurt sein.

Ich verspreche dir: morgen ist Peter in Frankfurt. –
Ich verspreche dir, daß Peter morgen in Frankfurt ist. –

Die vorangegangenen Sprechakt-Beispiele haben z. T. die folgende
Struktur:

»Der dominierende Satz enthält ein Personalpronomen der ersten Person als
Subjektausdruck, ein Personalpronomen der zweiten Person als Objektaus-
druck und ein Prädikat, das mit Hilfe eines performatorischen Ausdrucks in
Präsensform gebildet wird (Ich verspreche dir, daß . . .). Der abhängige Satz
enthält einen Namen oder eine Kennzeichnung als Subjektausdruck, der
einen Gegenstand bezeichnet[56], und einen Prädikatausdruck für die allgemeine Bestimmung, die dem Gegenstand zu- oder abgesprochen wird. Der
*dominierende Satz wird in einer Äußerung verwendet, um einen Modus der
Kommunikation zwischen Sprechern/Hörern herzustellen; der abhängige
Satz wird in einer Äußerung verwendet, um über Gegenstände zu kommunizieren.* In der elementaren Verknüpfung von performativem Satz und Satz
propositionalen Gehalts zeigt sich die *Doppelstruktur umgangssprachlicher
Kommunikation.*«[57]

Habermas gibt hier anhand eines häufigen (jedoch nicht einzig
vorkommenden) Typus die linguistische Beschreibung dessen, was
Watzlawick als den Inhalts- und den Beziehungsaspekt menschlicher Kommunikation bezeichnet: »Der Inhaltsaspekt vermittelt die
›Daten‹, der Beziehungsaspekt weist an, wie diese Daten aufzufassen sind.«[58] Der Beziehungsaspekt als »Kommunikation über eine
Kommunikation«[59] stellt eine Metakommunikation dar.
Habermas unterstreicht, daß Kommunikation nur dann zustande
kommt, wenn mindestens zwei Subjekte gleichzeitig »beide Ebenen
betreten«[60], die Inhalts- *und* die Beziehungsebene oder, in den
Worten von Habermas,

»a) die Ebene der Intersubjektivität, auf der die Sprecher/Hörer *miteinander*
sprechen, und b) die Ebene der Gegenstände, *über* die sie sich verständigen
(wobei ich unter ›Gegenstände‹ Dinge, Ereignisse, Zustände, Personen,
Äußerungen und Zustände von Personen verstehen möchte). Der dominierende Satz einer elementaren Äußerung dient dazu, den Modus der
Kommunikation zu bestimmen und damit den pragmatischen Verwen-
dungssinn für den abhängigen Satz festzulegen.«[61]
»Freilich sind die in elementaren Äußerungen auftretenden abhängigen
Sätze keineswegs immer Aussagen. Aussagen im Sinne der Logik sind Sätze,
die Tatsachen wiedergeben. Mit Aussagen verbinden wir also die doppelte
Supposition, daß der Gegenstand, über den eine Aussage gemacht wird,
existiert und grundsätzlich identifiziert werden kann, und daß das Prädikat,
das dem Gegenstand zugesprochen wird, diesem auch tatsächlich
zukommt. Nur Aussagen können als wahr oder falsch behauptet werden.

Sie sind daher stets abhängig von assertorischen Äußerungen, nämlich einer Klasse von Sprechakten, bei denen der abhängige Satz im Sinne einer Behauptung, Mitteilung, Feststellung, Erzählung usw. verwendet wird.[62] Aber auch im Falle eines beliebigen anderen Sprechaktes (einer Frage, eines Befehls, einer Warnung, einer Enthüllung usw.) dürfen wir den jeweils abhängigen Sätzen, die, weil sie nicht assertorisch verwendet werden, keine Propositionen sind, gleichwohl einen propositionalen Gehalt zuschreiben; denn sie können jederzeit in Propositionen umgeformt werden. Bei wechselndem Modus der Kommunikation, beispielsweise der Umformung von Fragen in Befehle, von Befehlen in Geständnisse, kann der propositionale Gehalt identisch bleiben.«[63]

Der gleiche Inhalt kann also behauptet, erfragt, geleugnet, lediglich vermutet u. a. werden.

Aufgabe:

57. Welcher propositionale Gehalt bleibt im folgenden stets identisch?
a) »Ich versichere Ihnen, daß er seinen Namen geändert hat.« (Behauptung)
b) »Hat er (eigentlich) seinen Namen geändert?« (Frage)
c) »Ich nehme an, er hat seinen Namen geändert.« (Vermutung)
d) »Ich wünschte, er hätte seinen Namen geändert!« (Irrealer Wunsch)[64]

»Die elementare Einheit der Rede ist aus performativem und abhängigem Satz propositionalen Gehalts zusammengesetzt, weil Kommunikation, als eine Verständigung über Gegenstände, nur unter der Bedingung gleichzeitiger Metakommunikation, nämlich einer Verständigung auf der Ebene der Intersubjektivität über den bestimmten pragmatischen Sinn der Kommunikation, zustande kommt.«[65]

Die performative Analyse von elementaren Sprechakten ist schon vorgebildet in der Unterscheidung von *modus* und *dictum* im Mittelalter. Sie wurde u. a. von Bally[66] wieder aufgegriffen und von Seuren[67] in die generative Linguistik eingeführt. Ross[68] hat sie *expressis verbis* unter Berücksichtigung pragmatischer Ansätze neu formuliert, *aber* zugleich versucht, die gesamte Pragmatik in die generative *Semantik* zu integrieren. Über McCawley, einen anderen Vertreter der generativen Semantik, gelangte diese Konzeption zu Habermas, der sie in seine eigene Konzeption der Pragmatik integrierte.

Es darf freilich nicht übersehen werden, daß Grewendorf[69] gewichtige Einwände gegen die Argumente von Ross vorbringt, dessen Konzeption ja (über McCawley) auch Habermas' performative Analyse von Sprechakten angeregt hat. Aufgrund von Grewendorfs Einwänden lassen sich einige der Argumente von Ross zweifellos nicht mehr halten. Aber diese Einwände richten sich letztlich vor allem gegen die Tendenz der generativen Semantiker (Ross, McCawley, Lakoff u. a.), die Pragmatik als eigene Forschungsdisziplin in Frage zu stellen und sie als Ganzes der Semantik einzuverleiben.

Habermas macht diesen Versuch nicht, sein Ansatz impliziert keineswegs eine Unterordnung der Pragmatik unter die Semantik, und eben darum gehen wir hier auch vorwiegend von ihm aus.

11.6 Sprechhandlungssequenzen

Die vorhergehenden Kapitel haben die Sprechhandlung in ihren konstitutiven Elementen untersucht; dabei wurde sie aber aus ihrem realen Kontext herausgelöst betrachtet. In Wirklichkeit kommt jede Sprechhandlung eingebaut in einen Handlungszusammenhang vor, andere (verbale und nicht verbale) Handlungen gehen ihr voraus oder schließen sich an sie an.[70]
Es gibt Sprechhandlungen, zu denen in konventionalisiertem Abfolgeschema Sprechhandlungen eines anderen Typs gehören, welche mit ihnen zusammen eine Sprechhandlungssequenz bilden, so bei Frage und Antwort, auch bei Grüßen – Gegengrüßen, Beschuldigen – Entschuldigen. Das gängigste Schema ist das von Frage und Antwort, so daß andere zweigliedrige Sprechhandlungssequenzen sich als Varianten davon auffassen lassen, z. B.

»Vorwerfen – Sich Rechtfertigen
Eine Autorität Befragen – Versichern
Bitten – Versprechen
Behaupten – Zustimmen«[71]
»Bitte um Erlaubnis – Einwilligung
Warnung – Akzeptieren der Warnung«.[72]

Bei solchen Handlungssequenzen kann das zweite Glied entweder in einem Akzeptieren oder in einem Zurückweisen bestehen. Die beiden letzten Beispiele hätten im Falle des Zurückweisens die Funktionen

Bitte um Erlaubnis – Ablehnung
Warnung – Ausschlagen der Warnung.[73]

Wird eine erwartete Folgehandlung nicht ausgeführt, so hat der Angesprochene kooperative Regeln verletzt, vorausgesetzt, die Handlung des Sprechers (Frage, Aufforderung usw.) war ihrerseits berechtigt.
Probeweises Akzeptieren ist als vorläufige Reaktion des Hörers möglich, z. B.

»A: *Wer ist eigentlich der Herr da drüben?*
B: *Wen meinst du denn?*
A: *Der gerade mit dem Mädchen im blauen Kleid flirtet.*

242

B: *Ach, das ist der neue Musiklehrer.«*[74]

›Probeweises Akzeptieren‹ bedeutet bei Wunderlich[75], daß B die erste Frage von A zu beantworten bereit ist, aber er braucht hierfür noch eine genauere Spezifizierung (z. B. hier, auf welchen ›Umweltreferenten‹ sich A mit seiner Frage bezieht), daher stellt er eine Nachfrage.

Doch ein Zurückweisen nach dem probeweisen Akzeptieren, d. h. nachdem B.s Rückfrage durch A beantwortet worden ist, würde ebenfalls eine Verletzung von Kommunikationsregeln darstellen. Statt der einfachen zweigliedrigen Struktur

A: Frage ──────────────────────────── B: Antwort

hat die Sequenz bei probeweisem Akzeptieren dann die folgende Struktur

A: Frage ═╤──────────────────────────═ B: Antwort
         └── B: Nachfrage ── A: Antwort ──┘

Bei Aufforderungen in Form von Befehlen, Verboten, Empfehlungen, Bitten, Warnungen usw. können die Dialogpartner durch ihr Sprechhandeln bereits kompliziertere Sequenzen hervorbringen (und hier deutet sich eine mögliche Brücke zwischen der linguistischen Pragmatik und den Dialogen auch in literarischen Texten an):[76]

Ein Beispiel:
A: *Gib doch mal die Zeitung her!*
B: *Warum denn?*
A: *Ich möchte die Wettervorhersage lesen.*
B: *Die kommt doch auch gleich in der Tagesschau im Fernsehen.*
a: *Ach ja, dann kann ich sie mir auch dort anhören.*
B möchte offenbar im Moment dem A die Zeitung nicht geben, macht aber einen anderen Vorschlag, auf den hin A seine frühere Aufforderung

zurückzieht. Eine Problematisierung, wie in *warum denn*, kann zur Folge haben, daß »Handlungen ausgeführt werden können, die ursprüngliche Handlungen wieder zurücknehmen«[77].

11.7 Sonderfälle von Sprechhandlungen

War bisher dargestellt worden, was über Sprechhandlungen allgemein ausgesagt wird, so soll jetzt auf Sonderfälle von Sprechhandlungen, die nur unter gewissen Umständen vorkommen, hingewiesen werden.

11.7.1 Mehrfachadressiertheit von Äußerungen[78]

Bsp.: Hans und Günter streiten, Robert ergreift Partei und sagt zu Hans: »Ich werde dich gegen Günter beschützen.« Damit ist Hans gegenüber ein Versprechen und zugleich Günter gegenüber eine Warnung oder Drohung ausgesprochen.

Hier werden zwei oder mehrere Sprechhandlungen gleichzeitig ausgeführt dadurch, daß eine Äußerung sich gleichzeitig an verschiedene Adressaten wendet (die entweder als direkt Angesprochene anwesend sind oder das direkte oder indirekte Publikum bilden).

11.7.2 Institutionalität von Sprechhandlungen[79]

Viele Sprechhandlungen sind in ihrer Form und Abfolge festgelegt durch organisierte soziale Institutionen wie Kirchen, Gerichtswesen, Behörden u. a. Die betreffenden Sprechhandlungen wie Taufen, Eheschließen, Verurteilen, Ernennen fallen nicht in die Verantwortlichkeit des einzelnen, und entsprechend gehört auch die individuelle Aufrichtigkeit nicht mehr zu den Voraussetzungen für ihr Gelingen.

11.7.3 Pervertierung von Sprechhandlungen[80]

Nicht jede Verletzung von kommunikativen Konventionen kann als Pervertierung einer Sprechhandlung bezeichnet werden, sondern lediglich die Sprechhandlungen, die die wechselseitigen Verpflichtungen zwischen Sprecher und Hörer verletzen:

1. Gewaltsituationen: A zwingt dem B die Bedingungen der Kommunikation auf, ohne die eigenen Sprechhandlungen begründen zu müssen. Für Zuwiderhandlungen von B kündigt A Sanktionen an.

Beispiele: Befehle, Drohung, inquisitorische Fragen in Verhören, schimpfende Vorwürfe, die eine Rechtfertigung nicht zulassen.

2. Täuschung: A gibt dem B gegenüber eine Intention vor, die nicht seine wahre ist, oder übernimmt eine Verpflichtung, die er von vornherein nicht einzulösen beabsichtigt.

Beispiele: Lüge, Ausrede, Irreführung hinsichtlich Voraussetzungen oder möglicher Konsequenzen.
Die Täuschung ist nur dem A bewußt, die Gewaltsituation dagegen beiden Partnern.

Aufgaben:

58. Führen Sie unter Verwendung pragmatischer Kategorien eine Analyse und (implizit) einen Vergleich der folgenden drei Passagen aus ›Topaze‹ von Marcel Pagnol durch!
(Topaze und Tamise sind Lehrer in einem Internat, das von Monsieur Muche geleitet wird. Seine Tochter Ernestine ist ebenfalls Lehrerin dort.)
a) (Topaze hat Ernestine soeben ein Fläschchen mit roter Tinte, das sie ihn gebeten hatte, ihr zu leihen, als Geschenk überlassen.)

1 Ernestine: Merci, monsieur Topaze.
2 Topaze: Tout à votre service, mademoiselle ...
3 Ernestine: (elle allait sortir, elle s'arrête)
4 Tout à mon service? C'est une phrase toute faite, mais vous la dites
5 bien!
6 Topaze: Je la dis de mon mieux et très sincèrement ...
7 Ernestine: Il y a quinze jours, vous ne la disiez pas, mais vous étiez
8 beaucoup plus aimable.
9 Topaze: (ému) En quoi, mademoiselle?
10 Ernestine: Vous m'apportiez des boîtes de craie de couleur, ou des
11 calendriers perpétuels, et vous veniez jusque dans ma classe corriger
12 les devoirs de mes élèves ... Aujourd'hui, vous ne m'offrez plus de
13 m'aider ...
14 Topaze: Vous aider: Mais si j'avais sollicité cette faveur, me l'eus-
15 siez-vous accordée?
16 Ernestine: Je ne sais pas. Je dis seulement que vous ne l'avez pas
17 sollicitée. (Elle montre le flacon et elle dit assez sèchement) Merci
18 tout de même ... (Elle fait mine de se retirer.)
19 Topaze: (très ému) Mademoiselle, permettez-moi ...
20 Ernestine: (sèchement) J'ai beaucoup de travail, monsieur Topaze
21 ... (Elle va sortir. Topaze, très ému, la rejoint.)

22 Topaze: (pathétique) Mademoiselle Muche, mon cher collègue, je
23 vous en supplie: ne me quittez pas sur un malentendu aussi complet.
24 Ernestine: (elle s'arrête) Quel malentendu?
25 Topaze: Il est exact que depuis plus d'une semaine je ne vous ai
26 pas offert mes services; n'en cherchez point une autre cause que ma
27 discrétion. Je craignais d'abuser de votre complaisance, et je re-
28 doutais un refus, qui m'eût été d'autant plus pénible que le plaisir
29 que je m'en promettais était plus grand. Voilà toute la vérité.
30 Ernestine: Ah? Vous présentez fort bien les choses ... Vous êtes beau
31 parleur, monsieur Topaze ... (Elle rit.)
32 Topaze: (il fait un pas en avant). Faites-moi la grâce de me confier
33 ces devoirs ...
34 Ernestine: Non, non, je ne veux pas vous imposer une corvée ...
35 Topaze: (lyrique) N'appelez point une corvée ce qui est une joie ...
36 Faut-il vous le dire: quand je suis seul, le soir, dans ma petite
37 chambre, penché sur ces devoirs que vous avez dictés, ces problémes
38 que vous avez choisis, et ces pièges orthographiques si délicatement
39 féminins, il me semble (Il hésite puis, hardiment) que je suis encore
40 près de vous ...
41 Ernestine: Monsieur Topaze, soyez correct, je vous prie ...
42 Topaze: (enflammé) Mademoiselle, je vous demande pardon; mais
43 considérez que ce débat s'est engagé de telle sorte que vous ne pouvez
44 plus me refuser cette faveur sans me laisser sous le coup d'une im-
45 pression pénible et m'infliger un chagrin que je n'ai pas mérité.
46 Ernestine: (après un petit temps)
47 Allons, je veux bien céder encore un fois ... (Elle ouvre sa serviette
48 et en tire plusieurs liasses de devoirs, l'une après l'autre.)[81]

– Wie schätzt Ernestine den Topaze ein?

– »Merci, monsieur Topaze. – Tout à votre service, mademoiselle« (Z. 1).
   Was für eine Art von Sprechhandlung liegt hier (nach Wunderlich,
   s. Kap. 11.6) vor? Was geschieht in den folgenden Repliken mit ihr?

– »Aujourd'hui, vous ne m'offrez plus de m'aider« (Z. 12/13).
   Interpretieren Sie diese Äußerung Ernestines unter pragmatischem
   Aspekt! (Vgl. Kap. 11.2.1)

Topaze: »Il est exact que ... services« (Z. 25–26).
– Wozu verwendet Topaze den dominierenden Satz (den einleitenden
   Hauptsatz), der semantisch gesehen der Ernestine ein Signal mit der
   Bedeutung ›Das folgende ist zutreffend‹ gibt?
– Wann sagt man entsprechend im Deutschen »Es stimmt, daß ...« oder
   »Es ist richtig, daß ...«? Welche der folgenden illokutiven Indikatoren
   könnte man hier zur Verdeutlichung der Intention dem Hauptsatz
   hinzufügen: frz. *certes* (am Anfang des Hauptsatzes) oder *donc*? dt.

nämlich oder *freilich* oder *schon*?

- Wie würden Sie die Interaktionsstruktur zwischen Topaze und Ernestine hinsichtlich der Watzlawickschen Unterscheidung *symmetrisch/komplementär* beschreiben?
- Welche Strategie verfolgt Ernestine mit und in ihrem sprachlichen und nichtsprachlichen Handeln? (s. besonders Z. 16–20; Z. 30–34 und Z. 47/48).

b) Nach dem Originaldialog Topaze – Ernestine folgt seine »Bewertung« durch beide Dialogpartner:

1 Tamise: ... Il me semble que ça marche assez fort?
2 Topaze: Et tu ne sais pas tout! (Confidentiel.) Tout à l'heure, elle
3 m'a positivement relancé.
4 Tamise: (étonné et ravi) Ah! bah?
5 Topaze: Elle m'a reproché ma froideur, tout simplement.
6 Tamise: (même jeu). Ah! bah?
7 Topaze: Elle n'a pas dit ›froideur‹ bien entendu ... Mais elle me l'a
8 fait comprendre, avec toute sa pudeur de jeune fille. Et j'ai obtenu
9 qu'elle me confie encore une fois les devoirs des ses élèves.
10 Tamise: Elle a accepté?
11 Topaze: Les voici. (Il désigne les liasses de devoirs.) Les voici.
12 Tamise: Et alors, tu n'as pu faire autrement que lui avouer ta flamme?
13 Topaze: Non. Non. Oh! je lui en ai dit de raides, mais je ne suis
14 pas allé jusqu'à l'aveu.
15 Tamise: Non?
16 Topaze: Non.[82]

Verständnishilfen:
elle m'a relancé (Z. 3) »sie hat mir neuen Aufschwung gegeben«
je lui en ai dit de raides (Z. 13) (etwa:) »ich habe ihr einiges Gewagte gesagt«

- In welchen Wendungen zeigt sich die Einstellung, die Topaze dem Mädchen gegenüber hat?

- Wie gibt er seinen Dialog mit ihr wider? Wie deutet er ihre und seine eigenen Sprechhandlungen (s. z. B. *me l'a fait comprendre* [Z. 7/8], *j'ai obtenu que* [Z. 8/9] ...)?
»Je lui en ai dit de raides« (Z. 13) – Wie war es wirklich, im Originaldialog?

- Warum stellt Topaze dem Tamise gegenüber den Originaldialog in dieser Weise dar?

- Die Pragmatik bzw. die Textlinguistik kennt den Typ der *rederefierenden Verben* und, ihm verwandt, den Typ der *rederesümierenden Verben*. Versuchen Sie an den Beispielen aus dem Text *elle m'a relancé* (Z. 3) ..., *elle m'a reproché* (Z. 5), *elle a accepté* (Z. 10) das Funktionieren dieser Verben zu beschreiben. Finden Sie in dieser Passage noch andere solche Verben oder Verbalausdrücke?

– Beschreiben Sie die Sprechhandlungssequenzen
   a) in dem von Topaze berichteten Dialog,
   b) im Wechsel der Äußerungen zwischen Topaze und Tamise.

c) Muche: (il ouvre la porte de la classe d'Ernestine)
1 Ernestine ... viens ici ... (Elle entre.) Est-il vrai que tu fasses corri-
2 ger tous tes devoirs par Topaze?
3 Ernestine: Oui, c'est vrai.
4 Muche: Pourquoi?
5 Ernestine: Parce que c'est un travail qui me dégoûte. Cette classe
6 enfantine, j'en ai horreur. Pendant que d'autres se promènent avec
7 des manteaux de fourrure, je reste au milieu de trente morveux ...
8 Tu crois que c'est une vie?
9 Muche: C'est la vie d'une institutrice.
10 Ernestine: Puisque je la supporte, tu n'as rien à dire. Et si je trouve
11 un imbécile qui corrige mes devoirs, je ne vois pas en quoi je suis
12 coupable ...
13 Muche: Je ne te reproche pas de faire faire ton travail par un autre. Le
14 principe même n'est pas condamnable. Mais pour quelle raison cet
15 idiot fait-il ton travail?
16 Ernestine: Parce que je le fais marcher.
17 Muche: Ouais ... Tu ne lui as rien donné en échange?
18 Ernestine: Rien.[83]

Verständnishilfen:
dégoûter (Z. 5) »anwidern, anöden«
morveux (Z. 7) »Rotznase«
supporter (Z. 10) »ertragen«
imbécile (Z. 11) »Dummkopf«
faire marcher qn. (Z. 16) »jemanden an der Nase herumführen«
en échange (Z. 17) » als Gegenleistung«

– In welchen Wendungen kommt Ernestines und ihres Vaters Einschätzung des Topaze zum Ausdruck?

– Welche Interaktionsstruktur liegt dem Dialog zwischen Vater und Tochter zugrunde: symmetrisch oder komplementär?

– Was ist der innerhalb dieser Dialogsituation pragmatische Sinn von Ernestines Äußerung: *Parce que c'est un travail qui me dégoûte ... trente morveux* (Z. 5–7)?

– Wie ist Ernestines Frage an ihren Vater: *Tu crois que c'est une vie?* (Z. 8) pragmatisch gemeint?

Diese Aufgabe dürfte gezeigt haben, daß die sprachliche Pragmatik nicht nur den Linguisten interessiert, sondern auch dem Literaturwissenschaftler wertvolle Kategorien für die Textinterpretation an die Hand geben kann.

11.8 Der ›Diskurs‹ bei Habermas

Das sprachliche Handeln geschieht stets in einer bestimmten Gesellschaft und kann nicht getrennt von ihr ›rein linguistisch‹ beschrieben werden. Die linguistische Analyse der Sprechhandlungen und die soziologische und psychologische Analyse gesellschaftlicher Situationen müssen einander also ergänzen. Dabei dürfen die Sprechhandlungen, z. B. innerhalb eines *Dialogs* zwischen den Sprechern A und B, aber nicht einseitig als von ihrer sozialen Situation total determiniert ausgelegt werden. Ich kann durch mein Sprechen neue Situationen hervorbringen. Ich kann mich sogar von meiner sozialen Situation und von meiner momentanen Rolle distanzieren (die *Rollendistanz* gehört zu einer kommunikativen Kompetenz; sie ist zwar bei meisten Sprechern nicht vorhanden, sollte aber, da sie den Diskurs antizipiert und da sie wechselseitige Vorurteile abzuschwächen hilft und ein besseres ›Zuhören‹ und hörerbezogeneres, ›hörergerechteres‹ Sprechen ermöglicht, als ein übergeordnetes Lernziel in Schule, Erwachsenenbildung usw. angestrebt werden). Ich kann, da ich über Sprache verfüge, im Dialog mit B und gemeinsam mit B über unsere soziale Situation und über die Art und Weise, wie wir uns sprechend in bestimmten Rollen verhalten, reflektieren. Zugleich ist es uns möglich, nach den *Gründen* unseres sprachlichen und nichtsprachlichen Handelns zu fragen und andererseits auf solche Fragen wie: »Warum hast du das getan? Warum hast du dich nicht anders verhalten?« mit *Rechtfertigungen* zu antworten.[84] Handeln ist – im Gegensatz zum bloßen Verhalten – »an eine mögliche Rechtfertigung und damit an die Möglichkeit zu sprechen gebunden«[85]. Die *Problematisierungen* handlungsleitender Normen, wie auch die Problematisierungen von Meinungen, nennt Habermas *Diskurs*. In ihnen können wir uns der uns zuvor unbewußten oder nur halb bewußten Abhängigkeiten und Zwänge, unter denen wir in unseren Sprechhandlungen stehen, *bewußt* werden.

Habermas unterscheidet zwei Formen der Kommunikation: *kommunikatives Handeln* und *Diskurs*.

Das *kommunikative Handeln* ist sprachlich vermittelte Interaktion, z. B. gibt A dem B einen Befehl, eine Warnung, ein Versprechen, trägt ihm eine Bitte vor, äußert eine Vermutung, eine Frage, einen Wunsch ihm gegenüber. Hier sind also die *performativen Sätze* wichtiger als der propositionale Gehalt. Jene sind »für den Interaktionszusammenhang ... konstitutiv«, dieser dagegen kann in all diesen Fällen der gleiche sein.[86] Der *Diskurs* ist eine sachliche Diskussion zwischen A und B (und evtl. C, D ...), in der der *propositionale Gehalt* zum Thema des Dialogs wird. Sie hat zum Ziel, ein Einverständnis (Konsens), das im kommunikativen Handeln naiv vorausgesetzt werden kann, im Diskurs aber problematisiert wird, durch Argumente wiederherzustellen[87] als einen neuen Konsens, der aus gemeinsamer Wahrheitssuche und Verständigung hervorgegangen ist. Mittels dieser *Argumente* soll untersucht werden: Ist der propositionale Gehalt wahr oder falsch? Ist er so, wie A ihn formuliert hat, vielleicht nur halb richtig, und müssen wir den propositionalen Gehalt (z. B.: » daß die Ehe eine christliche Institution ist«)[88] gemeinsam umzuformulieren versuchen, damit er wirklichkeitsadäquater wird? Der propositionale Gehalt wird im Diskurs also (in der herkömmlichen Diskussion: von einem Diskussionsteilnehmer, der gleichsam den Anstoß gibt) in Frage gestellt. Der Geltungsanspruch, den z. B. A für eine Proposition erhebt, wird erschüttert. (Eine Diskussion beginnt ja im Prinzip immer mit einer von A vorgebrachten behauptenden These in bezug auf einen bestimmten propositionalen Gehalt: *Ich behaupte, daß* ... und einer von B eingebrachten Gegenrede: *Ich widerspreche dem, daß* ...) Die performativen Sätze steuern zwar auch hier oft das sprachliche Handeln der Diskussionspartner, aber im Mittelpunkt steht der propositionale Gehalt.

Nun ist aber ein Diskurs im Sinne von Habermas nicht einfach mit einer faktischen sachlichen Diskussion identisch. Habermas siedelt den Diskurs in einer idealen, zwangfreien Sprechsituation unter wirklich (und nicht nur während des ›Ritus‹ der Sachdiskussion) *gleichberechtigten* Sprechern an (»*herrschaftsfreie Diskussion*«[89]).

Das bedeutet für alle möglichen Beteiligten »eine symmetrische Verteilung der Chancen, Dialogrollen wahrzunehmen«[90] und »Sprechakte zu wählen und auszuüben«[91].

Hier wird deutlich, warum Habermas die vier Typen von Sprechakten einführt (s. Kap. 11.4.1) und ihnen den Status pragmatischer

Universalien zuspricht. Nur mit ihrer Hilfe ist der Entwurf der idealen Sprechsituation möglich: nur dann nämlich, wenn

1. alle Gesprächsteilnehmer die gleiche Chance haben, Kommunikativa zu verwenden (d. h. Kommunikation zu eröffnen sowie sie »durch Rede und Gegenrede, Frage und Antwort zu perpetuieren«[92]),

2. alle die gleiche Chance haben, Konstativa zu verwenden (d. h. Deutungen, Behauptungen, Erklärungen und Rechtfertigungen aufzustellen),

3. alle die gleiche Chance haben, Repräsentativa zu verwenden (»Gegenseitigkeit ungekränkter Selbstdarstellung«[93]),

4. alle die gleiche Chance haben, Regulativa zu verwenden (»Gleichverteilung der Chancen, zu befehlen und sich zu widersetzen, zu erlauben und zu verbieten ...«[94]).

Habermas charakterisiert die ideale Sprechsituation »nicht durch Persönlichkeitsmerkmale idealer Sprecher, sondern durch strukturelle Merkmale einer Situation möglicher Rede«, eben durch die Symmetrie der oben benannten Chancen. Habermas projiziert den Diskurs in eine Welt, in der der einzelne weder – unbewußt oder bewußt – Angst vor seinem Gesprächspartner noch Vorurteile ihm gegenüber hat, noch ihm Vorschriften machen will. Es ist eine Welt ohne Alltagssorgen und Alltagszwecke, ohne Leistungsprinzip und Konkurrenzdruck, eine Diskussion völlig frei von Imponiergehabe, von jenen Tricks der Diskussionsführung, mit denen man für das eigene Interesse und Prestige Unliebsames ausklammert, eine Diskussion, in der es überhaupt keinen »Warencharakter der menschlichen Beziehungen«[95] gibt. Es geht nur um *gemeinsame Wahrheitsfindung* (etymologisierend könnte man sagen: um *Kooperation*, nicht um *Diskussion*). Das ist die Welt der platonischen Dialoge (freilich nur annähernd, denn in ihnen hat Sokrates eine lenkende Funktion). Es ist zugleich die Welt des ›Gesprächs‹ im idealistischen Sinne des Wortes, »offen, vertrauensvoll und mitteilsam«, in wechselseitigem »Entgegenkommen«[96]. Aber diese aus der Antike stammende Gesprächs-Konzeption hat bei Habermas eine aufklärerische, rationale und in Begriffen der modernen Linguistik ausgesprochene Richtung erhalten. Habermas beschreibt nicht nur, er fordert etwas: Durch die Aufklärung über unser Sprechhandeln, durch eine Erziehung, die auf Kritikfähigkeit und Kooperationsbereitschaft zielt, sollen wir dazu fähig sein, zwangfrei miteinander zu kommunizieren. Wer diese Ziele bejaht, die schon lange bestehen und von Habermas lediglich durch Einbeziehung der Linguistik verdeutlicht wurden, ist aufgerufen, in seinem eigenen kommunikativen Verhalten erste Schritte dahin zu versuchen. Enttäuschungen werden nicht ausbleiben. Denn der Diskurs im Sinne Habermas' bleibt ein Fernziel[97], eine Utopie, ein Ideal[98].

Mehrere Fragen schließen sich daran an. Geht Habermas so weit zu behaupten, wir könnten trotz aller politischen, wirtschaftlichen, technischen wie auch psychologischen Zwänge die Gesellschaft, in der wir leben und handeln, mittels der problematisierenden Diskurse allmählich verändern und dadurch die Mündigkeit und Herrschaftsfreiheit unserer Existenz erreichen? Hält er allen Ernstes nicht nur einen wirklich herrschaftsfreien Diskurs für möglich, sondern sogar eine Gesellschaftsveränderung, die gleichsam nicht von Revolutionsvorstellungen geleitet wird, sondern von der schrittweisen Veränderung unseres Bewußtseins in *hic et nunc* geführten Gesprächen? Und glaubt er, daß solche diskursähnlichen Gespräche (und eine entsprechende Erziehung zur Mündigkeit) darauf auch unser alltägliches kommunikatives Sprechhandeln verändern könnten, also nicht in einem abstrahierenden, philosophischen, gleichsam ›schöngeistigen‹ Raum verblieben, ohne je die alltäglichen Interaktionen und Handlungen zu beeinflussen?

Das sind Fragen, die uns zum Kern der Konzeption von Habermas führen. (Denn Habermas' Entwurf einer Theorie der kommunikativen Kompetenz ist die *Basis* für seine soziologische Handlungstheorie, eine »kritische Theorie der Gesellschaft«, die wir in dem vorliegenden Rahmen natürlich nicht weiterverfolgen können.[99])

Was die Beantwortung dieser Fragen betrifft, drückt sich Habermas sehr vorsichtig aus (und sehr kompliziert, das sei nebenbei vermerkt). Aber aus seinen Schriften geht hervor, daß er im Prinzip die obigen Fragen – und zwar einschließlich der letzten – bejahen würde. Hinter dem Entwurf der Theorie der kommunikativen Kompetenz steht in der Tat eine rationalistische Utopie. Doch wenn wir uns von einem landläufigen (bequemen) Utopie-Begriff lösen, der Utopien von vornherein als Phantastereien ohne jeglichen Appellcharakter wegschiebt, dann sind Utopien Ideale, denen durchaus gesellschaftliche Relevanz zukommt.

Teilverwirklichungen von Idealen zählen für die Geschichte, und sie sind allemal möglich, wo die Ideale gesellschaftlichen Bedürfnissen entsprechen. Rousseaus ›Émile ou de l'éducation‹ war zu seiner Zeit auch ein utopischer Entwurf; trotzdem hat er der Entwicklung der Pädagogik sehr wichtige Impulse gegeben. Der Wert einer Utopie mißt sich nicht am Grad ihrer Verwirklichung; Utopien sind

Maxima mit Appellcharakter, als solche unerreichbar, aber wir können uns ihnen im Handeln und damit auch im sprachlichen Handeln annähern.

Damit ist implizit die Frage beantwortet, warum Habermas sich mit Pragmatik befaßt. Er folgt nicht bloß deskriptiv einem wissenschaftlichen Interesse, er will darüber hinaus zu einem bestimmten Handeln erziehen. Die Beschäftigung mit linguistischer Pragmatik soll zur Verwirklichung emanzipatorischer Ziele führen, zum repressionsfreien Sprechen, zum Thematisieren der Handlungsnormen und Einstellungen, zum Artikulieren seiner Interessen und zu ihrer sprachlichen Verteidigung befähigen.

Daß die praktische Anwendung der Pragmatik, ihre didaktische Umsetzung, allerdings noch ganz am Anfang steht, das muß hier als Warnung vor Illusionen deutlich gesagt werden. Was jedoch jedem jetzt schon möglich ist, das ist das Hinwirken auf eine annähernd ideale Sprechsituation in der eigenen Umwelt, etwa als Vorgesetzter, als Lehrer, als Eltern, als Gesprächspartner in den verschiedensten Konstellationen der sprachlichen Interaktion im Alltag.

Inzwischen hat die linguistische Forschung die Untersuchung dessen, was bei sprachlichem Handeln tatsächlich geschieht, noch einen Schritt weiter vorangetrieben, und zwar aus der Kritik an der Sprechakttheorie heraus. Dieser wird vorgeworfen, daß sie sich nur mit einzelnen, isolierten Sprechakten befaßt und diese zu monologisch (nur aus der Perspektive des Sprechers) sieht; sie kann das interaktionale und prozeßhafte Wesen des dialogischen Handelns gar nicht erfassen, eine Beschreibung von Dialogen ist nicht möglich. Zweitens bleibt sie zu sehr bei einzelsprachlichen Beschreibungsmöglichkeiten stehen (s. vor allem die performativen Verben), statt eigenständige handlungstheoretische Kategorien zu erarbeiten. Diese Schwächen fallen deswegen nicht gleich ins Auge, weil die Sprechakttheorie – und das ist der dritte Kritikpunkt – fast nur mit konstruierten Beispielen arbeitet, kaum empirische Untersuchungen anstellt, so daß viele konstitutiven Bedingungen und Strukturen menschlicher Interaktion noch gar nicht erfaßt werden können.

Von verschiedenen Richtungen der amerikanischen Soziologie ausgehend, hat sich nun in den letzten Jahren die *Konversationsanalyse* (*»conversational analysis«* von H. Sacks u. a.) entwickelt, deren Fragestellungen in der Linguistik (vor allem in Deutschland) aufgegriffen wurden. Sie ist eine mehr empirisch orientierte Analyse realer sprachlicher Kommunikation mit dem Ziel, allgemeine Strukturen und Regularitäten des formal-organisatorischen Aufbaus von Dialogen (z. B. Dialogeröffnung, Organisation des Sprecherwechsels u. ä. und ihres inhaltlichen Ablaufs (*»Dialogsteuerung«*) zu erforschen.[100]

Zusammenfassung

Wir stellten uns die Frage nach den *Funktionen* von Sprache und die nach dem *Funktionieren* von Sprache. Vor allem mit der zweiten Frage befaßten wir uns und sahen als Antworten darauf die strukturalistische Sprachwissenschaft und die gTG an.

Beide Ansätze gehen aus vom Zeichencharakter der Sprache: davon, daß Sprache aus einer Ausdrucks- und einer Inhaltsseite besteht. Die Frage nach dem Funktionieren von Sprache läßt sich auch folgendermaßen paraphrasieren: Wie hängen Ausdrucks- und Inhaltsseite der Sprache zusammen?

Der Strukturalismus ist ein Programm zur Sprachbeschreibung, genauer: zur Beschreibung des jeweiligen Sprachsystems *(langue)*, das einer Menge untersuchter *parole*-Äußerungen zugrunde liegt. Die Analyse dieser *parole*-Äußerungen wird vollzogen durch Segmentieren und Klassifizieren.

Die Beschreibung eines Sprachsystems erstreckt sich auf seine verschiedenen Ebenen, die wir in der Reihenfolge abgehandelt haben, wie die Geschichte der neueren Sprachwissenschaft sie durchlaufen hat: Zuerst wurden die Begriffe des de Saussureschen Strukturalismus exemplifiziert auf der Ebene der Phonologie (Opposition, festgestellt durch Kommutationsprobe; Variante; das Inventar usw.).

Dann wurde der strukturalistische Begriffsapparat auf die nächstgrößeren Einheiten der Ausdrucksseite übertragen: auf die Ebene der Morphologie. Was an den Phonemen, den kleinsten bedeutungsunterscheidenden Einheiten einer Sprache, erarbeitet worden war, ließ sich analog auf die Morpheme, die kleinsten Einheiten mit Bedeutung (= die kleinsten sprachlichen Zeichen) anwenden. Der nächste Schritt führte auf die Ebene der Syntax, zur strukturalistischen Analyse der Sätze in unmittelbare Konstituenten.

Bis dahin hatte sich die strukturalistische Sprachwissenschaft beschränkt auf die Ausdrucksseite der Sprache. Diese wurde auf verschiedenen Ebenen als strukturiert beschrieben. Die Strukturiertheit nimmt ihren Ausgang von den distinktiven phonologischen Merkmalen; diese bündeln sich nach je einzelsprachlichen Kombinationsregeln zu den Phonemen zusammen. Deren Gesamtheit ist das Phoneminventar der betreffenden Sprache. Auf der Basis des Phoneminventars konstituiert sich das Morpheminventar; Morpheme sind ja, rein ausdrucksseitig gesehen, nichts anderes als

Phonemkombinationen, die nach den Kombinationsregeln der betreffenden Sprache zusammengefügt sind. Morpheme treten zusammen zu Satzkonstituenten, und aus diesen bauen sich, wieder nach einzelsprachlich verschiedenen und hierarchischen Strukturplänen, die Sätze auf.

Zur vollständigen Beschreibung eines Sprachsystems gehören auf allen Ebenen die paradigmatische und die syntagmatische Achse. Die paradigmatische findet ihren Ausdruck in den Inventaren: Sie geben an, welche Elemente in dem betreffenden Sprachsystem zueinander in Opposition stehen. Die syntagmatische Achse ist in den Kombinationsregeln verkörpert, durch die die Verwendung der Elemente der Inventare in Äußerungen geregelt wird.

Der Konzentration auf die Ausdrucksseite (Phonologie, Morphologie, Syntax) – gleichsam einer Anfangsetappe der ›signifiant‹-Lastigkeit‹ der modernen Sprachwissenschaft – folgt das Interesse an der Inhaltsseite: die Semantik. Es wird gefragt, wieweit die Strukturiertheit der Ausdrucksseite ihre Entsprechung auf der Inhaltsseite hat. Daraus erwachsen verschiedene Ansätze struktureller Semantiken.

Der Strukturalismus geht aus von einem räumlich, soziokulturell und stilistisch einheitlichen Sprachsystem. Dies ist eine methodologisch begründete Idealisierung, die zu modifizieren ist durch die Realität der diatopischen, diastratischen und diaphasischen Subsysteme innerhalb einer historischen Einzelsprache.

Bei den bisher zusammengefaßten Fragestellungen handelt es sich um verschiedene Ausformungen des Strukturalismus, also der Sprach*beschreibung*. Eine (aus dem Strukturalismus selbst erwachsene) Alternative dazu bildet die gTG, ein Programm der Sprach*erzeugung*. Zog der taxonomische Strukturalismus von der *parole* ausgehend Rückschlüsse auf die zugrundeliegende *langue,* so geht das generative Modell aus von der Kompetenz des idealen Sprechers. Es sucht deren Regelapparat so vollständig nachzubilden, daß es damit die Performanz des idealen Sprechers simulieren kann, d. h. das Hervorbringen von Äußerungen, die auf den verschiedenen Ebenen der Sprache (Syntax bzw. Morphosyntax – Semantik – Phonologie) grammatikalisch korrekt sind.

Mit der von der gTG nachgebildeten linguistischen Kompetenz ist das Sprachverhalten von Sprechern und Hörern in Kommunikationssituationen noch nicht erschöpfend erklärt; hinzu kommt ihre kommunikative Kompetenz: die Fähigkeit, grammatikalisch korrekte und zugleich situationsadäquate Äußerungen zu generieren.

Diese Fähigkeit ist Gegenstand der linguistischen Pragmatik. Schlagwortartig grob vereinfachend, könnte man vorschlagen, die Entwicklung der Sprachwissenschaft von de Saussure zur Pragmatik in einem Schema von drei Etappen darzustellen:

$$\underbrace{signifiant}_{1.} \rightarrow \underbrace{signifiant\ +\ signifié}_{2.} \rightarrow \underbrace{signifiant\ +\ signifié\ +\ \text{Situation}}_{3.}$$

Mit den sog. pragmatischen Universalien hat die linguistische Pragmatik möglichst vollständig eine Liste der Beschreibungselemente von Redesituationen erarbeitet. Damit ist eine Beschreibung der kommunikativen Kompetenz von Sprechern möglich (und als Folge daraus eine Formulierung von Lernzielen, die diese kommunikative Kompetenz miteinbezieht).

Wenn wir die beiden eingangs formulierten Fragen wieder aufgreifen, kann die linguistische Pragmatik als ein (interdisziplinärer, aber u. a. auch sprachwissenschaftlicher) Ansatz angesehen werden, der zur Beantwortung von beiden beiträgt: zur Erklärung des Funktionierens von Sprache, indem sie die linguistische Kompetenz um die kommunikative Kompetenz ergänzt; zur Erklärung der Funktion(en) von Sprache durch den Entwurf von Habermas' Diskurs. Als kommunikativ kompetente Sprecher / Hörer können wir Kommunikationssituationen dem Ideal des Diskurs, der herrschaftsfreien Kommunikation, zumindest annähern. Gemäß der Herkunft der Pragmatik aus der Sprechakttheorie ist für sie zentral der Handlungsaspekt des Sprechens: Mittels Sprechens handeln wir, führen wir (annäherungsweise) Diskurssituationen herbei und können damit hinwirken auf Veränderung gesellschaftlicher Wirklichkeit.

Anmerkungen

Anmerkungen zu Kap.1

1 Swift 1974, S. 262–263.
2 Hayakawa 1939, zitiert nach der deutschen Übersetzung (o.J.), S. 13–16.
3 Terminus von Schlieben-Lange 1973, S. 15. In dem dortigen Zusammenhang ist allerdings etwas anderes gemeint: gemeinsame Sprache als Mittel für eine Gruppe, sich gegen andere, anderssprachige Gruppen abzugrenzen.
4 Persönliche Kommunikationssituationen, d. h. Kommunikationssituationen, die zwei oder zumindest eine deutlich abgegrenzte Anzahl von individuellen Sprechern/Hörern umfassen, stellen zwar den am unmittelbarsten in die Augen springenden Fall praktischer Sprachverwendung dar, aber bei dem Thema ›*Mr. Mits and the Words*‹ (wie die Überschrift des auszugsweise zitierten Kapitels im englischsprachigen Original lautet) geht es nicht um Mr. Mits' Konfrontation mit einem persönlichen Kommunikationspartner, sondern mit mehr oder weniger anonymen ›Wörtern‹, die seine Umwelt ausmachen.
5 Handke 1972, S. 112–119, S. 126, S. 151.
6 Dieser Überzeugung entsprang in mythischen Kulturen der sog. Namenszauber. Vgl. auch das Märchen vom Rumpelstilzchen: »Oh, wie gut, daß niemand weiß, / daß ich Rumpelstilzchen heiß!«
7 Siehe auch Hayakawa 1964, S. 10–12. Sprache wird auch als notwendige Bedingung für die Erhaltung der Art dargestellt, die Entstehung der Sprache aus dem darin implizierten Zwang zur Kooperation erklärt bei: Friedrich Engels 1920, Marx/Engels, Werke, Bd. 20.
8 Hayakawa (o.J.), S. 10, S. 12.
9 Coseriu 1970a, S. 23.

Anmerkungen zu Kap. 2

1 Dennoch muß, im Sinne der Prager Strukturalisten, auch der Linguist sich diese Frage stellen, da sonst seine Beschreibung des Sprachsystems letztlich unverbindlich hinsichtlich ihrer Anwendbarkeit bleibt.
2 Kap. 2.1 referiert im wesentlichen den Aufsatz Jakobsons 1960a. Wiewohl erst 1960, nach Jakobsons Emigration in die USA, verfaßt, zeigt der Aufsatz deutlich den Einfluß des Russischen Formalismus, besonders was die »poetische Funktion« der Sprache betrifft.
Hierzu und zu anderen Konzeptionen der Sprachfunktionen s. Große 1976. Im Mittelpunkt von Großes Ausführungen steht vor allem eine von ihm selbst entworfene neue Theorie der Textfunktionen.

3 Hayakawa 1964, S. 74.
4 Ebd., S. 75.
5 Ebd.
6 Ebd., S. 84.
7 In der Informationstheorie wird die Metasprache auch beschrieben als die »Sprache des externen Beobachters einer Kommunikationskette« (so z. B. bei Meyer-Eppler 1959).
8 Bünting 1970, S. 19.
9 *Ethnolinguistik* bezeichnet die Richtung in der Sprachwissenschaft (besonders der amerikanischen), die den Zusammenhang zwischen Sprache und soziokulturellen Gegebenheiten erforscht.
10 Sprache eines nordamerikanischen Stammes der Puebloindianer im Staate Arizona.
11 Whorf [1]1963 ... 1971, S. 84–86.
12 Ebd., S. 79f.
13 Gipper 1972.
14 Auf der südenglischen Halbinsel Wales gesprochen.
15 Mounin 1968, S. 81.
16 Humboldt 1835, passim.
17 Weisgerber 1962.
18 Mounin 1968, S. 83.
19 Wygotski 1964; Piaget 1945.
20 Mounin 1968, S. 80.

Anmerkungen zu Kap. 3

1 Vgl. Barthes 1967.
2 Mounin 1968, S. 40.
3 Über v. Frischs Beobachtungen an Bienen s. Hörmann 1970, S. 25ff.
4 Näheres zum Begriff ›System‹ s. Kap. 4.
5 Apresjan 1971, S. 81.
6 Ebd., S. 82.
7 De Saussure 1969, S. 157.
8 Die strukturalistische Sprachwissenschaft geht grundsätzlich von der gesprochenen, nicht von der geschriebenen Sprache aus. Hierzu sowie zu der hier angewandten Notierung der gesprochenen Form in ›Lautschrift‹ (phonologische Transkription) s. Kap. 5: Phonetik/Phonologie.
9 De Saussures Beispielwort ist lateinisch *arbor* ›Baum‹.
10 De Saussure 1969, S. 98: »Le signe linguistique unit non une chose et un nom, mais un concept et une image acoustique.«
11 Ogden/Richards [1]1923, passim.
11a Hier ist ›Symbol‹ im Sinne der amerikanischen Semiotik verwendet, bedeutet also schlechthin Zeichenkörper (s. Kap. 3.1.1.3)
11b Die französischen Bezeichnungen sind aus Ullmann (1952), die engli-

schen aus Lyons (1971) entnommen.

12 Hörmann 1967, S. 167.

13 Bühler 1934.

14 Nach Hörmann 1970, S. 56.

15 Bloomfield 1967.

16 Ulrich 1972, S. 20f.

17 Ebd.

18 Ebd.

19 Harris [6]1963.

20 Weite Auswirkungen hatte die behavioristische Psychologie durch die Lerntheorie von Skinner, die in seinem Werk ›Verbal Behavior‹ (1957) dargestellt ist und zur Grundlage für das sog. Programmierte Lernen geworden ist.

21 Bloomfield 1967, S. 23–27.

22 Ebd., S. 22.

23 Vgl. Wunderlich 1974, S. 313. Diesen Literaturhinweis, wie überhaupt den Hinweis auf die »kooperative« Komponente des S-R-Modells, verdanke ich Frank-A. Bödeker.

24 Die strukturalistische Sprachwissenschaft wird, nach einem ihrer zentralen Begriffe, auch als *Systemlinguistik* bezeichnet.

Anmerkungen zu Kap. 4

1 Die strukturalistischen Grundprinzipien finden sich z. T. vor de Saussure vorbereitet in der Sprachwissenschaft des 19. Jahrhunderts, z. B. bei Hermann Paul 1880 und bei Georg von der Gabelentz 1891. (Vgl. dazu Coseriu 1967 und Coseriu 1969, Kap. 10.7).

2 De Saussure 1969, S. 38.

2a Ebd.

2b Martinet 1970, S. 9.

4 Als Zusammenfassung aus de Saussure 1969, S. 30–38 (Übersetzungen von mir).

5 Ebd., S. 36ff.

6 Ebd., S. 30: »(La langue) est un trésor déposé par la pratique de la parole dans les sujets (parlants).«

7 Bierwisch 1966, S. 81.

8 Ulrich 1972, S. 117.

9 Ebd., S. 113.

10 Ebd.

11 De Saussure 1969, S. 125ff.

12 De Saussure 1969, S. 126: »Le déplacement d'une pièce est un fait absolument distinct de l'équilibre précédent et de l'équilibre subséquent. Le changement opéré n'appartient à aucun de ces deux états: or les états sont seuls importants.«

13 Ebd., S. 115.
14 Das 2. bis 8. Beispiel sind entnommen aus: Digeser 1973. Zu Homophonie, Homographie, Homonymie s. auch Kap. 9: Asymmetrie des Sprachzeichens.
15 Also Homographie ohne Homophonie.
16 »... un système de moyens d'expression appropriés à un but« (zit. aus: Helbig 1973, S. 49).
17 Vgl. Heeschen 1972, Kap. 3.1.3, das eine kritische Bewertung des Funktionsbegriffs der Prager enthält.
18 De Saussure 1969, S. 169.
19 Helbig 1973, S. 62.
20 Hjelmslev: Prolegomena, zit. aus: Helbig 1973, S. 69.
21 Helbig 1973, S. 70.
22 Ebd., S. 63.

Anmerkungen zu Kap. 5

1 Bühler et al. [2]1971, S. 46, und: Lexikon der Germanistischen Linguistik, Bd. I., S. 96.
2 Die Terminologie, die zur phonetischen Beschreibung von Sprachlauten bereitsteht, ist nicht einheitlich (z. B. trifft man für *Plosiv* auch *Okklusiv* = ›Verschlußlaut‹ an, für *Frikativ* auch *Spirant* oder auch die *Spirans,* u. a.). Die vorliegenden Matrixdarstellungen stützen sich auf: Bühler et al. 1971, S. 48, und auf Rothe 1972, S. 25 und S. 65.
3 Nach Rothe 1972, S. 65. – Zum Vergleich der *Phonemsysteme* zweier Sprachen s. Kap. 5.4.2: Phoneminventar. In den beiden Matrices auf dieser Seite geht es nur um die im Dt. und im Frz. feststellbaren verschiedenen Konsonanten. Die Frage, ob sie jeweils verschiedene Phoneme sind, wird hier noch nicht gestellt.
4 Nach Bühler et al. 1971, S. 49.
5 Hier wäre einzugehen auf die grundlegende wissenschaftstheoretische Unterscheidung zwischen *Hermeneutik* und *Analytik,* die sich jedoch nicht so kurz abhandeln läßt, daß dies im Rahmen einer knappen Einführung in die Linguistik möglich wäre. Nur einige Grundbegriffe, die bereits nach dem bisher Erarbeiteten verständlich sein werden, seien angedeutet: Unter analytischer Vorgehensweise (die für typisch für die Naturwissenschaften gilt) versteht man das Ausgehen von der Anschauung, vom Phänomen, das rein empirisch beobachtet wird, noch ohne vorgefaßte Kategorien. Erst auf dem Weg über die Empirie gelangt diese Vorgehensweise – mit verschiedenen Zwischenstadien – zu einer Theoriebildung.
Bei der hermeneutischen Vorgehensweise dagegen (die vorwiegend den Geisteswissenschaften zugeschrieben wird) steht am Anfang ein Vorverständnis, eine *Hypothese,* die es durch die jetzt erst folgende Beobach-

tung am Objekt zu *verifizieren* oder *falsifizieren* (= als richtig oder falsch zu erweisen) gilt.

Zur Problematisierung dieser Zweiteilung ist zu bedenken, daß auch das rein analytische Beobachten des Objekts stets bereits geleitet ist von einem – hermeneutischen – Vorverständnis. (Statt einfach von »analytischen Wissenschaften« spricht man auch von »analytischen Wissenschaften mit hermeneutischen Randbedingungen«). Man bringt immer schon eine vorhergehende Orientierung mit, *was,* welche Aspekte einen an dem Objekt interessieren oder anders gesagt: woraufhin man abstrahieren will. Denn jede Erhebung von Daten abstrahiert ja bereits von soundso vielen ebenfalls an dem Objekt vorhandenen »Eigenschaften«; sie geschieht immer unter einem bestimmten Aspekt. Z. B. wird bei der Beschreibung der Getreidearten der Botaniker andere Kategorien untersuchen als der Landwirt oder der Wirtschaftsexperte, den z. B. eher Artgewicht und Hektarertrag interessieren (Beispiel aus Mounin / Pelz, Kap. 8.2). Die Phonetik (als Quasi-Naturwissenschaft) beschreibt die Sprachlaute bereits mit den Kategorien, die die Phonologie für ihre sich daran anschließende Auswertung braucht: artikulatorische (evtl. auch akustische) Züge dieser Laute, die es ermöglichen, sie nachher als Varianten ein und desselben Phonems oder als Varianten zweier verschiedener Phoneme zu klassifizieren.

Die Phonologie nun formuliert als Ausgangspunkt eine Hypothese, z. B.: »Ich behaupte, daß [o] und [ɔ] im Dt. zu zwei verschiedenen Phonemen gehören.« Ob diese Hypothese richtig oder falsch ist, muß durch einen empirischen, also analytischen »Versuch« herausgefunden werden; in unserem Fall besteht er in der Kommutationsprobe. Die »Versuchsanordnung« ist bereits geleitet von einem hermeneutischen Vorverständnis. Die Ergebnisse der Phänomenanalyse gehen ihrerseits wiederum durch Rückkoppelung in die Hypothese ein, die dadurch verifiziert/falsifiziert wird (in unserem Beispiel falsifiziert). Durch solchen »bewußt vollzogenen Wechsel zwischen Datenanalyse und theoretischer Reflexion« (Bünting 1971, S. 16) gelangt man von der Hypothese zur Theoriebildung.

6 Bühler et al. 1971, S. 64.

7 Große 1971, S. 30.

8 De Saussure 1969, S. 114.

9 Lyons 1971, S. 43.

10 Ebd. S. 42.

11 Beispiel nach Bühler et al. 1971, S. 73.

12 Bünting 1971, S. 66.

13 Hier ist an die sog. Auslautverhärtung im Dt. zu denken: /d/, /b/, /g/ am Silbenende werden [t], [p], [k] gesprochen.

14 Ein Phonem ›null‹ (Schreibung meist / /) ist als Element jedes Phoneminventars zu notieren.

15 Aufgabe nach: Bühler et al. 1971, S. 69.

16a Ebd., S. 67.

16b Nach Klein [3]1968, S. 44.

17 Z. B. kamen in einem französischen Diktat in einer deutschen Unterprima die folgenden Fehler vor: *lampi*dité statt *limpi*dité, *répon*dre statt *répan*dre, la *nan*ce statt l'anno*nce* ...

18 Ebd.: (ils) *rai*sonnaient statt (ils) résonnaient.

19 Terminus bei Martinet 1970, Kap. 3–40.

20 Whorf 1963, S. 25.

21 Spalte 3 muß (nach Überprüfung am tatsächlichen engl. Wortschatz) wohl bedeuten: r kann mit allen links aufgezählten Konsonanten kombiniert werden, l nur mit g, k, f, b. (š steht für das Phonem ʃ.)

22 Das Restliche ggf. nachzulesen in: Whorf 1963, S. 22–28.

23 Rothe 1972, S. 33.

24 Mounin 1968, S. 109 (Übersetzung von mir).

25 Malmberg 1970, S. 64 ff.

26 Über das Dreikonsonantengesetz und seine Korrekturen und Präzisierungen bei verschiedenen Phonetikern s. Klein [3]1968, S. 90–99, und Rothe 1972, S. 80–84.

27 Beispiele aus: Klein [3]1968, S. 95 f.

28 Ähnlich taucht im Deutschen bei manchen Sprechern in Wörtern mit Konsonantenhäufungen ein *i* auf, z. B. *Milch* [milç], [ˈmiliç], *Strolch* [ʃtrɔlç], [ˈʃtrɔliç].

29 Dies ist vor allem bei der Assimilation der Fall. Inwiefern auch Dissimilation als Artikulationserleichterung aufgefaßt werden kann, versucht Palmer (1972, S. 66) am Vergleich mit dem Klavierspiel plausibel zu machen: Es ist anstrengend, mehrere Male hintereinander mit dem gleichen Finger die gleiche Taste anzuschlagen, daher lernt man im Klavierunterricht, bei mehrfacher Wiederholung eines Tones mit verschiedenen Fingern abzuwechseln.

30 Bzw. Rothe 1972, passim: ›Phonematisierung von Varianten‹.

Anmerkungen zu Kap. 6

1 In Martinets Terminologie wird für das kleinste Sprachzeichen (also für das Morphem) die Bezeichnung *Monem* gebraucht (von griech. *monos* ›ein‹).

2 Auch diachronisch sieht Martinet das *économie*-Prinzip am Werke: Es erklärt für ihn zahlreiche Erscheinungen des Sprachwandels wie Analogiebildungen, Assimilationen, Entphonologisierung von Varianten u. a. Diesem Streben nach geringstmöglichem Aufwand sind allerdings Grenzen gesetzt durch die Gegenkraft: das Streben danach, die eigene Äußerung inhaltlich möglichst unversehrt beim Hörer ankommen zu lassen. (So erklärt sich, daß i. a. unsere artikulatorischen Schlampereien in der mündlichen Kommunikation und unsere Unleserlichkeiten in der

schriftlichen nicht ganz unkontrolliert ins Kraut schießen.)

3 Bei Martinet heißen sie *Lexeme*.

4 Nicht immer: Es gilt z. B. nicht für die Tempusmorpheme beim Verb (wie dt. *-te* in *sagte;* frz. *- ait* in *attendait;* engl. *-ed* in *looked*).

5 Martinet nennt die grammatikalischen Morpheme einfach *Morpheme*. (Nicht verwechseln: ›Morphem‹ bei Martinet ist nicht gleich ›Morphem‹ nach der amerikanischen Terminologie! Wir verwenden hier die amerikanische, weil sie insgesamt die verbreitetere ist.)

6 So nach Martinet. Für die grammatikalischen Morpheme stimmt die Charakterisierung ›geschlossenes Inventar‹; für die lexikalischen im Prinzip ›offenes Inventar‹, aber es gibt darin kleinere Teilsysteme, die nicht offen, sondern geschlossen sind, z. B. die Monatsnamen und die Wochentage.

7a Bühler et al. 1971, S. 75.

7b Ebd.

8 Ebd.

9 Aus: Gleason 1955.

10 Nach Bühler et al. 1971, S. 78.

11 Z. T. nach Bühler et al. 1971, S. 74 f.

12 Ebd., S. 90.

13a Zur Wortbildung im Frz. s. auch: Gauger, H.-M.: Die durchsichtigen Wörter im Französischen. Ein Beitrag zur Wortbildung. In: Gauger 1976.

13b Chevalier et al. 1964, S. 49–57.

14 Einschließlich der Untergruppe Eigenname → gattungsbezeichnendes Substantiv → Verb, z. B. *Hoover* (Name eines Herstellers von Staubsaugern) → *hoover* ›Staubsauger‹ → *to hoover* ›staubsaugen‹. Ebenso: *Lord Sandwich* → *sandwich* ›belegtes Brot‹ → *to sandwich (in)* ›einzwängen‹.

15 Hesse 1943.

16 Der frz. Typ *cigarette-filtre, timbre-poste* entspricht nur scheinbar der deutschen Zusammensetzungsmöglichkeit. Auch dieser Typ folgt dem Muster 1. Determiniertes, 2. Determinierendes, vgl. *cigarette-filtre* ›Filterzigarette‹

17 Letzteres z. B. in der Duden-Grammatik (1966).

18 Ebd., S. 71.

19a So bei Günter Grass: Hundejahre (1963) als Kommentar der Dorfbewohner über den Tod einer alten Bauersfrau.

19b J. W. v. Goethe, Balladen: Der untreue Knabe (1774).

20 Im Partizip Perfekt *enteist* z. B. auf dem Etikett von Mineralwasserflaschen anzutreffen.

21 Das frz. Präfix *re-* ist inhaltlich in vielen Ableitungen so abgeblaßt, daß keinerlei Bedeutungsopposition mehr besteht zwischen Simplex (= einfachem Verb) und Präfix plus Simplex, z. B. *lever, relever:*

lève le couvercle
relève le couvercle   ›Heb den Deckel hoch!‹

22 Siehe Malblanc 1961, passim; Vinay-Darbelnet 1968, passim.

23 Das Englische kommt bei beiden Beispielen ohne *chassé-croisé* aus:
a) ... *flew in,* b) *limped away.* Doch bei anderen Präfixverben wird auch
das Englische das Schema
dt. Präfix → engl. Verb,
dt. Verb → engl. Transposition
bestätigen, etwa in dem schon genannten Beispiel *er erschwamm sich die
Medaille* → *he won the medal by swimming.*

24 Zum *chassé-croisé* allgemein, auch bei anderen Wortarten, s. Malblanc
1961, passim. Wir haben das *chassé-croisé* nur deskriptiv komparati-
stisch (dt.–frz.) dargestellt, weil diese Beschreibung als Grundlage einer
praktischen Anwendung, nämlich der Übersetzung, ausreicht. Bei
Malblanc wird versucht, die Strukturunterschiede zwischen Deutsch
und Französich (nicht nur in dieser Wortart, sondern als durchlaufende
Tendenz seiner ›stylistique comparée‹) im Sinne der idealistischen
Sprachwissenschaft zu psychologisieren: Sprachstruktur als Ausdruck
des ›Nationalcharakters‹.

25 Eine solche Syntaxtheorie ist z. B. die Dependenzgrammatik (s. Kap. 8);
auch die Syntax von Martinet (1970, Kap. 4) stellt als einzig unabdingbaren Teil des Satzes den *noyau prédicatif* (wörtlich: ›prädikativer Kern‹,
›die Prädikatsgruppe‹) heraus, der sich in den meisten Fällen in der
Wortart Verb konkretisiert.

26 Grevisse 1959, S. 759: »L'*adverbe* est un mot invariable que l'on joint à
un verbe, à un adjectif ou à un autre adverbe pour en modifier le sens ...«

27 Noch genauer wäre *Substantiv*-Prädeterminanten.

Anmerkungen zu Kap. 7

1 Martinet 1969, S. 311.

2 Vgl. Rothe 1972, S. 37.

3 Klein ³1968, S. 38 f.

4 Vgl. dazu Marchand 1969, S. 20 ff.

5 Hierzu: Rothe 1972, S. 36, Anm. 76: »Meistens führt man auch die
englischen Paare vom Typ /ˈkɔntent / ›Inhalt‹ vs. / kənˈtent / ›zufrieden‹
u. a. m. in diesem Zusammenhang an. Hier kommt aber fast immer zur
Akzentopposition das Variantenspiel beim nicht akzentuierten Vokal
als weiteres Differenzierungsmerkmal hinzu (im obigen Beispiel [ɔ] :
[ə]).«

6 Das betrifft nicht alle Vokale der Äußerung gleich nachdrücklich,
vielmehr ist nur wichtig, ob sich nach der am stärksten hervorgehobenen
Silbe der Ton nicht mehr senkt (= Frage) oder ob die Intonationskurve
danach (gleichgültig dann im einzelnen, wie) absinkt. Vgl.

Georg hat Kartóffeln zu Mittag gegessen?

Georg hat Kartóffeln zu Mittag gegessen. (s. Isačenko / Schädlich 1970)

7 Rothe 1972, S. 39.
8 Nach: Malmberg 1967, S. 92.
9 Rothe 1972, S. 43.

Anmerkungen zu Kap. 8

1 Neben dem Satzbegriff, der sich in dieser Weise aus den Morphemen herleitet, gibt es auch einen selbständigeren, der das Produzieren von Sätzen erklärt als ein »Hineinfüllen« von lexikalischem Material in Muster, die vorgegeben sind. Die Kombination solcher Muster untereinander erfolgt regelhaft.

2 Als Einführung in die Textlinguistik wird empfohlen: Gülich/Raible 1977; Kallmeyer et al. [2]1977; Kalverkämper 1981; evtl. auch Dressler 1973 (wiewohl weniger gründlich als die drei anderen).

3 Kontrovers bewertet wird ja z. T. immer noch (vgl. Anm. 1), ob der Satz als Einheit der *langue* oder der *parole* angehört (s. Saussure 1969, Deuxième partie V, 2: Les rapports syntagmatiques).

4 Funkkolleg Sprache I, S. 174.

5 Ebd.

6 Bloomfield 1967, S. 170.

7 Ein ebenfalls nicht auf den Inhalt rekurrierender Satzbegriff ist der von Glinz. Er weist auf die Doppeldeutigkeit des Wortes Satz hin:
1. ›Satz‹ = »das Stück Text, das von Punkt zu Punkt (oder Ausrufezeichen oder Fragezeichen) läuft und das durch Großschreibung des ersten Wortes zusätzlich gekennzeichnet wird. Es handelt sich um eine *Einheit für das Lesen*« und eine Interpunktionseinheit. Zusätzlich charakterisiert Glinz diese Leseeinheit intonatorisch (Stimmsenkung und mögliche Pause am Satzende).
2. ›Satz‹ = »grammatische Einheit /.../, nämlich das Stück Text, das auf *einer* Verbalstruktur beruht ...« Hierfür schlägt Glinz die Bezeichnung *Proposition* vor. Eine Proposition ist »als grammatisch gegliederte Einheit aus Verb + Satzgliedern aufgebaut«. (Ein Satz kann demnach mehrere Propositionen enthalten – eben dann, wenn er mehr als einen verbalen Kern enthält.) (Nach einem Vortrag von H. Glinz in Freiburg i. Br. 1980; Zitate aus dem dort ausgeteilten Paper.)

8 Malblanc 1961.

9 Nicht zu verwechseln mit dem *Kommutationstest*. Der Kommutationstest dient zum Feststellen paradigmatischer Beziehungen (welche anderen Elemente hätten in dieser Umgebung noch stehen können?), der *Permutationstest* dient zum Feststellen syntagmatischer Beziehungen.

10 Funkkolleg Sprache I, S. 189.

11 Ebd.

12 Hockett [12]1967, passim.

13 Fries [1]1952, passim.

14 Im Bereich der deutschen Linguistik wurde Tesnières Dependenzmodell rezipiert und weiterentwickelt z. B. durch G. Helbig, J. Erben, H. Brinkmann.

15 Tesnière 1959, S. 102.

16 Ebd., S. 125.

17 Beispiel aus Funkkolleg Sprache I, S. 193.

18 Helbig/Schenkel [2]1971, S. 76

19 Funkkolleg I, S. 194. (Das Wort *potentielle* wurde von mir hinzugefügt.)

20 Ebd.

21 Über Tesnière hinaus weiterführend und problematisierend sind z. B. Brinker 1977, S. 93–118; Helbig/Schenkel [2]1971, S. 11–76.

22 Funkkolleg I, S. 194.

23 Chomsky 1965, S. 14 (in der deutschen Übersetzung).

24 So O. Szemerényi in einem Vortrag (hier aus dem Gedächtnis sinngemäß wiedergegeben).

25 Chomsky 1965, S. 13 (in der deutschen Übersetzung).

26 Glinz 1970, S. 96.

27 Etwa Piepho 1974: Piephos Anwendung der linguistischen Pragmatik auf den Fremdsprachenunterricht setzt als oberstes Lernziel die kommunikative Kompetenz (s. Kap. 11), die als eine Komponente das Hörverstehen beinhaltet.

28 Nach Bechert et al. [2]1971, S. 161.

29 Bünting 1971, S. 135.

30 Nach Heeschen [2]1974, S. 115, und Bünting 1971, S. 134.

31 Ebd., S. 137.

32 Zu dieser Notierungstechnik s. Kap. 8.2.2: IC-Analyse.

33 Bechert et al. 1970, S. 39.

34 Eine neure Version der gTG gibt Sätzen mit attributivem Adjektiv ein anderes Generierungsprotokoll: Beispiel: *Die dicke Katze schläft:*

Daraus durch Tilgungs- und Permutationstransformationen (s. Kap. 8.5.2.2) → Oberflächenstruktur: *Die dicke Katze schläft.*

Eine solche Generierung durch *eingebetteten Nebensatz* (S') hat den Vorteil, daß man mit einer geringeren Anzahl von Ersetzungsregeln auskommt.

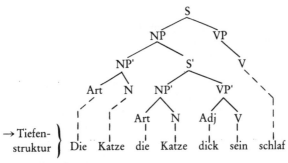

35 Nach Heeschen ²1974, S. 113.
36 Semantik im Strukturalismus s. Kap. 9. Zur Untrennbarkeit von Syntax und Semantik vgl. auch Kap. 8.4, letzten Abschnitt.
37 Darstellungsweise nach Bünting 1971, S. 154 ff.
38 Nach Dubois/Dubois-Charlier 1970, S. 133 und S. 17.
39 Als Einführung, die die Entstehung der TG vor dem Hintergrund des Strukturalismus darstellt, ist geeignet: Bierwisch ²1969. Ausführlichere Darstellungen der TG:
dt.: Bechert et al. 1970; Coseriu 1968;
engl.: Chomsky 1957; Chomsky 1965; Jacobs/Rosenbaum 1968;
frz.: Ruwet ²1968.
40 Für einzelne Teilprobleme innerhalb der kontrastiven Grammatik z. B. lassen sich jedoch Begriffe der gTG durchaus nützen, vgl. etwa:
frz. *Sans mot dire, il partit.*
engl. *Without another word he left.*
dt. *Ohne ein Wort (zu sagen)* } ging
    Stillschweigend } er.
o. ä.

Die Regel, daß im Dt. nach einleitendem Adberb (einleitender Adverbialbestimmung, einleitendem Prädikativum, auch nach vorangestelltem Nebensatz, die alle der gleichen paradigmatischen Klasse angehören) Inversion (= Umstellung: Die Abfolge Subjekt – Prädikat wird vertauscht zu Prädikat – Subjekt) folgen muß, läßt sich gut in eine entsprechende Permutationsregel fassen, die im Dt. beim Erzeugen solcher Sätze im Gegensatz zu Frz., Engl. u. a. zusätzlich durchlaufen werden muß.
Daß von den Grammatikmodellen der neueren Linguistik sich keines didaktisch verabsolutieren läßt, haben wir schon in Kap. 8.4 beim Gegenüberstellen von Konstituentenstrukturgrammatik und Dependenzgrammatik zum Ausdruck gebracht. Was dort über die IC-Stammbäume gesagt wurde, gilt auch für die gTG-Stemmata: Sie sind überall dort im (Fremd-)Sprachenunterricht nützlich, wo beim Erzeugen grammatikalisch richtiger Sätze (wichtige Anwendung: das Übersetzen)

die syntagmatische Abfolge der Satzkonstituenten relevant ist. Und die gTG kann – im Gegensatz zur IC-Analyse – auch für die Sätze mit diskontinuierlichen Konstituenten (z. B. *Die Mutter regt sich auf*) ein Generierungsprotokoll angeben.

Im übrigen soll jedoch nicht verschwiegen werden, daß in der Praxis des Sprachunterrichts auch die Tendenz zurück zur traditionellen (letztlich am Lateinunterricht orientierten) Grammatik nicht gering ist – was aber die Bereitschaft, für bestimmte Teilbereiche die neueren Modelle auszuwerten (und das heißt für den Unterricht häufig auch: sie ihres einschüchternden formalistischen Apparates zu entkleiden) nicht ausschließt.

41 Z. B. im Hinblick auf die Rolle der »angeborenen Ideen« und der Universalien bei Chomsky, auf die wir in unserer äußerst vereinfachten Darstellung nicht eingegangen sind.

Anmerkungen zu Kap. 9

1 Abzuheben von der sog. Allgemeinen Semantik (›general semantics‹), die, hauptsächlich vertreten durch A. Korzybski und S. I. Hayakawa (beide USA), eher interdisziplinär zwischen Philosophie, Linguistik, Psychologie und Soziologie anzusiedeln ist. Ihr Hauptanliegen ist es, das Zusammenleben der Menschen zu optimieren. Sie stellt Möglichkeiten zur pragmatisch orientierten Analyse von Sprachäußerungen dar und will damit erziehen zu kritischer Haltung gegenüber manipulativem Sprachgebrauch.
2 Siehe Kap. 3.2.1.3 – Vgl. Szemerényi 1971, S. 125 f.
3 Nach Geckeler 1973, S. 2 f.
4 Bünting 1971, S. 162 f.
5 Coseriu 1970c, S. 105.
6 Geckeler 1973, S. 3.
7 Coseriu 1967.
8 De Saussure 1969, S. 156 ff.
9a Ebd., S. 160.
9b Und natürlich auch für die Ausdrucksseite der Sprache: Ein Phonem hat eine bestimmte Variationsbreite, die determiniert ist durch das, was es (im System) umgibt, d. h.: durch die anderen Phoneme, zu denen es (*per definitionem*) in Opposition steht. Z. B. hat das dt. Phonem /o/ eine größere Variationsbreite als das frz., wie eine Skizze des betr. Artikulationsbereichs zeigt:

Das dt. Phonem /o/ darf, ohne seine Eindeutigkeit zu gefährden, variieren von [ɔ] bis [o], das frz. /o/ nicht, weil es in einem anderen Oppositionsgefüge steht.

Der Begriff *valeur* wird von de Saussure auf die Inhalts- *und* die Ausdrucksseite wie auch auf das sprachliche Zeichen als Ganzes bezogen, s. de Saussure 1969, 2. Teil, Kap. 4, §§ 2–4.

10 Daneben ist die *valeur* eines Zeichens auch syntagmatisch bestimmt durch »das, was ihm vorangeht und/oder was darauf folgt«, s. de Saussure 1969, S. 171; vgl. Kap. 9.1.3: Kontextbedeutung.

11 Ulrich 1972.

12 Ebd.

13 Ebd.

14 Beispiel nach Ulrich 1972.

15 Ebd.

16 De Saussure 1969, S. 173 ff.

17 Nach de Saussure 1969, S. 175.

18 *Synonyme* sind sprachliche Zeichen mit gleichem Inhalt, aber verschiedenem Ausdruck (s. Kap. 9.6). Totale Synonymie gibt es kaum, das läßt sich durch beliebige Beispielsätze, in denen man ein Synonym für das andere substituiert, nachprüfen. Z. B.: *Trink doch einen Glühwein, das ist gut gegen Grippe/Influenza!* – Entsprechend frz. *la grippe/l'influenza*, engl. *flu/influenza*.

19 *Paronyme* = Wörter mit lediglich lautlicher Ähnlichkeit.

20 Nach Geckeler 1973, S. 10.

21 *Antonym* = Bezeichnung des Gegenteils, z. B. ist *häßlich* das Antonym von *schön*.

22 Wandruszka 1970.

23 Trier 1931.

24 Matoré 1951.

25 Guiraud 1969.

26 De Saussure 1969, S. 160.

27 Trier 1931, S. 1.

28 Ebd.

29 Ebd., S. 2.

30 Ebd., S. 5.

31 Die beiden Beispielsätze unter 3) aus: Klein/Strohmeyer (o. J.).

32 Coseriu 1970a, S. 37 f.

33 Ähnlich Porzig ⁴1967.

34 Coseriu 1967. Die lexikalischen Solidaritäten sind natürlich nur *ein* Manifestationsbereich der Coseriuschen Norm; ein anderes Beispiel ihres Wirkens, auf der Ebene der Phonetik/Phonologie, haben wir in Kap. 5.4.3.4 beschrieben.

35 Große 1970, S. 33.

36 Beispiel nach Mounin 1968, S. 160.

37 Geckeler 1973, S. 30 f.

38a Aus: Pottier 1967, zitiert nach Geckeler 1973, S. 31 (Übersetzung ins Deutsche von mir).

38b Korrektur an Pottiers Matrix: *pouf* muß bei s_2 ein Minus haben, nicht Plus (*le pouf* ist ein Sitzkissen *ohne* Beine!). Dann umfaßt das Archisemem nur das Sem s_4 (›zum Sitzen‹). Das zugehörige Archilexem *siège* wird davon nicht berührt.

39 Vgl. Trier 1931.

40 Geckeler 1973, S. 33.

41 Ullmann 1957.

42 Leisi 1971, S. 116.

43 Leisi weist auf seine Nähe zu Wittgensteins *meaning is use* hin (Leisi 1971, S. 116).

44 Leisi 1971, S. 117.

45 Ebd.

46 Der nicht gleich einer strukturalistischen Opposition ist.

47 Leisi 1971, S. 117.

48 Ebd.

49 Ebd., S. 121.

50 Ebd., S. 117.

51 Nach Wartburg ³1970, S. 118f.

52 Aufgabe 1. nach: Große 1970, S. 54.

53 Die folgenden Textbeispiele stammen aus Rabelais 1956, zitiert nach Große 1970, S. 54.

54a Vgl. Gauger/Oesterreicher/Windisch 1981, S. 49. Grundlegend zur Onomasiologie: Quadri 1952.

54b Nach Coseriu 1968.

55 Geckeler 1973, S. 7.

56 Von Wandruszka als *Polymorphismus* bezeichnet, siehe Wandruszka 1969 und ders. 1971. Gauger 1976, S. 114f., weist auf einen anderen Begriff von ›Asymmetrie des Sprachzeichens‹ hin.

57. 1. *vere₁* ›wahrhaftig‹ (Adverb von *verus*)
    und *vere₂* ›im Frühling‹ (Ablativ von *ver*) sind homonym;

   2. *equum* ›Pferd‹ (Akkusativ von *equus*)
    und *aequum* ›billig, angemessen‹ sind homophon;

   3. *et₁* ›und‹
    und *et₂* ›auch‹ sind homonym. (Trotz inhaltlicher Verwandtschaft verbietet sich die Charakterisierung als polysem – s. Kap. 9.6: Polysemie –, da es sich um verschiedene Wortarten, also eindeutig um zwei Wörter handelt: *et₁* ist Konjunktion, *et₂* Adverb.)

58 Sowie andere Doppelbezeichnungen von Pflanzen und Tieren, auch im Frz. und im Engl.: dt. *Margerite, Wucherblume; Scharbockskraut, Feigwurz; Karotte, Möhre, Gelbe Rübe; Rote Rübe, (Rote) Bete; Baumläufer, Kleiber; Dompfaff, Gimpel; Distelfink, Stieglitz; Spatz, Sperling; Ur, Auerochs;*
   frz. *pissenlit, dent-de-lion* ›Löwenzahn‹; *moineau, passereau* ›Spatz‹;

porte-queue, machaon ›Schwalbenschwanz‹ (Schmetterlingsart);
engl. *pink, carnation* ›Nelke‹; *pansy, heartsease* ›Stiefmütterchen‹; *potato beetle, Colorado beetle* ›Kartoffelkäfer‹; *donkey, ass* ›Esel‹;
oder auch verschiedene (regional distribuierte) Berufsbezeichnungen im Deutschen: *Metzger, Fleischer, Schlachter; Flaschner, Klempner; Tischler, Schreiner; Wagner, Spengler; Schornsteinfeger, Kaminfeger; Briefträger, Postbote.*

59 Lorenzer, A.: Über den Gegenstand der Psychoanalyse. Frankfurt 1973; zitiert bei: Kopperschmidt 1973, S. 41.

60 Siehe Kap. 2.1.

61 Priestley (o. J.).

62 Hervorhebungen von mir.

63 Giraudoux 1952 (deutsche Übersetzung 1967).

Anmerkungen zu Kap. 10

1 Schlieben-Lange 1973, S. 26, S. 73.

2 Coseriu 1970d, S. 32.

3 Ebd.

4 Ebd.

5 Coseriu 1970d, S. 32 f.

6 Wandruszka 1971, S. 8.

7 Pei 1966, S. 67, zitiert nach: Glinz 1970, S. 82.

8 Ebd.

9 Glinz 1970, S. 78.

10 Leisi [4]1967, S. 168.

11 Nicht im Sinne Coserius: Norm = das ›Normale‹, s. Kap. 9.

12 Schlieben-Lange 1973, S. 73 f.

13 In diesem Zusammenhang fällt auch der derzeitige große Publikums-erfolg dialektsprachlicher (Bühnen-)Literatur auf, z. B. der Stücke von Franz Xaver Kroetz, der Filme von Martin Sperr, Volker Schlöndorff u. a.

14 Fourquet 1968, S. 571.

15 Schlieben-Lange 1973, S. 77 f.

16 Glinz 1970, S. 74.

17 Ebd.

18 Glinz 1970, S. 75.

19 Dittmar 1973; Hager/Haberland/Paris 1973; Niepold 1971; Schlieben-Lange 1973.

20 Martinet 1970, S. 25.

21 Schlieben-Lange 1973, S. 44.

22 Also nur beiordnende (koordinierende) Konjunktionen, nicht unter-ordnende (subordinierende).

23 Nach Hager/Haberland/Paris 1973, zitiert aus: Schlieben-Lange 1973, S. 45.

24 Nach Niepold 1971, S. 15.
25 Nach Hager-Haberland/Paris 1973, zitiert aus Schlieben-Lange 1973, S. 46.
26 Ebd.
27 Bühler 1971; Dittmar 1973: Kap. 1; Fischer 1971; Hager/Haberland/Paris 1973; Niepold 1971, S. 25–31; Schlieben-Lange 1973, S. 47 ff.
28 Dittmar 1973: Kap. 3.
29 Schulz 1973.
30 Schlieben-Lange 1973, S. 76.
31 Klein ³1968, S. 18.
32 Beispiele aus: Klein ³1968, S. 18 f.
33 Schlieben-Lange 1973, S. 76.
34 Ebd.
35 Ein Beispiel für das Französische: Haudricourt/Juilland 1949.
36 Diese können nach verschiedenen Gesichtspunkten zusammengefaßt werden (– mehrere Modelle der Gliederung der Romania), z. B.:

Französisch		
Frankoprovenzalisch	Galloromania	
Provenzalisch		
Rätoromanisch		I. Westromania
Spanisch		
Katalanisch	Iberoromania	
Portugiesisch		
Norditalienisch		
Mittel- und Süditalienisch		
Dalmatisch		II. Ostromania
Rumänisch		
Sardisch		III. Sardinien

Eine andere Einteilung ist die nach *Zentral-* und *Randromania,* die sich auf den Unterschied ›erhaltend/erneuernd‹ stützt: Die Zentralromania weist, vor allem im Wortschatz, viele Neuerungen gegenüber dem klass. Latein auf, die Randromania nicht. s. Kontzi 1978.
37 Für das Frz.: Wartburg ⁹1969; Wartburg 1950; Wartburg ³1970; Tagliavini ⁵1969; Lüdtke 1968; Kontzi 1978; Vidos 1968. Für das Dt.: Eggers 1963–1969; Moser ⁶1969; v. Polenz ⁹1978; Für das Engl.: Trevelyan 1966; Baugh 1935; Leisi 1969.
38 Hier ist es für den Romanisten interessant, die sehr verschiedenen Verhältnisse in Frankreich und in Italien miteinander zu vergleichen.

Anmerkungen zu Kap. 11

1 Nach: Habermas/Luhmann 1971, S. 101.
2 Beispiele aus: Schlieben-Lange: Akademiebericht (o. J.).

3 Habermas/Luhmann 1971, S. 101 ff.

4 Ebd., S. 102.

5 Habermas, zitiert bei Leist in: Wunderlich 1972, S. 65.

6 Vgl. Kap. 8.1.

7 Peirce 1932.

8 Morris 1938.

9 Wiederaufgenommen von Odgen und Richards im sog. *semiotischen Dreieck* (s. Kap. 3).

10 Zum Verhältnis von Pragmatik–Semantik–Syntax vgl. auch Schwarze 1975, S. 30 ff.

11 Badura 1971, S. 39.

12 In diesen Fällen wird im schriftlichen Sprachgebrauch, z. B. in Briefen, häufig statt eines Fragezeichens ein Punkt, evtl. ein Ausrufezeichen gesetzt. Mittels der Interpunktion wird so unterstrichen, daß es sich nicht um ›echte‹ Fragen handelt.

13 Das folgende Beispiel ist entnommen aus: Funkkolleg Sprache II 1973, S. 113 f.; s. auch: Schmidt 1963, S. 30 ff., und Große 1974, S. 19 f.

14 Wunderlich 1972, S. 13 ff.

15 Ebd., S. 32.

16 Ebd.

17 Ebd.

18 Ebd.

19 Nach: Steger 1973. Es ist zu unterscheiden zwischen dem sozialen und dem situativen Rang der Kommunikationspartner.

20 Bei Wunderlich einfach »illokutive Äußerungen« genannt. Aber da im Sinne der Sprechakttheorie jede Äußerung eine Illokution hat, nennen wir den hier behandelten Typ lieber »explizit illokutiv«.

21 Wunderlich 1970, S. 29. Die vorliegenden Ausführungen stützen sich im wesentlichen auf Wunderlich. Auf die Sprechakttheorie Austins und Searles soll hier nur am Rande eingegangen werden, da in den Unterscheidungen zwischen lokutiv, illokutiv, perlokutiv bei Austin, Searle, Strawson, Cohen u. a. leichte Differenzen in den Abgrenzungen vorkommen, die in einer Darstellung für Anfänger eher verwirren würden.

22a Austin 1962, S. 94: »The act of ›saying something‹ in this full normal sense I call ... the performance of a locutionary act ...«

22b Maas/Wunderlich 1972, S. 120.

23 Zu Senderintention vs. Textfunktion s. Große 1974, S. 20 f.

24 Maas/Wunderlich ³1974.

25 Austin 1962, S. 109.

26 Ehrich/Saile, in: Wunderlich 1972, S. 274.

27 Wunderlich 1970, S. 29; Maas/Wunderlich 1972, S. 121.

28 Wunderlich 1972, S. 16.

29 Zu den Begriffen *elaboriert/restringiert* s. Kap. 10: Soziolinguistik.

30 Hypotaxe = Satzunterordnung, Anknüpfen von Nebensätzen an einen Hauptsatz mittels Konjunktion(en). Gegenteil: Parataxe = Beiordnung.

31 Habermas/Luhmann 1971, S. 109 ff.
32 Systematisierungen für sprachliche Handlungen gehen zurück auf die Sprechhandlungstheorie von Austin (1962) und Searle (1969) und auf die Ordinary Language Philosophy im Gefolge von Wittgenstein (1960).
33 Habermas/Luhmann 1971, S. 111 ff.
34 Ebd., S. 113.
35 Ebd., S. 112.
36 Ebd., S. 131 ff.
37 Austin 1962, S. 147–163; dt. Übersetzung S. 163–180.
Hauptunterschiede zwischen Austins und Habermas' Einteilung der Sprechakte (was Austin mit seinen Termini meint, braucht uns dabei hier nicht zu interessieren):

Austin	Habermas
Verdictives	Institutionelle Sprechakte (nicht zu den
Behabitives	pragmatischen Universalien gezählt)
Exercitives	Regulativa
Commissives	Repräsentativa
Expositives	Konstativa
	Kommunikativa
—	(Operativa)

Nur bei einer einzigen Klasse, den Repräsentativa, besteht also volle Übereinstimmung. Austin wie Habermas rechnen *wollen, beabsichtigen, versprechen, sich verpflichten* usw. zur gleichen Klasse. Aber ihre Definitionen dieser Klasse weichen bereits wieder voneinander ab. Noch andere Klassifikationen von Sprechakten finden sich z. B. bei Searle 1973; ders. 1975; Wunderlich 1975, S. 77 ff.
38 Siehe Kap. 11.8.
39 Habermas/Luhmann 1971, S. 114.
40 Wunderlich 1970.
41 *Paralinguistisch* sind nach Wunderlich »alle Phänomene der Intonation, besonders Tonhöhen- und Lautstärkenverlauf, Sprechrhythmus, Pausengliederung, Akzentuierung, die Bestandteile der lautlichen Form der Äußerung sind und als solche etwa auf einem Tonband festgehalten werden können« (Wunderlich 1970, S. 14).
42 Als *außerverbale Ausdrucksmittel* bezeichnet Wunderlich »begleitende Gesten, Gesichts- und Körpermimik, Körperhaltung, ... Tränen usw. ...« (Wunderlich 1970, S. 15).
43 Nach: Wunderlich 1970, S. 14 und S. 20.
44 Watzlawick et al. ⁴1974, S. 68 ff.

45 Ebd.; Steger 1973, S. 249.

46 Schmidt, S. J. 1973, S. 235.

47 Nach: Steger 1973, S. 249.

48 Zu erweitern um »Annahmen über die Annahmen des Angesproche-
nen« (und Annahmen wieder über diese – usw.). A fragt sich nicht nur:
»Was denkt, weiß, will … B?«, A fragt sich auch: »Was denkt B, daß ich
denke, weiß, will …?« Und A fragt sich: »Was denke ich nach B.s
Ansicht über *dessen* Denken, Wissen, Wollen …?«) usw. Mit anderen
Worten: Ein sehr wichtiger Faktor ist die *Sprecherkalkulation der
Hörererwartung* (bzw. Lesererwartung) und des *Hörer-* (bzw. Leser-)
Vorwissens und der wechselseitigen Annahmen (davon hängt die Art
und Weise des Sagens, die mitgeteilte Informationsmenge u. a. ab).
Wichtig ist ebenfalls, wie der *Hörer bzw. Leser* den Sprecher bzw.
Autor *einschätzt* und von welchen Erwartungen er sich, ihm selbst
vielleicht gar nicht bewußt, von vornherein beim Hören oder bei der
Lektüre steuern läßt. Davon hängt besonders die Aufnahmefähigkeit
des Hörers bzw. Lesers und damit dessen *Interpretation* ab, die u. a.
stark von der Reizfilterwirkung bestimmt wird. Ein Beispiel hierfür:
Große 1974, S. 149–152. Zur grundlegenden Bedeutung der wechselseitigen ›Antizipation von Erwartungen‹ für den Verstehensprozeß,
genauer: die intersubjektive Sinnkonstitution, s. Habermas 1971, bes. S.
192. Hier eröffnet sich ein weiteres, auch für den Linguisten interessan-
tes Gebiet: Die ›Verben und Adverbien der Erwartung‹ im Deutschen,
Französischen und Englischen sind bisher noch nicht zusammenhängend untersucht worden, obgleich sie für die Kommunikation eine
große Bedeutung haben und daher z. T. in ihrem Auftreten hochfre-
quent sind.

49 Wunderlich 1970, S. 20.

50 Sie werden als Gegenstand der *Referenzsemantik* in der Fachliteratur
auch gelegentlich im Rahmen der Semantik behandelt (so z. B. in:
Funkkolleg Sprache II 1973, S. 102–112).

51 Bühler 1934, S. 102. Aussprache [ˈdaiksis]; das zugehörige Adjektiv
deiktisch kann sowohl [ˈdaiktiʃ] als auch [deˈiktiʃ] ausgesprochen
werden.

52 Funkkolleg Sprache II 1973, S. 110.

53 Funkkolleg Sprache II 1973, S. 104. Zu den Pro-Formen s. Dressler
1972, S. 22–42.

54 Handke 1970, S. 47.

55 Habermas/Luhmann 1971, S. 104.

56 Subjekt kann hier auch *ich* oder *du* sein (Anmerkung von mir).

57 Habermas 1971, S. 104f. Weiteres hierzu s. Große 1974, bes. S. 52 bis
88. Während Habermas die dominierenden Sätze gemäß seiner Konzeption der Pragmatik gruppiert, unterscheidet Große semantisch zwischen
Ausdrücken der Tatsächlichkeit, der Möglichkeit, der positiv oder
negativ wertenden Stellungnahme, des Willens, des Verpflichtetseins

und der Notwendigkeit. Davon werden die durch eine besondere Semantik und Syntax ausgezeichneten institutionellen Akte wie *taufen, ernennen zu, bezeichnen als* getrennt.

58 Watzlawick et al. [4]1974, S. 55.

59 Ebd. Dies ist allerdings nur *ein* Verständnis des recht vieldeutigen Ausdrucks *Metakommunikation* (vgl. etwa Wiegand 1979).

60 Habermas 1971, S. 105.

61 Ebd., S. 105; S. 110: »Der pragmatisch wichtigste Teil des Sprechakts ist der performative Satz.«

62 Die Abhängigkeit läßt sich auch syntaktisch zeigen (s. hierzu: Große 1974, S. 91 Anm.; in der letzten Zeile ist *me* zu ergänzen).

63 Habermas 1971, S. 105 f.

64 Englische Beispiele s. Seuren 1969, S. 117 (zitiert nach: Große 1974, S. 53).

65 Habermas 1971, S. 106.

66 Bally [2]1944.

67 Seuren 1969.

68 Ross, J.: On Declarative Sentences. In: Jacobs/Rosenbaum 1970.

69 Grewendorf 1972.

70 Der auf Vorhergehendes und zugleich auf Sichanschließendes verweisende Charakter sprachlicher Handlungen wird bereits im amerikanischen Strukturalismus (Bloomfield) betont, allerdings hat dort Sprache – ganz im Widerspruch zur Sprechhandlungstheorie – lediglich mediative Funktion: nicht handelnd, sondern nur handlungsvermittelnd; nicht Sprechen als Handeln, sondern Sprechen als Ersatz für unmittelbares Handeln, d. h. als Vermittler eines durch Sprechen herbeigeführten nonverbalen Handelns.

71 Wunderlich 1972, S. 25.

72 Nach: Große 1974.

73 Ebd., S. 217.

74 Dialogbeispiel aus: Wunderlich 1972, S. 27.

75 Nicht bei Utz Maas; dessen Definition von *probeweisem Akzeptieren* s. in: Wunderlich 1972, S. 23. Anm.

76 Wunderlich 1972, S. 27 f.

77 Ebd., S. 28.

78 Ebd., S. 36 f.

79 Ebd., S. 37 ff.

80 Ebd., S. 40 ff.

81 Pagnol 1930, S. 13–16.

82 Ebd., S. 37 f.

83 Ebd., S. 83 f.

84 Habermas 1971, S. 116.

85 Maas/Wunderlich [3]1974, S. 192.

86 Habermas 1971, S. 213.

87 Ebd., S. 115.

88 Vgl. hierzu den von Rath (1973, S. 169–195) und von Große (1974, S. 517–528) untersuchten Meinungsaustausch zum Thema Ehe.

89 Habermas 1971, S. 138.

90 Ebd., S. 139.

91 Ebd., S. 137.

92 Ebd., S. 138.

93 Ebd., S. 138 f.

94 Ebd., S. 139.

95 Duhm [10]1974, passim.

96 Luther 1970, S. 339. Habermas' Charakterisierung der idealen Sprechsituation (Habermas 1971, bes. S. 138 f.) scheint nur auf den ersten Blick eine völlig andere zu sein. Das liegt daran, daß er a) *handlungsbezogen* und b) ohne Scheu vor Fremdwörtern seine Konzeption formuliert. Doch dem Sinne nach ergeben sich überraschend viele Übereinstimmungen, auch wenn bei Luther der Akzent mehr auf der persönlichen Begegnung, bei Habermas mehr auf einer weitgehend inexistenten, erst zu realisierenden und dann allgemeinen Kommunikations- und Lebensform liegt.

97 Ähnlich äußert sich Habermas selbst: 1971, S. 140.

98 Auch Wunderlich (1970) gibt als Einwand gegen die ideale Sprechsituation zu bedenken, daß sie nicht realisierbar ist.

99 Habermas 1971, S. 141, letzte drei Sätze.

100 Literatur zur Einführung in die Konversationsanalyse: Henne / Rehbock 1979; zur Definition und zu den Forschungszwecken: Dittmann 1979 (Einleitung); exemplarische Überblicksdarstellung der Fragen und Analyseschritte von der klassischen Sprechakttheorie und der linguistischen Pragmatik bis zu den Forderungen der Konversationsanalyse: G. Schoenthal in: Dittmann 1979.

Lösungsvorschläge zu den Aufgaben

Aus Kap. 2.2:

1. *Je vais à l'école. – Ich gehe zur Schule.*
Il est allé à cheval. – Er ist geritten.
Il faut aller par le train. – Man muß mit dem Zug fahren.
Elle est allée à Paris. – Sie ist nach Paris gefahren (oder: gereist).
Je voudrais acheter quelques fleurs. – Ich möchte ein paar Blumen kaufen.
J'aime les fleurs du pommier. – Apfelblüten gefallen mir.

Take *an* umbrella. – Nimm *einen* Schirm mit.
Would you please take *that* letter *to the* post-office? – *Könntest du bitte* diesen Brief *zur* Post bringen?

das Streben nach Glück – the pursuit of happiness
Ich wünsche dir Glück! – I wish you good luck.

2. Nur wenn eine Sprachgemeinschaft den Begriff ›Unkraut‹ in einer eigenen sprachlichen Benennung besitzt, werden ihre Angehörigen diese Kategorie in der außersprachlichen Wirklichkeit wahrnehmen können. Wo die Sprache kein solches Einteilungsprinzip der Pflanzenwelt in ›nützliche Pflanzen‹ / ›unnütze Pflanzen‹ anbietet, haben ihre Benutzer nicht die Möglichkeit, Pflanzen wie z. B. Kornblume, Kamille und Brennessel, die nach anderen Gesichtspunkten völlig verschieden sind, als zusammengehörig (eben aufgrund ihrer Bewertung als ›unnütz‹) zu klassifizieren.
3. a) expressiv, b) Strukturierung der Gedanken, c) appellativ, d) expressiv (eher als: referentiell; dagegen in *Herr A. fragt seinen Nebenmann in der Straßenbahn, wie das Wahlergebnis war*, würde die referentielle Funktion dominieren), f) poetisch, g) phatisch.

Aus Kap. 3.1.1.3:

4. Beispiele für Symbole:

›Bäckerei‹

›hier aufschneiden‹ (auf Papier- und Pappverpackungen usw.)

›Vorsicht! Vieh überquert!‹

  ›Radfahrweg‹ u. v. a.

Beispiele für Zeichen:
auf Wasserhähnen: rote Markierung ›warmes Wasser‹
blaue Markierung ›kaltes Wasser‹
♂ ›männliches Lebewesen‹, ♀ ›weibliches Lebewesen‹ (in der Biologie)

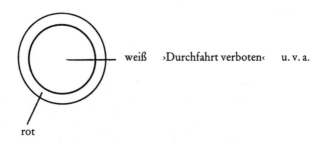 weiß ›Durchfahrt verboten‹   u. v. a.

rot

Aus Kap. 5.2.:

5. 1. Frz.: Minimalpaare *coter* / kɔte / : / *côté* / kote /
   Paul / pɔl / : / *Paule* / pol /,
   also sind / o / : / ɔ / zwei verschiedene Phoneme.
   Engl.: [o] und [ɔ] differenzieren kein Minimalpaar, sind also Allophone ein und desselben Phonems /o /.
2. Frz.: Minimalpaare *eau* / o / : / *on* / õ /
   sot, saut, sceau / so / : / *son, sont* / sõ / u. a.
   also sind /o / : / õ / zwei verschiedene Phoneme.
   Engl.: [o] und [õ] differenzieren kein Minimalpaar, also sind [o], [õ] und [ɔ] (s. 1.) Allophone ein und desselben Phonems / o / (wie im Dt.).
6. Distribution von [s], [ʃ], [z] im Koreanischen:
Anlaut: vor dunklem Vokal [s], vor hellem Vokal [ʃ]
Inlaut: nach Nasalkonsonant [z], nach / t / dagegen [ʃ]

Aus Kap. 5.4.1:

7. Minimalpaare:

dt.	frz.	engl.
bitten / bieten	mettre / lettre	book / books
Sache / Sachen	cher / cherchent	sick / thick
blau / Bau	livre / ivre	then / than
	mon / mes	live / leave
	son / saut	whistle / will

Aus Kap. 5.4.2:

8. Minimalpaare: Oppositionen:

lená / lemá	n : m
lená / tená	l : t
lená / pená	l : p
pebá / pená	b : n
pebá / pedá	b : d
nedá / medá	n : m
nedá / pedá	n : p
tená / pená	t : p
pelá / pedá	l : d

Durch Segmentation erhaltene Phone: [n], [m], [l], [t], [p], [b], [d], [e], [á].

[e] und [á] differenzieren keine Minimalpaare. Sie sind zudem artikulatorisch ähnlich und in komplementärer Distribution: also kombinatorische Varianten eines Vokalphonems / [e], [á] /.

Entsprechend [t] und [d] (Distribution: [t] im Anlaut, [d] in allen anderen Stellungen) und [p] und [b] (Distribution: [p] im Anlaut, [b] in allen anderen Stellungen).

Phoneminventar: / m /   / [t], [d] /
                / l /

/ [e], [á] /
/ n /   / [p], [b] /

9. Konsonantensystem

des Dt.

```
p  b    t  d    k  g
f  v          ç  x
     s  z   ʃ (ʒ)
     m      n      ŋ
l  r          j   h
```

des Frz.

```
p  b    t  d    k  g
f  v
     s  z   ʃ  ʒ
     m      n   ɲ
l  r          j
```

▢ = dt. Phonem, das im Frz. keine Entsprechung hat.

⌐⌐⌐ = frz. Phonem, das im Dt. keine Entsprechung hat.

10. Zu einem Vokaldreieck

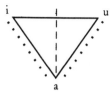

mit nur einem a-Phonem.

11. *Kind* / kint /

12. Für die Phonologie ist an den Lauten nur das von Belang, was von ihnen übrigbleibt bei Anwendung der abstraktiven Relevanz, d. h. unter Absehung von sämtlichen sprecher- und situationsindividuellen physikalischen Eigenschaften eines geäußerten Lautes. Mit anderen Worten: Man gewinnt ein Phonem als das allen seinen realisiert vorliegenden plus seinen potentiellen Varianten Gemeinsame dadurch, daß man nach dem Prinzip der abstraktiven Relevanz aus den verschiedenen Varianten das zugrunde liegende ›Lautmuster‹, eben das Phonem, erschließt.

Aus. Kap. 5.4.3.3:
13. Im Dt. kann im Auslaut kein stimmhafter Verschlußlaut auftreten (Auslautverhärtung). Die Opposition / g / : / k /, die in anderen Positionen vorliegt (z. B. Minimalpaare *Gabel* / *Kabel;* [sich] *balgen* / *Balken; Lage* / *Lake),* ist im Auslaut neutralisiert. Im Auslaut tritt automatisch das Archiphonem / K / ein, das / g / und / k / unter sich subsumiert. Es ist das Bündel distinktiver phonologischer Merkmale, die die beiden Phoneme / g / und / k / gemeinsam haben (also: konsonantisch, plosiv, velar).

14. Kombinatorische Varianten des Phonems / t /.
15. Positionsbeschränkung.
16. Fakultative Varianten des Phonems / e /.
17. a) Die dt. Phoneme / s / : / z / stehen in Opposition zueinander. Diese wird in bestimmten Positionen neutralisiert: Im Anlaut kann nur / z /, im Auslaut nur / s / auftreten.
    b) Im Frz. stehen die Phoneme / s / : / z / in jeder Position in Opposition zueinander.
    c) Im Engl.: wie im Frz.
18. / ø / und / œ / unterscheiden sich nur durch das Merkmal ›Offenheit‹. Sie stehen im Frz. in Opposition zueinander (s. Minimalpaare wie *jeune* / ʒœn / : *jeûne* / ʒøn / und [ils] *veulent* vœl / : *veule,* das beide Aussprachen hat: [vøl] und [vœl]). Diese Opposition ist im (Silben-)Auslaut neutralisiert: Dort kann nur das geschlossene / ø / auftreten, bzw. das Archiphonem / Œ /, bei dem der Merkmalsgegensatz offen/geschlossen keine Rolle mehr spielt.

Aus Kap. 6.3.1:

1. h – ›mein‹ ⎱ Allomorphe des adjektivischen Possessivpronomens
   k – ›mein‹ ⎰ 1. Pers. Sing.
   (= Morphemvarianten)
   a – ›dein‹ ～ 2. Pers. Sing.
   aw – ›dein‹ (= Morphemvarianten)
   s – ›sein‹ ～ 3. Pers. Sing.
   y – ›sein‹ (= Morphemvarianten)

Es sind jeweils kombinatorische grammatikalische Morphemvarianten.
Distribution: die jeweils erstgenannte Form vor konsonantischem Anlaut,
die andere vor vokalischem Anlaut.

20. Für das Phonem: b), d)
    für das Morphem: e).

21. a) / ǝr / ist ein Morph in:
    großer ⎱ – / ǝr /$_1$
    neuer$_1$ ⎰ ist Adjektivflexionsmorphem:
    1. Mask. Nom. Sing.
    in der Umgebung
    ›unbestimmter Artikel ... Substantiv mask. Sing.‹
    z. B. *ein großer Mann,*
    2. mask. / fem. / neutr. Gen. Plur.
    in der Umgebung ›0 (= Null) ... Substantiv‹
    z. B. *die Namen großer Männer / Frauen / Gebäude.*

    dieser ⎱ – / ǝr /$_2$
    meiner ⎰ ist Flexionsmorphem für Pronomina
    (Mask. Nom. Sing.)

    neuer$_2$ ⎱ – / ǝr /$_3$
    größer ⎰ ist Steigerungsmorphem für Adjektive (Komparativ)
    (*neuer*$_1$ und *neuer*$_2$ sind Homonyme)

    Lehrer ⎱ – / ǝr /$_4$
    Fahrer ⎰ ist Ableitungsmorphem für sog. *nomina actorum*
    (Sing.: *nomen actoris* = Substantiv, das einen Täter
    bezeichnet) aus verbalen lexikalischen Morphemen.

    Bohrer ⎱ – / ǝr /$_5$
    Öffner ⎰ ist, wie – / ǝr /$_4$, Ableitungsmorphem für Substantive aus
    verbalen lexikalischen Morphemen. Doch die Substan-
    tive mit – / ǝr /$_5$ bezeichnen Geräte, Hilfsmittel zur
    Ausführung der in dem Verbmorphem genannten Ver-
    richtung.

    Eier – / ǝr /$_6$
    ist Flexionsmorphem zur Pluralbildung von Substan-
    tiven
    (genauer: *ein* Allomorph dieses grammatikalischen
    Morphems, das auch noch andere Allomorphe hat, z. B.

-e: *Hefte, Schweine* …, -n: *Tassen, Sachen*, … u. a.;
s. Kap. 6.2)

/ ər / ist bedeutungslose Phonemfolge in *Schwester, Kammer, unter, Puder.*

b) / œːr / ist ein Morph in:

*chass*eur ⎫ – / œːr /$_1$
*migrat*eur ⎪ ist Ableitungsmorphem für *nomina actorum* aus verba-
*enchant*eur ⎱ len lexikalischen Morphemen. (Wo ein solches *nomen*
*voyag*eur ⎰ *actoris* ein anderes Substantiv näher bestimmt, kann es
entweder als attributives Adjektiv oder als substantivi-
sche Apposition aufgefaßt werden. Übersetzung ins Dt.
meist adjektivisch, z. B. *un sourire enchanteur – ein
bezauberndes Lächeln).*

*douc*eur   – / œːr /$_2$
ist Ableitungsmorphem für eigenschaftsbezeichnende
Substantive aus Adjektiven.

*su*eur   – / œːr /$_3$
ist Ableitungsmorphem für Substantive aus verbalen
lexikalischen Morphemen. (Es ist nicht identisch mit
– / œːr /$_1$. – / œːr /$_1$ bildet *maskuline* Täter-Substantive:
chasseur ›Jäger‹ = ›einer, der jagt‹; – / œːr /$_3$ bildet
feminine Substantive, die sog. effizierte Objekte ausdrücken, d. h. die ›Produkte‹, die entstehen, wenn die in
dem verbalen Lexem ausgedrückte Tätigkeit vollzogen
wird. Z. B. *suer* ›schwitzen‹, *la sueur* ›das, was dabei
entsteht‹ = › der Schweiß‹.)

*bonh*eur   – / œːr /$_4$
ist gebundenes lexikalisches Morphem mit der Bedeutung ›Schicksal‹ (von dem lat. Etymon *augurium* ›Vorzeichen‹. Das h in der Graphie entstand durch Kontami-
nation mit *heure* ›Stunde‹, s. folgendes!)
Daß *bonheur* auf der Morphemebene segmentierbar ist,
zeigt der Kommutationstest *bonheur / malheur* einerseits, *bonheur / bonhomme* oder andere Beispiele andererseits.

heure   / œːr /$_5$
ist freies lexikalisches Morphem mit der Bedeutung
›Stunde‹.

/ œːr / ist bedeutungslose Phonemfolge in *sœur, leur.*

c) / ə / ist ein Morph in:

*high*er ⎫
*fast*er ⎬ – / ə /$_1$
*low*er$_1$ ⎭ ist Steigerungsmorphem wie in a) dt. – / ər /$_3$
*low*er$_2$ – / ə /$_2$

ist Ableitungsmorphem für Verben aus Adjektiven (*low* ›niedrig‹ → *to lower* ›niedriger machen‹, d. h. ›herunterlassen, senken‹)

*sing*er ⎫
*driv*er ⎬ – / ə /₃
*teach*er ⎭ ist Ableitungsmorphem wie in a) dt. – / ər /₄
*(tin-)open*er ⎫ – / ə /₄
*rubb*er ⎭ ist Ableitungsmorphem wie in a) dt. – / ər /₅
/ ə / ist bedeutungsloses Phonem in *silver, finger, master*.

22. Homonymes Morph: a)
Allomorph: c)

23. Kombinatorische grammatikalische Allomorphe. Distribution: *le* vor konsonantischem Anlaut, *l'* vor vokalischem Anlaut.

24. Homonyme Morphe

25. a) *Tür, Türe:* fakultative lexikalische Allomorphe
bin, seid: kombinatorische lexikalische Allomorphe
b) *œil, yeux:* kombinatorische lexikalische Allomorphe
-ez in *venez* ⎫ das gleiche Morphem in zwei verschiedenen
und -ez in *veniez* ⎭ syntagmatischen Umgebungen.
c) / – s / ⎫
/ – z / ⎪
/ – iz / ⎬ Allomorphe des Pluralmorphems für Substan-
/ – ø / (= null) ⎪ tive (also kombinatorische grammatikalische
/ – ən / ⎭ Allomorphe)
/ – s / in *books* ⎫ homonyme Morphe
und / – s / in *he writes* ⎭

Aus Kap. 6.4:

26. a) Alle lexikalischen Morpheme, die Verbstämme sind, z. B. *sing, schreib, fahr, nehm-, arbeit-*.
b) Z. B. die Konjugationsendungen und die Personalpronomina der 1. und 2. Pers. Sing. und der 1., 2. und 3. Pers. Plur. Oder Substantive, die dem lexikalischen Morphem / geb- / als Subjekt vorangehen können, oder Modalverben: ich *gebe*, sie *geben*, Kühe *geben Milch*, *wir* möchten *geben*, usw.

27. Syntagmen

a)	eːr	is-	-t	ˈɛpfəl		
	ziː	kaof-		ˈkuːxən		
b)	hi	həz	ˈteik	-ən	ə	ˈbuk
			fəˈgɔt			ˈkiː
c)	lə	turist	mōt	la	ry	
	le			le	mōtaɲ	
	–	il				
		la				

Aus Kap. 6.5.2:

28. *nachlesbar:* Ableitung aus dem lexikalischen Morphem *les-* durch Präfix (bzw. Partikel) *nach-* und Suffix *-bar.*

unprofessoral: Ableitung aus dem lexikalischen Morphem *Professor* durch Suffix *-al* und (Negations-)Präfix *un-.*

(sich etwas) ersitzen: Ableitung aus dem Verb *sitzen* (= lexikalisches Morphem + grammatikalisches Morphem) durch Präfix *er-.*

Unentflohbarkeit: Ableitung aus dem lexikalischen Morphem *Floh* durch 1. (privatives) Präfix *ent-,* 2. (eine Möglichkeit ausdrückendes) Suffix *-bar,* 3. (substantivierendes) Suffix *-keit,* 4. (negierendes) Präfix *un-.*

Unübersetzbarkeit: Ableitung aus dem lexikalischen Morphem *setz* durch 1. Präfix *über-,* 2. Suffix *-bar,* 3. Suffix *-keit,* 4. Präfix *un-.*

Aus Kap. 7:

29. Das betonte Präfix wird in den einfachen Tempora abgetrennt, das unbetonte nicht.

30. Das Frz. ist *oxyton,* d. h. endsilbenbetont. Der Akzent liegt automatisch stets auf der letzten Silbe eines *groupe rythmique,* so daß es strenggenommen gar keinen Wortakzent, nur einen ›Satzakzent‹ (besser: ›Sprechgruppenakzent‹) gibt.

31. a) Akzent, b) Tonhöhe, c) Akzent, d) Junktur, e) Akzent, f) Akzent, g) Akzent, h) Junktur.

Aus Kap. 8.1:

32. a) frz.: *Le monsieur qui aimait fumer sa pipe, par de beaux soirs d'été, dans son petit jardin bien tenu qui se trouvait derrière sa modeste*

maison, était là aussi aujourd'hui.
engl.: *The man who liked to smoke his pipe in his nice and tidy little garden behind his modest house on fine summer evenings was there also today.*

Im Frz. und im Engl. ist der Relativsatz akzeptabler als im Dt., da das Prädikat unmittelbar auf das Subjekt folgt, während es im Dt. erst nach den langen Adverbialbestimmungen steht.

b) frz.: *Nous sommes arrivés à un pré d'un vert frais, qui s'étendait jusqu'à la lisière lointaine de la forêt et qui était tout couvert de fleurs multicolores et peuplé par des insectes de toutes sortes.*

engl.: *We came to a fresh green meadow which reached up to the far-off border of the wood and was covered with flowers of all colours and swarming with various kinds of insects.*

Im Frz. und im Engl. höherer Akzeptabilitätsgrad als im Dt., da das Determinierte (= das Bestimmte: *pré / meadow*) sämtlichen bzw. den meisten determinierenden (= bestimmenden) Teilen der Äußerung vorangeht, während es im Dt. erst ganz am Schluß folgt (›... Wiese‹).

Aus Kap. 8.2.2.1:

33. a)

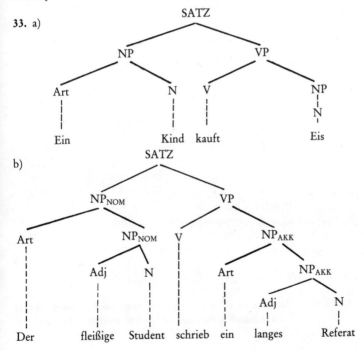

b)

289

bzw. nicht binär:

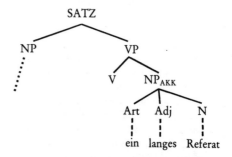

Aus Kap. 8.3:

34. a)

b)

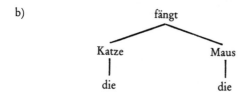

Aus Kap. 8.5:

35. Lösung kommt im anschließenden Text des Kapitels.

Aus Kap. 8.5.1:

36. Etwa: 1. Es ist nicht schwer zu beschreiben, was Linguistik ist (tut usw.) 2. Die Linguistik liefert einfache, leicht verständliche Beschreibungen.

Aus Kap. 8.5.2.1:

37. a)

b)

oder, nicht streng binär:

Aus Kap. 9.1.2:

38. Was von Sprachsystem zu Sprachsystem differieren kann, ist die *valeur* eines sprachlichen Zeichens, während die *signification* gleich ist.
Ein Beispiel:

In dt.: *Ich bringe dir* Blumen

und frz.: *Je vous apporte des* fleurs

ist die *signification* der beiden Zeichen *Blumen* und *fleurs* die gleiche, nicht dagegen die *valeur*. Sie wird dadurch bestimmt, daß dt. *Blume* noch *Blüte* neben sich hat, frz. *fleur* dagegen einen komplexen Umweltreferenten bezeichnet, der sich aus dem von *Blume* und dem von *Blüte* zusammensetzt (z. B. *Apfelblüten – les fleurs du pommier*).

39. Das »Stück Umwelt«, das sich zusammensetzt aus einmal »Teil der höheren Pflanzen, der der geschlechtlichen Fortpflanzung dient«, und zum anderen »Teilmenge des gesamten Pflanzenreichs (im Gegensatz etwa zu Bäumen, Sträuchern usw.)« wird im Frz. durch ein »pauschales« Sprachzeichen *fleur* abgedeckt, eine nicht näher unterteilte »Großmasche« im »Netz« dieser Sprache. Das Dt. dagegen bietet seinen Sprachteilhabern für dieses »Stück Umwelt« eine zusätzliche Unterscheidungskategorie an – für das sprachliche Benennen, aber (so jedenfalls die Vertreter von beiden Teilthesen der Sapir-Whorf-Hypothese) auch bereits für das kognitive Umwelterkennen.

40./41. (Für die Aufgaben aus Kap. 9.2 und Kap. 9.3.1.3 sollen hier keine Lösungsvorschläge angeboten werden, da sie vor allem als Anregung zur eigenen Benutzung der angegebenen Nachschlagewerke gedacht sind.)

Aus Kap. 9.3.2.4:
42.

16. Jh.	20. Jh.
desjeuner	petit déjeuner
disner	déjeuner
	dîner
soup(p)er	souper

Inhaltlicher Strukturwandel.

43. Bis zum 16. Jh. hatte *chef* die Bedeutungen 1. ›Kopf‹, 2. ›oberes Ende, Spitze‹, von etwas‹, 3. ›der (die, das) Erste, Wichtigste‹, 4. ›der Führer, der Chef‹ (s. Kap. 9.6: Polysemie, was bedeutet, daß ein Wort mehrere, aber untereinander verwandte Bedeutungen hat).

Lat. *testa* hieß ursprünglich ›Tonscherbe‹, auch ›Schildkrötenpanzer‹, dann vlat. metaphorisch-scherzhaft verwendet ›Kopf‹.

Neben dem afrz. ›Normalwort‹ *chef* zur Bezeichnung des Kopfes existierte *tête* mit der gleichen denotativen Bedeutung. Seit dem 16. Jh. ist *tête* das Normalwort für ›Kopf‹. *Chef* hat nur noch seine anderen Bedeutungen beibehalten. Es hat eine sog. Bedeutungsverengung erfahren. Ein Teil des Gegenstandsbereiches, den es bis zum 16. Jh. abdeckte, wurde ab da an *tête* abgetreten.

Aus Kap. 9.5.2:

44. 1a) *Haus* ›Gebäude‹, ›zum Wohnen‹
 1b) *Haus* ›Gesamtheit der Einwohner eines solchen Gebäudes‹
 2a) *bois* ›Ansammlung von Bäumen (als bestimmter Landschaftstyp)‹
 2b) *bois* ›Bäume (oder Teile von Bäumen) als Brennmaterial‹
 3a) *dinner* ›Mahlzeit‹, ›abends‹
 3b) *dinner* ›(Haupt-)Mahlzeit‹
45. – Onomasiologie – Semasiologie – Semasiologie – Onomasiologie –
 Onomasiologie – Onomasiologie.

Aus Kap. 9.6:
46. 1. le bijoutier pare les cous
  le maître d'armes pare les coups
  la couturière parle et coud
 2. il est énorme et m'embête
  il est énormément bête
  il est ténor mais m'embête
 3. On ne peut parler de l'art sans penser à la Grèce.
  … lard … graisse

47. sechs:
  cinq
  sain (s)
  ceint (s)   / sɛ̃ /
  sein
  seign
  saint

48. Fliegende Flugzeuge können gefährlich sein.
 Das Fliegen (= Lenken) von Flugzeugen kann gefährlich sein.
49. a) *the blind* ›die Blinden‹ (substantiviertes Adjektiv, Plural) und *the
  blind* ›der Rolladen‹ (vgl. dt. ›die Sonnen*blende*‹) sind homonym.
 b) *bill* ›Rechnung‹
  und *Bill* (männlicher Vorname) sind homonym.

Aus Kap. 10.1.2.1:

50. *Pauker:* Schülersprache
 verhoffen (›Stehenbleiben des Wildes‹): Jägersprache
 irre / echt: Soziolekte bestimmter Generationen.
 (*irre* war ›Modewort‹ der Jugendlichengeneration der zwanziger und

dreißiger Jahre, *echt* als Intensivierungsadverb ist es bei den heutigen Jugendlichen.)

Endlösung (›geplante Vergasung aller Juden‹): Soziolekt der Machthaber des Dritten Reiches

keilen (›als neues Mitglied für eine Studentenverbindung anwerben‹): Soziolekt der Verbindungsstudenten

reffen (›einen Teil des Segels zusammenschnüren‹): Seemannssprache

Schweiß (›Blut‹): Jägersprache

Pons, Schlauch (›dt. Ausgabe eines fremdsprachlichen, im allgemeinen lat., literarischen Textes‹): Schülersprache

Salamander (ungefähr: › gefülltes Glas, zum Anstoßen = ›Reiben‹ bereit‹): Soziolekt der Verbindungsstudenten

steiler Zahn (›flottes, hübsches Mädchen‹): generationsgebundener Soziolekt

Wandlung: Soziolekt der Angehörigen der katholischen Kirche

Kimmung: (›Luftspiegelung auf dem Meer‹): Seemannssprache

Fux (›Student in den ersten Jahren seiner Zugehörigkeit zu einer Verbindung‹): Soziolekt der Verbindungsstudenten.

Visite: Krankenhaussoziolekt

Affe (›Tornister‹): Pfadfinder- bzw. Soldatensoziolekt

Wachtel (›Aufseher‹): Soziolekt der Gefängnisinsassen

51. a) *irre / echt; Endlösung; Schweiß; Schlauch; Salamander; steiler Zahn; Wandlung; Visite; Affe; Wachtel*

   b) *Pauker; verhoffen; reffen; Kimmung*

   c) *keilen; Pons; Schlauch; Salamander; Wandlung; Fux*

52. s. Bemerkung zur Aufgabe 40./41.

Aus Kap. 11.3:

53. »Die Frau intendiert als illokutiven Akt: Die Kinder verstehen, daß die Frau den Hund für ungefährlich hält, und sie verstehen den zugleich enthaltenen Vorwurf, daß die Frau ihr Schreien für ungerechtfertigte Ängstlichkeit hält. Als perlokutiven Akt intendiert die Frau: Die Kinder werden überzeugt davon, daß der Hund ungefährlich ist, sie hören auf zu schreien und lassen sich das Anspringen des Tieres gefallen.« (Maas/Wunderlich 1972, S. 121)

Aus Kap. 11.4:

54. a) Repräsentativum

   b) Repräsentativum

   c) Konstativum

   d) Regulativum

e) Kommunikativum

Die Sprechakttheorie (und auch Habermas' Einteilung) läßt sich mit konstruierten Beispielsätzen häufig besser belegen als an empirisch gewonnenen, tatsächlich angetroffenen Sprachäußerungen. Zu diesbezüglicher Kritik an der Sprechakttheorie s. Kap. 11.8, letzten Abschnitt.

55. s. Bemerkung zur Aufgabe 40./41.

Aus Kap. 11.4.2.1:

56. a) Neueinführungen:

Z.1: *ein* Transformatorenhäuschen (unbestimmter Artikel)

Z.2: *ein* Milchstand (unbest. Artikel)

Z.2: *ein* Feld (unbest. Artikel)

Z.2: *ein paar* Figuren (Zahlwort)

Z.3: Gendarmen (Nullartikel)

Z.4: mit Hunden (Nullartikel)

Z.5: *ein* Brombeergebüsch (unbest. Artikel)

Z.6: *ein* Kinderfahrrad (unbest. Artikel)

Z.8: *einige* Brombeerstacheln (Zahlwort)

Z.9: *ein* Fichtenast (unbest. Artikel)

b) Textrückverweisungen:

Z.1: *am* Waldrand (bestimmter Artikel)

(Es handelt sich, wie ersichtlich, um eine Stelle aus einem Roman, die nicht Textanfang ist, daher *am Waldrand* bereits als Rückverweisung zu verstehen.)

Z.1 und Z.2: *hier; dort* (viermal) (deiktische Adverbien)

Z.3: *er* (Personalpronomen)

Z.3: *die* Figuren auf *dem* Feld (bestimmter Artikel)

Z.5: *den* Brombeeren (best. Artikel; deswegen möglich, weil die *Brombeeren* schon durch das zusammengesetzte Substantiv *Brombeergebüsch* eingeführt sind)

Z.6: *es* (Personalpronomen)

Z.6: *der* Sattel (best. Artikel. Der Sattel ist noch nicht explizit sprachlich vorerwähnt, aber implizit als Teil der vorerwähnten »Sache« ›Fahrrad‹).

Z.7: *im* Reifen (best. Artikel, s. Bemerkung zu *Sattel*)

Z.9: *den* Speichen (best. Artikel, s. Bemerkung zu *Sattel* und *Reifen*)

Z.9: *das* Rad (best. Artikel, s. ebenfalls *Sattel* usw.)

Z.10: *dem* Ast (best. Artikel. Bei Wiedererwähnung des *Fichtenastes* von Z.9 – zusammengesetztes Substantiv – genügt das einfache Substantiv, ohne Determinierendes. Hierzu s. Kap. 6.5.2: Wortbildung)

295

Z.10: *das* Rad (best. Artikel. *Rad* gegenüber *Kinderfahrrad* ist zu erklären wie *Ast* gegenüber *Fichtenast*)

Z.11: *die* Gendarmen (best. Artikel)

Z.11: *die* Reflexe (best. Art.)

Z.12: *der* Scheinwerferkappe (best. Art.) }

(Erklärung
Z.12: *die* Gendarmen (best. Artikel)   wie bei
Z.13: *den* Hunden (best. Artikel)   *Sattel*
usw.)

57. Propositionaler Gehalt: *Er hat seinen Namen geändert.*

Aus Kap. 11.7:

58. a) – Eine konventionalisierte Sprechhandlungssequenz:
Dank – Antwort auf Dank.
In den folgenden Repliken wird der zweite Teil dieser konventionalisierten Formel, dieser »phrase toute faite«, in seiner wörtlichen Bedeutung bewußt gemacht und konkretisiert auf die Beziehung der beiden Protagonisten hin.
– Indirekte Sprechhandlung: In der Form einer *Feststellung* wird der Intention nach eine *Aufforderung* vorgebracht (etwa: »Ja, bieten Sie mir doch bitte heute wieder Ihre Hilfe an!«)
– Mit der Wendung »*Il est exact que* ...« räumt Topaze ein, daß Ernestine in ihrer Darstellung der Fakten, wie sie sich von außen gesehen präsentieren, recht hat, zugleich kündigt er aber indirekt an, daß er eine Richtigstellung an der Interpretation eben dieser Fakten vornehmen möchte.
– Mit Wendungen wie »*Es stimmt, daß* ...« wird dem Dialogpartner zunächst und scheinbar recht gegeben, aber nur um ihn im folgenden um so überzeugender berichtigen zu können.
– frz. *certes*; dt. *freilich* oder *schon*
– Komplementär; Ernestine ist der beherrschende Teil, der über Topaze verfügt; Topaze hängt von ihren Launen, ihren Entscheidungen ab.
– Ernestine möchte erreichen, daß Topaze die Hefte für sie korrigiert. Sie spricht diese Absicht aber nicht offen aus, sondern täuscht das Gegenteil vor: Als Topaze sich bereit erklärt, für sie zu korrigieren, tut sie, als wolle sie es ihm nicht erlauben. Dadurch bewirkt sie, daß sich die tatsächlich vorliegende Interaktionsstruktur dem Topaze gerade umgekehrt darstellt: In Wirklichkeit ist sie diejenige, die eine Gefälligkeit von ihm erwartet, aber sie manövriert ihn in die Position des Bittenden. So schlägt sie zwei Fliegen mit einer Klappe: Topaze nimmt ihr die Mühe des Korrigierens ab, und zugleich wird durch die Dankbarkeit, die er darüber empfindet, daß er das darf, seine Ergebenheit Ernestine gegenüber noch vertieft.

b) Z. 5: »Elle m'a reproché ma froideur«
Z. 7/8: »... avec toute sa pudeur de jeune fille«
Z. 8/9: »j'ai obtenu que ...« (Topaze hält Ernestine für spröde)

Z. 13/14: ».. mais je ne suis pas allé jusqu'à l'aveu« (Er will Ernestines »pudeur de jeune fille« auf keinen Fall überrumpeln.)

– Topaze schildert sich als den Werbenden, der zwar mit Rücksicht auf Ernestines ›pudeur‹ behutsam vorgeht, aber seines sicher erreichbaren Erfolges gewiß ist. Ernestines Äußerung in Z. 7/8 deutet er als indirekte Liebeserklärung, ihre in Z. 9 berichtete Sprechhandlung als Beweis ihrer mädchenhaften Zurückhaltung.

– Topaze war der kläglich Bettelnde, Ernestine brachte ihn mit skrupellos berechnender Dialogführung genau dahin, wo sie ihn haben wollte. Topaze will nicht sein Gesicht verlieren; es ist schmeichelhafter, vor dem Kollegen in der Rolle des männlichen Eroberers dazustehen als in der des Hausknechtes fürs Heftekorrigieren.

– Rederesümierende Verben fassen eine direkte Rede zusammen, indem sie nur deren Ergebnis, deren Wirkung auf eine und in einer oder mehreren an einer Kommunikationssituation beteiligten Person(en) bezeichnen. Andere solche Ausdrücke:

Z. 7/8: »elle m'a fait comprendre«;

Z. 9: »elle me confie ... les devoirs«;

Z. 12: »avouer«; Z. 16/17: »je ne suis pas allé jusqu'à l'aveu«.

a) – Z. 9/10 ff.: Frage – Antwort; Z. 32 ff./47: Bitte – Erfüllung der Bitte

b) Z. 1–3: Frage – Antwort

    Z. 4/5: Rückfrage – Ergänzende Information

    Z. 6–8: Weitere Rückfrage – Weitere ergänzende Information

    Z 8–11: Mitteilung – Frage (die weitere Information heischt)

        Beantwortung der Frage (deiktisch durch Hinweis auf die Situation)

    Z. 12–14: Frage – Antwort

    Z. 15/16: (Sich vergewissernde Rück-)Frage –

        (Vergewissernde, bestätigende) Antwort

c) – Z. 11: »un imbécile«

    Z. 14/15: »cet idiot«

    Z. 16: »je le fais marcher«

auch Z. 5: »Parce que c'est un travail qui me dégoûte« (Für Ernestine ist demnach Topaze jemand, an den man eine Arbeit, die einem selber zuwider ist, abschieben kann.)

– Symmetrisch

– Ernestines Heftigkeit scheint sich gegen ihre Tätigkeit als Internatslehrerin, gegen ihre Schulklassen und andererseits – neidisch – gegen die anderen, besser gestellten Frauen zu richten, ist aber im Grunde intendiert als Vorwurf gegen den Vater, der ›schuld‹ ist an der Existenz des Internats und zumindest deshalb schuld ist an ihrem Beruf.

In der vorliegenden Dialogsituation ist ursprünglich Ernestine im Unrecht (sie läßt ihre Klassenarbeiten von jemand anderem korrigieren), daher muß sie auf Vorwürfe von ihrem Vater gefaßt sein. Um diesen zuvorzukommen, geht sie selbst zum Angriff über, d. h., sie macht dem Vater zuerst die oben beschriebenen Vorwürfe.

Diese gipfeln in der rhetorischen Frage Z. 8. Rhetorische Fragen sind indirekte Sprechhandlungen: Form der Frage, Intention der Feststellung (oder Aufforderung oder anderes). An unserem Beispiel: »Tu crois que c'est une vie?« Form der Frage, Intention der Feststellung, hier des vernichtenden Urteils »Ce n'est décidément pas une vie« oder dgl.

Anhang: Versuchen Sie die folgenden Witze mit linguistischen Begriffen zu erklären!

A: Was gibt drei mal sieben?

B: Einundzwanzig.

A: Falsch – ganz, ganz feinen Sand!

Die Hausherrin: »Minchen, wenn wir Gäste haben, servieren Sie bitte die Karpfen mit einer Zitrone im Maul!«
Große Einladung mit vielen Gästen. Minchen trägt die Karpfen auf – eine Zitrone zwischen den Zähnen ...

Lehrer: »Nenn mir mal einen griechischen Dichter, Hans!«
Hans: »Achilles.«
Lehrer: »Na, Achilles war doch kein Dichter.«
Hans: »Aber er ist doch durch seine Ferse berühmt geworden.«

Lehrer: »Was stellst du dir unter einer Hängebrücke vor, Petra?«
Petra: »Wasser.«

»Was ist *analog*?«
»Die Vergangenheit von »Anna lügt«, Herr Lehrer!«

Die Ehefrau kommt nach Hause und erzählt ihrem Mann freudestrahlend: »Endlich habe ich einen traumhaft schönen Hut gefunden!«
Darauf der Ehemann: »Schön, daß du ihn gefunden hast. Gekauft hätte ich dir nämlich keinen.«

Der Lehrer besucht mit seiner Klasse eine Gemäldegalerie. Vor dem Bild Friedrichs des Großen auf dem Totenbett fragt er seine Schüler:
»Wißt ihr eigentlich, woran Friedrich der Große gestorben ist?«
Antwortet Bernhard: »Das steht doch unten dran: Nach einem Stich von Menzel!«

Warum streuen die Ostfriesen Pfeffer auf den Fernsehapparat? – Damit das Bild schärfer wird.

Die freundliche ältere Dame:
Wie heißt du, mein Junge?

– Müller.
Und dein Alter?
– Auch.

Breitmaulfrosch beim Fotografen; er will ein Paßbild machen lassen.
Fotograf: »Sagen Sie bitte mal ›Konfitüre‹.«
Breitmaulfrosch: »Marmelade.«

– »Was machst du für ein Gesicht?«
»Ich hab beim Rennen Geld verloren.«
»Geschieht dir recht! Was hat ein erwachsener Jud zu rennen? Geh
langsam!«
(Dieser und die folgenden acht Witze aus: Landmann, Salcia: Jüdische
Witze. München: dtv 1963.)

– Ein russischer Jude kommt in eine kleine deutsch-jüdische Gemeinde und
wundert sich, wie klein das Bethaus ist. »Da geht doch niemals die ganze
Gemeinde hinein!« sagt er zum Synagogendiener. Dieser erklärt: »Es ist so:
würde je die ganze Gemeinde hineingehen, so würde sie natürlich niemals
hineingehen. Da aber nie die ganze Gemeinde hineingeht, geht die ganze
Gemeinde ohne weiteres hinein.«

– Gott zum König Ahab: »Wenn du nicht ablässest von deinen Sünden,
dann schicke ich dir eine große Dürre.«
Ahab: »Schade. Eine kleine Dicke wäre mir lieber.«

– Berel, Nichtschwimmer, plätschert im seichten Fluß – plötzlich gerät er
in eine tiefe Stelle und brüllt um Hilfe.
Schmerel: »Berel, was schreist du?«
»Ich habe keinen Grund!«
»Wenn du keinen Grund hast – was schreist du dann?«

– »Herr Kommerzienrat, Ihr Herr Sohn studiert in Wien? Was wird er sein,
wenn er fertig ist?«
»Ich fürchte: ein alter Jude.«

– Frau Pollak zeigt den Gästen ihre Villa. Eines der Zimmer ist völlig
ausgeräumt. In der Mitte steht einzig ein riesiger eiserner Käfig. Die Gäste
wundern sich. Darauf Frau Pollak: »Ja, wissen Sie, mein Mann ist auf einer
Spanienreise und will uns einen echten Murillo von dort mitbringen.«

– Gnädige Frau, unten ist ein Herr, der auf den Perser reflektiert.«
Frau von Pollak, die den Teppich annonciert hat, im Augenblick aber nicht
daran denkt: »Geschichten! Nehmen Sie einen Putzlappen und wischen Sie
es auf!«

– Ich sag Ihnen, was ich für Ärger hab mit die Antisemiten! Also: Am Montag früh war auf der Schwelle von mei Geschäft ä Haufen. Ich hab mir gedacht – hältst lieber's Maul drüber! Am Dienstag wieder so ä Haufen. Ich hab mir wieder gesagt – schluckst es herunter! Am Mittwoch wieder. Da war ich schon bös und hab mir gedacht: Da wird sich die Polizei hereinlegen müssen! Aber am Donnerstag, wie da wieder so ä Haufen auf der Schwelle lag, hab ich die Geduld verloren und hab gewußt: Das wird e Fressen fürn Staatsanwalt!«

– (Zwei Juden begegnen sich irgendwo, im Dritten Reich.)
»Heil Hitler!«
»Bin ich ein Psychiater?«

Aus einem Zeitungsbericht über die durch Polizeieinsatz erfolgte Räumung eines Eros-Centers: »Nach knapp dreistündigem Polizeieinsatz waren alle Nutten ausgezogen.«

Aus einer Sammlung von Schülerstilblüten:
– Mit zehn Jahren ist Bach vollweise.
– 1707 heiratete er seine weibliche Cousine.
– Bei den Opern ist die Musik das maßgebende (sic!), während Wagner mehr mit dem Ton schaffte.
– Wagner schuf die Arie ab.
(Aus: Suder, Alexander: ... und Wagner schuf die Arie ab. München: Süddeutscher Verlag 1967)

– Kurz nach dem Kriege, als die Schweizer Grenze wieder geöffnet war, ging ein Pater nach »drüben«, um die gestattete Freimenge einzukaufen. Außerdem kaufte er 20 Tafeln Schokolade, die er in seinen weiten Ärmeln versteckte. Auf die Frage des Zöllners, was er eingekauft habe, meinte er treuherzig: »Die Freimenge und 20 Tafeln Schokolade.« Der Beamte fragte weiter, wo er die habe. »Eine habe ich gegessen und den Rest unter den Armen verteilt.« Er durfte passieren.

– »Könnt ihr mir das Morgengrauen erklären, Kinder?«, fragt der Lehrer in der Schule. Fritz meldet sich: »Das Morgengrauen isch des Grauen, des uns morgens befällt, wenn mir in die Schul müsse.«
(Aus: Konradsblatt. Wochenzeitung für das Erzbistum Freiburg. 59. Jahrgang/1975)

– »Mama, der Kurtchen hat mir mein Butterbrot runtergeworfen!«
»Mit Absicht?«
»Nein, mit Marmelade.«

- »Fräulein, haben Sie Kalbshaxen?«
»Ja.«
»Wie können Sie denn damit gehen?«

- Zwei Hollywood-Produzenten bewundern den Star einer Show.
1. Produzent: »I should like to know who made her dress?«
2. Produzent: »The police, I suppose.«

- »Last night I was sitting quietly in my room, when there was suddenly a tap on the door.«
»Well, well – these plumbers nowadays . . .«

Literaturverzeichnis

Literatur zu den behandelten Gebieten

Apresjan, Juri D.: Ideen und Methoden der modernen strukturellen Linguistik (dt. Übersetzung). München 1971.

Austin, John Langshaw: How to Do Things with Words. Cambridge (Mass.) 1962 (dt. Übersetzung: Zur Theorie der Sprechakte; dt. Bearbeitung von Eike von Savigny. Stuttgart 1972).

Badura, Bernhard: Sprachbarrieren. Zur Soziologie der Kommunikation. Stuttgart-Bad Cannstatt 1971.

Bally, Charles: Linguistique générale et linguistique française. Bern 1932, ²1944.

Barthes, Roland: Système de la mode. Paris 1967.

Bartsch, Renate / Vennemann, Theo (Hrsg.): Linguistik und Nachbarwissenschaften. Kronberg/Taunus 1973.

Baum, Richard: ›Dependenzgrammatik‹. Tesnières Modell der Sprachbeschreibung in wissenschaftsgeschichtlicher und kritischer Sicht. Tübingen 1976.

Baumgärtner, Klaus/Steger, Hugo, et al.: Funkkolleg ›Sprache‹. Eine Einführung in die moderne Linguistik. 2 Bde. Frankfurt/M. 1973.

Baugh, Albert C.: A History of the English Language. New York/London 1935.

Bechert, Johannes / Clément, Danièle / Thümmel, Wolf / Wagner, Karl-Heinz: Einführung in die generative Transformationsgrammatik. Linguistische Reihe 2. München 1970.

Bernstein, Basil: Soziale Struktur, Sozialisation und Sprachverhalten. Aufsätze 1958–1970 (übersetzt aus dem Engl. von einem Pädagogenkollektiv an der Universität Frankfurt). Amsterdam 1970.

Ders.: Theoretical Studies towards a Sociology of Language (dt. Übersetzung von Gerd Habelitz: Studien zur sprachlichen Sozialisation. Düsseldorf 1972).

Bierwisch, Manfred: Strukturalismus. Geschichte, Probleme und Methoden. In: Kursbuch 5, 1966, ²1969, S. 77–152.

Bloomfield, Leonhard: Language. New York 1935, Reprint 1967.

Brinker, Klaus: Modelle und Methoden der strukturalistischen Syntax. Eine Einführung. Stuttgart/Berlin/Köln/Mainz 1977.

Bühler, Hans: Die Sprachbarrierentheorie von Basil Bernstein. Zum Forschungsstand der Soziolinguistik. In: Zeitschrift für Pädagogik 17, 1971, S. 471–481.

Bühler, Hans / Fritz, Gerd / Herrlitz, Wolfgang / Hundsnurscher, Franz / Insam, Bernd / Simon, Gerd / Weber, Heinrich (= Bühler et al.): Linguistik I. Lehr- und Übungsbuch zur Einführung in die Sprachwissenschaft. Tübingen 1970, 2., durchges. Aufl. 1971.

Bühler, Karl: Sprachtheorie. Die Darstellungsfunktion der Sprache. Jena 1934, ²1965.

Bünting, Karl-Dieter: Einführung in die Linguistik. Frankfurt/M. 1971.

Busse, Winfried / Dubost, Jean-Pierre: Französisches Verblexikon. Die

Konstruktion der Verben im Französischen. Stuttgart 1977.

Carnap, Rudolf: Introduction to Semantics. Cambridge 1942.

Chevalier, Jean-Claude / Blanche-Benveniste, Claire / Arrivé, Michel / Peytard, Jean: Grammaire Larousse du français contemporain. Paris 1964.

Chomsky, Noam: Syntactic Structures. Janua Linguarum 4, The Hague 1957...⁷1968.

Ders.: Aspects of the Theory of Syntax. Cambridge (Mass.) 1965 ...³1966 (dt. Übersetzung: Aspekte der Syntax-Theorie. Frankfurt/M. 1969).

Ders.: Cartesianische Linguistik. Aus dem Englischen übersetzt von Richard Kruse. Tübingen 1971.

Coseriu, Eugenio: Pour une sémantique diachronique structurale. In: Travaux de linguistique et de littérature 2, I. 1964, S. 139–186.

Ders.: Lexikalische Solidaritäten. In: Poetica I, 1967, S. 293–303.

Ders.: Georg von der Gabelentz et la linguistique synchronique. In: Word 23 (1967), S. 74–100.

Ders.: Les structures lexématiques. In: Zeitschrift für frz. Sprache und Literatur, Beiheft 1 (Neue Folge), 1968, S. 3–16.

Ders.: Einführung in die strukturelle Linguistik. Vorlesung gehalten im Wintersemester 1967/68 an der Universität Tübingen. Autorisierte Nachschrift besorgt von Gunter Narr und Rudolf Windisch. Tübingen 1969.

Ders.: Sprache – Strukturen und Funktionen. 12 Aufsätze zur Allgemeinen und Romanischen Sprachwissenschaft. In Zusammenarbeit mit Gunter Narr und Rudolf Windisch hrsg. von Uwe Petersen. Tübingen/Stuttgart 1970 a.

Ders.: Einführung in die Transformationelle Grammatik. Vorlesung gehalten im SS 1968 an der Universität Tübingen. Autorisierte Nachschrift besorgt von Gunter Narr und Rudolf Windisch. Tübingen 1970 b.

Ders.: Bedeutung und Bezeichnung im Lichte der strukturellen Semantik. In: Hartmann, Peter / Vernay, Henri (Hrsg): Sprachwissenschaft und Übersetzen. München 1970 c.

Ders.: Einführung in die strukturelle Betrachtung des Wortschatzes. Tübingen 1970 d.

Digeser, Andreas: Lese-Erschwernis oder neue Syntax? Der funktionale Wert der Großbuchstaben. In: Ders. (Hrsg.): Groß- oder Kleinschreibung? Beiträge zur Rechtschreibereform. Göttingen o. J.

Dittmann, Jürgen: Wissenschaftstheoretische Prolegomena zu einer kommunikationsorientierten Sprachtheorie. In: Deutsche Sprache 3 (1965), S. 2–20.

Ders. (Hrsg.): Arbeiten zur Konversationsanalyse. Tübingen 1979.

Dittmar, Norbert: Soziolinguistik. Exemplarische und kritische Darstellung ihrer Theorie, Empirie und Anwendung. Mit kommentierter Bibliographie. Frankfurt/M. 1973.

Dressler, Wolfgang: Einführung in die Textlinguistik. Tübingen 1972, 2., durchges. Aufl. 1973.

Der Große Duden. Grammatik der deutschen Gegenwartssprache. Hrsg. von der Dudenredaktion unter der Leitung von Paul Grebe. Mannheim 1959, 1966.

Dubois, Jean / Dubois-Charlier, Françoise: Éléments de linguistique française: Syntaxe. Paris 1970.

Duhm, Dieter: Angst im Kapitalismus. Lampertheim 1972 ... [10]1974.

Elcock, William Denis: The Romance Languages. London 1960.

Eggers, Hans: Deutsche Sprachgeschichte. 4 Bände. Reinbek 1963–1977.

Ehrich, Veronika / Saile, Günter: Über nicht-direkte Sprachakte. In: Wunderlich 1972, S. 255–287.

Erben, Johannes: Deutsche Grammatik. Ein Leitfaden. Frankfurt/M. 1968, ... 1971

Fischer, Geerd: Sprache und Klassenbindung. Die Bedeutung linguistischer Kodes im Sozialisationsprozeß. Hamburg 1971.

Fourquet, Jean: Le langage et les groupes humains. In: Martinet 1968, S. 571–596.

Fries, Charles Carpenter: The Structure of English. An Introduction to the Construction of English Sentences. London 1957.

Gabelentz, Georg von der: Die Sprachwissenschaft, ihre Aufgaben, Methoden und bisherigen Ergebnisse. 1891. Durchgesehener Nachdruck der 2. Auflage von 1901. Tübingen 1969.

Gamillscheg, Ernst: Französische Bedeutungslehre. Tübingen 1951.

Gauger, Hans Martin: Sprachbewußtsein und Sprachwissenschaft. München 1976.

Ders. / Oesterreicher, Wulf / Windisch, Rudolf: Einführung in die romanische Sprachwissenschaft. Darmstadt 1981.

Geckeler, Horst: Strukturelle Semantik des Französischen. Tübingen 1973.

Gipper, Helmut: Gibt es ein sprachliches Relativitätsprinzip? Untersuchungen zur Sapir-Whorf-Hypothese. Stuttgart 1972.

Gleason, Henry A.: Workbook in Descriptive Linguistics. New York 1955.

Glinz, Hans: Linguistische Grundbegriffe und Methodenüberblick. Bad Homburg v. d. H. 1970.

Grammaire générale et raisonnée ou La Grammaire de Port Royal. Éd. critique présentée par Herbert E. Brekle. Nouvelle impression en facsimilé de la 3e é. de 1676. Bd. I – . Stuttgart 1966.

Greimas, A. J.: Sémantique structurale. Recherche de méthode. Paris 1966.

Grevisse, Maurice: Le Bon Usage. Grammaire française avec des remarques sur la langue française d'aujourd'hui. Gembloux/Paris 1936 ... [7]1959.

Grewendorf, Günther: Sprache ohne Kontext. Zur Kritik der performativen Analyse. In: Wunderlich 1972, S. 144–182.

Große, Ernst Ulrich: Semantik und Lexikographie. Skriptum für Seminarteilnehmer. Offset-Druck. Freiburg 1970.

Ders.: Altfranzösischer Elementarkurs. München 1971, [2]1975.

Ders.: Texttypen. Linguistik gegenwärtiger Kommunikationsakte. Stuttgart/Berlin/Köln/Mainz 1974 (Preprint).

Ders.: Text und Kommunikation. Stuttgart 1976.

Gülich, Elisabeth / Raible, Wolfgang: Linguistische Textmodelle. München 1977.

Dies. (Hrsg.): Textsorten. Differenzierungskriterien aus linguistischer Sicht. Frankfurt/M. 1972; Wiesbaden [2]1975.

Guiraud, Pierre: La sémantique. Paris 1969.

Habermas, Jürgen / Luhmann, Niklas: Theorie der Gesellschaft oder Sozialtechnologie – Was leistet die Systemforschung? Frankfurt/M. 1971.

Hager, Frithjof / Haberland, Hartmut / Paris, Rainer: Soziologie +

Linguistik. Die schlechte Aufhebung sozialer Ungleichheit durch Sprache. Stuttgart 1973.

Harris, Zellig S.: Methods in Structural Linguistics. Chicago 1951 ... [7]1966. (Neuer Titel: Structural Linguistics.)

Haudricourt, André / Juilland, Alphonse: Essai pour une histoire structurale du phonétisme français. The Hague 1949, [2]1970.

Hayakawa, S. I.: Language in Thought and Action. New York 1939 ... [6]1964 (dt. Übersetzung und hrsg. von Günther Schwarz: Semantik. Sprache im Denken und Handeln. 4., völlig überarb. Aufl. Darmstadt o.J.).

Heeschen, Claus: Grundfragen der Linguistik. Stuttgart/Berlin/Köln/Mainz 1972.

Helbig, Gerhard: Geschichte der neueren Sprachwissenschaft. Unter dem besonderen Aspekt der Grammatiktheorie. Leipzig 1971, München [2]1973.

Helbig, Gerhard / Schenkel, Wolfgang: Wörterbuch zur Valenz und Distribution deutscher Verben. Leipzig 1969, [2]1971.

Helbig, Gerhard: Einführung in die Valenztheorie. In: Helbig/Schenkel 1969, S. 9–68.

Henne, Helmut / Rehbock, Helmut: Einführung in die Gesprächsanalyse. Berlin/New York 1979.

Heringer, Hans-Jürgen: Einige Ergebnisse und Probleme der Dependenzgrammatik. In: Der Deutschunterricht 22/1970, Heft 4, S. 42–98.

Hjelmslev, Louis: Omkring sprogteoriens grundlaeggelse. Kopenhagen 1943 (engl. Übersetzung: Prolegomena to a Theory of Language. Indiana 1953 ... Madison [3]1963).

Hörmann, Hans: Psychologie der Sprache. Berlin / Heidelberg / New York 1967.

Hockett, Charles F.: A Course in Modern Linguistics. New York 1958 ... [12]1967.

Humboldt, Wilhelm von: Über die Verschiedenheit des menschlichen Sprachbaues und ihren Einfluß auf die geistige Entwicklung des Menschengeschlechts. Berlin 1836, Bonn 1960.

Isačenko, Aleksandr Vasilij / Schädlich, Hans Joachim: A model of standard German intonation. The Hague 1970. (Dt.: Untersuchungen über die deutsche Satzintonation. Übersetzt von John Pheby.)

Jacobs, Roderick / Rosenbaum, Peter S.: English Transformational Grammar. Waltham (Mass.) / Toronto / London 1968.

Jakobson, Roman: Linguistics and Poetics. In: Sebeok, T. A. (Hrsg.): Style in Language. 1960 a, S. 350–377.

Ders. / Fant, Gunnar C. / Halle, Morris: Preliminaries to Speech Analysis. The Distinctive Features and their Correlates. Cambridge (Mass.) 1951 ... [7]1967.

Ders. / Halle, Morris: Fundamentals of Language. Janua Linguarum I. The Hague 1956 (dt. Übersetzung: Grundlagen der Sprache. Berlin 1960 b).

Kallmeyer, Werner et al.: Lektürekolleg zur Textlinguistik. Bd. 1: Einführung. Bd. 2: Reader. Frankfurt 1974, [2]1977.

Kalverkämper, Hartwig: Orientierung zur Textlinguistik. Tübingen 1981.

Klein, Hans-Wilhelm: Phonetik und Phonologie des heutigen Französisch. München 1963 ... 3., durchges. Aufl. 1968.

Ders. / Strohmeyer, Fritz: Französische Sprachlehre. Stuttgart o. J.

Knoop, Ulrich: Die Begriffe ›Unendlichkeit‹ und ›Kreativität‹ in der Theorie der generativen Transformationsgrammatik – eine kritische Analyse. In: Deutsche Sprache 2 (1974), S. 11–31.

Koerner, E. F. K.: Hermann Paul and Synchronic Linguistics. In: Lingua 29 (1972), S. 274–307.

Kontzi, Reinhold (Hrsg.): Zur Entstehung der romanischen Sprachen. Darmstadt 1978.

Kopperschmidt, Josef: Allgemeine Rhetorik. Einführung in die Theorie der persuasiven Kommunikation. Stuttgart/Berlin/Köln/Mainz 1973.

Ders.: Argumentation. Stuttgart/Berlin/Köln/Mainz 1980.

Lausberg, Heinrich: Romanische Sprachwissenschaft. Berlin 1956 ff.

Leisi, Ernst: Der Wortinhalt. Seine Struktur im Deutschen und im Englischen. Heidelberg 1952 ... ⁴1971.

Ders.: Das heutige Englisch, Wesenszüge und Probleme. Heidelberg ⁵1969.

Leist, Anton: Zur Intentionalität von Sprechhandlungen. In: Wunderlich 1972, S. 59–98.

Lexikon der Germanistischen Linguistik (= LGL). Herausgegeben von Althaus, Peter/Henne, Helmut / Wiegand, Herbert Ernst. 3 Bde. Tübingen 1973.

Lüdtke, Helmut: Geschichte des romanischen Wortschatzes. 2 Bde. Freiburg 1968.

Luther, Wilhelm: Sprachphilosophie als Grundwissenschaft. Heidelberg 1970.

Lyons, John: Introduction to Theoretical Linguistics. Cambridge 1968. Reprinted 1969 (twice), 1971 (dt. Übersetzung von Werner und Gerda Abraham: Einführung in die moderne Linguistik. München 1971).

Maas, Utz / Wunderlich, Dieter: Pragmatik und sprachliches Handeln. Mit einer Kritik am Funkkolleg ›Sprache‹. Frankfurt/M. 1972 ... ³1974.

Malblanc, Alfred: Stylistique comparée du français et de l'allemand. Paris 1961.

Malmberg, Bertil: Structural Linguistics and Human Communication. Berlin/Heidelberg usw. 1967.

Ders.: La Phonétique. Paris ⁸1970.

Marchand, Hans: The Categories and Types of Present-Day English Word-Formation. Wiesbaden 1960, 2., erw. Aufl. München 1969.

Marouzeau, Jean: Lexique de la terminologie linguistique, français, allemand, anglais, italien. Paris 1951 ... ³1961.

Martinet, André: Éléments de linguistique générale. Paris 1960 ... ⁶1970 (dt. Übersetzung von Anna Fuchs: Grundzüge der allgemeinen Sprachwissenschaft. Stuttgart 1963 ... ⁵1970).

Ders. (Hrsg.): Le langage. Paris 1968.

Ders. (Hrsg.): La linguistique. Guide alphabétique. Paris 1969.

Ders.: Economie des changements phonétiques. Bern 1955, ²1964.

Matoré, Georges: Le vocabulaire et la société sous Louis-Philippe. Genève / Lille 1951.

Meier, Harri: Die Entstehung der romanischen Sprachen und Nationen. Frankfurt/M. 1941.

Meyer-Eppler, Wilhelm: Grundlagen und Anwendungen der Informationstheorie. Neubearbeitet und erweitert von G. Heike und K. Löhn.

Berlin / Heidelberg / New York [2]1969.

Morris, Charles W.: Foundations of the Theory of Signs. International Encyclopedia of Unified Science, Bd. I, Nr. 2, Sonderdruck. Chicago / London /Toronto 1938 ... [12]1966.

Moser, Hugo: Deutsche Sprachgeschichte. Stuttgart [4]1969.

Mounin, Georges: Clefs pour la linguistique. Paris 1968.

Ders.: Schlüssel zur Linguistik. Aus dem Französischen übertragen und bearbeitet von Heidrun Pelz. Hamburg 1978.

Müller, Bodo: Das Französische der Gegenwart. Varietäten, Strukturen, Tendenzen. Heidelberg 1975.

Nida, Eugene A.: Morphology. The Descriptive Analysis of Words. Ann Arbor 1946 ... [10]1967.

Niepold, Wulf: Sprache und soziale Schicht. Berlin [1]1970, [2]1971.

Ogden, Charles Kay / Richards, Ivor Armstrong: The Meaning of meaning. London [1]1923 ... [10]1969.

Palmer, Leonhard Robert: Descriptive and Comparative Linguistics. A critical introduction. London 1972.

Paul, Hermann: Prinzipien der Sprachgeschichte. Halle 1880 ... [5]1920.

Pei, Mario: Glossary of Linguistic Terminology. New York / London 1966.

Peirce, Charles Sanders: Collected Papers. 8 vol. Ed by Charles Hartshorne and Paul Weiss. Cambridge 1932–1958 (dt. Ausgabe: Schriften. Mit einer Einführung hrsg. von Karl-Otto Apel – aus dem Amerikanischen von G. Wartenberg. Frankfurt/M. 1967).

Piaget, Jean: Le langage et la pensée chez l'enfant. Neuchâtel 1923 ... [7]1968 (dt. Übersetzung von Nicole Stöber: Sprechen und Denken des Kindes. Düsseldorf 1972).

Piepho, Hans-Eberhard: Kommunikative Kompetenz als übergeordnetes Lernziel im Englischunterricht. Dornburg/Frickhofen 1974.

Pilch, Herbert: Phonemtheorie I (= Bibliotheca Phonetica I). Basel / New York 1964, 2., verbes. Aufl. 1968.

Polenz, Peter von: Geschichte der deutschen Sprache. Erweiterte Neubearbeitung der früheren Darstellung von Hans Sperber. [9]1978.

Porzig, Walter: Das Wunder der Sprache. Bern 1950 ... [4]1967.

Pottier, Bernhard: Présentation de la linguistique. Fondements d'une théorie. Paris 1967.

Ders.: Vers une sémantique moderne. In: Travaux de linguistique et de littérature 2, I. 1964, S. 108–137.

Quadri, Bruno: Aufgaben und Methoden der onomasiologischen Forschung. Bern 1952.

Rath, Reiner: Zur linguistischen Beschreibung kommunikativer Einheiten in gesprochener Sprache. In: Linguistik und Didaktik 4, 1973, S. 169 bis 185.

Rensch, Karl Heinz: Ferdinand de Saussure und Georg von der Gabelentz. Übereinstimmungen und Gemeinsamkeiten dargestellt an der langue-parole-Dichotomie sowie der diachronischen und synchronischen Sprachbetrachtung. In: Phonetica 15 (1966) S. 32–41.

Rothe, Wolfgang: Phonologie des Französischen. Einführung in die Synchronie und Diachronie des französischen Phonemsystems. Berlin 1972.

Ruwet, Nicolas: Introduction à la grammaire générative. Paris 1967, [2]1968.

Sapir, Edward: Language. New York 1921 (dt. Übersetzung und Bearb.

308

von Conrad P. Homberger: Die Sprache. München 1961).

Saussure, Ferdinand de: Cours de linguistique générale, postum hrsg. von Charles Bally und Albert Sechehaye. Lausanne/Paris 1916 ... ³1969 (dt. Übersetzung von Hermann Lommel: Grundfragen der allgemeinen Sprachwissenschaft. Berlin 1931, ²1967).

Schlieben-Lange, Brigitte: Soziolinguistik und linguistische Pragmatik. In: Akademieberichte Nr. 13, Akademie für Lehrerfortbildung. Dillingen o. J.

Dies.: Soziolinguistik. Eine Einführung. Stuttgart/Berlin/Köln/Mainz 1973.

Dies.: Für eine historische Analyse von Sprechakten. In: Sprachtheorie und Pragmatik. Akten des 10. Linguistischen Kolloquiums Tübingen 1975, Bd. 1. Tübingen 1975, S. 113–119.

Schmidt, Siegfried Josef: Texttheorie. Probleme einer Linguistik der sprachlichen Kommunikation. München 1973.

Schmidt, Wilhelm: Lexikalische und aktuelle Bedeutung. Ein Beitrag zur Theorie der Wortbedeutung. Berlin 1963.

Schoenthal, Gisela: Sprechakttheorie und Konversationsanalyse. In: Dittmann 1979, S. 44–72.

Schulz, Gisela: Die Bottroper Protokolle – Parataxe und Hypotaxe. München 1973.

Schwarze, Christoph: Einführung in die Sprachwissenschaft. Kronberg/Ts. 1975.

Searle, John R.: Speech Acts. An essay in the philosophy of language. Cambridge 1969.

Ders.: Linguistik und Sprachphilosophie. In: Bartsch/Vennemann 1973, S. 113–125.

Ders.: A Classification of Illocutionary Acts. In: Language in Society 5 (1975), S. 1–23.

Seuren, Pieter A. M.: Operators and Nucleus. A Contribution to the Theory of Grammar. Cambridge 1969.

Shannon, C. E. / Weaver, W.: The Mathematical Theory of Communication. Urbana 1949.

Skinner, B. F.: Verbal Behavior. New York 1957.

Steger, Hugo: Soziolinguistik. In: Althaus, Hans Peter / Henne, Helmut / Wiegand, Herbert Ernst (Hrsg.): Lexikon der Germanistischen Linguistik, Bd. II. Tübingen 1973, S. 245–254.

Tagliavini, Carlo: Le origine delle lingue neolatine. Introduzione alla filologia romanza. Bologna ⁵1969 (dt. Übersetzung von Reinhard Meisterfeld und Uwe Petersen: Einführung in die romanische Philologie. München 1973).

Tesnière, Lucien: Éléments des Syntaxe structurale. Paris 1959, deuxième éd. revue et corr. 1965.

Trevelyan, George Macaulay: History of England. London 1926. New impression London 1966.

Trier, Jost: Der deutsche Wortschatz im Sinnbezirk des Verstandes. Geschichte eines sprachlichen Feldes. Heidelberg 1931.

Trubetzkoy, Nikolaj S.: Grundzüge der Phonologie. Prag 1933 ... Göttingen ⁴1967.

Ullmann, Stephen: Précis de sémantique française. Bern 1952 ... ⁴1969.

Ulrich, Winfried: Wörterbuch Linguistischer Grundbegriffe. Kiel 1972.

Vidos, B. E.: Handboek tot de Romaanse taalkunde. Nimwegen 1956 (dt. Übersetzung von Georg Roellenbleck: Handbuch der romanischen Sprachwissenschaft. München 1968).

Vinay, J.-P. / Darbelnet, J.: Stylistique comparée du français et de l'anglais. Paris 1968.

Wandruszka, Mario: Sprachen – vergleichbar und unvergleichlich. München 1969.

Ders.: Interlinguistik: Umrisse einer neuen Sprachwissenschaft. München 1971.

Wartburg, Walther von: Einführung in die Problematik und Methodik der Sprachwissenschaft. Tübingen 1943 ... 3., durchges. Aufl. 1970.

Ders.: Évolution et structure de la langue française. Bern 1946 ... ⁹1969.

Ders.: Die Ausgliederung der romanischen Sprachräume. Bern 1950.

Watzlawick, Paul/Beavin, Janet H./Jackson, Don D.: Pragmatics of Human Communication. A Study of Interactional Patterns, Pathologies and Paradoxes. New York 1967 ... ⁴1974 (dt. Übersetzung: Menschliche Kommunikation. Formen, Störungen, Paradoxien. Bern 1969).

Weinrich, Harald: Thesen zur Textsorten-Linguistik. In: Gülich / Raible (Hrsg.) 1972: S. 161–169.

Ders.: Sprache in Texten. Stuttgart 1976.

Weisgerber, Johannes Leo: Grundzüge der inhaltbezogenen Grammatik. Düsseldorf 1962.

Wells, Rulon S.: Immediate Constituents. In: Language 23, 1947, S. 81 bis 117.

Weydt, Harald: Noam Chomskys Werk. Kritik – Kommentar – Bibliographie. Tübingen 1976.

Whorf, Benjamin Lee: Language, Thought and Reality. Ed. by John B. Carroll. Cambridge (Mass.) 1956 (bestehend aus acht Aufsätzen, geschrieben ab 1936 – dt. Übersetzung und hrsg. von Peter Krausser: Sprache – Denken – Wirklichkeit. Reinbek bei Hamburg 1963).

Wiegand, Herbert Ernst: Metakommunikation. In: Germanistische Linguistik 1979.

Wittgenstein, Ludwig: Schriften Bd. I Tractatus logico-philosophicus; Tagebücher 1914–1916; Philosophische Untersuchungen. Frankfurt/M. 1960.

Wunderlich, Dieter: Die Rolle der Pragmatik in der Linguistik. In: Der Deutschunterricht 22, 1970, Heft 4, S. 5–41.

Ders. (Hrsg.): Linguistische Pragmatik. Frankfurt/M. 1972.

Ders.: Grundlagen der Linguistik, Reinbek bei Hamburg 1974.

Ders.: Studien zur Sprechakttheorie. Frankfurt/M. 1976.

Wygotski, Lew Semjonowitsch: Denken und Sprechen (übersetzt von Gerhard Sewekow). Frankfurt/M. 1969 ... ³1971 (russisches Original 1934).

Quellen, aus denen Beispieltexte entnommen wurden

Büchner, Georg: Sämtliche Werke. Bd. I. Darmstadt 1967.

Giraudoux, Jean: Contes. Erzählungen (zweisprachige Ausgabe; dt. Übersetzung von Ulrich Friedrich Müller. Ebenhausen bei München 1967).

Grass, Günter: Hundejahre. Roman. Neuwied am Rhein/Berlin 1963.

Handke, Peter: Die Angst des Tormannes beim Elfmeter. Frankfurt/M. 1970.

Ders.: Stücke I. Frankfurt/M. 1972.

Hesse, Hermann: Das Glasperlenspiel. Berlin / Frankfurt/M. 1943 (franz. Übersetzung: Le jeu des perles de verre. Traduit par Jacques Martin. Paris 1955 – engl. Übersetzung: Magister Ludi. Translated by Mervyn Savill. New York 1949).

Pagnol, Marcel: Topaze. Paris 1930.

Priestley, John Boynton: An Inspector Calls. Ed. by Kurt Schrey. Paderborn o. J.

Steger, Hugo et al. (Hrsg.): Heutiges Deutsch. Texte gesprochener deutscher Standardsprache. Mehrere Bände. München 1974. (Hier benutzt: Bd. I und II.)

Swift, Jonathan: Gulliver's Travels. 1726 ... Reprint [4]1960 (dt. Übersetzung Franz Kottenkamp: Gullivers Reisen. Berlin/Weimar 1974).

Sachregister

Ableitung 117 f., 122
abstraktive Relevanz 47 f., 93
Abtönungspartikel 215, 230
Addition 166 f.
Akt, illokutiver 226, 230
  perlokutiver 226
  phatischer 14, 225
  phonetischer 14, 225
  propositionaler 225
  rhetischer 14, 225
Aktanten (actants) 146–149
Aktualisierung 136
Akzent 129 f.
Akzeptabilität 135, 137 f.
Alliteration 32
Allomorph 108, 114 f.
  grammatikalisches 109
  lexikalisches 108 f.
Allophon 13, 75–79, 87, 113 f.
Antonymie 179
apperzeptive Ergänzung 48, 52
Archilexem 185
Archiphonem 96 ff.
Archisemem 185
Assimilation 99 f.
  doppelte 99
  Fernassimilation 100
  Kontaktassimilation 100
  progressive 99, 102
  regressive 99, 101
Association phonétique
  internationale 71
Audition 51
Ausdruck(sseite) 15, 43 f., 67, 149,
  165, 171, 174, 177, 184, 188, 195,
  198, 255 f.
Auslautverhärtung 96
Äußerung 135 ff.
  explizit illokutive 225
  explizit performative 225 ff.

Basisteil (Basiskomponente) 157 f.,
  160, 166
Bedeutung 172
Bedeutungserweiterung 189
Behaviorismus 53, 67, 86, 172
Bernstein-Hypothese 212–215, 230
Bezeichnung 172
Bezeichnungsmodell 46
Beziehungen (Relationen), paradig-
  matische 65, 83 f., 87, 93, 97, 108 f.,
  111, 127, 140, 178, 181 f., 191, 256
  syntagmatische 65, 83 f., 93 f.,
  106, 111, 113, 128, 139 f., 181 f.,
  191, 256
Beziehungsaspekt 240
Binaritätsprinzip 144
›Blackbox‹-Modell 43

chaîne parlée 94
Chassé-croisé 124
Code 28, 31, 50, 52 f., 57, 209, 213 ff.
  elaborierter 212–215, 230
  restringierter 212–215, 230
concept 44, 51, 57 f., 173
Corpus 80, 82, 85–88, 107, 109,
  111, 139, 155, 162
Corpusanalyse 82, 85 ff., 105 f.,
  108, 137, 149, 186, 191

Defizithypothese 215
Deletion (Tilgung) 166 f.
Deletionstest 139 ff., 153, 232
Denotat 175
Denotation 175 f.
Dependenzgrammatik 13, 145–152
deskriptiv 65, 81 f.
Deskriptivismus 67
Diachronie 62 f., 80 f., 193, 203, 217
diachronisch 176, 181
Dialekt 207–210, 217

312

Dialogpartner 243
Dichotomie 57, 60, 65, 169
Differenzierung 100
Differenzkonzeption 215
Diglossie 209f.
Disambiguierung 103, 132, 196, 229
Diskurs 249f., 252, 257
  herrschaftsfreier 250, 252, 257
Dissimilation 100
Distribution 67, 79, 127f., 201f.
  komplementäre 78, 88
Distributionalismus 67, 85f., 128
Distributionsanalyse 78, 83, 87
Distributionsklassen 127f.
Doppelstruktur, umgangsspr. Kommunikation 239–242
Dreikonsonantengesetz 103

Empfänger 28, 50, 52f.
Engramm 58, 60
Entphonologisierung 80
Ersetzungsregeln 160–165
  kontextfreie Regel 164
  kontextsensitive Regel 164
Ethnolinguistik (amerikanische) 34
Etymologie 176f.
Explizit performative Formel (EPF) 228f.

Formationsmarker (P-Marker) 162, 166
Formative 158, 161f., 165f., 191
  lexikalische 158, 160
  grammatikalische 158
Frikativ 72f.
Funktion 61, 75, 127f.
  expressive/emotive 29
  gegenstandskonstituierende 36
  konativ/appellativ 29
  metasprachlich 31
  phatisch 29f.
  poetisch/ästhetisch 32f., 204
  referentiell 28
Funktionalismus 65f., 85
Funktionsmodell 43

Gegenstand 28, 30, 50
generative Transformationsgrammatik (gTG) 15, 25, 152–169, 190f., 207, 221, 255f.
Gliederung, diaphasische 215ff., 217, 256
  diastratische 210–215, 217, 256
  diatopische 207–210, 217, 256
Glossematik 66, 183
Grammatikalität 135, 137f.

Hapaxepie (Haplologie) 101
Hörer 17, 155
homogen 82, 217f.
Homogenität (des Sprachsystems) 15, 59, 207, 217
Homograph 64
Homographie 199ff.
Homonymenkonflikt (Homonymenkollision) 188
Homonymie 189, 196, 198ff., 203
Homophon 64, 81, 103, 200
Homophonie 198f., 201, 206

IC-Analyse (immediate constituent analysis) 141–145, 151f., 157, 162
idealer Sprecher/Hörer 155, 191, 207, 221, 256
Idiolekt 210f.
Idiom 210
Ikon 42
Illokution 226
illokutiver Indikator 227, 229f.
image acoustique (→ Lautbild) 44, 51, 57f.
Indices (indices) 146
Inhalt(sseite) 15, 43f., 67, 149, 166, 171, 174, 177, 184, 195, 198, 255f.
Inhaltsaspekt 240
Inhaltskomponente (Inhaltsfigura) 183
Input 43, 52f.
Institution 19, 244
Interdependenz 60

313

Interferenz 207
  phonologische 96
Interlinguistik 25, 212
Interversion 101, 269
Intonation 129, 131
Isoglossen 192 f.

Junktur 129, 132

Kanal 28, 50, 52 f.
Kästchenschema 145
Kategorialsymbol 160, 162 f.
  terminales 160 f.
Kernsatz 140–143, 153
Kernsatztyp 143
Klammerung 145
Klassifizieren 85 f., 113, 139, 149,
  255
Kollokation 182, 193
Kommunikation 50, 221
Kommunikationsfunktion 28, 223,
  229 f.
Kommunikationsmodell 15, 46,
  50–56
Kommunikationspartner 223, 225,
  232, 235
Kommunikationssituation 221,
  224, 234, 248, 256
Kommunikativa 231 f., 251
kommunikatives Handeln 250
Kommutation 76
Kommutationsprobe (Kommutati-
  onstest) 76, 86 f., 113, 140, 184,
  255
Komparatistik 25
Kompetenz, kommunikative 16,
  25, 221 f., 233, 249, 256 f.
  produktive (Kompetenz P) 156
  rezeptive (Kompetenz R) 156
  sprachliche 85, 154, 207, 221 f.,
  256 f.
Komponente phonologische 157 f.
  semantische 157 f.
  syntaktische 157
Kompositum 117

Konnotat 175
Konnotation 175 f., 202, 211
Konsonant 71 ff., 79
Konstativa 213 ff., 251
Konstituente 139–143, 146, 151 f.,
  164 f., 255 f.
  diskontinuierliche 153
  mittelbare 141, 150
  unmittelbare 141
Konstituentenklasse 140, 142, 144
Konstituentenstrukturgramma-
  tik 138–145, 149–152
Konstituentenstrukturregeln 157
Konstitut 141, 144
Kontaktmedium 28
Kontaktphänomen 99 f.
Kontext 28, 123 f., 132, 176, 196,
  201, 229, 239, 242
Kontextbedeutung 176, 196
Kontrast 84, 113
Konvention 40, 46, 244
konventionell 176
Konversationsanalyse 14, 253
Konversion 118
Kopenhagener Schule 65 ff., 183
Korrelation 89

language 58
langue 25, 55, 57–61, 63, 65, 76, 82,
  84, 102–105, 113, 130, 137, 149,
  154, 168, 177, 182, 186, 213, 214,
  255 f.
Lateral 72
Lautbild (image acoustique) 44, 51,
  57 f., 173
Lautkette 43 f., 46, 49, 52, 58, 129,
  156
Leerstelle 148
Leistungsmodell 43
Lemma 197
Lexem 185
lexikalisch(e) 208, 216
  Inkongruität 35
  Solidarität 182
Lexikographie 197

Lexikon 158, 165, 191
Lexikonregel 157

Matrix 92, 185
  phonologische 158
  semantische 158, 191
›meaning-Feindlichkeit‹ 27, 53,
  67, 171
Mehrfachaddressiertheit 244
Merkmal 74, 81, 82 f.
  relevantes oder distinktives 82,
  89, 92, 158, 255
  redundantes 82
  semantisches 183 f.
Merkmalpaar 75
message 213
Metakommunikation 240 f.
Metasprache 31
Metathese 101
Minimalpaar 78, 80 f., 87 f., 91 f.,
  96 f., 107, 113, 132
Monem 13
Morph 106–109, 113 f.
  homonymes 108 f., 114 f., 179
Morphem 13, 83 f., 87, 105–128,
  135 f., 139, 143, 158, 184, 255 f.
  freies 115 ff.
  gebundenes 115 ff.
  grammatikalisches 106, 114,
  116, 194
  lexikalisches 106, 116, 194
  unikales 116
Morphemanalyse 129, 149
Morpheminventar 85, 92, 106, 108,
  111, 136, 255
Morphologie 13, 15, 34, 105–128,
  135, 137, 140, 149, 171, 256
Morphosyntax 83, 135, 157, 181,
  204, 208, 216, 256

Nachricht 28, 31, 50
Nasal 71 ff., 74, 80, 91 f., 103
Neutralisierung 94, 96 ff.
Nominalphrase 142, 148 f.
Norm 102, 181 ff., 209

Oberflächenstruktur 156 ff., 166
Objektsprache 31, 95
Ökonomie artikulatorische/Artikula-
  tions- 99
Onomasiologie 13, 192–195
Onomatopoe 49
Ontogenese 30, 63
Opposition 41, 61, 63, 75, 80 f., 84,
  88 ff., 94, 96 f., 102, 111, 113, 173,
  185, 207, 255 f.
Oral 71, 74, 92
Organon-Modell 27, 46 ff., 50,
  54 f., 83, 93
Output 43, 52 f., 165

panchronisch 63
parole 24, 57–61, 77, 82, 85,
  102–105, 130, 137, 149, 154, 168,
  173, 182, 186, 213, 255 f.
Paronymie 179
patois 209 f.
Performanz 154, 256
performative Verben 227, 230, 233,
  253
Perlokution 226
Permutation 166 f.
Permutationstest 139 f., 232
Phem 92
Phon 87 f., 106, 113, 137
Phonalion 51
Phonem 13, 75–84, 86–90, 92 ff.,
  96–101, 105, 112 ff., 125, 129, 135,
  137, 183 f., 255
Phonemanalyse 86 f., 129, 143, 149
phonemics 69
Phoneminventar 85, 87 ff., 92 f.,
  105, 107, 111, 136, 255
Phonemrealisationen 13
phonetics 69
Phonetik 69–75, 98, 101, 187, 193,
  208, 216
  akustische 69, 74 f.
  artikulatorische 69–74
  auditive 69
  funktionale 66

315

Phonologie 13, 15, 65, 66, 69, 75, 79–84, 104, 106, 112 ff., 137, 140, 149, 157, 171, 184, 187, 216, 256
Phonologisierung 81, 103
phonology 69
Phylogenese 30, 63
Plosiv 72 f., 92
Polysemie 196, 198, 203 ff., 232
Positionsbeschränkung 94 f., 97
Präfixverben 122 f.
Prager Schule 27, 46, 65 f., 85, 92, 128
Pragmalinguistik 16, 221
Pragmatik (linguistische) 14, 16, 22, 25, 55, 186, 195, 221–253, 256 f.
pragmatische Universalien 55, 230–238, 251, 257
präskriptiv 65, 81 f.
probeweises Akzeptieren 242 f.
Proposition 232, 241
Prosodem 13, 15, 127
Psycholinguistik 12

Reaktion (Response) 53 f., 67, 172
Rede 58
redundant 65, 82 f.
Referent, Umwelt- 45 f., 48, 172 f., 193, 195, 216
Referenzmittel 12, 236 ff.
Register 202
Regulativa 231 ff., 251
Reiz (Stimulus) 53 f., 67
Rekursivität 162 f.
relevant 65, 82 f.
Relevanz 60, 91
Repertoire 52 f.
Repräsentiva 231 ff., 251
reziproke Evokation 44
Rhema 135 f.
Romania 218

SAE-Sprachen (Standard Average European) 34
Sandhi 101 ff.

Sapir – Whorf – Hypothese 22, 34–37, 181, 183, 195, 212
Satz 135 ff., 141
-Baupläne 136
Schichten (layers) 145
Segmentieren 85 f., 88, 109, 113 f., 139, 149, 255
Selektionsbeschränkung 164 ff., 182, 191
Sem 183 ff., 187, 196
Semanalyse 184 ff., 187, 191, 197
Semantik 12, 15, 123, 152, 157, 171–206, 238, 256
diachronisch-struktu-relle 187–190
generative 241
komponentielle (oder ana-lytische) 183 f., 186 f.
operationale 186
strukturelle 186, 191
Semasiologie 196 ff.
Semem 183 ff., 196
Semiotik (Semiologie) 39
Semiotisches Dreieck 45–48
Semiotisierung 40
Sender 28, 50, 52 f.
Signal 47
signifiant 44, 48, 86, 115, 184, 194, 196, 208, 256 f.
Signification 172–175, 178
Signifié 44, 48, 115, 184, 194, 196, 208, 257
small talk 30
Soziolekt 210 ff.
Soziolinguistik 16, 24, 37, 209, 211 f., 230
Sprache 17–23, 25, 46, 50, 58
Einheitssprache 208 f.
Hochsprache 208 f., 217
Sprachaffinität 25
Sprachbarrieren 15
Spracherwerb 25, 30, 214
personenorientierter 214
statusorientierter 214

Spracherziehung kompensatorische 215

Sprachfunktionen 13, 27–33

Sprachgemeinschaft 23

Sprachgenetik 25

Sprachgeographie 24, 192

Sprachgeschichte 24, 81

sprachliche Äußerung 18

sprachlicher Determinismus 36f., 212

sprachliche Relativität 35–37, 212

Sprachökonomie 13

(Sprach-)System 60f., 75, 80, 87, 104f., 172ff., 218, 255f.

  Ersatzsystem 63

  Monosystem 207

  Polysystem 207

  primäres System 63

  Sekundär-, Tertiärsystem 63

  Subsystem 207–210, 215, 217f., 256

  System, Diasystem 207

Sprachtypologie 25

Sprachvarietät, funktionale 207, 215ff.

  regionale 207–210

  soziale 210–215

Sprachvergleich 25

Sprachwandel 16, 104, 217

Sprachwissenschaft, angewandte 25, 89, 125

Sprechakt 172, 230–234, 236, 239ff., 250f., 253

  indirekte

  institutionelle 231, 244

Sprechakttheorie 14, 222, 225, 253, 257

Sprecher 17, 155, 172

Sprechhandlung 242–245, 249

  indirekte 224f.

Sprechhandlungssequenz 242ff.

Sprechhandlungstyp 223, 225

Stammbaum 141, 153

  konkreter 142, 150

Klassenstammbaum 142, 144, 150f.

Stemma 141, 162

stimmhaft 69, 89, 97

stimmlos 69, 97

Stimulus-Response-Modell 53f., 67, 171

Struktur 60f., 139

Strukturalismus, amerikanischer 27, 53, 65, 67, 69, 82, 85, 92, 128, 171

  Genfer 65

  Prager, siehe: Prager Schule

  taxonomischer 57, 85–103, 112–115, 191, 256

strukturalistische Grundbegriffe 15, 57–67, 79–85

strukturalistische Sprachwissenschaft 25, 27

strukturalistische Syntax 15, 138–145

Subkategorisierungsregeln 157, 164ff.

Substitution(sprobe) 86, 113, 127, 139f., 166f., 232

Substrat 218

Superstrat 218

Suprasegmentalia 13, 15, 129–133

Symbol 41f., 45, 47

symbolisch 30

Symptom 47

Synchronie 62f., 80ff.

synchronisch 181, 217

Synkopierung 103

Synonymie 178, 198, 201f., 205f., 211, 216

Syntagma 83, 101, 107, 112, 130

Syntax 15, 135–169, 255f.

Syntaxmodell 13, 157

Systemlinguistik 56

Text 135

Textlinguistik 12, 135, 247

Thema 135f.

Tiefenstruktur 156ff., 160, 166, 239

317

Tonhöhe   129, 131 f.
Tonsprachen   131 f.
T-Marker (Transformations-
   marker)   166
Transformationsregeln   157, 160
Transformationsteil (Transforma-
   tionskomponente)   157 f., 160,
   166
Transkription, phonetische   71, 82
   phonologische (oder phonemati-
   sche)   71
Transkriptionssystem   71

(Verb-)Valenz   145, 147 ff., 151
   freie   148
Valenzwörterbuch   148
valeur (Wert)   172–175, 178
Variante   13, 75–79, 104, 255
   fakultative   77, 79, 90, 103
   kombinatorische   77 ff., 81, 83,
   87 f., 92, 99, 103, 108 f.
Verbalphrase   142, 149
Vibrant   72 f.
Vokal(e)   71, 73 f., 79, 83
Vokaldreieck   13
Vokaltrapez   13
Vorgang (procès)   146 f.

Wort   115 f.
Wortart (Wortklasse)   125–128, 179,
   237

Wortbildung   116–125
Wortbildungsmuster   117, 120–123
Wortfamilie   178
Wortfeld   180 f., 185
Wortfeld-Theorie   177, 179 ff., 187
Wortkette   21

Zeichen (allgemein)   39–42
Zeichen (sprachlich)   39, 43–
   Asymmetrie d. spr. Zeichens   198,
   204
   Linearität d. spr. Zeichens   49, 83
   Unveränderlichkeit d. spr.
   Zeichen   49
   Veränderlichkeit d. spr. Zeichens
   49
   Willkürlichkeit d. spr. Zeichens
   48 f.
Zeichencharakter der Sprache   18, 39
Zeichenmodell   13, 15, 43–48, 58,
   222
Zeichensysteme   41, 49, 105, 221
Zirkumstanten (circon-
   stants)   146–149
Zusammenrückung   121
Zusammensetzung   117, 120, 130
zweifache Gegliedertheit (double ar-
   ticulation)   105, 129, 177, 184

Personenregister

Austin, J.   222, 225 f., 233

Bally, Ch.   241
Beaujean, E.   183
Bergengruen, W.   201
Bernstein, B.   212–215
Bloch, B.   67, 177, 190
Bloomfield, L.   50, 53 ff., 65, 67, 82, 85, 116, 127, 136, 171 f., 186
Brøndal, V.   66
Bühler, K.   27, 43, 46 ff., 50, 54 ff., 83, 93

Chomsky, N.   15, 153–156, 168, 221
Christmann, H. H.   197
Coseriu, E.   102, 173, 177, 181 f., 188, 190, 207

Edmont, E.   192

Frege, G.   172
Fries, C. C.   67, 145

Geckeler, H.   184 f.
Gilliéron, J.   192 f.
Giraudoux, J.   205
Gleason, H. A.   79
Greimas, A. J.   177, 185 ff.
Grewendorf, G.   241
Guiraud, P.   179

Habermas, J.   16, 222, 228, 231–234, 240, 242, 249–253, 257
Halle, M.   75
Hallig, R.   197
Handke, P.   20–23, 31, 33 f., 36
Harris, Z. S.   53 f., 67, 82, 153
Hayakawa, S. I.   18 ff., 30
Hesse, H.   119
Hjelmslev, L.   66, 177, 183 f., 186

Hockett, C. F.   82, 145
Humboldt, W. von   36, 154, 181
Husserl, E.   172

Jaberg, K.   192
Jakobson, R.   27–33, 66, 75, 204
Jud, J.   192

Leisi, E.   177, 186 f.
Littré, E.   183

Malblanc, A.   138
Marchand, H.   119
Martinet, A.   13, 105, 213
Matoré, G.   179
McCawley, J. B.   241
Meringer, R.   193
Meyer-Lübke, W.   193
Moles, A. A.   50, 52 f.
Morgenstern, Chr.   37
Morris, Ch. W.   222

Ogden, Ch. K.   43, 45–48

Pagnol, M.   245
Pawlow, J.   40
Peirce, Ch. S.   222
Plato   46
Pottier, B.   177, 184–187
Priestley, J. B.   204

Rabelais, F.   190
Rheinfelder, H.   198
Richards, I. A.   43, 45–48
Robert, P.   183
Ross, J. R.   241
Rousseau, J. J.   252

Sacks, H.   253
Sapir, E.   34, 212

Saussure, F. de   15, 27, 39, 42–48,
   50–67, 75, 102 f., 153 f., 172–175,
   177–180, 183, 217, 222, 224, 255,
   257
Schott, E.   198
Schuchard, H.   193
Searle, J. R.   14, 222, 225 f.
Seuren, P.   241
Shannon, C. E.   50, 52 f.
Skeat, W. W.   177
Söll, L.   198
Swift, J.   17 f., 39

Tesnière, L.   146 f., 150
Trier, J.   179 f., 187
Trnka, B.   65

Trubetzkoy, N. S.   13, 66, 75

Ullmann, St.   186
Ulrich, W.   175

Wandruszka, M.   207
Wartburg, W. v.   177, 190
Watzlawick, P.   240, 247
Weekley, E.   177
Weisgerber, J. L.   36, 179 f.
Wells, R. S.   144
Whorf, B. L.   34–37, 95 f., 212
Wunderlich, D.   221, 224 ff., 228,
   236, 243, 246

Zauner, A.   198